グローバル・サウスはいま
1

グローバル・サウスとは何か

松下 冽/藤田 憲
[編著]

What is "Global South"?

ミネルヴァ書房

「グローバル・サウスはいま」刊行にあたって

　本シリーズは、「南」の国々と地域の歴史的な形成と発展の過程を踏まえ、21世紀を迎えた現時点におけるその政治、経済、社会、文化の諸分野の全体像を、変容するグローバルな世界秩序の視点から再考し、その複雑に絡み合った諸問題とこれからの課題を展望する試みである。執筆者は、主に「南の世界」を専門にしている。今日、21世紀の世界の現実を「北の世界」との対比された「南の世界」といった従来の区分では分析するのは十分でない。それゆえ、本書では「グローバル・サウス」という概念を使う。

　「グローバル・サウス」は新自由主義の文脈において特別な意味を持つ。新自由主義型資本主義の帰結は、一方で、グローバルかつナショナルに、富の激しい集中があり、超富裕層と大多数の人々との格差の拡大がある。他方、ローカルからの異議申し立てが見られる。それは、新自由主義型グローバル化のもとで搾取、疎外、周辺化の共通した経験を有するすべての人々、グループ、諸階級、そして諸民族を包含する。これは「抵抗のグローバル・サウス」である。

　冷戦後の世界では21世紀に入り、人類は深刻な政治的、経済的、社会的な出来事に直面した。2001年9月11日の同時多発テロをはじめとして、2008年のリーマンショック、そして、2011年3月11日の東日本大震災と原発事故である。今日、ポスト9.11のこの世界を見通すことはきわめて難しい。われわれは何を目指し、どこに向かっているのか。そこでは、ポスト国民国家とグローバル化は不可避な前提となる。そして、世界秩序をめぐるヘゲモニーの動向やリージョナルなガヴァナンス構築、また、ナショナルな安全保障の再構築が重要な課題となる。こうした視点からすると、中国の存在は決定的であるが、その役割は多面的な側面を持っている。

　現在、世界各地でポピュリズム的潮流が急浮上している。他方で、新しい社会運動の台頭に突き動かされて、民主主義の定着や新しい社会構想が実験、模索されている現実にも注目する必要がある。わが国では、いまだ歴史的な負の遺産を主体的に克服できていない。むしろ、貧困格差の拡大や非正規雇用の常態化を背景とし、社会的不安の浸透、自由な精神と思考の萎縮傾向、そして狭隘なナショナリズムの拡がりがある。だが、こうした現状に対する若者の異議申し立ての動きも生まれ始めている。

　今や「グローバル・サウス」を考えることは、すべての人々が「現代」をいかにとらえ、生きていくのか、この切実な「問いかけ」を考えるうえで不可欠な条件となろう。

　本シリーズは、創立55周年を迎えた特定非営利活動法人（NPO法人）アジア・アフリカ研究所の企画として始まったが、今日の複雑な世界を捉えるため、研究所を越えて第一線の多数の研究者の協力を仰いだ。

2016年4月

松下　冽
藤田和子

はしがき

　本書は，21世紀を迎えて大きく変容している世界秩序とグローバル・サウスの構造および動態を踏まえ，その諸特徴と諸課題を考察する。
　20世紀末の四半世紀にはソ連の崩壊と冷戦の終結を重要な契機としてグローバル化が急速に展開した。グローバル化過程と連動した自由主義の諸政策とイデオロギーは，世界秩序をめぐるヘゲモニーの「変容」の問題を引き起こしたのみならず，リージョナル，ナショナル，ローカルなレベルでの旧来の社会秩序を劇的に転換してきた。この激変が生み出してきた複合的なインパクトは多岐にわたっている。それはグローバル・サウスの人々にとっての生活空間の揺らぎを生み出してきた。気候変動と地球環境の悪化をいかに食い止めるか，不法移民や難民の急増の問題に世界はいかに対処すべきか，麻薬や人身売買などの多様な越境型犯罪を規制する取り組みはあるのか，国境を越える感染症の急激な発生を管理できるのか，そして世界的な食糧危機と飢餓の多発やコモンズの収奪に対する根本的な対策はどうすべきか等々，いまや国家と地域の安全保障の脆弱化のみならず，持続可能な世界秩序を脅かす焦眉な問題群と緊急を要する人類的課題が日常的に浮上している。
　同時に，ナショナルなレベルでの「脱国家化」と「再国家化」という現実に直面してアイデンティティの喪失や重層化といった問題をも生み出してきた。「南」の世界を含めて，近現代の世界は国民国家と主権国家システムを基本的な前提とする原理と構造（ウエストファリア体制）から構築されてきたが，この前提はあらゆる領域で揺らぎ始め，掘り崩されている。
　そこで，本巻の第Ⅰ部では，20世紀から21世紀にわたる世界秩序をめぐるヘゲモニーの推移と変容の現実を直視し，それが及ぼしているグローバル・サウスの社会・経済構造の転換の過程を考察する。第Ⅱ部では，国境を越えるグローバル・サウスの諸地域が抱える21世紀型の諸課題を踏まえ，新たなグローバル，リージョナルなガヴァナンス構築に向けた構想を検討する。そして，20世紀の大部分を支配してきた「権力政治」と狭隘なナショナリズムを乗り

越え，単なるスローガンとしての「平和」ではない，民衆の視点から21世紀に相応しい重層的な平和と自由と民主主義の構築を，すなわち「人間の安全保障」構築を模索する立場から，グローバル・サウスの「南―北」関係の再構築を考える。それは，21世紀を生きるわれわれ日本と日本人にとっても避けられない課題であろう。

　　2016年8月17日

松下　洌

グローバル・サウスとは何か

　　目　　次

はしがき

序　章　グローバル・サウスの時代……………………………松下　冽…1
　　　　──21世紀を生きるために──
　1　なぜグローバル・サウスか……………………………………………1
　　　　グローバル・サウスの時代背景と契機　「従来の区分」との根本的な相違
　2　「21世紀」の世界認識に有効な視角か………………………………5
　　　　『人間開発報告書2013』を超えて　地域の区分について
　3　グローバル・サウスから見る世界──現在と課題…………………9
　　　　世界秩序の変容とヘゲモニー　グローバル化と国民国家の変容
　　　　グローバル化する権力関係と「国家─社会」関係の弛緩・衰退
　　　　抵抗するグローバル・サウス　民主的な重層的ガヴァナンス構築の可能性
　　　　グローバル・サウスにおける21世紀の日本の役割
　4　本書の構成と各章の紹介………………………………………………13

第Ⅰ部　世界秩序の変容とグローバル・サウス

第1章　帝国，帝国主義，覇権そしてグローバリゼーション…竹内幸雄…21
　　　　──その歴史的連関──
　1　グローバリゼーション…………………………………………………21
　　　　グローバリゼーションの展開と諸問題
　　　　グローバリゼーションの解釈と批判
　2　グローバリゼーションの歴史…………………………………………25
　　　　グローバリゼーションの時期区分　世界経済論からの時期区分
　　　　グローバリゼーション論と世界経済論
　3　世界システム論の展開…………………………………………………28
　　　　フランク──世界資本主義体制，中枢・衛星そして従属
　　　　アミンとエマニュエルの不等価交換論
　　　　ウォーラーステインの世界システム論

　　　　マルクスとルクセンブルクの先駆的理論
　4　帝国，帝国主義，覇権の概念……………………………………………33
　　　　帝国と帝国主義，そして超帝国主義　　帝国論の変遷　　覇権（ヘゲモニー）
　　　　帝国，帝国主義，覇権とグローバリゼーションの重なり合い
　5　覇権の一般理論——グローバリゼーションと帝国主義…………………37
　　　　グローバリゼーションと帝国主義——ジェントルマン資本主義の帝国論から
　　　　自由貿易の帝国主義，ジェントルマン資本主義，そして自由主義帝国
　　　　覇権と構造権力
　6　現代グローバリゼーション，帝国そして覇権………………………………40

第2章　21世紀のグローバル・サウス……………………松下　冽…44
　　　　——ポスト新自由主義を構想する——
　1　「南の世界」はいま何処にいるのか………………………………………44
　　　　自立的国家建設を妨げるポスト独立の諸課題
　　　　冷戦構造に組み込まれた「国家—社会構造」
　2　グローバル資本主義への転換………………………………………………48
　　　　資本主義と国民国家の「黄金期」　　新しい蓄積様式＝「略奪による蓄積」
　3　新自由主義に揺れる「南の世界」…………………………………………50
　　　　新自由主義が推し進めるグローバル化
　　　　市場の暴走と経済自由化の多様な帰結
　4　分岐するグローバル・サウス——新自由主義と対峙して………………53
　　　　米国による「南の世界」再編の試み　　脱国家化と再国家化の時代に
　　　　「リスク社会」と「グローバル市民社会」
　5　グローバル・サウスの民主主義と新たな社会構想………………………56
　　　　新自由主義に抗して民主主義を取り戻す
　　　　グローバル・サウスにおける異議申し立てと社会運動
　　　　「国家—（市民）社会—市場」関係を再考する
　　　　国家の再構築＝国家を市民社会に埋め込む
　6　ネットワーク化するグローバル・サウス……………………………………63
　　　　なぜいまリージョナリズム化が重要か
　　　　グローバル・サウスにおけるBRICS，とくに中国の役割

7　世界社会フォーラム──ダボス会議に抗して……………………………67
　　　　世界社会フォーラムの意味・役割　　WSFの理念と原則　　論争と対立

第**3**章　米国の「平和」と「戦争」……………………………藤本　博…73
　　　　──ベトナム，アフガン，湾岸，イラク──
　　1　米国主導による「対テロ戦争」の現在…………………………………73
　　　　終わらない「対テロ戦争」
　　　　「対テロ戦争」の負の遺産──「対テロ戦争」の人的・経済的代償
　　　　「米国の戦争」再考──ベトナムからイラクへ
　　2　ベトナム戦争から湾岸戦争へ…………………………………………77
　　　　第2次世界大戦後の「米国の平和」とベトナムにおける「米国の戦争」
　　　　「米国の戦争」の実相とベトナムにおける軍事介入の挫折
　　　　ベトナムにおける「米国の戦争」の規模とその代償──最も破壊的な戦争
　　　　「ベトナム症候群」の克服，湾岸戦争，「正義の戦争」観の復活
　　3　「9.11」以後の中東における米国主導の「対テロ戦争」……………81
　　　　「9.11」とアフガニスタン，イラクにおける「対テロ戦争」開始
　　　　イラク戦争の展開とイラクにおける米国の「戦争・占領」の実態
　　　　オバマ政権の「対テロ戦争」
　　4　「終わりなき戦争」の代償……………………………………………86
　　　　イラク社会の混迷　　イラク民間人の犠牲
　　　　アフガニスタン，イラク戦争参戦米兵士の苦悩
　　　　「終わりなき戦争」を超えて

第**4**章　アジア太平洋地域における安全保障と地域社会……長島怜央…91
　　　　──「アメリカの湖」の形成と展開──
　　1　太平洋における米国の帝国主義・植民地主義・軍事主義……………91
　　　　「アメリカの湖」としての太平洋　　島々の政治的地位　　軍事植民地
　　2　第2次世界大戦前・戦中の太平洋……………………………………95
　　　　米国　　日本　　太平洋戦争
　　3　第2次世界大戦後の太平洋……………………………………………99
　　　　戦後太平洋の米軍基地　　非編入領土，非自治地域

　　　　　信託統治領（戦略地区）　　自由連合国　　コモンウェルス

　4　社会の軍事化──「槍の先端」グアムを中心に …………………… 105
　　　　　冷戦終結と米軍再編　　基地経済への依存，社会の軍事化
　　　　　米軍を担う人々　　米軍に異議を申し立てる人々

　コラム1　植民地支配と軍事基地，性暴力，人身売買 ……… 秋林こずえ … 113

第5章　「南」から見た「EUバンク」の半世紀 ………… 藤田 憲 … 115
　　　　　──欧州投資銀行による対アフリカ開発金融の原型──

　1　トリフィンの知的遺産とグローバル・サウス …………………… 115
　　　　　「理論家」トリフィンと「実務家」ユーリの連携
　　　　　「不可逆的」通貨統合か，「可逆的」交換性か
　　　　　通貨統合に由来する困難

　2　資本市場と共に生きるEIB ………………………………………… 120
　　　　　「メッツォジョルノ」における苦闘　　「黄金時代」のEIB
　　　　　グローバル・ノースとグローバル・サウスの結節点として

　3　コートディヴォワールにおけるSONACOプロジェクト ……… 124
　　　　　コートディヴォワールにおけるマクロ経済環境
　　　　　自由主義経済政策の追求　　ウフェボワニとEIB
　　　　　SONACOからPIIGSへ

第6章　冷戦終結後ロシアにおける社会経済変容 ……… 道上真有 … 132
　　　　　──住生活の視点から──

　1　市場経済ロシアで生きる──ソ連の遺産との相克 ……………… 132
　　　　　市場経済認識と世代間格差　　受け継がれる価値観

　2　変わるロシア，変わらないロシア ………………………………… 134
　　　　　第1期──市場経済化の混乱の中で　　第2期──高度経済成長の中で
　　　　　第3期──低成長経済の中で

　3　グローバル経済の中でのロシアの価値観 ………………………… 140
　　　　　欧米vs.中露の価値観
　　　　　ロシア独自の価値観とは何か──企業アンケート調査から
　　　　　ありのままのロシアをみる

第7章　新自由主義時代の国際移民と国境管理 …………南川文里…145
　　　　——国境危機に対峙して——
　1　国境危機の時代……………………………………………………………145
　2　新自由主義と国際人口移動………………………………………………147
　　　　国際移民のグローバル化と移民政策　新自由主義国家にとっての国際移民
　3　「放浪者」との対峙——国境管理の軍事化……………………………152
　　　　「テロとの戦争」時代の国境管理　国境管理の軍事化
　4　全域化する国境管理——越境者の権利と送還可能性…………………155
　　　　受け入れ社会における移民の権利　強制送還と国境管理
　5　新自由主義国家と排外主義………………………………………………158
　　　　拡大する排外主義　周縁化される移民
　6　新自由主義の破綻としての国境危機……………………………………161
　コラム2　グローバル化が進める子どもの貧困 ………………中根智子…165

第Ⅱ部　グローバル化と地域社会

第8章　生存権をめぐる底辺からの運動………………岡野内正…169
　　　　——自立と権利——
　1　独り立ちの支え合いとしての人の命の営み……………………………169
　　　　生存権とは，人々が連帯して保障する自立の権利
　　　　文明の逆説と命の営みの底力　人類史の見取り図
　2　生き延びるのに精いっぱい………………………………………………172
　　　　奴隷と奴隷主の命の営み　農奴と封建領主の命の営み
　3　独り立ちできるものだけの支え合い……………………………………174
　　　　市民社会と独立小生産者　民族＝国民国家と独立小生産者の命の営み
　　　　市場社会としての市民社会から排除された貧民たち
　　　　機械制大工業と賃金労働者階級　資本家階級と近代市民社会
　4　独り立ちを許さない支え合いとその崩壊………………………………179
　　　　賃金労働者階級の人々の命の営みと世の中の仕組み
　　　　帝国主義，資本家団体，労働貴族，社会主義，福祉国家

　　　　　新自由主義改革とプレカリアートの形成
　　5　独り立ちの支え合いとしてのベーシック・インカム………………184
　　　　　すべての人の独り立ちを支え合うベーシック・インカム
　　　　　ナミビア，ブラジル，インド実験からグローバル・ベーシック・インカムへ
　　コラム3　押し付けが生み出す援助の弊害……………………渡辺直子…187

第9章　開発・環境問題と発展途上国………………石原直紀…189
　　　　　──国連の視点から──
　　1　発展途上国と国連……………………………………………………189
　　　　　国連の組織的特徴　　国連における途上国　　国連の機能と途上国
　　2　開発と環境……………………………………………………………194
　　　　　開発問題と途上国　　環境問題の登場と途上国
　　　　　「地球サミット」と途上国
　　3　環境条約と途上国……………………………………………………202
　　　　　オゾン層破壊防止とウィーン条約　　気候変動枠組条約
　　　　　生物多様性条約　　森林原則宣言と砂漠化防止条約
　　コラム4　イタリアの戦後賠償問題と植民地主義の清算………伊藤カンナ…211

第10章　グローバリゼーションと途上国の貧困………中野洋一…213
　　　　　──最優先課題としての貧困削減──
　　1　マネーゲームの世界経済……………………………………………213
　　　　　グローバリゼーションの進展　　世界経済における3つの自由化
　　　　　マネーゲームの世界的展開
　　2　途上国の貧困の現状…………………………………………………216
　　　　　国連の貧困削減の取り組み　　貧困削減の成果と現状
　　3　貧富の格差の拡大……………………………………………………220
　　　　　世界の億万長者　　トマ・ピケティの問題提起
　　　　　税金逃れとタックスヘイブン　　世界の貧富の拡大
　　4　貧困問題解決のための課題…………………………………………224
　　　　　国連の新しい開発目標　　貧困削減のための財源

第11章　日本の外国人労働者政策 ……………………… 田巻松雄…230
　　　　　――韓国との比較を通して――
1　東アジアにおける外国人労働者問題をみる目 ………………230
　　問題意識　　東アジアにおける労働力移動　　日本と韓国
　　外国人労働者問題をみる眼
2　日本における外国人労働者政策とその実態 ………………232
　　外国人労働者の流入とそれへの対応　　「不可視な存在」
3　韓国における外国人労働者政策とその実態 ………………237
　　外国人労働者の流入とそれへの対応　　逃走問題
4　2000年代の施策とその背景 …………………………………240
　　日本の非正規滞在者対策　　韓国における2つの制度改編
5　「多文化共生」を豊かな概念として構築するために ………243
　　外国人労働者政策の現在　　「多文化共生」に向き合うために

第12章　経済・金融危機のEUへの影響 … カルロス・デ・クエト・ノゲラス …247
　　　　　　　　　　　　　　　　　　　　　（円城由美子訳）
　　　　　――EUへの懐疑と不満の増大か，政治的革新か――
1　EUにおける南北格差 …………………………………………247
　　アプローチと分析対象　　EU市民と政治・選挙の関係から
2　EUのガヴァナンス・システム――代議制民主主義か，消極的同意モデルか ……249
　　政治プロジェクトとしてのEU　　制度的改革の歩み
3　セカンド・オーダー選挙理論の仮説とその経験的妥当性 ………251
　　EP選挙と国政選挙の相違　　EP選挙における低投票率
　　政治的不満と投票率　　政権党に対する抗議票
　　EP選挙における新生小政党の存在　　懐疑主義台頭の要因
　　経済危機とスペイン国籍者の変化　　新たな「サウス」の誕生と移民・難民
4　EUの危機に向き合って ………………………………………269
　　EUにおける支持の再調達へ　　グローバリゼーションとEUの民主的刷新

第13章　グローバル化に抗する市民・運動・暴力 ……… 太田和宏 …274
　　　　　――「近代」の矛盾への挑戦――
1　グローバル社会の矛盾 ………………………………………274

目次

  2 進歩の闘争……………………………………………………………276
     政治的民主化   ラテンアメリカの実験   言説の闘争
  3 暴力と破壊のうめき………………………………………………281
     アフリカの混乱   イスラーム過激派の問いかけ   難民の苦悩
  4 グローバリゼーションの申し子たち……………………………287
     構造調整と貧困化   覇権的暴力
  5 新しいパラダイムを求めて………………………………………291
  コラム 5 民間主導のガヴァナンスの挑戦………………………川村仁子…294

第14章 紛争後の平和構築………………………………………杉浦功一…296
    ———オーナーシップと民主化の課題を中心に———
  1 後を絶たない世界の紛争…………………………………………296
  2 平和構築とは何か…………………………………………………297
     1990年代の国連を中心とした平和構築活動の発達
     2000年代以降のPKO改革と平和構築   平和構築をめぐる最近の動き
     平和構築の目標と過程
  3 平和構築におけるオーナーシップのジレンマ…………………306
     平和構築におけるオーナーシップの重視へ   オーナーシップのジレンマ
  4 平和構築における国家の民主化の課題…………………………310
     平和構築における民主化のジレンマ
     民主化の課題に対する国際社会の姿勢の変化
     平和構築における民主化の意義の再考
  5 平和構築の今後……………………………………………………314

関係年表 317
人名索引 323
事項索引 325

序章　グローバル・サウスの時代
―― 21 世紀を生きるために ――

松　下　冽

1　なぜグローバル・サウスか

　グローバル・サウスという概念は，ほぼ1980年代以降のグローバル化と新自由主義の拡がりを主要な契機として誕生している，「南」と「北」の諸関係を内包する呼称である。それは，こうした20世紀から21世紀への転換期に向かう時代的構造変容とその特徴を背景にした「南」と「北」の諸関係の相互浸透・依存あるいは融合・統合化の深まったグローバルな空間を前提にしている。

　グローバル・サウスという概念の誕生とそれが意味する分析枠組み，「南―北」関係へのアプローチの変化について検討する前に，それでは，とりわけ「南の世界」にとって20世紀の世界とは何であったのか，21世紀への移行は何を意味するのか，どこに向かうのか，こうした問題を考えてみる。

　上記の問題について，木畑洋一著『20世紀の歴史』（岩波書店，2014年）は多くの示唆を与えてくれる。同書は新書というコンパクトな著書であるが，「南の世界」の歴史を含めヨーロッパ中心史観に陥ることなく，20世紀の世界史像の大枠を適切に示してくれる。そこで，同書の「20世紀の歴史」への視角を簡単に確認しておきたい。そのことで，われわれが提示する「グローバル・サウス」の視点との接合が見られるであろう。

　英国の歴史家エリック・ホブズボームは，よく知られている『20世紀の歴史――極端な時代』で第1次世界大戦開始からソ連崩壊までの期間を20世紀と位置づけた。すなわち，「短い20世紀」論である。これに対して木畑氏は，1870年代から1990年代初頭に至る時代を20世紀と考えている。「長い20世紀」論である。これは，帝国世界を中心にすえた世界史認識であり，それゆえ，帝国世界の形成から解体への過程が「長い20世紀」と総括されている。1991年の南アにおけるアパルトヘイト体制の崩壊，そして帝国的性格を帯びていた

ソ連とソ連圏の崩壊が「長い20世紀」の終焉として重視される。

今日，冷戦の終焉を迎え，旧植民地はほぼ帝国支配を抜け出し，植民地支配が終わりを告げた。そして，国民国家体制が世界を覆っている。だが，木畑氏が注目する現代的課題は，国民国家とグローバル化の関連である。第1に，「現在のグローバリゼーションは，国民国家体系が世界を覆うという条件の下で進行しているのであり，その双方の様相を見極めていくことが求められている」(267頁)。また第2に，1980年代以降，「世界を席巻してきた新自由主義の流れのなかで，先進国内部の人々の生活格差はむしろ増大する傾向にある」(270頁)。内戦をはじめとした暴力の拡がりも人類にとって重大な問題である。

そこで，木畑氏が提起されたこうした課題と問題を踏まえて，21世紀の「南の世界」をどのように考えたらよいのか，またいかなる展望がみられるのか，さらに，その世界においてどのような歴史的主体が現れ諸課題に取り組んでいくのであろうか。これらの諸テーマを考察しようとするのが，本シリーズの企画の意図であるとも言えよう。その際，これまでの「南」の概念に替えて，「グローバル・サウス」という概念を取り入れる。この概念は，わが国ではまだあまり普及していないが，主に西欧のアカデミックな文献では市民権を得ている (Bullard 2012)。

グローバル・サウスという概念を採用するには，少なくとも次の3つの「問い」に答えておく必要があろう。

第1に，「途上国」や「南」といった概念が不十分になった背景と理由は何か。

第2に，「従来の区分」と「グローバル・サウス」概念の根本的相違はどこにあるのか。

第3に，「グローバル・サウス」概念を用いることで，われわれは21世紀の展望に向けてどのような視角を獲得できるのか。

グローバル・サウスの時代背景と契機

まず，第1の「問い」については，「グローバル・サウス」概念が登場する時代的背景と直接的な契機を確認する必要があろう。それは，新自由主義を生み出してきた20世紀型資本主義（国民国家を前提にした「フォード主義的－ケインズ主義的」資本主義）の限界および冷戦の終結を1つの契機にしたグローバル化

の加速度的進行である。そして，ここで言うグローバル化とは新自由主義型グローバル化である。

　このグローバル化に関しては既に膨大な研究の蓄積があり，その論点も多岐にわたっているので詳細は省きたい。結局，グローバル化の時代には情報・通信・運輸技術の急速な発展により，カネ，モノ，ヒト，情報などが広範囲に普及し，国民国家の位置は相対化され，また「脱領域化」や「再領域化」の現象も現れている。そして，いまでは多くの人々の経験を通じて明らかになっているが，このグローバル化の展開のもとで実に多くの越境型の問題群が噴出してきた。たとえば，自然環境の悪化，世界的規模での格差拡大，不法移民・難民の増大，多様な形態の国境を越える犯罪，コモンズ──保健，水，輸送，エネルギー，知識，種子など──の収奪などがすぐに挙げられる。これらの現象は，いまや国家と社会の安全保障のみならず，リージョナルおよびグローバルな社会を危うくする脅威として考えられるようになった。また，世界的規模で展開するアグリビジネスの戦略や投機的ビジネスは，庶民の日々の生活の様々な領域で直接影響を及ぼしている。こうして，グローバル化の影響は不均等にではあるが，リージョナルな空間のみならずローカルな場，普通の民衆の生活まで深く行き渡っていることは十分認識されている。

　以上のような新自由主義型グローバル化の影響を受けているのは「南」の人々だけではない。「北」の人々も同様である。多国籍企業の権力と影響力の先例のない拡がり，そして，そのグローバルな生産の展開により，グローバルかつナショナルに富の激しい集中があり，超富裕層と大多数の人々とのギャップは拡大している。新自由主義型グローバル化は「グローバル・ノース」と「グローバル・サウス」との間のみならず，また一国内においても急激な社会的不平等を生み出した。

　注目すべき現実は，「南」と同様の貧しい場所は「北」にも多数存在し，同時に，「南」のエリートが富を蓄積している多くの裕福な地帯が「南」にもあることである。グローバル化のもとで，国境を越えて組織され拡散されている新たな社会的ヒエラルキーや不平等の諸形態が出現している。

　こうした社会的ヒエラルキーと不平等のグローバルな存在は，従来の「途上国」や「南」といった概念では捉えきれなくなっている。グローバル化時代の「南」は，かつての「南」ではなく「グローバル・サウス」なのである。冷戦

終結後,「第二世界」の崩壊により「第三世界」概念は言うまでもなく使われなくなった。先進国へのキャッチアップをイメージした「発展途上」という用語も,「先進」と「途上」の二項対立も有効性を失いつつある。

「北」と「南」という言い方は,ブラント委員会レポート『南と北――生存のための戦略（North-South : A Programme for Survival）』(1980) で普及した。それは,「北」と「南」との間に巨大な不平等が実際に存在することを明らかにしており,当時の地理的事実に基づいていた。

したがって,この区分は地理的・空間的な現実を反映している静態的な類型化であった。また「途上国」という表現は,欧米中心の経済主義的基準にとらわれていたことにも注意する必要がある。さらに,それは国家中心的な二分法的発想も免れていない。それゆえ,いまや「途上国」や「南」といった概念では,今日のグローバル化した世界を認識する枠組みとしては不十分と考えられる。

「従来の区分」との根本的な相違

それでは次に,「従来の区分」と「グローバル・サウス」概念の根本的相違はどこにあるのか。「グローバル・サウス」概念は,グローバル資本主義の新たな段階を含意している。W. I. ロビンソンは,グローバル資本主義の新たな段階として次のような特徴を指摘している。第1に,真に多国籍な資本の台頭,第2に,多国籍資本家階級の出現,第3に,国家の多国籍化,すなわち多国籍機関ネットワークへのナショナルな国家の吸収,などを挙げている (Robinson 2015)。

BRICS（ブラジル,ロシア,インド,中国,南アフリカ）の分析に関わって,ロビンソンは中国について次のように述べている。中国はグローバルな統合と多国籍資本家階級形成においてかなり前進した。たとえば,多国籍資本は中国の主導的国家企業にかなり共同投資した。世界第5位の石油生産企業,中国国営石油会社（CNPC）に2007年,5億ドルを投資した。事実上,CNPC は世界中であらゆる民間多国籍石油企業との合弁事業や共同投資をしており,そのイラク石油市場への参入は米国の占領者の支援で可能になった。ここで重要なことは,中国と多国籍金融資本との融合である。21世紀初頭,多国籍銀行は中国の主要金融機関で少数の株主であった。逆に,今では中国銀行は世界中の民間

金融機関に投資している。多国籍資本との同様の連携の波は，ロシアの国営企業（民間企業も同様）にとっても真実であった。

また，ロビンソンは北米自由貿易協定（NAFTA）発足以降のメキシコについて述べる。メキシコのグローバル化は，サリーナス政権（1988~94）下における国家内の多国籍志向テクノクラートから生じた。メキシコ国家の多国籍化とメキシコ資本家階級のかなりの部分の多国籍化は，「アメリカ帝国主義やメキシコの従属といった時代遅れの新植民地的分析の点からは理解できない過程にある」（Robinson 2015：15）と，ロビンソンは論じる。

さらに，彼は世界中に拡がっている自由貿易協定に関して，それは多国籍資本家階級への一層の権力集中とローカルな共同体の解体，金持ちと貧しい人々のグローバルな分極化を進めている，と分析する。

以上のようなグローバル・サウスは，グローバルな支配および抵抗の様式によって特徴づけられる理論的ルーツをもつ概念なのである。そして，新自由主義型グローバル化の下で，それは搾取や疎外や周辺化といった共通の経験を有するあらゆる被支配集団と「抵抗する」諸集団を包含する政治的アクターを示す概念でもある。「グローバル・サウス」は世界的規模で「不平等を伴って複合的に発展」する過程を伴うのである。

2　「21世紀」の世界認識に有効な視角か

では，「グローバル・サウス」概念を用いることで，われわれはどのような視角を獲得できるのか。言い換えれば，「グローバル・サウス」概念は「21世紀」の世界認識をいかに広げるのか。

本シリーズで取り上げられるであろうが，21世紀に入ってから，実に多様で複雑な政治的・経済的・社会的な現象や出来事が起こっている。9.11以降，「アラブの春」をはじめとする中東・アラブの激動，イスラーム国（IS）の動き，EUへの移民・難民，ニューヨークを中心に展開された占拠運動，世界社会フォーラム（WSF）の拡がり，ラテンアメリカにおける「左派」政権の誕生，キューバと米国の外交関係復活などなど。

「グローバル・サウス」概念は，センター（中心）とペリフェリー（周辺）間の，そして「北」と「南」との多くの区別が不鮮明になっている事実を反映し

ている。グローバル化のもとで,「国境を越えて組織され,拡散されている新たな社会的ヒエラルキーや不平等の諸形態が出現している。センターとペリフェリー——『北』と『南』——は,地理的カテゴリーというよりもますます社会的カテゴリーとなっており,それはトランスナショナルな社会構造のなかの位置」(Bullard 2012 : 727, 傍点筆者)を意味する。

　だが,そこで「国民国家」の位置はどうなるのであろうか。「グローバル・サウス」概念は,「国民国家中心的分析から決別する」が,それは「ナショナル・レベルの過程や現象,あるいは国家間ダイナミズムの分析を放棄することを意味しない」。なぜなら「具体的地域やその特殊な環境を検討することなしにグローバルな社会を理解することは可能ではない。すなわち,その全体との関係で,全体の一部として検討すること」が重要である (Robinson 2015 : 17)。

　以上述べた意味で,今日,従来の「途上国」と「先進国」,また「南」と「北」といった区分は再考される必要がある。「途上国」や「南」というカテゴリーは現状を十分に反映しきれていない。そこで,グローバル・サウスの視角が重要かつ前提となる。新自由主義型グローバル化の展開の重層性と複合性に対応して,グローバル・サウスの重層性と複合性を認識し分析することがきわめて重要である。

　「グローバル・サウス」概念は,国民国家中心の分析から離れ,新たな段階に向かうグローバル資本主義の推進力としての多国籍資本と多国籍化する国家によるグローバル世界の再編成の現状と行方を考察するための有効な理論的枠組みである。同時に,繰り返せば,これはナショナル・レベルの諸現象や国家間のダイナミックな分析を放棄することではない。むしろ,「ローカル／ナショナル／リージョナル／グローバル」の連結関係のなかで,ナショナルなレベルでの「国家―市民社会―市場」の変容する相互関係を考察することが必要になる。そのことが,本シリーズの各巻で言及されるように,21世紀の「重層的ガヴァナンス構築」に向けた「政治的グローバル・サウス」や「抵抗のグローバル・サウス」による対抗戦略の検討を要請することになる。

『人間開発報告書 2013』を超えて

　以上述べた論点に関連して,『人間開発報告書 2013：南の台頭——多様な世界における人間開発』に若干コメントしておきたい。国連開発計画 (UNDP)

は周知のように，毎年『人間開発報告書』を発行し，途上国あるいは「南の世界」に関わる貴重な報告と有益なデータをわれわれに提供してくれる。2013年のこの報告書は，問題関心の点ではわれわれのシリーズにかなり重複する。しかし，「南の台頭」の分析視角や「多様な世界」の時代認識においてはかなり相違がある。

　その相違の詳細をここで論じることは省くが，指摘しておきたい第1の点は，グローバル化に対する批判的・分析的な視点の弱さにある。グローバル化が「南の世界」に及ぼした否定的影響は指摘されている。そして，従来の経済成長重視の開発戦略の転換を，すなわち「人間中心の開発戦略」を要求している。しかし，報告で全体的に感じられるのは，普通の人々の顔や姿が見えない分析と提案であり，修正を含むが経済成長路線への「楽観」論である。

　第2に，そこで提案される処方箋は，「積極的な発展志向国家」と「グローバル市場の開拓」と「確固とした社会政策とイノベーション」の3つの原動力である。ここではそれぞれの原動力について積極的かつ多様な論点を提示している。だが，それぞれの論点の連関性が現在のグローバルな対抗関係や勢力配置のなかで位置づけられずに「折衷主義」あるいは妥協に陥る傾向がある。3つの原動力は，「既定の処方箋的アプローチに抗し」，「全体主義的な中央管理の考え方を退けると同時に，ワシントン・コンセンサスによって生まれた野放図な自由化とも一線を画している」。他方で，よりよい戦略として「責任ある国家主権」を強調し，「画一的なテクノクラート的政策は現実的でも効果的でもない」，このように報告書は論じている。こうした指摘を否定するものではないが，やはり報告書のタイトルが，「グローバル・サウス」ではなく「南」としている点で，本シリーズの時代認識や分析枠組みと基本的な相違があろう。報告書からは，「重層的ガヴァナンス構築」に向けた「抵抗のグローバル・サウス」による対抗戦略は想定されていない。

　地域の区分について

　第2次大戦後の経済拡張期（「栄光の30年」）に支配的な要素であったのは，ナショナルな規模であった。しかし，グローバル化が進展し，リージョナル化が拡大し，国民国家の「ゆらぎ」が論じられる現在，これはもはや現実的でない。われわれは今や「規模の相対化」を目撃している。ナショナルな領域は多

様な地理的規模の1つに過ぎない。こうした視点からすれば，思考の前提とされる空間と規模は確定したものではではない。

　本書で対象とする「地域」や「リージョン」認識は地理的・物理的な意味に還元できない。グローバル化の深化により国内的なことと国際的なこととの境界線が曖昧になっている今日，その定義は多くの議論を呼んでいる。それは，リージョン認識を再考することが，現在の多様で動態的なリージョンおよびリージョン間の分析とその視野を拡大すると考えられるからである。

　「リージョン」はラテン語の'regio'に由来している。このラテン語は，「指揮する，あるいは支配する」を意味する'regere'であった。それゆえ，「リージョン」は地理学的意味だけでなく，政治学的意味をも持っている。そこで，「リージョン」（あるいはマクロ−リージョン）は「一定の特異性をもち，異なるアクターの統一体によって社会的に形成され，異なる（そして，時々矛盾する）諸原理により動機づけられた，領域を基盤にした，国境をあふれ出る認識的構築物」と考えられている（松下 2012：第1章参照）。

　わが国の歴史家の間でも，自明の「対象」としての地域ではなく，歴史学の「方法」としての「地域」概念が提唱されている（板垣 1983）。

　たとえば，現代世界のなかで，「地域」認識は，「新しい民族形成や新しい民族的立場の獲得の動きにともなって，たえずあえて更新され，あえて組み替えられるべきものとなっている」と主張される。したがって，「方法としての地域」における地域とは，「基本的には，歴史家の課題意識に応じて設定される，可変的で多様な性格を有するものである。歴史家は，問題とする歴史の具体的条件によって，一国よりも小さな地域，国境をまたぐ地域，多数の国家を含む地域など，大小様々な地域に光を当て，その重層的な構造を検討する」（古田 1998：42）。

　グローバル化の時代には，とりわけ多様なレベルの地域の重層性についての分析が不可欠となる。本シリーズでも様々な意味合いで「地域」という言葉が使われている。ローカルなレベルで，また国境を越えた多岐にわたるリージョナルなレベルで「地域」概念が使われるが，以上の意味合いでこの概念が使われることを確認しておきたい。

3 グローバル・サウスから見る世界——現在と課題

　これまで本企画全般に関わる基本的な枠組みやアプローチについて述べてきた。そこで，次に，各巻で論じられると思われるグローバル・サウスの検討課題・論点を挙げておきたい。

　それでは，「グローバル・サウス」概念に関わって，いま，具体的にどのような基本的課題が検討されるべきであろうか。この分析は，「ローカル／ナショナル／リージョナル／グローバル」の連結関係を考えるためのグローバルな枠組みを規定する。同時に，ナショナルなレベルでの「国家－市民社会－市場」の変容する相互関係を考察する前提となる。

世界秩序の変容とヘゲモニー
　第1に，20世紀，とくに第2次世界大戦以降に形成・確立してきた世界秩序が21世紀にいかなる変容を遂げつつあるのか，それに関連するヘゲモニーをめぐる問題である。ここには，以下の論点があろう。

(1) 米国のヘゲモニーの「衰退」論があるが，その実態を分析するには軍事・経済・金融だけでは判断できない。そもそも「ヘゲモニー」概念とは何かを検討しなければならない。それには地域的ヘゲモニーの衰退を含め多様な「関連性」を考慮しなければならない。とくに，9.11以降の米国の「テロとの戦争」がもたらした世界的な影響，リージョナルな安全保障の考察が必要である。
(2) グローバル・アクター化する中国の台頭とBRICSの出現の政治経済的な意味を長期的な視点で分析することも不可欠である。この分析は，「国民国家」的視点からでは不十分である（第2章参照）。
(3) 多国籍なエリートが支配する制度的ネットワークと諸機関におけるヘゲモニーの対抗関係や統合メカニズムの分析。ここには，世界銀行，IMF，ダボス会議，EU諸機関，G7，アジアインフラ投資銀行（AIIB），BRICS開発銀行，上海協力機構などが含まれよう。

グローバル化と国民国家の変容

　第2に、脱植民地化の総括を踏まえた「グローバル化と国民国家の変容」である。近代世界は国民国家および主権国家システムの基本原理と構造（ウエストファリア体制）を前提にしてきた。国民国家は暴力手段を効果的に管理し、監視能力の拡大と国内平定、つまり秩序維持を図ってきた（権力のコンテナー化）。しかし、もはやこうした前提は崩れつつある。国家はコンテナーではなく「フローな空間」となった。

　20世紀最後の四半世紀にわれわれは国家の劇的な変容を経験した。ベルリンの壁の崩壊、社会主義体制の解体、主にアフリカにおける国家の「崩壊」や「破綻」、「失敗」の現象、多発する地域紛争（カルドーの「新しい戦争」論）、それに関連するアイデンティティをめぐる衝突、兵器のグローバリゼーション、国家機能の私有化（たとえば、民間軍事企業＝戦争請負企業）の発展、越境する犯罪と犯罪組織、等など限りがない。

　こうした「ボーダーレスな世界」の拡がりと（国民）国家のゆらぎは、他方で、移民や難民に対する国境のフェンス化＝国境の安全保障化、国内でのゲーテッド・コミュニティの成長を促進している。すなわち、国境の「融解」は国境の「フェンス化」と背中合わせに進行している。そこで、「グローカリゼーション」の視点が提起されている。

　ここで改めて問われるのは、そもそもグローバル化とは何か、グローバル化によって具体的に国家のいかなる役割がどのように変容しているのか（国家衰退論、国家健在論、国家変容論など）、である。そのまえに「新自由主義政策」の実態、現状、民衆生活との関連を再考することが不可欠であるが、この点は本シリーズ全体で詳しく考察されよう。

グローバル化する権力関係と「国家─社会」関係の弛緩・衰退

　第3に、新自由主義型グローバル化の浸透により国民国家の役割は低下し、その権力関係と社会構造は脱「国民化」した。その帰結として、民衆は一方で、国境を横断する社会的・政治的・文化的な多くの問題に直面した。

　メキシコではNAFTA加盟以降、外国資本がメキシコ社会に影響力を強めた。トウモロコシ価格に連動したトルティーリャ価格の高騰は民衆生活に打撃を与えたことは言うまでもない。さらにアグリビジネスの農村への浸透は「食

糧主権」の放棄と農村の破壊と貧困化を進め，米国への移民増大に繋がった。

ボリビアでの「水戦争」は新自由主義政策による水の民営化の結果である。また，アンデス地域における天然資源の採掘やパイプラインの建設は広大な環境破壊をもたらしている。フセイン政権崩壊後のネオコン主導のイラクでは多数の難民・移民が発生している。新自由主義が推し進めた市場と競争を最優先した規制緩和や民営化の諸政策は，こうした環境破壊や格差拡大，難民・移民問題に限らず暴力や地域紛争の発生に関わっている。

抵抗するグローバル・サウス

新自由主義型グローバル化に対する異議申し立てや抵抗が，とくに20世紀末の10年間に浮上してきた。「抵抗のグローバル・サウス」の可能性，すなわち，グローバル資本の市民社会への埋め込み，これが第4のグローバル・サウスの検討課題あるいは論点になる。そこには，民主化や民主主義の問題，市民社会の拡がり，先住民の底辺からの運動などが含まれる。民衆が権力の政治的な操作対象あるいは客体でなく，様々な自立的な社会運動と組織の構築を目指すようになる。

グローバル化は多次元的現象であり，市民社会に複雑な影響を与えている。グローバル化はローカルな次元で細分化される。すなわち，グローバルな傾向がローカルな多面的文脈で受容・解釈されることにより，多様でユニークなグローバル化への反応を生み出しているのである。社会運動や政治的左派の市民社会組織（CSOs）は，グローバル化が生み出した諸問題への取り組みに独自の対応を始めている。

ブラジルでは20年間に及ぶ軍政を克服し，民主化の過程で地区レベルでの多様なアソシエーション結成を基盤に，ポルト・アレグレの参加型予算をはじめ，ブラジル全体で実に400以上もの参加型制度がつくられている。他方，南アフリカでは1994年，アフリカ民族会議（ANC）を中心とした歴史的闘争と国際的圧力によりアパルトヘイト体制は終わりを告げた。しかし，その民主主義への移行過程で，経済政策における新自由主義モデルへの傾斜が強まり，政治・社会分野ではエリートと官僚の支配が強まった。「国家―市民社会―市場」関係において，市民社会は政府と市場に取り込まれた。

結局，新自由主義を超える民主主義的対応として，ポスト新自由主義を構想

できるか否かは，グローバルな環境とそこにおける民衆の主体的な力量の構築という対抗関係のなかで考えざるを得ない。

民主的な重層的ガヴァナンス構築の可能性

それでは，第5に，民主的な重層的ガヴァナンス構築の可能性について検討してみよう（松下 2016 参照）。民主的な重層的ガヴァナンス構築を，ここでは「ローカル／ナショナル／リージョナル／グローバル」なレベルの相互連関の視点から考えている。グローバル・サウスにおいて新自由主義を乗り越えることは容易な課題ではない。しかし，その可能性を考えることなしには，21世紀の豊かで公正な社会は実現できない。この課題へのアプローチは，ローカルを基点とした，すなわち「民衆の生活空間」から市場の横暴を規制するプロジェクトを構築することが大前提であろう。

こうした重層的ガヴァナンスの構築は，理論的レベルで多様な構想が提起されている。第2章で述べるが，われわれにとって，グローバル・デモクラシー論（D. ヘルド）や「民主主義の民主化」論（サントス）の理論的グループが参考になる。ローカルおよびナショナルなレベルでは，「市民社会に国家を埋め込む」ために，市民社会や公共空間，社会運動，民主主義と参加，国家の再構築，政党の役割，こういった概念と関連の諸問題を民衆の立場から再検討しなければならない。リージョナルなレベルでは，J. ミッテルマンが主張する「リージョナルの社会化」＝「市民社会型リージョナリズム」の可能性が重要になる。また，南—南協力の現実化も必要であろう。そして，それぞれのレベルのガヴァナンスを世界社会フォーラム（WSF）といかに接合させるかが，21世紀に急速に発展してきたグローバル・レベルの底辺から積み上げられた，進行中のグローバル・サウスの実践である。

「抵抗はローカル化され，リージョナル化され，そして経済的グローバル化が地政学的境界を切り取ると同時にグローバル化される」（Mittelman 2000：177）。このミッテルマンの指摘は，世界社会フォーラムにおける諸運動の背景となっている。

グローバル・サウスにおける21世紀の日本の役割

日本はこの数十年間，新自由主義型グローバル化の幻想に取り憑かれてきた。

保守的政権とテクノクラートおよび資本が喧伝する，競争と民間イニシアティブの優位のイデオロギー的ヘゲモニーに縛られてきた。東日本大震災では，一部知識人の否定的な役割が明らかになった。相変わらず新自由主義を売り物にする専門家も後を絶たない。現在も，過去と同様の「成長」軌跡を追いかけている。

　戦後，清算できずに引きずってきた東アジア諸国との諸問題が断続的に浮上するが，その度に保守的・排他的ナショナリズムが引き出され，そのもとに後退的な「国民統合」が図られている。こうした問題は，第2巻で詳しく論述される。ここでは，「国家安全保障」ではなく，「人間の安全保障」の視点から，人権と文化の多様性の尊重を基礎にした東アジアの平和的・協調的枠組みを早急に構築する必要性を指摘しておきたい。

　国家や政府間の歴史的摩擦と障壁を乗り越えて，新しい世代を中心とした継続的交流と対話が地道に進んでいる。環境汚染や感染症の拡がり，食糧や労働者の動きを見ても国境を越えた公共空間の構築は，グローバル化時代には避けて通れない。

　この地域のリージョナルな市民社会と公共空間に，排他的なナショナリズムを埋め込むという課題を市民が主導的に構想し，構築することが要請されているのである。

4　本書の構成と各章の紹介

　以上，21世紀の世界認識にとっての「グローバル・サウス」概念の重要性，意味，有効性，その射程について簡単に述べてきた。これは，本シリーズ全体の基本的な枠組みとアプローチに位置づけられよう。

　最後に，本巻の構成と各章の紹介をしたい。本巻の第Ⅰ部では，世界秩序をめぐるヘゲモニーの変容とそれが及ぼすグローバル・サウスの社会・経済構造の変容過程と現実を論じる（第1～7章）。第Ⅱ部ではグローバル・サウスの諸地域が抱える21世紀型の基本的な諸課題（貧困と格差，環境，生存権，労働力移動と移民，市民社会と社会運動，平和構築など）を踏まえ，新たな時代に相応しい「人間の安全保障」構築の立場からのガヴァナンス構築に向けた構想を検討する。

第1章（竹内）は，帝国，帝国主義，覇権，グローバル化の諸現象を連関性のなかで考察し，それぞれの概念と現象を歴史的，理論的に整理している。そして，21世紀に入ってから顕在化してきたグローバル化の多極化傾向，諸国家から自立する存在としての「グローバル資本」や「金融権力」を基盤とする「中心のないネットワーク権力」の構造性が浮上してきている状況に着目し，主権国家に代わる覇権論の説得性に注目している。

　第2章（松下）は，脱植民地化の過程での諸困難と限界を引きずりながら，さらに新自由主義の暴走に揺れ動くグローバル・サウスの現状を考察する。そして新自由主義に抗した「ローカル／ナショナル／リージョナル／グローバルな重層的ガヴァナンス」構築の視点と展望を踏まえた国家の再構築を構想する視点の重要性を論じている。

　覇権の実態やバランスを詳細に検討しなければならないが，グローバルな秩序をいまだ維持しているのはアメリカ合衆国（以下，米国）である。第3章（藤本）は，ベトナム，アフガン，湾岸，イラクと続いた「米国の戦争」を分析している。その上で，ベトナム戦争の教訓を学ぶことなく，9.11以降，米国主導で展開された「対テロ戦争」は，「暴力の連鎖」を招き「終わりなき戦争」に向かっていると警告し，「構造的暴力」の克服を強調している。

　第4章（長島）は，20世紀初頭から21世紀初頭にかけて，アジア太平洋の覇権をめぐって争ってきた日本と米国の統治や軍事・安全保障政策と太平洋（とりわけミクロネシア）の島々との関係について，歴史的なパースペクティブから概観している。そのなかで，島々における政治・経済のみならず文化・イデオロギー，すなわち人々の安全保障に関する認識やナショナル・アイデンティティにも着目する。

　第5章（藤田）は，EU域内における経済的社会的連帯の強化を主目的とするEU条約に基づく開発金融機関，欧州投資銀行（EIB）が，1960年以降，EEC域外へと活動領域を拡大させ，発展途上国の支援に向かった側面を考察している。具体的な事例として，コートディヴォワールを対象としているが，グローバル・ノースとグローバル・サウスの結節点としての開発金融分野における欧州投資銀行（EIB）の経験を描いている。

　第6章（道上）では，冷戦終結後の経済の急速な市場とグローバル化のもとでのロシアにおける社会経済的な変容がロシアの人々の生活の視点から考察さ

れている。さらに，経済・社会・外交・価値観など多くの領域で中国との関係を深めている状況が指摘されている。

グローバル・ノースとグローバル・サウスが交差する空間は，移民をめぐる悲劇の現場となっている。第7章（南川）は，新自由主義時代における深刻化する国際移民と国境管理の危機的状況を取り上げている。現在の難民や移民の問題には，グローバル・ノースとグローバル・サウスの関係性が凝縮されており，「内戦」や「飢餓」,「貧困」といった途上国の「国内事情」を超えた歴史的・政治的文脈から考える視点の重要性を喚起している。

第8章（岡野内）は，人間社会の営みとそこにおける人間の自立の過程を人類史のなかから描き出し，21世紀段階での生存権の可能性を「ベーシック・インカム」に見出している。それはただ生き延びる権利だけを保障するのではなく，ひとりひとりの人間としての連帯による自立を保障するものであると主張する。それはいまだ導入されていないが，ナミビア，ブラジル，インドで実験的に動き始めていると述べる。

地球環境問題は言うまでもなく焦眉の人類的課題である。環境問題は，貧困やテロをはじめあらゆるグローバルな問題群と直接，間接に結び付いている。第9章（石原）では，グローバル・サウスの開発・環境問題への国連の取り組みと交渉過程を歴史的な総括を踏まえ分かりやすく描き出している。開発・環境問題は先進国と途上国の立場の相違だけでなく，各国の利害が錯綜してきたが，国連は国際社会が共通に取り組むべき課題の設定や共通政策の基盤づくりに貢献してきた。そして，論文は，「共通だが差異のある責任」の着実な実施を期待している。

第10章（中野）では，グローバル化と新自由主義が推し進める「マネーゲーム」の世界が途上国にもたらした貧困の現状，貧富の格差の拡大を公式統計に基づいて具体的に分かりやすく再確認している。そして，貧困問題解決には，ODAを通じての先進国の国際的責任の遂行，軍備の大幅削減，タックスヘイブンに隠された富裕層と多国籍企業の巨額な資金への規制と課税，投機的な短期取引への課税などを提案している。

外国人労働者に関する問題は，経済のグローバル化に伴い世界的規模で不可避的に浮上するが，それは政治経済的問題のみならず人権問題をも含んでいる。第11章（田巻）は，日本の外国人労働者政策の特徴と問題性を韓国の経験と

比較しながら整理・検討している。そして,「利益最大化」と「コスト最小化」の維持を意図してきたわが国の外国人労働政策を改善し,外国人労働者の生活に目を向けた「多文化共生」社会の構築を提起する。

グローバル・レベルでの分断と格差はEU内でも存在している。この分断は,地理的問題のみならず,経済的,商業的,政治的,社会的不平等を反映している。この状況は,EU懐疑派やポピュリスト政党の台頭に現れている。第12章（デ・クエト・ノゲラス）は,Second Order Election Theory（SOET）の理論的枠組みと各種のデータを使って「北」のEUと「南」のEUの不平等が深まってきたことを立証している。今日,EUは民主的正当性と市民からの支持を獲得するため,誰がEU市民であるのかを問い直し,熟議民主主義の観点から,より民主的な新たなガヴァナンスのあり方を再考することが緊急の課題であると主張する。

新自由主義型グローバル化が引き起こす政治的・経済的・社会的,そして文化的矛盾に抗して,グローバル・サウスの諸地域では草の根社会運動や反グローバル運動が様々なかたちの異議申し立ての運動と抵抗を展開している。第13章（太田）はこうした状況を考察している。そしてグローバル社会におけるルールや意思決定のあり方を再検討する必要性を強調する。くわえて,その際に忘れてはならないのが,「生活をする人々の視点」であると主張している。

冷戦終結にもかかわらず世界各地で紛争が後を絶たない。第14章（杉浦）は紛争後に展開される平和構築の全体像を検討し,それが直面するジレンマと課題についてオーナーシップと民主化に注目して「人々の中心の視点」から整理している。その上で,平和構築が単なる「技術」ではなく価値選択を伴う「政治」であること,この点を認識して国際アクターは,複雑な国内・国際的レベルでの権力関係の文脈において多様な目標を追求する必要性を強調している。

参考文献

板垣雄三「現代アジアと日本」歴史学研究会編『アジア現代史』4,青木書店,1983年。

古田元夫「地域区分論──つくられる地域,こわされる地域」『岩波講座　世界歴史1　世界史へのアプローチ』岩波書店,1998年。

松下冽『グローバル・サウスにおける重層的ガヴァナンス構築——参加・民主主義・社会運動』ミネルヴァ書房，2012 年。

松下冽「「南」から見たグローバル化と重層的ガヴァナンスの可能性」諸富徹編『岩波講座　現代 3　資本主義経済システムの展望』岩波書店，2016 年。

Bullard, Nicola, "Global South," Helmut K. Anheier and Mark Juergensmeyer (eds.), *Encyclopedia of Global Studies*, Sage, 2012.

Mittelman, James H., *The Globalization Syndrome : Transformation and Resistance*, Princeton : Princeton University Press, 2000.

Robinson, William I., "The transnational state and the BRICS: a global capitalism perspectives," *Third World Quarterly*, 2015, Vol. 36, No. 1, 1-21.

第Ⅰ部

世界秩序の変容とグローバル・サウス

EU首脳とドイツ・メルケル首相の訪問を待つ難民キャンプの子供たち
（トルコ・ニジプにて，2016年4月23日）（dpa／時事通信フォト）

第1章 帝国，帝国主義，覇権そしてグローバリゼーション
―― その歴史的連関 ――

竹内 幸雄

1 グローバリゼーション

グローバリゼーションの展開と諸問題

　現代における政治，経済，思想，文化の支配・被支配関係を問う場合，グローバリゼーションと覇権とがキーワードになる。それ以前における国家や民族を超える支配・被支配関係は，帝国と帝国主義の言辞で表現されてきた。本章の課題は，数世紀の歴史を持つ帝国，帝国主義，覇権，グローバリゼーションという諸現象を相互の連関性の中で考察し，歴史的，理論的に整理し解釈することである。その際，いったん，グローバリゼーションの歴史的流れと帝国・帝国主義・覇権の歴史的流れとを対比的におき，次にそれらを連関させ，グローバリゼーションの歴史の総合的理解を図ることとする。

　グローバリゼーションは比較的新しい言葉である。それは，1990年代において世界経済の地球規模での一体化が，連関性の規模と密度という点で画期的な段階に達していることを表したものであり，また経済のみならず，政治・思想・文化での一体化（フラット化）を表現するものである。また1990年代は，「社会主義経済圏」の崩壊とともに，アメリカ，西欧そして日本を核とした資本主義経済システムの勝利が，1980年代初頭からの新自由主義経済学（市場原理主義）の「理論的優位」とともに唱えられた時期であった。

　グローバリゼーションの動力・主体は，アメリカを主とする先進諸国家の戦略的意図や経済政策はあったものの，実体的には超国家的な経済諸力，すなわち公的な制度・機関としてのIMF，世界銀行，世界貿易機構，EU，G7など，そして私的な機関としての超国家企業（多国籍企業）である。これらの総合，あるいは超国家企業の集合を「グローバル資本・資本主義」あるいはより狭く「現代金融資本主義」と表現できる。これらの制度，機関，企業の多くはアメ

リカ起源・主導という色彩を帯びていた。また1990年代におけるグローバリゼーションの前例のない加速化を可能にしたのは情報通信技術の革新であったが，これもまたアメリカ主導という性格を帯びている。しかしグローバリゼーションすなわちアメリカの覇権ということには必ずしもならない。

　グローバリゼーションとともに世界経済の規模は拡大してきた。なかでも先進諸国以外の中国をはじめとする新興工業国（旧開発途上国）の経済成長には目覚ましいものがあり，それがグローバリゼーションの到達度の高さをもたらしている。それは，第2次世界大戦後唱えられたアメリカ的開発論（ロストウらによる低開発地域の段階的な経済発展論）がついに実現したかのような現象を生み出しているのである。世界の商品生産と流通はグローバル化し，労働力と資源は，地球規模で利用され，支配されている。それを媒介しているのが自由な資本の移動である。擁護論によれば，グローバリゼーションは，世界における経済資源・生産要素を自由な市場を介して最適に使用し，世界全体の富を最も適切に生み出しまた分配していることになる。さらにレセフェール（自由放任）と自由貿易の勝利，それに伴う自由・民主主義の政治制度と思想の拡がりにより，「人類の歴史はここで終結する」完璧な状態にあるというのである。

　しかしグローバリゼーションは地球規模での様々な問題を生み出し続けてきた。問題の第1は，世界経済の金融化である。世界的規模での富の蓄積は巨大な貨幣・遊休資本を生み出した。それはあらゆる金融・商品市場をめぐり，新たに開発された投機的な金融商品（デリバティブ，証券化という金融イノベーションによる）などに吸着し，さらなる富の蓄積とともに，金融危機を繰り返し引き起こしてきた。1990年代からのアジア金融危機，リーマン・ショック，ギリシャ・EU金融危機などの連続する危機（クライシス）は，実体経済（生産，流通，消費）を歴史上かつてないほど大きく揺り動かす「世界経済・金融危機」となっている。マッド・マネー，グローバル金融恐慌，金融暴走時代などの言辞はそうした状況をよく表現している。

　次に，グローバリゼーションの根本的問題といってよいものは，富の所有と分配の不平等である。それは，各国の内部のみならず，地球規模において生み出されている。先進諸国内においては中間層の縮小と格差の拡大があり，地球規模ではグローバル・ノースとサウスとの格差の拡大がある。この二種の格差の拡大は連関しているが，今日においては主として後者の格差が先進諸国内格

差に「ブローバック」しており，先進諸国内における所得格差の是正は，それ自体が大いなる議論の対象となっている。

さらにグローバリゼーションは，思想，文化，宗教の面での画一化・フラット化をもたらすものでもあり，それへの反動として，世界各地での民族対立・地域紛争に関する民族主義的，宗教的な過激主義のイデオロギーを供給することになっている。また先進地域内部においては移民・労働問題を契機としたナショナリズムの動きが強まっている。

グローバリゼーションが生み出した最大の，最新の，緊急の問題は気候変動・地球温暖化である。1990年代に明白になったこの問題の深刻化は，グローバリゼーションの拡大と軌を一にしている。その解決の道はグローバルに議論されなければならないが，新自由主義・レセフェールが主流な経済思想として存在する限り，世界的な連帯による規制や抑制策の動きは，限定づけられている。その改善策として提起されている排出権取引やバイオエネルギーの生産などは，それ自体地球的に問題を再生産している。

グローバリゼーションの解釈と批判

グローバリゼーションとその経済・政治・思想・文化に対して多様な異議申し立てや代替案が提起されている。金融の無政府主義的暴走に対する国際的金融規制，自由貿易に対するフェアトレード，低賃金・搾取労働の規制，過剰な蓄積に対する税制改正，地域経済の再生策，環境破壊・資源略取・地球温暖化への対策と政策，などである。これらは国連や国際諸機関を中心に議論され，また市民，労働者，NGOによる運動が活発化しているものの，グローバリゼーションによる諸問題の拡大を抑制できる状況には至っていない。

グローバリゼーションに関する解釈と批判がなされなければならない。それは従来の世界経済論あるいは国際政治学の範囲でもなされてきた。しかし近年提起されてきたグローバリゼーション論の中で最もその本質を明らかにしたのは，S.ストレンジの構造権力論とA.ネグリ＝M.ハートの中心のないネットワーク権力論である。

ストレンジは，従来の国際政治経済学での関係的権力論に対して構造権力 (Structural Power) 論を提起する (Strange 1988: 35-47)。構造権力とは世界の政治経済構造を形作り，決定するような力である。そこでは政治力と経済力とを

区別することはできない。現在における世界的な権力や権威は国家の範疇を超えた超国家的で市場的な権威を中核として行使される。ある特定の国家による政治力や軍事力という実質的権威行使による支配従属関係は現代世界においてはすでにその実態をなくしつつある。安全保障, 金融, 生産, 知識という諸局面での構造権力は, 総合的に行使される限り, 市場的であり, 国家的ではありえない。世界の政治経済は, 超国家的で市場的な「ゲームのルール」や「思考のフレームワーク」によって規制され, 展開されている。こうした構造権力をある国家が総合的に行使できた場合が歴史的にあり, それは覇権 (国家) と呼ばれていたが, 現代において, 構造権力の実践はますます超国家的に市場的に (ネットワーク的に) 行われている。

　ネグリ=ハートによれば現代の「帝国」は, 中心のない多様な権力のネットワークであり, 国家・領域を超えたグローバルなシステムである。そこでは, 主要な国民国家に加えて超国家的な諸制度, 超国家的な資本主義企業が主役として活動している。それらの力量は不均等であり, 相互の中での競争, 葛藤, 矛盾を持ちつつも, 全体として層をなし存在し, ネットワーク的に繋がり, 活動している。そのシステムが現代における帝国であり, 個別の強力な国家, たとえば米国が指導的覇権的地位にあることはもはやない。「帝国とは, 脱中心的で脱領土的な支配装置なのであり, その開かれた境界の内部にグローバルな領域全体を漸進的に組み込んでいくのである。帝国はその指令のネットワークを調節しながら, 異種混交的なアイデンティティと柔軟な階層秩序, そしてまた複数の交換を管理運営する」のである (ネグリ=ハート 2003：5)。そうした中心のないネットワーク権力に対抗し, 新たな政治・経済・社会システムを構築できるのは, 既成の批判勢力, たとえば政党, 労働組合などの中心的・同一性組織ではなく, 帝国がそれ自体生み出している存在, すなわち相互の差異を保持しつつも「共生」を求め自発的なネットワークに集まる人々の組織形態・マルチチュードである。

　彼らのネットワーク権力論は, ストレンジの構造権力論を超えてさらに現代的であるともいえるが, 構造権力論を超えたネットワーク権力論の幅広さには, あまりに抽象的で非現実であるとの批判に曝されることになる。しかしながら, ストレンジの権力構造論とネグリ=ハートのネットワーク論は, ともに, 現代グローバリゼーションとその下での支配被支配関係の, 複雑で, 間接的で, 輻

䡖的なあり方（存在）を明らかにしうる有効な議論であるといえる。

　帝国と帝国主義の研究史からみると，ストレンジの構造権力論およびネグリ＝ハートの帝国論はまったくの新機軸ではないことに留意しなければならない。それは，従来の帝国・帝国主義論における非公式帝国論や自由貿易の帝国主義論，およびグローバリゼーションの存在を数百年の時間枠で想定し，それをシステム（世界システム，世界経済システム）として捉えるA.G.フランクやW.ウォーラーステインらによる「世界システム論」の系譜と無関係ではありえない。現代におけるグローバリゼーションとそれに関する言説は，長い歴史と多くの先駆的議論を持っている。以下ではそれに関連する諸研究を概観しておくことにしよう。

2　グローバリゼーションの歴史

グローバリゼーションの時期区分

　イギリス帝国史研究において指導的役割を果たしてきたA.G.ホプキンズを編集者とした『世界史におけるグローバリゼーション』（Hopkins 2002：3-9）によれば，グローバリゼーションは以下の4段階に時期区分して語ることができる。

　A．原初的グローバリゼーション（Archaic Globalization）1600年以前：ビザンティン，中国，オスマンなどの諸帝国においては，都市の重要性が増し，移民・移住者が大きな役割を果たし，労働の専門化・特化が進むという，現代グローバリゼーションの諸特徴がすでに生まれていた。しかし同時に，技術，制度の，さらに市場そして分業の限界により，コスモポリタン化は大いに制限されていた。

　B．初期グローバリゼーション（Proto-Globalization）1600〜1800年：国家システム，財政・金融，商業，前工業化製造業などの発展があり，商業と市民意識が広がった。政治と経済の補完性が生まれ軍事財政システムが確立し，イギリス，フランス，オランダ3国間の競争が強まった。イスラーム圏，アフリカ・アジアでの独自の経済発展も見られた。とりわけ1760年代において，商業と交通・輸送に関する科学的知識の拡大が，世界的な規模での諸地域の接触と征服を可能にした。労働力と原料が世界的な規模で求められ，消費財と前工

業化製品との交換が大量に行われるようになった。

　C．近代グローバリゼーション（Modern Globalization）1800年頃〜：国民国家形成と工業化が進展した。それ以前のコスモポリタニズムとは異なる，経済と政治の国内化が顕著となり，国益が重視され，国家意識が高まった。コスモポリタニズムの民族・国家化（nationalization）が始まった。それゆえ，海外膨張も国民国家・国民経済が外に向かうという形式，特徴を持っていた。諸国民経済は国際貿易によって結び付けられた。それ以外の地域は，説得と強制，自由貿易と帝国とによって結び付けられた。ヨーロッパの工業製品と各地の資源の交易がかつてない規模で拡大した。この時期は，19世紀末帝国主義以前と以降とに小区分される。

　D．ポストコロニアル・グローバリゼーション（Post-colonial Globalization）1950年代〜：新しいタイプの超地域的組織，地域統合の組織が発生し，その活動が展開される。工業製品・原料間貿易に代わって，産業内貿易および先進国間貿易が拡大する。超国家企業が数を増やし，またその機能を製造から商業，金融へと多様化させる。それゆえ金融，商業，情報サービスの製造業への優位がさらに高まっていく。20世紀末に至ると世界経済は国際的というよりますます地球的になっていく。

　以上の時期区分で特徴的なのは，近代グローバリゼーションの時代の例外性である。国民国家と工業化に，また世界経済というより国際経済の色合いを強く帯びていた特異な時代と捉えるべきであるとされている。国民国家を前提とした帝国主義がグローバリゼーションに障害であった点も主張される（逆に，帝国がグローバリゼーションとの親和性を持つことが想定されている）。それにもかかわらず，この時期区分論が問おうとしているのは，グローバリゼーションの数百年に及ぶ連続性である。その意味で，伝統的な経済史における発展の諸段階を明確化しようとする傾向とは対照的な捉え方といえる。ここでは伝統的な段階論的な見方をまとめておくことが必要であろう。

世界経済論からの時期区分

　A．伝統的で一般的な経済史・経済学史から世界経済の発展を時期区分していくと，以下のごとくとなる。(1)16世紀における「大西洋経済」の成立からアジア通商圏の拡大，18世紀末までの重商主義の時代，(2)産業革命を経た19

世紀の自由貿易の時代，(3) 19 世紀末の帝国主義の時代，および 20 世紀前半における戦争と恐慌そしてブロック経済圏の時代，(4) 20 世紀後半における世界経済拡大の時代，(5) 20 世紀末におけるグローバリゼーションの時代。

B．資本主義とは何か，諸時代における支配的資本形態とは何か，という観点からは，支配的資本は，(1)商業資本，(2)産業資本，(3)独占・金融資本，(4)多国籍企業（資本）へと転換してきた。

C．資本主義世界による非資本主義世界の組み込みの過程における支配的資本と経済政策という観点からは，(1)商業資本と重商主義，(2)産業資本と自由貿易主義，(3)独占・金融資本と帝国主義，(4)多国籍企業とグローバリゼーション，という区分が提起されてきた。

グローバリゼーション論と世界経済論

伝統的な資本主義世界経済論とグローバリゼーション論（世界システム論）との最大の相違は，産業革命をどう捉えるかにある。前者は産業革命の段階性を強調し，後者はその段階性・革命性の相対化を主張する。後者によれば，世界資本主義体制の出発点は 16 世紀の世界的な商業拡大にある。「グローバリゼーション 500 年論」ともいえる。産業革命，機械制工業，階級，剰余価値などによる資本主義論からは，世界経済の生成は 200 年の歴史を持つにすぎない。現代におけるグローバリゼーションを理解しようとする場合，500 年説の比較的な妥当性を認めておきたい。そこから，時間と地域の拡大をベースに理解可能な分野が広がりうるからである。それゆえ次節では世界システム論の生成を整理し，グローバリゼーションの継続性を認識しておこう。

グローバリゼーション論としては，世界システム論は，新自由主義的な開発論（発展論）とははっきりと対立している。世界システム論は，発展の中にそれを躓かせるものが組み込まれている点，すなわち「低開発の開発」「富の流出」という現象を解釈しようとする点に特徴がある。それは，1960 年代において，脱植民地化した国々の発展が依然として抑制されている点に焦点を当てて議論された「新植民地主義論」「植民地なしの植民地主義論」などと連動しながら，問題の歴史的根拠を明らかにしようとする試みから生まれてきた論理なのである。

3 世界システム論の展開

フランク――世界資本主義体制，中枢・衛星そして従属

A. G. フランクによる世界資本主義体制（world capitalist system）論と低開発の開発（development of underdevelopment）論の要旨は以下のごとくである（Frank 1969: 14-45）。

(1)世界各地の低開発は数百年にわたる資本主義発展と資本主義自体の内部矛盾の必然的な産物である。その矛盾とは，多数者からの経済余剰（economic surplus）の収奪と少数者によるその流用，そして資本主義体制の中枢と周辺衛星部への両極分解（Metropolis-Satellite relation）である。経済余剰の収奪は，周辺衛星部には低開発を生み，余剰を流用する中枢には経済発展をもたらす。(2)通常の経済発展論，「経済発展は資本主義の諸段階を連続的に追って進む」は誤りである。低開発諸地域の発展は保障されてはいない。むしろ先進諸国による資本主義的発展はその他地域の低開発を生み出し，それを固定化する。(3)いわゆる二重社会論（dualism：近代的な部分と前近代的部分との共存，それによる移行過程の長期化）も誤りであり，過去数世紀にわたって資本主義体制は拡張を続け，低開発世界の最も孤立した地域にまで浸透している。低開発諸国の低開発部分の諸制度や諸関係は，これら諸国の国内中枢が見かけ上持っている資本主義的相貌と同様に，すべて単一の資本主義発展の歴史的所産なのである。(4)経済余剰の大部分は国外の独占企業によって収奪され，流用されてきた。搾取関係は連鎖状をなしている。資本主義的世界中枢，国内中枢，地方中心地，地域中心地へと搾取関係は連鎖している。上位にある少数の資本家は下位の多数者に独占力を行使し，彼らの経済余剰を収奪する。(5)世界資本主義体制において中枢・衛星の関係が強いほど，またその取り込みが早期であればあるほど，構造的低開発の度合いは強くなる。

フランクの低開発の開発論には多くの疑問・批判が呈されてきた。経済余剰とは何か，独占・独占力とは何か，彼のいう資本主義とは何か，などである。これらの問題は，彼のいう資本主義が，マルクス経済学による資本主義と意味を異にするという点に収斂される。後者において資本主義は，産業革命以降の機械制工業・工場のもとにおける労働者の剰余労働・価値の資本家による取得

そして資本蓄積を基本原理として語られる。そこでは剰余価値は産業資本の商品生産過程で産出され，商業，金融資本は資本としては派生的なものにすぎない。商業資本は資本主義生成期（本源的蓄積期）には重要な役割を果たしたとされるが，それはあくまでも歴史的にという意味に限られる。

　フランクは，資本主義生成期における商業資本（非産業資本）の独占力と現代における経済余剰の収奪における独占資本の力とを，ほぼ同質なものと考えている。彼によれば，16・17世紀以来のヨーロッパ経済の世界市場展開，交換経済の発展が資本主義なのである。世界資本主義体制は16世紀以降に生成し，現代に至るまで継続しているというのであり，その過程で非資本主義地域の資本主義体制への取り込みとそれら地域の低開発がもたらされた。たしかにこの論理には，資本主義論としての非論理性，資本主義の「単一的拡張過程」の強調，二重社会論への断定的批判，さらには従属の固定化の一面的な強調など，問題は多い。しかし，世界資本主義体制とその内部における低開発の生成とその継続を解釈する独創的な議論として，現在でも重要な意義を持っていると評価できる。

アミンとエマニュエルの不等価交換論

　フランクの論理で欠けている部分，弱い部分を理論的に補強したのが，S. アミンとA. エマニュエルである。アミンは『世界的規模における資本蓄積』において，世界資本主義体制における周辺構成体の形成を歴史的理論的に問う。中心部における資本主義の発展はその周辺に従属的な資本主義構成体を形成する。両者は世界資本主義体制の構成部分となり，そこでは周辺から中心部への価値移転が継続的に行われる。それが前者の低開発とその継続をもたらしている。アミンの論理を整理してみると次のごとくになる（アミン 1979: 46-81）。

　(1)資本主義的生産様式によって前資本主義的構成体になされた外部からの商業を通じての侵入は，代替的工業を許さないまま現地の手工業を崩壊させた。(2)外国資本投資が周辺部に生み出した工業は外部指向性を強く帯びたものであった。また投資は中心部におけるような乗数効果を周辺においては果たさない。その利潤が中心部に還元されていくからである。(3)周辺の発展には以下3つの偏向が顕著である。まずは輸出活動への偏向であり，不平等な国際特化により，中心部の生産のための補完的な食料，原料，鉱産物の産出を周辺部に強制する。

第2は，第3次部門の肥大化であり，第3は，産業における軽分野・軽技術（軽工業）への偏向である。こうして周辺には恒常的な低開発と成長の挫折がもたらされる。

アミンは価値移転を本源的蓄積メカニズムによるものであるという。このメカニズムは資本主義の前史に固有のものではなく現在においても同様に存在する。この点はフランクが語った「独占力による余剰の収奪」に続く論理であるが，アミンは価値移転の理論的説明をエマニュエルの不等価交換論によっている。

エマニュエルの不等価交換論は，商品生産における国際的特化の決められたパターンを前提に建てられている。まず2国があり，それぞれが別の商品を生産するとされる。それゆえ部門内競争はないと想定されている。そこに不等価交換が生じる。高賃金国で生産された商品と低賃金国で生産された商品の価値は賃金差を反映する。国際市場，国際価格においては，2国で賃金が同等である場合に比べて，一方は高価に他方は安価になる。ここには2つの前提がある。まず賃金は価格から独立して与えられるものである。そしてすべての商品生産が低賃金国に移動しえないバリアーが存在する。すなわちこの理論は国際特化の固定化を前提としている。この結果，低賃金国は一定の輸入品に対してより多くの輸出品で対応しなければならない。高賃金国の場合は逆となる。ここでエマニュエルはマルクスの賃金決定論を援用する。賃金はそれぞれの国における労働者の生存のための商品量（歴史的かつ道義的・社会慣習的な要素による）によって決定されており，固定的である。エマニュエルとアミンはこの論理に加え，生産力（資本の有機的構成）が同等な場合においても中心と周辺における賃金格差（剰余価値率の差）により世界市場において周辺国の商品は比較的低位に設定される（利潤率の均等化によって）ことから，周辺から中心への価値移転が起こりうることを理論的に説き，また具体的に秤量する（Emmanuel 1969／訳 1973, 29-77; Frank 1978: 103-109）。

ウォーラーステインの世界システム論

フランク，アミンそしてエマニュエルによって低開発の開発論は理論的に前進を遂げてきた。しかし世界資本主義体制論は，より歴史的に世界システム論として展開される必要があった。それを行ったのがI.ウォーラーステインで

ある。彼はアミンと同様に世界システム（Modern World System, Capitalist World-Economy）の発現を 16 世紀に見る。16 世紀にその発現を見るということは，商業活動，交換活動を資本主義の本質と見ることである。そしてその後 500 年にわたる「資本主義的世界経済」としての「近代世界システム」の拡大・発展はほぼ一貫していると理解され，18 世紀半ばから 19 世紀にかけての産業革命による資本主義とその世界展開の段階的発展は否定される。彼はこう述べる。

　「1730 年から 1840 年代をもって資本主義的経済システムの拡大における転換点と見たいという研究者たちの強い傾向がみられる。それは近代化論，工業化論，資本主義論，西洋による世界支配，などに関するすべての論者に共通する傾向である。私の議論はこれを拒否し 16 世紀を真の転換点とする。…このシステムは，低利潤で競争の激しい周辺（periphery）の生産する基礎的商品と高利潤で半ば独占的な中核（core）の生産物との継続的な交換によって維持されている。…このシステムは 16 世紀以降拡大を続けたが，コアの中でも特権的なコアはゆっくりとではあるが，その地理的位置を変えることになる。…オランダ，イギリス，アメリカへと」

（ウォーラーステインⅢ 2011：序）

　ウォーラーステインは，フランクやアミンとともに世界システムの中枢と周辺の混合システムの一体性を，またその内部での余剰の転換の論理を，そして経済的独占力と政治支配の関係を説く。さらに彼は，世界システムの数百年に及ぶ歴史的生成をより実証的に叙述し，またシステム内の中核の中核＝覇権国家の生成と転換を具体的に叙述しようとする。

マルクスとルクセンブルクの先駆的理論
　世界システム論（グローバリゼーション）には理論的な「先駆者」がいる。マルクスとR．ルクセンブルクである。世界システム論が，マルクス経済学主流の産業資本論と産業革命論を批判しつつ構想されてきたことを考えると，マルクスをその「理論的先駆者」とは捉えにくいが，そうではない。マルクスは『資本論』において，資本主義の本質と構造を理論的に究明したが，その理論展開の終局に措定されていたのは世界市場であった。彼の初期の著作から『資

本論』にかけての資本主義の発展法則に関する言説は，次のようにまとめられる。「世界市場を作り出そうとする傾向は，直接に，資本そのものの概念のうちに与えられている。資本制的生産発展の法則のなかで『先進国は後進国発展の未来像』を提供し，世界は最終的には資本主義化される。資本主義は，生産力の発展という普遍性，必然性により，世界のあらゆる地域に浸透し・資本主義化し，最終的にはそれらすべてを世界市場として編成する」。そしてこの点の詳述は，マルクスの「経済学批判体系プラン」の叙述プランによれば，『資本論』での資本（賃労働・土地所有を含むいわゆる前半体系）の叙述以降に，マルクス経済学の後半体系すなわち国家・外国貿易・世界市場として，上向法（抽象から具体への）によって叙述されることになっていた（彼自身によっては未実行）。

『資本論』以降のマルクスは，歴史的には世界市場の編成は一本の平坦な道ではないことを認識することになった。すなわち，彼は，後進資本主義諸国の経済発展は，それぞれの前資本主義的構成の特徴（封建制の堅固さ，その再編強化）により多様で複合的であること，また，「アジア的生産様式論」の検討から，世界市場に組み込まれる様々な未開発地域の停滞性が頑強に存続すること，を指摘している。さらに「ロシア論」においては，資本主義への道の特殊性，多様性，複雑さがとりわけ強く主張されていた。にもかかわらず，『共産党宣言』『経済学批判』『資本論』で叙述された，資本主義的生産法則発展の必然性と資本主義の世界性・普遍性は，マルクスの経済思想と世界史認識の核をなすものとして，修正されつつも存在し続けた，と捉えるべきである。このようなマルクスの論理は，現代における世界システム論の重要な先駆的議論と理解されてよいものである。

マルクスの後継者を自任する20世紀初頭のマルクス主義者たちは，経済学の原理・資本主義的生産法則の必然的な現象として，資本の集積，独占資本，金融資本そして帝国主義の発生を問うことになった。しかし経済学原理の中でもう1つの必然性，生み出された剰余価値が実現しえないといういわゆる「実現問題」から，帝国主義の生成を問うたのが，ルクセンブルクである。資本主義生産過程で生み出された価値は，商品が販売されて初めて実現する。しかし資本主義社会の現場では絶えざる過少消費状態により，販売は保障されてはいない。商品価値の実現は非資本主義世界への販売を必要とする。資本主義世界

による非資本主義世界の組み込み・破壊が始まる。これがルクセンブルクによる世界経済論、帝国主義論である。実現問題は原理論的には反駁されうる論理であったが、それと連動する過少消費論は古典派経済学の時代からたえず問われ、議論されてきた論理である。両者がともに提示され、さらに当時の帝国主義的世界市場の拡張が実践的に問われる限り、それを簡単に謬論とするわけにはいかない。アミンたち世界システム論者がルクセンブルクを評価したのはこの点からである。

マルクスとルクセンブルクの経済理論の一部は、明示的にあるいは暗黙裡に世界システム論に組み込まれ利用され、またその過程で帝国主義論は低開発論を含む現代的なものに幅を広げてきたといえる。

4　帝国,帝国主義,覇権の概念

帝国と帝国主義,そして超帝国主義

まず帝国と帝国主義について、それらの相違と世界システムとの関係性について簡単に検討しておこう。帝国は、民族・国家・領域を超える包括的存在であるに対して、帝国主義は民族と領域での限界を持つ国民国家・国民経済の外延的拡大に過ぎないものである。帝国の支配は、ローマ帝国に象徴されるように間接的で緩やかなものであるが、帝国主義は支配民族による他民族への厳しい直接的支配が主である（帝国主義は、帝国の生成と存在に関してその「強制・支配という側面」を表す、という言い方もできる）。また、帝国は長い歴史を持つ超歴史的なものであるに対して、帝国主義は19世紀末に現われたという歴史規定を持つものである。帝国の支配は政治的に経済的にネットワーク的であり、経済的にも世界システムに親和性を持つのに対して、帝国主義は世界の経済的分割、市場の囲い込みを目的とするあるいは許容するという点で、世界システムに相反的である（その例外は、後述する、自由貿易と世界市場の拡大を是とするイギリスの帝国主義である）。

本節では、まず、19世紀末から20世紀初頭にかけた、いわゆる西欧列強によるアフリカ、アジアの植民地分割を含む世界市場・領域分割を指す、狭義の「帝国主義」についてまとめてみよう。その要因および機能と構造を解明しようとしたのが、20世紀初頭における帝国主義論である。この帝国主義の要因

については，独占，過剰資本，資本輸出という経済的要因を重視する論者（主としてマルクシスト）と政治，戦略，思想などの非経済要因を重視する論者との論争が，およそ百年にわたって交わされてきた。経済要因とりわけ資本輸出の歴史的役割について明らかにしようとしたのが，J. A. ホブスンとV. I. レーニンである。資本輸出を最大の要因とするという点では両者は一致しているが，ホブスンが，19世紀末イギリスの資本輸出利害を具体的に叙述するのに対して，レーニンは，R. ヒルファーディングの金融資本・独占資本論からそれをより理論的に叙述する。ホブスンは過少消費から資本過剰を説き，レーニンは資本の蓄積・集中そして独占という必然性からそれを説く。

レーニンは，同時に，ドイツの理論家K. カウツキーによる超帝国主義論（資本主義列強による共同帝国主義＝世界の共同搾取の可能性）を空虚な抽象であり，現実には革命への敗北主義を提供すると厳しく批判する。レーニンによれば，20世紀初頭において国民国家を前提とした帝国主義は，植民地市場のみならず，それを規模においてはるかに超える先進工業諸国市場を含む世界市場における競争・闘争を経済的特徴としていた。その主役は，各国の資本独占体である。それらは世界市場において，国際カルテル（価格協定）などにより世界の経済的分割を一時的には生み出すものの，それらの不均等発展により，世界の経済的領域的な再分割を必然化する。

レーニンが述べるように，現実の世界経済において各国独占資本間の協調は一時的に過ぎず，競争と闘争が主たる特徴であった。しかし同時に，カウツキーのいう「純粋な経済的見地から」は，超帝国主義の存在と世界システムの生成が想定されうる歴史的諸事実はあった。19世紀末の帝国主義的な領土分割や勢力圏の配分が主として列強間の協定で行われた事実，当時の国際・世界市場の拡大を支えたイギリスを核とした金融・商業の大きな流れ，各国の独占資本による多数のカルテル協定の存在，資源開発における調停と共同事業のいくつかの企画などである。たしかにカウツキーの超帝国主義論は当時の経済的諸指標の一面的な抽象によるものであるが，マルクス経済学後半体系の世界市場部分に関する叙述の一例であると解釈でき，今日の世界システム論につながる重要な論理であるといえる。

先述したルクセンブルクの世界経済論も世界システム論の先駆といえるものを提供していた。マルクシストの帝国主義論は，レーニンのみならず複数の論

者の道を経て,明示的にあるいは暗黙裡に,第2次世界大戦後の新植民地主義論,世界経済論に,そして世界システム論に継承されていったとみるべきである。なお,ホブスンにも超帝国主義に繋がる論理があった。すなわち先進諸国による後進地域の共同的な開発可能性についての議論が,『帝国主義論』第2編において,厳しい条件付きではあるがなされている。後述する,19世紀末以降における金融・商業を核としたイギリス資本主義による世界市場の支配と拡大(イギリスの覇権)を説明する「ジェントルマン資本主義論」とホブスンの「超帝国主義・経済的国際帝国主義論」には,世界システムを想定しているという点での共通点がある。

帝国論の変遷

　帝国とは,ある国家がその政治支配を他の民族(その地域)に及ぼすことである。それはペルシアやローマの帝国以来の諸帝国に適用される概念であり,また16世紀以来のヨーロッパ諸国による世界諸地域の支配を表すものでもあった。帝国論は19世紀のイギリスで本格的に議論されることになった。世界最大の植民地を持つこの国の知識人によって,帝国論は制度論および経済論として展開された。アメリカの独立を許容するアダム・スミス以来,ベンサム,J. ミル,J. S. ミルらの古典派経済学者たちは,理論的には反帝国主義であったが,実践的には市場の外延的拡大を許容する親帝国論者であった。1830年代における,カナダへの自治供与の試みは,彼らの植民地放棄論というより植民地改革論によるものでもあり,その後の,インド支配の改革論もそうであった。

　19世紀半ばにおけるイギリスの自由貿易主義と政策の展開により,帝国論は一時下火となったが,J. シーリーがアメリカ植民地支配とインド支配とを同時に議論し,帝国論を活性化させたのは,1883年であった。1880年代以降におけるイギリス,フランス,ドイツなど列強による植民地獲得の過程の中で,帝国論は,制度面からだけではなく,帝国を関税で取り囲むという経済論,さらには,政治・外交・戦略の面からも議論されるようになってきた。イギリス帝国はイギリス自由主義の自然的拡張であるという点が強く主張され始めたのは,この頃からである。イギリスは植民地の政治,経済,思想,教育の改革を指導する責務を持つのだという「文明化の使命論」がその根拠として語られた。こうした帝国論は帝国主義に参加した各国内でも議論された。

20世紀初頭以来,帝国主義論が活発に議論されるようになると,帝国論はそれへの対抗理論としての意味を持つこととなる。帝国主義の要因に関する非経済要因論は帝国論と重なる点が多かった。こうしたイギリス的な伝統的帝国論が自ら大きな転換を果たしたのは,1950年代に提起されたギャラハーとロビンスンの「自由貿易の帝国主義論」によってである。この議論は,帝国論を制度中心の議論から政治と経済を重視する方向に変えるという意味で画期的なものであった。帝国論は帝国主義論との二項対立的な状態を脱し,議論を交わしうるものへと転化し,帝国主義論からもそれに応じる動きがあった。経済のみならず,政治,思想,制度に関わる事柄を総合的に語ろうとする帝国主義論が現れてきた。

覇権（ヘゲモニー）

覇権とは,ある国による広範な地域（世界的）への経済的支配をいう。経済的支配に加えて,戦略的,外交的な支配を含む場合がある。覇権は以前から,19世紀におけるパクス・ブリタニカ,20世紀におけるパクス・アメリカーナなどと表現されてきた。パクス・ブリタニカは,世界の工場・商人・金融業者としてのイギリスが自由貿易を提唱し,その経済的支配の拡張をはかり,政治・外交においてはヨーロッパの勢力均衡を演出し,イギリスの覇権状態を作り出していったことを意味している。先述したギャラハーとロビンスンの「自由貿易の帝国主義論」は,そのことをやや狭義に表現したものである。また第2次世界大戦後のアメリカの経済・外交支配,パクス・アメリカーナの下にあるイギリスの現状をイギリス人に認識させようとしたものである。

覇権国は帝国を保有している場合が多く,帝国は植民地という直轄支配地域を持つ場合が多い。しかしそれ以上に,非公式帝国という間接支配＝経済支配の地域を持つこと,そしてそれを基盤により大きな幅広い政治経済的支配を世界的にもたらすことが,覇権の特徴である。政治支配としては,その強い方から,帝国主義,帝国,覇権と順位づけられるが,覇権は,帝国主義と帝国とを弱い意味で包含するより広い存在であり,概念である。

帝国,帝国主義,覇権とグローバリゼーションの重なり合い

帝国は長期にわたっており16世紀からの現象であるという面ではほぼ世界

システムの拡大・グローバリゼーションと重なり合っている。帝国主義は，厳密な定義では19世紀から20世紀初頭にかけてのものであり，やや広義にまた長く設定しても1960年代初頭の脱植民地期までのことである。この時期のグローバリゼーションは，2度の世界大戦と大恐慌により，本来の拡大を行いえなかった。アフリカ・アジアの政治分割に続くべき本来の分割すなわち経済分割（経済的・ビジネス帝国主義による，あるいは超帝国主義的に）は，戦争，恐慌，ブロック経済によって制限された。世界システム，世界経済の拡大は停滞し，国際経済も不安定化していた。帝国主義とグローバリゼーションは必ずしも親和的ではない。むしろ敵対するものでもあったのである。

世界システム，グローバリゼーション，覇権が再び明瞭に感じられるようになるのは，第2次世界大戦後のパクス・アメリカーナによってである。アメリカの覇権とは，植民地を持たないものの世界各地を経済的に支配し，また世界を対象とした軍事・外交同盟により，ときには軍事力で「世界平和を維持する」という覇権である。こうした覇権を行使できるアメリカを「超大国」ということもできる。

現代における覇権とグローバリゼーションについての「まとめ」を提示する前に，イギリスの覇権についての先行研究のまとめ（ヒストリオグラフィー）を行っておく必要がある。そこから覇権の一般理論の再構成ができるからである。

5 覇権の一般理論——グローバリゼーションと帝国主義

グローバリゼーションと帝国主義——ジェントルマン資本主義の帝国論から

19世紀末からの「帝国主義時代」における帝国主義は，国民国家，国民経済を達成した先進的経済諸国による非資本主義的地域の獲得競争をさす。この帝国主義に，覇権，世界システム，グローバリゼーション等を関連させてみると，帝国主義により，後者が掣肘されていたということができる。帝国主義は，植民地を含む経済領域の帝国主義諸国による囲い込みを優先するものであり，それ自体が自動的に世界経済の拡大を促進しうるものではなかったからである。しかし帝国主義時代においても，世界経済，世界市場，国際経済は存在し，拡大していた。世界経済システムと帝国主義・植民地主義との関係は，掣肘というより補完関係にあったというほうが事実に近いだろう。それは当時のイギリ

ス経済およびイギリス帝国の特殊性とその一般性すなわち汎用性によるものである。イギリスの帝国の場合，帝国各地は自由貿易によって世界に開かれていた。イギリスにとって，閉鎖された帝国より，自らが主導する世界経済，国際経済の中では開かれた帝国のほうが役に立つのである。当時のイギリスは産業国家というより，世界の流通，貿易，金融を担う，広い意味でのサービスに特化した商業国家であった。イギリスには巨額の貿易赤字を十分に相殺できるサービスからの収入があり，またその額を超える海外資本投資からの利子収入があった。イギリスは帝国主義の筆頭国というより，世界の商人・金融業者として世界経済拡大の主導国となりうる国であった。

イギリスの世界経済における主導性について，イギリスを中核とした世界の貿易構造，国際決済・資金循環システムを明らかにしたのが，S. ソウルの研究であった。イギリスの，ヨーロッパ諸国およびアメリカとの，日本などの半周辺諸国との，さらにはイギリスの貿易赤字を大いに削減しているインドをはじめとする植民地諸国との諸関係を総合的に表したソウルの「多角的貿易決済の構造」は，イギリスの中核としての主導的役割を明らかにするものであった。しかしこの国際市場，世界経済におけるイギリスの主導性，中核的役割は，彼の議論以降，必ずしも十分に検討されてこなかった。同時代における帝国主義研究の多さと深さと比較してそうであった。

この状況を転換させたのが，1980年代におけるケインとホプキンズの「ジェントルマン資本主義論」であった。彼らは，イギリス経済の特質を産業というより商業金融に見る。イギリスは1688年の名誉革命後の商業革命によって，イングランド銀行，証券取引所，海運・海上保険市場，各種の商品市場など，ほぼすべての商業金融上の制度や機関を短期間に整備した。重商主義時代においても，それらの諸制度および商業金融階級は，イギリス商業の世界的拡大を果たし，覇権を確保させうる軍事力を賄う「軍事財政国家」を運営した。産業革命もこの商業金融の支配的資本体制を変えることはできなかった。政治的支配エリートの地主貴族が，その土地資産を次第に商業金融資産に転換し，商業金融階級と政治・経済・社会的に融合しジェントルマン資本主義を形成した。このジェントルマン資本主義に対して産業資本は，政治支配を握るどころか，経済的にもイギリスの支配的資本になりえなかったのである。

ジェントルマン資本主義の経済政策は金本位制と自由貿易であった。ドイツ，

アメリカの重工業拡大＝独占に対して後れを取っていたイギリス鉄鋼業は，19世紀末，保護貿易主義運動を展開したが，ジェントルマン資本主義の商業金融優先策の前に敗北せざるをえなかった。19世紀後半以降イギリスは，商業金融による世界経済支配をねらい，その通りの成果を得たのである（Cain & Hopkins 1992: 訳Ⅰ第1章）。この見地からは，イギリスの帝国・帝国主義政策は世界経済拡大政策の中に位置づけられることとなる。

古典的帝国主義の時代は世界システムの成長にとっては停滞期とも考えられるが，他面では，世界経済の着実な拡大期でもあり，また現代グローバリゼーションを準備した時期であるともいえる。イギリスはそのなかで中核の位置を占め，19世紀中葉に続き覇権国といえる地位を継続しえていたのである。グローバリゼーション，帝国，覇権という数百年の歴史過程の中で，帝国主義の時代は，その停滞期と理解されるべきであるが，その過程を阻止するものではなかった，ともいえるのである。

自由貿易の帝国主義，ジェントルマン資本主義，そして自由主義帝国

以上のジェントルマン資本主義論によって，イギリスの帝国が自由貿易の帝国であることが再確認される。再確認とは，ギャラハーとロビンスンの「自由貿易の帝国主義論」が19世紀全般における自由貿易の帝国主義的性格を語っていたものを，20世紀初頭さらには20世紀全般にまで拡張して認識しようとしたものという意味である。この解釈を，イギリス論，イギリス経済論としてのみならず，世界経済の商業的・金融的一体化の基礎理論として考えるならば，それは一種の世界システム論ともなり，またパクス・ブリタニカからパクス・アメリカーナまでを総括する覇権論ともなりうる。

自由貿易の帝国主義論，ジェントルマン資本主義の帝国論と連動させて考慮すべきは，自由主義帝国論である。先に述べた帝国主義の「文明化の使命論」は，その文明化に，政治，思想，文化，言語までを含めるものである。その提唱者は，帝国主義の経済性を弱める，あるいは否定する意図で，それを使っていたのであるが，現実の帝国主義は，経済支配を主とするものでありながら，あるいはその実践を容易にするために，帝国支配地域の文明化を唱えていた。イギリスの場合，自由主義政治・思想を支配地域に伝播するという自意識は特に強かった。この自由主義帝国論は，啓蒙主義の世界伝播としてインド支配を

合理化したことに始まり，その後の帝国各地の支配の根拠とされてきた。

覇権と構造権力

　世界経済の商業的・金融的一体化のイギリス的基礎理論としてのジェントルマン資本主義論とイギリス的自由主義帝国論とを総合化し，さらにそれを展開していけば，現代の世界経済システム，グローバリゼーション，そしてパクス・アメリカーナを超えた覇権の構造を理解することに繋がる。すなわち，自由貿易，非公式帝国，金本位制と商業・金融のルールなどの国際経済発展の「公共財」を提供できる中核国による覇権が，グローバリゼーションの必要条件なのである。S. ストレンジは，構造権力論において，国際的場面で活動する諸国家や諸機関の政治・経済・社会に関わる思考と行動のフレームワークを大きく規定しうる力を構造権力とし，それを行使しうる国家があるとすれば，それは構造権力国家となるとした。イギリスは19世紀から20世紀にかけてのパクス・ブリタニカの時代，そうした構造権力を持った覇権国家であった。そして20世紀後半における米国の構造権力・覇権を経て，現在，より幅の広い中心のないネットワーク権力（これもまた一種の構造権力といえる）の時代に入ったといえるのである。

6　現代グローバリゼーション，帝国そして覇権

　第2次世界大戦後のアメリカの覇権は19世紀におけるイギリスの覇権をはるかに上回る規模と力を持っていた。冷戦初期におけるマーシャル・プランの提起と実践は，ソ連圏以外の世界経済におけるアメリカの優位を確定させるものであった。以降それを支える経済諸機関・システムはGATT，IMFそして世界銀行であり，アメリカは，製造業のみならず，商業・金融の面でも英国を超える指導的国家になった。後進諸地域のアメリカ的世界経済への接合は，ロストウらの開発論によるものであった。この開発論は，非資本主義地域の開発の可能性を約束しつつ，実際には従属的な発展を，ときには低開発の開発をもたらすものであったが，ソ連との非資本主義地域の争奪において重要なイデオロギー的役割を果たした。グローバリゼーションはアメリカ主導で行われてきたのである。

アメリカ経済は，1970年代，ベトナム戦争などの覇権を維持しようとする諸戦争と軍備の世界展開により疲弊し，ドル危機（ニクソン・ショック）に象徴される相対的停滞に陥った。しかし，アメリカの経済は，80年代の新自由主義的経済政策により復活の兆しを見せ，90年代のIT技術での先行と金融経済での先導，さらにソ連の崩壊により，覇権を支える水準を回復し，それを維持してきた。グローバリゼーションにおけるアメリカの経済的政治的役割は依然として大きい。

2003年のイラク戦争を契機に，アメリカを自由主義帝国とする解釈が多く語られるようになった。それは肯定的にも否定的にもなされているが，肯定派の代表N.ファーガスンは，イギリスによる19・20世紀グローバリゼーションをアングローバリゼーション（Anglobalization）と表現し，イギリスの帝国を自由主義帝国と肯定的に評価し，アメリカは現代のグローバリゼーション世界において英国のそれを引き継ぐべきだとした。確かにアメリカは，イラク戦争において大量破壊兵器問題を主論点としながらも，自由と民主主義をイラクに（そして広く中東に）もたらすために軍事介入を行うべきだ，と主張してきた。

ここで我々は，新自由主義経済学・グローバリゼーションを主導する新自由主義帝国としてのアメリカ帝国を措定できるかもしれない。しかしアメリカは帝国というより覇権国といわれるべきである。またその覇権も条件をつけられている。アメリカは一国主義的な帝国的行動はとりうるが，それは国連あるいはその他の国々によって，さらには国内外の市民運動によって制約され，これらとの交渉を強いられる覇権国なのである。現在，帝国・帝国主義が存在し実践されるとするならば，それはグローバリゼーションとは主として否定的関係になるといってもよいだろう。ネグリとハートによれば，イラク戦争を典型とする2000年代初頭におけるアメリカの一国主義的行動は，それ以前において開始されていた世界経済のグローバリゼーション化＝「帝国」の生成に対する一種のクーデタ（アメリカという国民国家の帝国主義的行動による世界経済拡大・グローバリゼーションへの抑止行動，そして失敗）だったのである（ネグリ＝ハート 訳 2012（下）：15-23）。

21世紀に入り，グローバリゼーションと覇権はアメリカ主導の色彩を薄め，多元化，多層化，ネットワーク化の傾向を見せ始めている。EUの内的深化と外的な拡大，中国とインドのグローバリゼーションへの本格的参加，アジア，

ラテンアメリカ諸国の経済成長の試み，などが顕在化している。現代世界の政治経済そしてグローバリゼーションは，帝国・帝国主義論との関係で，すなわち主権国家を前提として議論するというより，覇権論，構造権力論，そしてネグリ＝ハートの「中心のない権力のネットワーク」論を軸に検討していくべきであろう。また，それらの下位・補足概念として，超国家的諸機関と超国家企業群による「グローバル資本主義論」，あるいは現代的金融資本論としての「金融権力論」を検討し設定していくことが必要となる。さらに超帝国主義論，自由主義帝国論，非公式帝国論などの帝国主義に関する伝統的諸理論を再生し介在させていく必要もある。その過程で，ネットワーク権力内における諸矛盾すなわち諸国家，超国家的諸機関，超国家企業間などの協調と対立が明らかにされ，また「グローバル資本主義」や「金融権力」の国家性の残存や「中心のないネットワーク権力」内での各構成の独自性などが，より浮かび上がってくる可能性がある。グローバリゼーションに関する議論は，帝国論，帝国主義論，覇権論，構造権力論を含んだ新たな総合化の段階に達しつつある。

参考文献

秋田茂『イギリス帝国の歴史——アジアから考える』中公新書，2012年。

淡路憲治『マルクスの後進国革命像』未來社，1971年。

アミン，サミール（野口裕・原田金一郎訳）『世界的規模における資本蓄積』柘植書房，1979年。

入江節次郎『世界経済史の方法と展開——経済史の新しいパラダイム』藤原書店，2002年。

ウォーラーステイン，I.（川北稔訳）『近代世界システム』I〜IV，名古屋大学出版会，1993〜2013年。

金井雄一・中西聡・福沢直樹編著『世界経済の歴史——グローバル経済史入門』名古屋大学出版会，2010年。

木畑洋一『20世紀の歴史』岩波新書，2014年。

ソウル，S.B.（堀晋作・西村閑也訳）『世界貿易の構造とイギリス経済　1870-1914』法政大学出版局，1974年。

竹内幸雄『自由主義とイギリス帝国——スミスの時代からイラク戦争まで』ミネルヴァ書房，2011年。

ネグリ，A.=M.ハート（水島一憲他訳）『〈帝国〉——グローバル化の世界秩序とマルチチュードの可能性』以文社，2003年。

ネグリ, A. = M. ハート（幾島幸子訳）『マルチチュード——〈帝国〉時代の戦争と民主主義』上・下, 日本放送出版協会, 2005 年.

ネグリ, A. = M. ハート（幾島幸子・古賀祥子訳）『コモンウェルス』上・下, NHKブックス, 日本放送出版協会, 2012 年.

山本勇造編著『帝国の研究——原理・類型・関係』名古屋大学出版会, 2003 年.

ルクセンブルク, ローザ（小林勝訳）『資本蓄積論帝国主義の経済的説明への一つの寄与』御茶の水書房, 2011 年.

レーニン, V. I.「資本主義の最高の段階としての帝国主義」『レーニン全集』第22巻, 大月書店, 1960 年.

レーニン, V. I.「帝国主義論ノート」『レーニン全集』第39巻, 大月書店, 1962 年.

渡辺昭一編著『帝国の終焉とアメリカ——アジア国際秩序の再編』山川出版社, 2006 年.

Brewer, A., *Marxist theories of imperialism : A critical survey*, London : Routledge & Kegan Paul, 1980.（＝渋谷将・一井昭訳『世界経済とマルクス経済学』中央大学出版部, 1991 年）

Cain P. J. & A. G. Hopkins, *British imperialism, I & II*, London, 1992.（＝竹内幸雄・秋田茂・木畑洋一・旦祐介訳『ジェントルマン資本主義の帝国』Ⅰ・Ⅱ, 名古屋大学出版会, 1997 年）

Emmanuel, A., *L'echange Inegal*, Paris, 1969.（＝花崎恭平, 要約／詳解, 連帯編集部編『新帝国主義論争』亜紀書房, 1973 年）

Frank, A. G., *Latin America : Underdevelopment or Revolution*, New York & London, 1969.（＝大崎正治訳『世界資本主義と低開発』柘植書房, 1978 年）

Frank, A. G., *Dependent Accumulation and Underdevelopment*, London : Macmillan, 1978.

Gallagher, J., & R. Robinson, "Imperialism of Free Trade", *Economic History Review*, VI. 1, 1953.

Gallagher, J., & R. Robinson, *Africa and Victorians : The Official Mind of Imperialism*, London : Macmillan, 1961.

Hobson, J. A., *Imperialism : A Study*, London, 1902.（＝矢内原忠雄訳『帝国主義論』上・下, 岩波書店, 1952 年）

Hopkins A. G., (ed.), *Globalization in World History*, London : Pimlico, 2002.

Seeley, J., *The Expansion of England, I & II*, London, 1883.

Strange, S., *States and Markets : An Introduction to Political Economy*, London : Pinter, 1988.（＝西川潤・佐藤元彦訳『国際政治経済学入門』東洋経済新報社, 1994 年）

Strange, S., *The Retreat of the State*, Cambridge University Press, 1996.（＝櫻井公人訳『国家の退場』岩波書店, 1998 年）

第2章　21世紀のグローバル・サウス
―― ポスト新自由主義を構想する ――

松　下　冽

1　「南の世界」はいま何処にいるのか

　20世紀末の四半世紀は冷戦の終結を重要な契機としてグローバル化が急速な展開を見せている。グローバル化過程と連動した新自由主義の諸政策とイデオロギーは，世界秩序をめぐるヘゲモニーの変容を顕在化したのみならず，リージョナル，ナショナル，ローカルなレベルでの社会秩序を劇的に転換してきた。この激変が生み出してきた複合的なインパクトは多岐にわたる。それは，グローバル・サウスの人々にとっての生活空間の揺らぎと不安を生み出してきた。同時に，ナショナルなレベルでの「脱国家化」と「再国家化」という現実に直面して，アイデンティティの喪失やその重層化といった問題をも生み出してきた。

　そこで本章では，世界秩序をめぐるヘゲモニーの動揺とそれが及ぼすグローバル・サウスの社会・経済構造の客観的・主体的な変容過程とその行方を論じる。さらに，グローバル・サウスの諸地域が抱える21世紀型の諸課題を踏まえ，新たなグローバル，リージョナルなガヴァナンス構築に向けた構想を検討する。そして，21世紀に相応しい「人間の安全保障」構築の立場からグローバル・サウスとグローバル・ノースとの関係の再構築を考える。また，グローバル・サウスにおける「人間の安全保障」の視点からすると，新しい社会運動の台頭に突き動かされて，民主主義の定着や新しい社会構想が実験され，模索されている現実が注目される。

　このことは，狭隘なナショナリズムとポピュリズムに一方的に傾斜しがちなわれわれ日本人のみならず，「地球市民」としてのすべての人々が「現代」をいかに捉え，生きていくのか，この切実な「問いかけ」を考えるうえで不可欠な条件となろう。

なお，ここでは，歴史的文脈に応じて「第三世界」，「途上国」，「南」の国々，そして「グローバル・サウス」という言葉を使っている。本書の序章で詳細に論じたように，「グローバル・サウス」は「第三世界」の置き換えでもなく，「発展途上世界」というカテゴリーの変形でもない。「グローバル・サウス」の概念は，新自由主義型グローバル化という文脈で使われてきた。それは，新自由主義型グローバル化のもとで搾取や疎外，周辺化といった共通の経験を持つすべての諸グループを包含する概念でもある。したがって，ここには世界中の虐げられた人々や抵抗する人々も含まれる。

自立的国家建設を妨げるポスト独立の諸課題

「南」の世界の歴史的形成は1870年代以降，「帝国主義の時代」の世界分割と世界の「一元化」の進展から始まっている。他方で，支配―被支配の関係・構造の重層的な拡がり，政治経済的領域のみならず精神的・意識的領域での植民地化・従属化も進んだ。植民地・従属諸国の人々は，民族解放運動を通じて苦難の末に政治的独立を達成するが，その独立により「民族」が全面的に解放されたわけではなかった（木畑 1999）。

独立後には，それまでのナショナリズムの鼓舞を通じた国民統合と国民国家形成は困難に直面した。新興諸国は冷戦の国際環境の下で，国家建設を国民国家という枠組みの中で目指すことになる。しかし，この国民国家の枠組みはあくまでも西欧近代の所産であり，自国の歴史的・伝統的な社会の現実を反映していなかった。したがって，国民国家建設は，それぞれの領域内の支配的な民族がその他の少数民族を支配，統合，排除する過程となった。

当然，そこには言語や文化や宗教の軋轢が内包されていた。また，国民国家の枠組みが形式的に構築されたとしても，社会の凝集性が欠如し，ナショナル・アイデンティティの形成は達成できず，「国民」となった民衆の多くは支配・従属の対象に過ぎなかった。

アフリカは人工的な国境線で区切られた領土の中で国民国家を建設した。まさに，「帝国主義外交の人工的産物」（ロイド・ジョージ）であった。インドとパキスタンの分離独立は，独立と国民国家建設が孕む諸矛盾の直接的・暴力的な現れであった。

中東地域は，域外の大国が死活的な安全保障上の利害のために，一方的に定

義した地理的空間である。また，冷戦期に中東地域が超大国の激しい政治的抗争の舞台となったのも，こうした事情によるものである。そのため，米ソという超大国は中東の同盟国に対する軍事支援を惜しまず，これがこの地域の軍備拡張競争を助長した。中東地域は「あらゆる非欧米地域と比較しても，より一貫性を持って，より徹底的に，大国間政治の罠に絡めとられることになった」（オーエン 2015：393-394）のである。

　ここで確認すべき重要なことは，「南」の世界が今日抱えている諸問題の根本的要因のかなりの部分が，ポスト独立期の国民国家建設の過程で埋め込まれていたという，この歴史的事実である。「国家」の空洞性と脆弱性，民衆のための社会関係や空間の不在，国民的コンセンサスを創出する民主的な政治的・社会的メカニズムの欠如，国家建設の担い手とその変容などの問題があった。

　こうして，冷戦下の国際環境の中で「第三世界」は大国の思惑に翻弄され，また政治的，経済的，社会的，また文化的な国内分断状況の露呈により政治・経済的自立は困難を極めた。それでも1970年代前半までには，南北問題の存在を明確に意識した「第三世界」諸国は結束し，非同盟運動を軸に政治・経済的自立に向け自己主張を展開した。この時期は何よりも「第三世界」が輝いた時期であった。たとえば，1973年，第4回非同盟諸国首脳会議（アルジェ）での経済宣言は「新国際経済秩序」創設を要求し，産出国連合を結成する契機となった。1974年の国連資源特別総会では，「新国際経済秩序（NIEO）樹立に関する宣言」が採択された。さらに，同年12月の第29回国連総会において「国家間の権利義務憲章」が採択された。しかし，その後，先進資本主義国の抵抗と巻き返しが本格化した。

冷戦構造に組み込まれた「国家―社会構造」

　1960年代には，アジアでは軍の政治介入が目立ち始めた。61年に韓国で，65年にはインドネシアでクーデタが発生し，軍部が政権に就き強権的政治を推し進めた。60年代後半からは，韓国やインドネシア，フィリピンを筆頭に東アジアと東南アジア地域では権威主義体制が誕生した。この政治体制は軍部とテクノクラート（技術官僚）や政治官僚が政権の中枢を担い，国家目標として開発を掲げた。これらの政治体制は「開発主義」体制あるいは「開発独裁」と呼ばれたが，その正統性はまさに開発の達成と成功にあった。この体制のも

とに，時期的相違はあるものの，多くのアジア諸国は初期の輸入代替工業化戦略から外資の大量導入と輸出志向工業化戦略に転換して開発に邁進した。その結果，NICS（新興工業国家），続いて NIES（新興工業地域）と呼ばれた一部の国々が誕生した。同時に，この時期の社会主義諸国では，中国が文化大革命の嵐に見舞われ，ベトナムでは米国の侵略に対する戦いが展開されていた。ベトナムは 1976 年の南北統一まで，国内要因よりも対外的契機によって左右され続けた。

他方，ラテンアメリカでは，1959 年のキューバ革命の成功がこの大陸の激動の時代の始まりを告げた。62 年のキューバ危機における米ソの対立は核戦争の瀬戸際まで深刻化した。

キューバ革命の影響は，ラテンアメリカ大陸に革命と変革の波を巻き起こしたが，他方，64 年のブラジルにおける軍政の誕生は，この大陸で出現する一連の軍政モデルとして拡がった。70 年のチリにおけるアジェンデ社会主義政権の誕生，そして 73 年のクーデタによるその崩壊とピノチェト軍事政権の登場と続き，開発を名目にした軍事政権の時代になった。

アジアでもラテンアメリカでも，こうした一連の政治変動には冷戦構造に組み込まれた影を見ることができる。1991 年のソ連崩壊以後のポスト冷戦期には，世界は対立の時代から「経済協調」の時代へと転換した。中国は「改革・開放」を，ベトナムは「ドイモイ」政策を開始した。政治的には「民主化」が，また地域機構が重層的に設立された。1985 年に南アジア地域協力連合（SAARC）が設立され，90 年代に入るとアジア太平洋経済協力体（APEC），アジア欧州会議（ASEM），ASEAN 地域フォーラム（ARF）などが設立され，経済成長の機運が高まった。世界銀行がこうしたアジアの経済成長を「東アジアの奇跡」と呼んで称賛するまでになった。しかし，これらの急速な工業化は，政治的腐敗の蔓延や新中間層の台頭，都市問題，農村構造の変容などの現象を生み出し，各国の政治的・社会的風景を一変させた。成長至上主義から民主的社会への転換はその後の課題として残された。

2　グローバル資本主義への転換

資本主義と国民国家の「黄金期」

20世紀の経済開発は主に国内市場を基盤としたナショナルな戦略であった。それは後に「フォード―ケインズ主義的」開発モデルと呼ばれるようになる。そして，この開発モデルは，この世紀を通じて多様な形態をとりながら世界資本主義システムの中枢から「南」の旧植民地まで拡がった。それはナショナル志向のエリートによって推進され，彼らは自分たちの権力と地位の維持のため，少なくとも一定の民衆階級と労働者階級に依拠することが多かった。

1930年代から50年代のラテンアメリカに見られるように，このモデルは多階級型開発モデルを追求する傾向があった。それは開発主義型，ポピュリズム型，あるいはコーポラティズム型と呼ばれた。第三世界の開発主義的工業化戦略は，先進諸国のニュー・ディールや社会民主的変種とは異なった形態をとった。それは，しばしば国家や公共部門の役割の重要性を強調し，民族解放運動から成長した大衆的な社会動員を伴っていた。また，ポピュリズム型あるいはコーポラティズム型政治プロジェクトを含んでいた。

いずれにしても，この開発モデルは民衆への再配分を通じて国民統合・包摂と国内市場の拡大を目指した。第三世界のエリートの正統性は，この再配分と民衆階級の社会的再生産の論理に密接に結び付けられてきた。

世界資本主義はこの時期，国民国家内で，また国家間システムを通じて発展した。国民国家はブレトンウッズ体制により調整された統合型国際市場の下に国際分業と通商や金融の交換を通じてお互いに結び付けられていた。こうして，この体制は，経済政策や社会政策に対してナショナルな統制形態を提供し，またナショナルな資本主義的発展にかなりの自律性を提供した。こうして，第2次世界大戦以降四半世紀にわたり，世界経済は持続的な成長期，いわゆる資本主義の「黄金期」を経験した。しかし，この「繁栄」は1970年代に始まった世界経済の下降とともに破裂し，ナショナルな企業資本主義に危機をもたらした。

1970年代に始まった世界資本主義危機は，一般にグローバル化に向かう転換点と認識された。それは「新たな多国籍段階への移行の前兆」であった。20

世紀の大部分，第一世界のケインズ主義型資本主義と第三世界の開発主義型資本主義は結局，共通する 2 つの特徴を持っていた。すなわち，経済への国家介入と再配分的論理である。1970 年代に始まった危機は，これらのポスト第 2 次世界大戦の社会的蓄積構造の枠組みでは解決不可能であった。第一世界において，「ケインズ―フォード型」福祉国家の連続的な崩壊があった。そして，第三世界では，とりわけ経済的収縮と 1980 年代の債務危機に示されるように，開発主義プロジェクトはすでに有効性を失っていた（Robinson 2012 : 352）。

新しい蓄積様式＝「略奪による蓄積」

ここで，大企業と支配的階級に有利な富の再分配が至上命題となる。D. ハーヴェイ（2007）がいう「階級権力の復活」のための「略奪による蓄積」が戦略として浮上してくる。グローバル化は蓄積モデルの新たな様式を探求する資本家と国家管理者にとっての現実的な戦略となった。「グローバルに向かうこと」は，前の時代のナショナルな国家と労働者階級および民衆階級によって押し付けられてきた階級的妥協と譲歩から離れ，国民国家型資本主義の蓄積による束縛を資本家が払いのけることを可能にした。1973 年の固定為替相場制を放棄する米国政府の決定は，効果的にブレトンウッズ体制を取り去り，規制緩和とともに，多国籍資本の運動と多国籍企業の急速な拡大に向け水門を開いた。資本は新しい方法で国境を越えて展開する能力を得た。それはグローバル資本主義時代のさきがけとなった。

多国籍企業は労働者を統制する新たな権力を獲得し，階級と社会的諸勢力の世界的規模での配置を彼らに有利に変えた。前の時代の国際資本は，多国籍資本に変身した。この過程で，先進資本主義諸国のみならず，多くの発展途上国では労働者階級や多くの民衆との伝統的なコーポラティズム的妥協は困難になった。各国の経済エリートや支配階級は政治的脅威にさらされた。チリ（1973 年）とアルゼンチン（1976 年）の軍事クーデタは，力に訴えてこの困難の解決を図るものであった。新自由主義政策の最初の実験場と化したチリに見られるように，この政策には軍部を中心とした政治的抑圧と一連の「ショック療法」が続くことになる（グランディン 2008；クライン 2011）。

グローバルなエリートと多国籍資本家は，新たにグローバルで「フレキシブルな」蓄積レジームの構築を企てた。ケインズ主義は，マネタリスト政策，規

制緩和，資本のために逆進課税と新たなインセンティブを含む「供給サイド」アプローチに置き換えられた。フォード主義型階級的妥協は，脱組合化，フレキシブルな労働者，労働条件の規制緩和を基盤にした新たな労資関係に置き換えられた。そして，「埋め込まれた自由主義」と福祉型社会契約は，社会的な緊縮政策と市場法則と競争を最優先する生産活動に置き換えられた。1980年代以降，資本が利潤を創出し蓄積する過程は，資本主義的グローバル化と結び付いた。W. ロビンソンによれば，それは次の特徴を持っていた（Robinson 2012 : 353）。

　第1は，新たな労資関係の創出であった。それは規制緩和，労働市場のインフォーマル化，労働の「フレキシブル化」に基づいていた（以下，傍点は筆者）。

　第2は，資本蓄積における新しい段階が見られた。旧来の第三世界と第二世界の広大な地域を世界資本主義経済へ再統合することを通じてシステムは拡大した。そして，1990年代までにはあらゆる地域がその統合システムの外側に留まれなくなっていた（外延的拡大）。同時に，それまで市場関係の外側にあった公共空間と共同体領域は商品化され，民営化と国家の規制緩和，知的所有権などの拡大を含めた再規制を通じた蓄積に道を開いた（内包的拡大）。

　第3は，WTOの創設を含め，グローバルな蓄積を推進するグローバルな法的・規制的構造の設立であった。

　第4は，各国への新自由主義モデルの押し付けである。それは，国境の内外で資本が自由に展開し，そして世界的規模で資本蓄積の政治的・法的条件を同一化するための条件を創出した構造調整プログラムを含んでいた。新自由主義を通じて，世界はますます「グローバル資本主義のための単一の統一した領域」になってきた。資本は国民国家から自由にされ，グローバル化の浸透とともに労働者を統制する新たな権力を確保するにつれ，国家は，「蓄積のケインズ主義的な社会構造の再生産から新たにグローバルな蓄積パターン」へ移行した。

3　新自由主義に揺れる「南の世界」

新自由主義が推し進めるグローバル化

　新自由主義モデルによる蓄積は，国内市場や国内の社会的再生産に依存しな

くなった。しかし，社会経済的排除がこのモデルに組み込まれていた。新自由主義的エリートにとって，新自由主義アジェンダは市場拡大の必要性を強調し，労働者の所得を掘り崩し，労働組合と労働者の運動を弱体化，公共支出を削減し，いくつかの社会的・生産的部門から補助金を撤退した。こうして，民衆の政治的要求を抑圧して住民の不安を激しくする。グローバル経済への統合の成功はこれらに基づいている。それゆえ，グローバル資本主義の論理において，新自由主義国家による労働者の低廉化とその社会的権利の剥奪は「開発」にとっての条件になる。多国籍資本を引き付ける条件をつくるために，ローカルなエリートの役割は，大多数の人々を貧困と不平等に押し込むことであった。結局，新自由主義国家の階級機能とその正当化機能，そして，民衆の支持と同意を調達する機能との間には矛盾が内包されていたのである（Robinson 2012：361）。

　ここで検討すべきことは，経済的理由とは別に，なぜこうした新自由主義が一時的にも多くの人々に受け入れられたのか，この社会的・政治的な疑問と理由である。D.ハーヴェイが強調するのは，「同意の形成」のための多様なイデオロギー戦略や世論操作，さらには多様な社会的勢力の排除である。

> 「企業やメディアを通じて，また市民社会を構成する無数の諸機関（大学，学校，教会，職業団体）を通じて，影響力ある強力なイデオロギーが流布された。…シンクタンクを組織し，一部のメディアを獲得し，知識人の多くを新自由主義的な思考様式に転向させ，…新自由主義を支持する世論の機運をつくり出した。」
> 　　　　　　　　　　　　　　　　　　　　　　　　（ハーヴェイ 2007：61）

　こうした新自由主義への動きは，1990年代の「ワシントン・コンセンサス」として新しい正統性を獲得し，世界的規模で展開されることになる。その内容はすでに知られているが，均衡財政，市場原理主義，投資・貿易の自由化，民営化，規制緩和などである。
　こうした，新自由主義「改革」は，国民国家のプロジェクトの基盤に影響を与え，その正統性を掘り崩し，大衆の敵意を生み出し，社会的・経済的に排除された人々を増加し，旧来の敵対感情を復活させた。他方で，累積債務問題を口実にした構造調整プログラムとグローバル化により生み出された「経済的ジ

ェノサイド」と社会的解体，その結果の暴力の過程が進行し，多くの途上国の民衆の生活はどん底に落とし込まれた。

市場の暴走と経済自由化の多様な帰結

アフリカでは，1980年のジンバブエの独立から1994年の南アフリカにおける多民族選挙まで，植民地主義や制度化された人種主義の最後の痕跡の一掃が見られた。たしかに，アフリカのこの政治的変化は希望を与えるものであった。しかし，アパルトヘイト体制を崩壊させた南アフリカは，その後，新自由主義政策を受け入れた。

多くのアフリカ諸国では，伝統的な社会的セイフティ・ネットが解体されたのみならず，アフリカを苦しめていたエスニック的・コムナール的な潜在的な対立要因を表面化し，暴力のスパイラルを高めた。また，「グッド・ガヴァナンス」の欠如を理由に世銀からの支援が打ち切られた。ここから，「グッド・ガヴァナンス」という言葉が広く使われ始めたのだが，以後多数の「破綻国家」が誕生し，諸地域における内部対立が表面化し，ルワンダに見られたように内戦が頻発することになった。

こうしたアフリカの内部対立の激化による地域的安全保障の不安定化と「破綻国家」や「失敗国家」の出現を背景に「新しい戦争」（カルドー 2003）という言葉が生まれた。「新しい戦争」の発生には複雑な要因があるが，基本的には新自由主義政策による従来のアフリカにおける「国家—社会」関係の解体を基本的な契機にしている。たとえば，それは越境型シャドー経済の拡大，武装都市ギャングの浸透，政治の軍事化，民間軍事企業（PMC）に見られる安全保障の民営化などに現れた（松下 2007：第2章参照）。

主要な非産油国でも，1990年代に政治を動かす最大の原動力となったのは経済自由化への圧力であった。国営企業の民営化，銀行部門の民間資本への開放，株式市場の役割の拡大，そして国際機関との貿易協定の締結などの経済自由化に関わる計画は，政府と商業の関係や政府と民間部門のバランスにも多大なる影響を与え始めていた。だが，そうした経済面での変化が政治領域に大きな影響を与えることはなかった。経済政策の成功は，一方で一党支配体制を強化する手段となりがちであった。言い換えるなら，国家による管理（労使関係，起業，情報公開，NGOやメディアの規制など）の水準が引き下げられることはな

く，新しい形態へと変わっただけであった。政府と財界の関係は，逆に強化された。エジプト，チュニジア，ヨルダンでは，独特の形の「クロニー・キャピタリズム」が出現した。政権と密接な関係にある企業家がほとんどの主要な契約を受注し，組織された労働運動は依然として守勢におかれた（オーエン 2015：398-399）。

　新自由主義の暴走は，以上触れたアフリカや中東だけでなく，ラテンアメリカやアジア諸国にも根本的な影響を及ぼした。新自由主義は「国家の後退」や市場の優位を謳いながら，逆に「国家権力の再編成」を通じて，結局，「新たな国家形態＝新自由主義国家」の出現を通じて進められた。そして，グローバル・サウスにおける新自由主義国家が直面している中心的な政治・社会的問題は，その再構築過程が，貧困化と排除の拡大を通じて，新自由主義型ヘゲモニーに対する従属諸階級の同意のための基盤を侵食してきたことである。

　新自由主義に対する民衆の異議申し立てが最も明瞭に浮上してきたのがラテンアメリカであった。1994年，メキシコのチアパス州におけるサパティスタの蜂起は，新自由主義型ヘゲモニーに反対する社会諸勢力が具体化し，この過程の中心地がグローバル・サウスであることを示す重要な指標であった。1990年代はこの地域で開発主義と新自由主義を超えようとする多くの社会運動の台頭を目撃した。これらの運動は新自由主義を拒絶しただけでなく，多くの場合，開発と政治のもう1つの形態を構想し構築しようとした。

　アジアでも，1980年代後半から90年代初頭には大きな変化が生じた。アジアNIESやASEAN諸国の経済成長，中国・ベトナムなど現存社会主義諸国の経済開放や自由化など，新自由主義政策は国境を越えた市場経済と金融活動の世界的展開を推し進め，各国の歴史的特殊性を無視したグローバル・スタンダードと「自由化」を強要した。

4　分岐するグローバル・サウス——新自由主義と対峙して

米国による「南の世界」再編の試み

　「2001年9月11日という日は，人類の歴史に多くのものを残すことになるでしょう。この出来事に直面して，『戦争』『犯罪』『敵』『勝利』『テロ』という言葉は沈黙してしまい，役に立たなくなってしまっている。」

(ベック 2010：21)

　これは，ウルリッヒ・ベックが2001年11月にモスクワで行った国会講演からの引用である。カルドーは，9.11以降のイラク戦争やアフガニスタン戦争に典型的に見られた「見世物的な戦争」と戦争ネットワーク型の「新しい戦争」との連関を強調する（カルドー 2003；2007）。この問題に関しては膨大な分析と考察がある。この出来事以降，「対テロ戦争」が中東再編の試みの一環であるのみならず，世界の再構築を目指す米国の戦略と結び付いてグローバル・ポリティクスの焦点の1つになった。

　フセイン政権は，9.11事件以降，アルカーイダとまったく無関係であったにもかかわらず，強力な国際的圧力に晒された。それは，ブッシュ政権が設定した「ならず者国家」という範疇にイラクが入れられたからである。これは，米国の対イラク政策が，制裁強化からフセイン排除へと政策的に転換したことを意味した。その背景には，米国内におけるネオコン勢力の影響力拡大があった。そして，開戦の動機とされた兵器は存在しなかった。しかし，開戦には別の2つの動機が推測されている。第1に，戦略的先制攻撃という新しい軍事ドクトリンを試す絶好の機会であったことである。第2に，バグダードで体制転換が生じることは，「中東の再編」に向けた第一歩となるという信念があったことである。それは，米国の力と影響力によってアラブ諸国の政治・社会をより開かれたものへと作り替え，それによってテロリズムと宗教的急進主義を封じ込めることを目指したものであった（オーエン 2015：388）。

脱国家化と再国家化の時代に

　グローバル化時代の新しい戦争では，暴力は民間人に向けられる。この戦争での死傷者の90％以上は民間人であり，紛争の度に難民や流民の数は着実に増加している。今日，シリアからEUに向かう膨大な数の難民をわれわれが目にしている。難民の歴史は今に始まったわけではない。広くは「国境を越える」現象は，難民や移民に限られない。その形態も「国境を越える」人々の動機も多様である。ここで触れたいのは，グローバル化時代における「脱国家化と再国家化」あるいは「脱領域化と再領域化」である。

　近年，「境界研究（ボーダースタディーズ）」が注目を浴びている。国境をめぐ

る争いは，言うまでもなく歴史的に古くからあった。20世紀末の地球は「国民国家」で覆われたのだが，同時に「国民国家」の再構造化・再編成化が本格化する始まりを画した。それはとりわけ新自由主義型グローバル化の展開と複雑に絡んでいた。

ソ連の崩壊，そして旧ユーゴスラヴィアの解体以降，新しい多くの国家が誕生した。そして今日では，ロシアのクリミア併合やスコットランドの独立問題，スペインのバスクやカタルーニャ地方におけるサブステイト・ナショナリズムなど，領域変更の動きは根強い。国境を越えるネットワークは，多様な「非国家的アクター」に見られる。「イスラーム国」の越境型ネットワーク，麻薬カルテルや人身売買ネットワーク，マネーロンダリングのような金融犯罪などもここに含まれる。

国民国家システムは，権力と領域との間に固定的な関係があることを前提に構想されてきた。領域主権と厳格に引かれた国境というウエストファリア諸原則は，現実の上では決して絶対的なものではなかった。しかし，「世界の政治的分割に関する支配的な思考様式であったし，現在も大体がそうである」。既に述べたように，脱植民地過程においても国民国家という擬制のもとに支配と統合が進められた。グローバル化の拡がりは，主権的領域国家という近代的な枠組みを現実に掘り崩してきた。

「現代世界における領域的前提や境界の役割は過渡期にあり，再び問われているということである」。われわれは，「現在，20世紀初めにおける社会経済的組織や活動の新しい様態，およびアイデンティティが出現したときと同様の過渡期を経験している」。しかし，結果的に，「完全な脱領域化や境界の除去へとは，ほぼ確実に向かわないだろう。いかなる脱領域化も何らかのタイプの広範囲にわたる再領域化と一致するはずである」（ディーナー，ヘーガン 2015：167-169）。

「リスク社会」と「グローバル市民社会」

国境を越える活動は多様かつ重層的であり，さらには「持てるもの」と「持たざるもの」との格差を象徴的に明示しており，グローバル化した「リスク社会」の内実を顕在化する空間でもある。経済や貿易の領域では，多国籍企業は共通市場や低関税から恩恵を受けている。だが，移民や難民に加え，テロリス

トやマフィアなどの非合法あるいは破壊的なグループの越境を防ぐためにフェンスが作られている。国境の安全保障化である。2011年現在，約1万2500マイル（約2万キロ）に及ぶ世界中の国境は，壁やフェンスによって明示され，さらなる1万1000マイル（約1万8000キロ）では，監視テクノロジーやパトロールといった顕著な安全強化策がとられている（ディーナー，ヘーガン 2015：12）。

犯罪やテロのネットワークは，新自由主義が掲げる「国家の退場」とは逆に国家を強化する。リスクが特定の場所に限定されない時代にあっては，もはや国家の安全はない。「今日ではグローバルな同盟が対外安全保障のためだけでなく，国内治安のためにも必要」（傍点著者）になる。このようにベックは述べる。さらに，こうした犯罪やテロのネットワークは，監視国家への可能性を高める。「監視国家は新たな協力勢力によって，安全と軍隊が重視され，自由と民主主義が軽視される要塞国家に拡大してしまう恐れ」がある，と。そこで，彼はコスモポリタン的な国家の形成を提示する（ベック 2010：56-59）。

「世界リスク社会」がもたらす危険な現実が，逆説的だが開かれた可能性を持つことにベックは期待する。それは，第1に，国際的な法基盤をつくることの可能性と必要性。第2に，軍事手段のみでなく，信頼のおける「対話による政治」。第3に，コスモポリタン的な複数国家の間にそれぞれの地域に適したかたちの協力構造を作り上げること。さらに，グローバルにも地域的にも活動する社会運動（ベック 2010：60-61），以上のような課題である。

ベックの議論は，今日の日本の状況を考える上で示唆するところが多い。だが，それは先進国を主に対象にした議論であり，グローバル・サウスにおける民主的社会構築の構想とパースペクティブには当然，別の議論がある。そこで，以下，グローバル・サウスの視点から民主的なガヴァナンスの構築を考えてみたい。

5 グローバル・サウスの民主主義と新たな社会構想

新自由主義に抗して民主主義を取り戻す

新自由主義の社会的帰結は，民衆の生活体験からも既に明らかになっている。しかし，新自由主義の言説はいまだ支配的であり，「われわれの多くが世界を

解釈し生活し理解する常識(コモンセンス)に一体化してしまうほど，思考様式に深く浸透している」(ハーヴェイ 2007：11) のである。ここに，新自由主義に抗して生活と民主主義を取り戻す困難さがある。また，新自由主義は，教育現場から国家の重要諸機関，国際的諸機関に至るあらゆる領域に影響力を埋め込んでいる。それゆえ，ポスト新自由主義へのプロジェクトは，知的・文化的ヘゲモニーをめぐる戦いを含む広範な領域で展開されざるを得ない。そして，それは「ローカル／ナショナル／リージョナル／グローバル」の重層的連関のなかで，また，ナショナルなレベルでの「国家─市民社会─市場」の相互関係を民衆の視点から組み立てることが必要になる。

　その際に，筆者はしばしば以下の基本的視点が重要になるであろうと指摘してきた（松下 2012）。

　第1に，「ローカルな視点と基点」から，すなわち「市民の生活空間」から「国家─市民社会」関係の民主的再構築を最も重視すること。

　第2に，市民の立場から「重層的なガヴァナンス」構築を構想する際に必要なことは，「国家の退場」の立場ではなく，「国家の再構造化」の視点から「国家」を再考すること。ベックは次のように指摘しているが，これは本論の立場と共通している。

「民主共和制による権力形成と，権力行使のための正統性を再び自ら創出すること，つまり，世界問題への小さな『グローカルな』取り組みを可能にするには，国家の行為の枠組みをどのように変えるのかといった問題」が重要なのだ。
(ベック 2008：207，傍点筆者)

　第3に，「国家─市民社会」関係の民主的再構築，さらには「重層的なガヴァナンス」の構想においてアソシエーションや社会運動と参加型の民主的制度構築の相互作用，シナジー関係に注目している。

　第4に，グローバル・サウスの諸実践が既存の諸概念の再考を促していることを無視できない。たとえば，民主主義の民主化や深化の課題，制度と運動の対立的関係を超えた相互連関の問題，市民の立場に立った「知識と権力」の対立と調停の議論，政党の新たな積極的役割の問題，新たな「国家─市民社会」関係における国家および市民社会の再考，等々である。

第5に，以上で示唆したグローバル・サウスからの論点と課題は，グローバル化時代におけるグローバル・サウスの変革戦略の探求，すなわち新たな「国家－市民社会」関係構築の模索と深く絡み合ってくる。再び，ベックの主張を借りると，それはグローバル化時代における政治の優位を取り戻すこと，「国家を断念させない戦略」を目指している。

> 「市民の満足と政治的了解は，お金で買うことができない。了解と同意の生産と再生は，世界経済が自らの墓穴を掘るのでない限り，決して経済の論理に従属しないような政治や文化，民主主義，国家といった固有の領域を必要としている。したがって，国家を断念させないという戦略は新自由主義による敗北的政治に抗して，信念と経験を新たに強化することを試みる。つまり，政治なしにはまったく成功はありえないということである。」
>
> （ベック 2008：211，傍点原著者）

　最後に，本書はグローバル・サウスの異議申し立て，「国家－市民社会」関係の民主的再構築の追求と同時に，複雑化し錯綜するグローバル秩序にも関心を示している。たとえば，中国のグローバル・アクター化がアフリカやラテンアメリカで及ぼしている重大な影響に見て取れよう。ここには，国家利益と市民の利益の離齬・対立，国境を越えたナショナリズムのリージョナル化現象，「ローカル／ナショナル／リージョナル／グローバル」な関係の新たな局面が現れている。

　以上の基本的視点のなかで，とくに重要な要素は社会運動の役割であろう。なぜなら，「市民の生活空間」から出現し，「国家－市民社会」関係を民主的に転換し，民主的ガヴァナンスを重層的に構築する基本的な担い手は，市民運動やNGOを含む多様な社会運動であるからである。

グローバル・サウスにおける異議申し立てと社会運動

　近年，グローバル・サウスにおける市民を中心にした社会運動が注目を浴びている。その多くは，運動の根底に新自由主義への何らかの異議申し立て孕んでいる。ラテンアメリカ諸国では，すでに20世紀末から民主化を求めて底辺からの運動が拡がり，現在では民主主義の質的深化を追求して参加型の民主主

義が広範に構築されてきた。

　ブラジルの土地なし農村労働者の運動やポルト・アレグレに代表される参加型制度，アルゼンチンのピケテロ，教師や教授，行政労働者，保健労働者，公務員などの運動，女性や学生の運動など。ラテンアメリカの社会運動には，3つの基本的特徴が見られる。土地の専有をめぐる争い，民主的参加と意思決定メカニズムを構築する戦い，そして，世界社会フォーラム（WSF）に基盤を置き，FTAAに反対する「新たな国際主義」の形成である。

　2011年チュニジアの「ジャスミン革命」に始まった「民主化」を求める一連の民衆蜂起は，世界の注目を浴びた。この運動は，新自由主義型グローバル化に対する民衆に異議申し立てと無関係ではない。しかし，この「アラブの春」の帰結は複雑な過程をたどった。

　特にエジプトでは，軍や治安機関，NDP（国民民主党）のエリート，高級官僚，司法，そして巨大なビジネス・コングロマリットなど，独自のビジネスや組織的利害を有するような集団が数多く存在しており，民衆の運動は押しつぶされた。「アラブの春」の具体的な考察が不可欠であるが，オーエンの忠告は改めて確認できよう。

　　「西欧の歴史が示唆しているのは，権力を握る人間が民主主義を自発的に導
　　入することはめったにないという点である。民主主義は常に，それをもっと
　　も必要としている人々の飽くなき闘争によって勝ち取られなければならない
　　のである。」
　　　　　　　　　　　　　　　　　　　　　　　　　（オーエン 2015：408）

　とはいえ，近年では社会運動による異議申し立ては，「北」の底辺の運動を巻き込んで，グローバル・サウスにおいて恒常的な政治過程に組み込まれている。シアトル，ジェノバ，バルセロナ等各地で反グローバル運動が展開されたことは記憶に新しい。2011年，経済的危機にあったスペインのマドリッドの中心部プエルタ・デル・ソル広場で若者たちの占拠が起こった。この若者たち，「インディグナードス（怒れる者）」の運動は，ニューヨークのオキュパイ運動に連動した。また，新しい左翼政党「ポデモス」の誕生に結び付いた。これは，新自由主義と金融権力や特権階級に異議申し立てを行い，新しい多数を形成する運動がグローバル・サウスでも進んでいる一例である。

今日，長期の民主化闘争の歴史を通じて民主的空間を達成してきた国も少なくない。その民主的空間は脆弱であったとしても，社会運動の焦点は広範囲の不平等な形態に異議申し立てをするためこの新たな空間をいかに利用するのかに変わった。それは「単なる政治的・市民的諸権利に留まらない社会的・経済的諸権利の達成や資源の管理，より包括的で応答的なガヴァナンスの統制」といった基本的関心を反映している。

「国家―（市民）社会―市場」関係を再考する

ここで改めて，新自由主義グローバル化における「市場」と「市民社会」，そして「国家」の位置と役割について本論の視点をまとめておきたい。そのうえで，グローバル・サウスのおける民主主義と新たな社会構想にとっての「国家―（市民）社会―市場」関係の相互連関性を考察することの重要性を考えたい。

まず，市民社会と資本主義発展（市場）との一般的な関係を関連する範囲で押さえておこう。この関係は，グローバル・サウスに限られたことではないが，ハウエルとピアースの指摘に留意する必要があろう。彼らは次のように強調する。

第1に，資本主義的発展は，力強い自律的市民社会を不可避的かつ当然には生み出さない。第2に，市民社会と市場の想定された境界は明確ではなく，市場は市民社会の称賛された自律性と個性を掘り崩している。第3に，「非営利」領域としての市民社会の定義は，国家と市場の両方への批判的目としての市民社会の政治的役割を弱める。第4に，市場経済は市民社会の凝集的・統合的次元を掘り崩すことができ，社会的排除過程を生み出し強化できる（Howell and Pearce 2002：64）。

次に，そもそも市民社会をどのように考えたらよいのか，この問題がある。この概念は歴史的にも概念的にも激しく論争されてきた。本書では，この論争には深入りしない（松下 2012参照）。われわれは「市民社会」を理想化せずに，それ自体が様々な矛盾や分裂，対立，抗争を孕む領域であり，様々な差別，抑圧や排除，不均衡や非対称に満ちた領域であることを確認することが重要であろう。すなわち，市民社会は世界観の論争領域でもあり，それ自体が論争領域でもある。この視点は，市民社会を，階級支配，支配と従属，指導と同意をめ

ぐるヘゲモニー闘争の戦略的場と捉えるグラムシ的視点に結び付く。

もし市民社会が，価値や理念や政府の政策，企業活動が公然と争われている領域として機能するのであれば，市民社会は調和や同質性や適合性の場ではないことを承認しなければならない（Howell and Pearce 2002: 234）。

前に述べた「（新しい）社会運動」との関連では，それは「市民社会」という「場」で，自律的組織あるいは運動として，また「市民社会の毛細血管」として，さらにはそのネットワークを通じて，「公共空間」（「公共圏」）の創出・拡大を追求する。「市民社会」は「公共空間」をめぐるヘゲモニー争いの空間・領域を提供しているが，同時に，このヘゲモニー争いの結果を反映するのである。

第3に，それでは，「公共空間」（「公共圏」）をどのように把握したらよいのだろうか。

公共圏に関する議論は，市民社会，国家，民主主義についての新しい思考様式の重要な方向性を示唆している。しかし，グローバル・サウスにおける公共性の議論はまだ十分な展開を見せていない。ここでは，「国家―市民社会―市場」の相互関係を深める意味からこの課題について必要と思われる視点を指摘しておく。

第1に，公共性を単一で，包括的な空間や「場」として想定するよりも，複合的，多元的，重層的な空間や「場」として捉え，しかもそれぞれの「公共性」が競合し，対抗する関係として認識する視点が重要性である。フレイザーは，現実の政治過程の分析概念として，「下位の対抗的な公共性」，「対抗的公共圏」を提案する。階層社会においては，「下位の対抗的な公共性」が「支配的な公共性」と競合関係にある（フレイザー 1999）。他方，サバルタンとして公共性や政治から締め出され，政治の言葉を語ることのできなかった人々が自己主張を強めてきた点に注目する議論もある。開発主義国家や権威主義体制から政治的自由化や民主化への移行過程，民主主義の定着を検討する際にこの視点は必要である。

第2に，このように複数形で捉えられた公共空間（公共圏）は，それぞれが拡大・発展すると同時に，縮小・空洞化さえする動態的な過程において認識することが重要である。したがって，公共空間（公共圏）がどのような「民主主義的な意思形成の基盤」となるか，また，どのような民主主義を構築するかは，

当該社会の諸アクター,とりわけ「新しい社会運動」と関連する。社会運動は「アイデンティティを再構築していく契機」,「新たにわきおこってきた声を正当化」する契機でもあり,ここにはこれまで排除されてきた人々を包摂するだけでなく,包摂された人々が表出するアイデンティティが変化するという意味を含んでいる。

第3に,公共空間(公共圏)は,「市場関係の舞台ではなく,むしろ一種の討議の関係をなしており,売買よりもむしろ議論と協議を行うための劇場をなしている」(フレイザー 1999:119)。そうであれば,公共空間(公共圏)はグローバル化した経済や市場,競争の論理と矛盾や対立を恒常的に引き起こすのは当然である。ここに,われわれが公共空間(公共圏)に注目せざるを得ない一因がある。

国家の再構築＝国家を市民社会に埋め込む

今日,開発との関係だけでなく,市民社会の発展や民主化の推進,民主主義の定着との関連で,より一般的に言うと,社会との関連で国家の役割について議論を発展させる時期である。ほとんどの「南」の国は,脱植民地化の過程で国家建設に多くの力を注いできた。工業化過程でも国家は基本的に重要な役割を果たしてきた。グローバル化と新自由主義の展開を転機に「国家」の役割が議論され始めた。この議論の方向性はほぼ3つに集約できよう。

第1は,「国家衰退」論あるいは「国家退場」論である。この立場は,国境に仕切られた国家の役割や機能,自立性が低下すると主張する。

第2は,「国家健在」論である。これは,グローバル化の進行にもかかわらず国家の役割は重要であり,あるいは増大している,と考えている。

そして第3に,「国家変容」論がある。国家の衰退する部分も,重要性を増す部分をも含めて国家の役割が新たなものへと変容している,と考えている。

筆者は国家変容論の立場に立っている。より積極的に言うと,社会の中に国家を連れ戻し,国家と社会の相互変容,とりわけ国家自体の「変容」をも視野に入れたアプローチを検討する必要性を強調したい。この課題に関連して,筆者は民主的分権化の具体的事例として,ブラジルのポルト・アレグレにおける参加型予算編成の経験に注目しているが,本章では省かざるを得ない(松下 2006;2007参照)。

いずれにしても,「新自由主義に対抗する現実的な対抗ヘゲモニーが構築できる中心的な場あるいは領域としての国家」を認識し,国家との関係でグローバル・サウスの戦略を再構想することが重要である。グローバル・サウスがポスト新自由主義戦略を構想する基礎には,市場から国家を解放し,失われた経済的・政治的主権を回復し,市民社会の再構築を促進することを無視できない。

6　ネットワーク化するグローバル・サウス

なぜいまリージョナリズム化が重要か

　この節では,「ローカル／ナショナル／リージョナル／グローバル」の重層的ガヴァナンスの枠組みのなかでリージョナルとグローバルなレベルの問題およびその動態に焦点を当てる。まずリージョナリズムの可能性について,次にグローバル・サウスにおける BRICS の役割について論じる。

　気候変動や環境悪化,食糧危機,感染病の急激な発生,不法移民や難民の急増,麻薬や人身売買の多様な越境型犯罪など,いまや,国家と地域社会の安全保障のみならず,持続可能な世界秩序の展開を脅かす焦眉の問題群と課題が日常的に浮上している。これらの問題群はグローバル化の進展と無関係ではないし,ナショナルなレベルで解決できるものでもない。そこで,以下,新自由主義型グローバル化に対する対抗力としてのリージョナリズムの役割と可能性に注目する。もちろん,リージョナリズムは両義性があり,グローバルな覇権を目指す米国や先進諸国,さらには地域的ヘゲモニーを意図する地域大国のプロジェクトの一環として考えることもできる。また,当然,トランスナショナルな資本の戦略の空間にもなる。だが,ここではリージョナリズムのさらなるグローバルな統合への道の「踏石 (stepping stone)」とは異なる可能性を考えたい (篠田・西口・松下編 2009)。

　すなわち,リージョナリズムを「トランスナショナルな資本の反社会的傾向を抑制」し,「ポスト・グローバル化の将来にとって,新しい諸力を創出する空間を提供できる潜在力」を持ち,「多様な社会経済的組織が共存し,民衆の支持を求めて競合する多元主義的世界秩序に向かう方途」(ミッテルマン 2002: 143) と想定し,そのための諸条件と可能性を考える。この視点はきわめて楽観的と思われるが,その方向性を探ることは不可欠であろう。

北米では，1994年に北米自由貿易協定（NAFTA）が発足した。NAFTAの実施過程で無数の農民が飢餓線上に追いやられ，約130万世帯の家族が土地から追放され，都市には失業者が溢れた。メキシコでは民営化が富の集中を引き起こした。2005年までに億万長者数では，サウジアラビアよりも多い世界第9位の国になった。

他方，南米では2005年，マル・デ・プラタでの米州サミットで米州自由貿易協定（FTAA）の創設を企図したブッシュ戦略は挫折した。この地域では，「左派」政権が米国主導のリージョナリズムに対抗する形で歩調を整えつつあるメルコスール（MERCOSUR：南米南部共同市場）の強化を志向し，またチャベス主導の米州ボリバル代替統合（ALBA）に参加するなど，米国からの大きな自律性，対等な関係を主張している点で共通している。

当初，メルコスールはグローバル経済への参入のため自由貿易と開かれた地域主義を志向するものと考えられた。しかし，2003年以降，それは新しい政府のもとで社会的次元の過程が構築され始めた。新たな政府にとって，地域的な社会政策を進めることは，社会諸アクターの包摂し，地域統合過程を民主化する試みであった。その結果，メルコスールは自由貿易協定であることを止めた。かわりに，新しい政府はグローバル経済の現実に対応する新たな方法を見出そうとした。そこでは，社会的・生産的諸次元が貿易を補完する。メルコスールがどこに行くのかはまだ不透明であるが，新自由主義を超え新しい民主的なリージョナル・ガヴァナンス構築に向けてどの程度進むのか，興味深い問題を提起している。

メルコスールは一種の「自律的」リージョナリズムともいえる。それは第1に，米国の優位性に抵抗すること，第2に，グローバル化に抵抗することを企図していた。メルコスールは一極支配から多元性を擁護し，グローバル化とそれがもたらす同質化への抵抗において共通したコンセンサスを示唆している。

こうした，リージョナル化およびリージョナル・ガヴァナンスへの関心と期待は，国民国家が市場諸力に対するその政治的自律性を確保する手段としての地域主義的取り決めの可能性を考えていることを示している。また，リージョナリズムは政治的資源を蓄積し，国家間協力により国民的利益を向上させる手段として注目されている。この背景には，従来と異なるリージョナルな安全保障の必要性やアイデンティティの流動化がある。

他にも注目される南米の動きがある。いわゆる南の民衆のサミット,「大陸規模の社会同盟(HSA)」である。HSAの周りに組織された社会運動やNGOのネットワークは,地域統合のFTAAモデルを拒否し,「もう1つの世界は可能だ」というスローガンのもとに,健康や教育や社会的統合,平等のような民衆の具体的諸問題を扱う新しい地域統合モデルを提案した。

進藤榮一は,アジア地域における人間の安全保障共同体への道を探るなかで,「グローバリズムに潜むリスク」を見抜く必要性を主張する。たとえば,TPP(環太平洋パートナーシップ)の米国のねらいを指摘する。それはまず,東アジア市場への米国の参入,日中韓FTAによる東アジア地域統合の阻止,さらには対中包囲網を敷く米国のアジアにおける覇権の維持強化,である(進藤 2013:第3章)。

結局,グローバル化の優位が明らかになるにつれて,その影響を条件づけるより革新的形態のガヴァナンスへの要求の緊急性が現れてきた。国家と共同体との地域協力の発展は,無制限なグローバル競争の否定的影響を緩和するのに役立つ。リージョナル化はこれらの創造的な企てを探究するための1つの可能なチャンネルを開いた。同時に,リージョナリズムは狭隘なナショナリズムを克服し,市民社会をトランスナショナルな方向に促進するのに役立つかもしれない。

グローバル・サウスにおけるBRICS, とくに中国の役割

中国の国際社会における活動とその影響力が注目を浴びて久しい。また,中国にブラジル,ロシア,インド,南アフリカを加えた新興5カ国から成る「BRICS(ブリックス)」にも注目が注がれている。グローバル・サウスからの新たなブロックとしてBRICSの台頭を称賛する声もかなり聞かれる。世界経済における西側優位の状況への挑戦である,あるいは「南一南協力の軌跡における決定的瞬間として歴史に記録される」(ダーバンにおけるBRICSサミット,2013年)といった表明は,その期待の現れでもある。こうした称賛や期待は,「グローバルな資本主義や三極委員会をなす中枢国民国家の権力に対する南の挑戦」(Robinson 2015:1)と考えられているのである。

BRICSを中枢的ヘゲモニーに対する準中枢による集団的な挑戦と考えている世界システム論者もいる。事実,2015年には「BRICS開発銀行」が設立さ

れ，他方，中国は2013年にアジアインフラ投資銀行（AIIB）設立を打ち上げている。加えて，ロシアは，中国や中央アジア諸国とつくる「上海協力機構」と上記2組織との連携を強めている。こうして，BRICSは米国抜きの国際的枠組み構築を目指している。それでは，このようなBRICSの動向がグローバルな資本主義のヘゲモニーの再編にどのような影響を与えるのか，その場合でも，グローバル・サウスに，とりわけその普通の人々に重大な結果をもたらしてきた新自由主義型グローバル化に代わり得るのか，こうした点を問題にしたい。

BRIC諸国（南アはまだ含まれていなかった）を最初に類型化したのは，ジム・オニール（Jim O. Neill）によるゴールドマン・サックス報告（2001年）であった。彼は人口統計学，潜在的市場，最近の成長率，グローバル化の採用を基礎にして，21世紀前半における成長への最も潜在力を持つ国々としてBRIC諸国を描写した。グローバルな経済的・政治的管理の点で，BRIC諸国の際立った役割はそのシステムの安定化と多国籍投資家にとっての機会拡大に役立つ，彼はこのように主張した（Robinson 2015：4，傍点筆者）。ここで注目すべきは，多国籍投資家がこれらの国々で新しい機会を見出し，BRICSと多国籍資本家階級（TCC）との関係について示唆していることである。ロビンソンは次のように述べる。

「グローバルな統合と多国籍資本家階級形成はBRICSにおいてかなり前進した。BRICSの主役たちは支配的な国際秩序に挑戦することを目指しているのではなく，グローバルなシステムにおいてより広い統合のための空間を広げることを目的にしている。」　　　　　　　　　　（Robinson 2015：1）

このように，BRICSはグローバルな資本主義や多国籍資本家階級支配のオールタナティブではない。それは，「グローバルな資本主義秩序内におけるより多極的で均衡の取れた国家間システムへの変化」（Robinson 2015：18，強調原著者）を意味している。この意味では，米国のヘゲモニーへの対抗バランスの役割を一定程度果たすであろう。しかし，BRICS資本家と国家は，西側諸国と同様に，グローバルな労働者階級の支配と抑圧に関与している。すべてのBRICS五カ国は，資本主義的搾取と国家的抑圧と腐敗に反対する下からの大

規模な闘争の爆発により近年，打撃を受けてきたのである．
　たとえば，ブラジルにおける公共輸送値上げに反対する多様な大衆運動，ワールドカップに関連したファベイラ住民への抑圧や残虐行為，ロシアにおける民主化や戦争反対，表現の自由の戦い，中国における農村の強制的な退去措置や腐敗に反対する大規模なストライキや抵抗，そして，南アのタウンシップにおける貧民の大規模な蜂起や経済的自由闘争党の形成などなど．民衆や労働者階級のBRICSに対する下からの闘争はますます不可避になろう．

7　世界社会フォーラム──ダボス会議に抗して

　BRICSの発展は，グローバル・サウスにおける新自由主義型グローバル化のオールタナティブにはならず，むしろ新自由主義的政策の継続強化によって普通の人々の生活と諸権利を無視してきた．BRICSのそれぞれローカル・レベルでは，膨大な貧しい民衆が国家と多国籍化した資本の論理のもとに窒息させられている．それゆえ，人間の安全保障を底辺から作り上げる展望が必要であろう．そこで，本章の最後に，世界社会フォーラムの可能性について簡単に検討する．

世界社会フォーラムの意味・役割

　世界社会フォーラム（以下，WSF）による対抗ヘゲモニー型グローバル化は，ローカル，ナショナル，グローバルな闘争の連携を基盤としている．それは，ユートピアの欠けた新自由主義型世界（TINA："他に代わるものがない"）のなかにユートピアを満たすこと，"もうひとつの世界は可能だ"という信念によって結び付けられた多様な社会運動やNGOによって展開されている．
　この信念のもとにWSFは，世界規模で社会的，政治的，文化的により公正な社会を追求している．すなわち，排除や搾取，抑圧，差別，環境破壊といった現状から解放された社会を求める多くの従属的社会集団の願望を含んでいる．その意味で，2001年以降，WSFは世界各地で芽生え，活動する対抗ヘゲモニー型グローバル化を最もうまく表現し接合する組織となった．そして，WSFは1980年代初めに本格化した新自由主義的巻き返しの動きに対抗する最初の大規模かつ国際的な進歩的運動である．その将来は，従来の「単一思考に対す

るオールタナティブな希望の将来」(Santos 2006 : 127) である。

　ヘゲモニー型グローバル化に統合されてきたローカル，すなわち，「ローカル化されたグローバリズム」(Santos 2006) は，ヘゲモニー型グローバル化によるローカルへの有害な埋め込みである。言い換えれば，「ローカル化のないいかなるグローバル化も存在しない。もうひとつのグローバル化があるように，もうひとつのローカル化がある」。多くの WSF に関わる運動は，新自由主義型グローバル化によりもたらされ，激しい社会的排除に反対して闘ったローカルな闘争として出発した。それらは，しばしば WSF を通じて，対抗ヘゲモニーとして「自分たちをリージョナル化することを通じて，ローカル／グローバルな連携を発展させた」(Santos 2006 : 26-27)。WSF は，社会運動や NGO によるローカル／ナショナル／グローバルの各々における社会闘争の実践や知識の国際的な交流である。

　WSF はダボス会議（「世界経済フォーラム」）への民衆による対抗フォーラムとして，2001 年にブラジルのポルト・アレグレで始まった（参加者数 2 万人）。WSF は様々な諸要素を糾合し，グローバルな抵抗を代表する重層的な政治的・社会的空間として特徴づけられる。そして，それは，特に誰も代表せず，1 つの共通な声を語ることなく，シンボリックかつ具体的に世界秩序の変革に向けての水平的な開かれた空間となった。WSF では，戦争・平和，民主主義，環境，差別，暴力と抑圧，移民，食糧，水，疾病，農業，貿易，債務，労働，ジェンダーなど多岐にわたるテーマと問題点が取り上げられてきた。

WSF の理念と原則

　WSF の理念と原則は「世界社会フォーラム憲章」(14 原則) に見られる（フィッシャー・ポニア編 2003 : 443-446 参照）。

　WSF は，「人類の間の，ならびに人間と地球を豊かに結び付ける，グローバル社会を建設するために行動する市民社会のグループや運動体による，思慮深い考察，思想の民主的な討議，様々な提案の作成，経験の自由な交換，ならびに効果的な活動をおこなうために繋がりあうための，開かれた集いの場である」(憲章 1)。「もうひとつの世界は可能だ」という宣言のもとに，「オールタナティブを追求し建設する恒久的プロセス」(憲章 2) を目指しており，「グローバルなプロセス」(憲章 3) である。

WSFは,「連帯のグローバル化を世界史における新しい段階として広げ」,具体化する。「社会正義,平等,民衆の主権のための,民主的な国際システムや制度」(憲章4)を支える。そして,「もうひとつの世界をつくるために,ローカルから国際的なレベルまでの具体的な行動に従事する諸団体や運動を,相互に関連づける」(憲章8)。

WSFは,「ジェンダーや民族,文化,世代や身体的能力の多様性」と同様に,「諸団体や運動の活動やかかわり方の多元性と多様性に対して,つねに開かれたフォーラム」である(憲章9)。

WSFは,「人権の尊重,真の民主主義の実践,参加民主主義,民衆・民族・ジェンダーや人々の間での平等と連帯のなかでの平和的交流を支持」する(憲章10)。それは「討議のためのフォーラム」である(憲章11)。

WSFは,「世界が経験している人間性喪失のプロセスと国家により行使される暴力に対する,非暴力的抵抗の力を増大」させ,「人間らしい政策」を強化する(憲章13)。

WSFは,地域レベルから国際レベルまで,「地球市民権の問題」に取り組んでいくことを促進する「1つの過程」である(憲章14)。

以上,憲章からうかがえる特徴は,90年代に顕著になった「オルタ・グローバリゼーション運動」が,20世紀を通じて拡大した西欧資本主義近代における従来の左翼や社会運動の思考や実践とは異なっていることを示唆している。様々な政治的分派を始めから排除することを困難にする包摂のスタイルと雰囲気,そして相違の尊重をWSFは生み出そうとした。

論争と対立

WSFは多くの新しい特徴を提起し実践してきたが,参加する市民社会諸アクターの多様性ゆえに,当然,様々な論争や対立が起こり,若干の問題と緊張を経験した(セン,アナンド他編2005参照)。その1つが政党の位置づけと役割に関わっている(憲章9)。対抗ヘゲモニー型グローバル化の構築における政党と社会運動およびNGOの関係は,疑いなく論争的である。広い意味で,それらはWSFにも影響している。原則憲章はWSFにおける政党の従属的役割を明らかにしている。WSFは社会運動とNGOの中で組織されたように市民社会の所産である。しかしながら,政党と運動との関係の問題は抽象的には決め

られない。歴史的・政治的諸条件が国により多様であり，異なる文脈で異なる対応が決められる。前述のようにブラジルでは，労働者党（PT）自体は社会運動の所産であり，その歴史は社会運動の歴史から切り離せない。

　ナショナルな闘争とグローバルな闘争のどちらを優先させるのか，この優先順位の問題も論争的であった。たとえば，2004年にムンバイで開かれたWSFでは，その原則憲章がインドの社会的・政治的条件を十分に考慮されていない問題が提起された。そこには，「コミュナリズム」の問題，ナショナルな多様性とローカルな言語の重要性，WSFにおける政党の役割が含まれた。サントスは，ムンバイのWSFでの論争を積極的に評価する。すなわち，この問題を契機に，「グローバルなダイナミズムへのローカルの適用の革新的で注目すべき過程の始まり」があり，それを通じて，「ナショナルな諸条件と闘争が広範なグローバルな文脈に埋め込まれている」ことを確認している。しかし，同時に，「ナショナルな現実の特殊性に照らして，グローバルな文脈は自分自身を再び脈絡化するよう促した」（Santos 2006：116-117）。

　こうして，ムンバイにおける第4回WSFは，参加の社会的基盤を大幅に拡大する点で飛躍的な前進であった。他方，同様に，第5回WSF（ポルト・アレグレ）はプログラムのボトムアップ型作成に関して画期的な前進であった。

　また，設立10周年を迎えたナイロビ・フォーラム（第7回，2007年）では，NGOと社会運動体との対立，運動の目標とあり方をめぐる「穏健な勢力」と「ラディカルな勢力」との間の分岐，財政的・組織的な規模による参加組織の影響力の相違などが顕在化した。

　こうしたWSF内部の不一致は，参加メンバーの多様性と規模の拡大ゆえに不可避であろう。すべての運動のアイデンティティの多様性と差異を相互承認し，対話，議論という巨大な努力が要求される。そのために，サントスはコンタクト領域（contact zone）という観念を提案する。それはすべての運動やNGOにおいて，すべての実践や戦略において，またあらゆる言説あるいは知識において，他のNGO，実践，戦略，言説，知識との間に相互浸透と相互理解を可能にする「領域」であり「空間」である。

　WSFのユートピアは解放型民主主義の1つである。WSFは民主主義深化に向けた幅広い集合的プロセスであることを主張しているので，内部民主主義の問題がますます緊急性を帯びてきたのは不思議ではない。民主主義の闘争にお

けるWSFの信頼性は，ますますWSFの内部民主主義の信頼性に依拠するであろう（Santos 2006：185）。WSFは新たな政治文化に向けてさらなる自己学習のプロセスを経験しなければならないであろう。

参考文献

オーエン，ロジャー（山尾大・溝渕正季訳）『現代中東の国家・権力政治』明石書店，2015年。

カルドー，メアリー（山本武彦・渡部正樹訳）『新戦争論』岩波書店，2003年。

カルドー，メアリー（山本武彦・宮脇昇・木村真紀・大西崇介訳）『グローバル市民社会論——戦争へのひとつの回答』法政大学出版局，2007年。

木畑洋一「世界現代史の中の〈南〉の世界」木畑洋一他編『グローバリゼーション下の苦闘——21世紀世界像の探求』（〈南〉から見た世界6）大月書店，1999年。

木畑洋一『20世紀の歴史』岩波書店，2014年。

クライン，ナオミ（幾島幸子・村上由見子訳）『ショック・ドクトリン——惨事便乗型資本主義の正体を暴く』上・下，岩波書店，2011年。

グランディン，グレッグ（松下冽監訳）『アメリカ帝国のワークショップ——米国のラテンアメリカ・中東政策と新自由主義の深層』明石書店，2008年。

篠田武司・西口清勝・松下冽編『グローバル化とリージョナリズム』御茶の水書房，2009年。

セン，ジャイ，アニタ・アナンド他編（武藤一羊ほか監訳）『世界社会フォーラム——帝国への挑戦』作品社，2005年。

進藤榮一『アジア力の世紀——どう生き抜くか』岩波書店，2013年。

ディーナー，アレクサンダー・C，ジョシュア・ヘーガン（川久保文紀訳）『境界から世界を見る——ボーダースタディーズ入門』岩波書店，2015年。

ハーヴェイ，デヴィッド（渡辺治監訳）『新自由主義——その歴史的展開と現在』作品社，2007年。

フィッシャー，ウィリアム・F，トーマス・ポニア編（加藤哲郎監修）『もうひとつの世界は可能だ』日本経済評論社，2003年。

フレイザー，ナンシー「公共圏の再考——既存の民主主義批判のために」クレイグ・キャルホーン編（山本啓・新田滋訳）『ハーバーマスと公共圏』未來社，1999年。

ベック，ウルリッヒ（島村賢一訳）『ナショナリズムの超克——グローバル時代の世界政治経済学』NTT出版，2008年。

ベック，ウルリッヒ（島村賢一訳）『世界リスク社会論——テロ，戦争，自然破壊』筑摩書房，2010年。

松下冽「ブラジルにおける参加・民主主義・権力——労働者党とローカル政府への参加型政策」『立命館国際研究』18巻3号,2006年。

松下冽『途上国の試練と挑戦——新自由主義を超えて』ミネルヴァ書房,2007年。

松下冽『グローバル・サウスにおける重層的ガヴァナンス構築——参加・民主主義・社会運動』ミネルヴァ書房,2012年。

松下冽「交差するガヴァナンスと『人間の安全保障』——グローバル・サウスの視点を中心に」松下冽・山根健至編『共鳴するガヴァナンス空間の現実と課題——「人間の安全保障」から考える』晃洋書房,2013年。

ミッテルマン,ジェームス(田口富久治ほか訳)『グローバル化シンドローム——変容と抵抗』法政大学出版局,2002年。

Bullard, Nicola, "Global South," Helmut K. Anheier and Mark Juergensmeyer (eds.), *Encyclopedia of Global Studies*, Sage, 2012.

Howell, Jude and Jenny Pearce, *Civil Society and Development : A Critical Exploration*, Lynne Rinner Publishers, 2002.

Robinson, William I., "Global Capitalism Theory and Emergence of Transnational Elites," *Critical Sociology*, 2012, Vol. 38.

Robinson, William I., "The transnational state and the BRICS : a global capitalism perspectives," *Third World Quarterly*, 2015, Vol. 36.

Santos, Boaventura de Sousa *The rise of the global left : The World Social Forum and beyond*, Zed Books, 2006.

第3章　米国の「平和」と「戦争」
　　　——ベトナム，アフガン，湾岸，イラク——

　　　　　　　　　　　　　　　　　　　　　　　藤　本　　　博

1　米国主導による「対テロ戦争」の現在

終わらない「対テロ戦争」

　米国は2001年の「9.11同時多発テロ」を受け，その直後にアフガニスタンを攻撃し，2003年3月にはフセイン政権打倒と「イラクの民主化」・「中東の民主化」を掲げてイラク戦争を開始するなど「対テロ戦争」を展開してきた。しかし，アフガニスタン攻撃から十数年を経た今日，米国主導の「対テロ戦争」によって中東地域では「暴力の連鎖」が続いており，アフガニスタンやイラクでは社会的安定とは程遠い状況が継続するとともに，「イスラーム国」（以下，IS）がイラクとシリアなどで一定の影響を及ぼしている。

　イラクについて言えば，オバマ政権は2011年末，米戦闘部隊を撤退させて，約9年間続いたイラク戦争にいったん終止符を打ったものの，アルカーイダから分派したISがイラク国内の宗派間対立を要因としてイラク国内でも影響力を増大させたため，オバマ政権は2014年8月以降にイラク北部のISに対する空爆やイラク治安部隊の訓練強化のため再びイラクに軍事介入し，IS掃討作戦を展開してきている。オバマ政権は，2015年6月10日にイラクに対して約450人の増派を発表し，イラクの駐留米兵は2016年6月時点で約4000人弱に及んでいる。

　米国はまた，ISに対しては，イラクのみならず，2014年9月からはシリア領内でも有志連合（空爆参加国は米国の他に英国やフランスやサウジアラビアなどが参加）による空爆を展開してきた（「確固たる決意（Inherent Resolve）」作戦）。

　米国主導の有志連合は，2014年8月から2016年6月までの約2年間で1万2700回の空爆をISのイラクやシリア領内における戦闘拠点，IS支配下の石油施設に対して行ってきた。空爆の費用は1日当たり約1170万ドルである（「確

固たる決意」作戦の現状を解説した以下の米国防総省のウェブサイトによる。http://www.defense.gov/News/Special-Reports/0814_Inherent-Resolve［2016 年 6 月 13 日閲覧］)。また同時に，米国主導の有志連合は，イラク，シリア両国内の IS と闘う武装勢力も支援してきている。こうした状況のもとで，IS の戦闘員が民間人に紛れて活動することもあって空爆により民間人が犠牲となっている。たとえば，国連によれば，イラクでは 2014 年 12 月から 2015 年 4 月までの間に少なくとも 144 人の民間人が死亡した。2015 年 11 月 13 日に IS はその要員をフランス等に潜入させてパリで同時多発テロを起こすに至っている。IS に対する空爆開始から約 2 年以上が経過し，米国主導の IS 掃討作戦の展開により IS の支配地域は縮小しているものの，IS による抗戦は依然として継続している状況にある。こうして，IS に対する空爆から 2 年を経てもオバマ政権の空爆による IS 掃討などの作戦は依然として継続しており，他方でこの間，2016 年 6 月 28 日にはトルコ・イスタンブールの国際空港でテロ事件が，そして同年 7 月 2 日にはバングラデシュ・ダッカで武装集団による襲撃事件が発生するなど，「テロの脅威」が地域的に拡散しつつある。

　アフガニスタンについて言えば，米軍によるアフガニスタン軍の治安維持能力育成が十分進んでいないこともあって旧支配勢力のターリバーンの攻勢が活発化し，ターリバーンは 2015 年 9 月 28 日，北部クンドゥズ州の州都を制圧した。ターリバーンによる主要都市の制圧は 2001 年末のターリバーン政権崩壊以来のことであった。オバマ大統領は 2015 年 10 月 15 日，こうしたアフガニスタンの状況を受けて，2017 年以降も 5500 人の米軍を継続駐留させる方針を発表するとともに，2016 年 6 月初旬には，アフガニスタン駐留米兵によるターリバーン掃討に従事するアフガニスタン政府軍に対する支援拡大を承認した。「9.11 同時多発テロ」直後に始まったアフガニスタンにおける戦争は 2015 年で 15 年目を迎えており，ケネディ政権時の 1961 年に始まって 1975 年 4 月まで約 15 年間にわたって米国の軍事介入が継続したベトナム戦争に匹敵するほどの米国史上最長の戦争となっている。こうして，米国主導の「対テロ戦争」は「出口なき戦争」の様相を呈している。

「対テロ戦争」の負の遺産――「対テロ戦争」の人的・経済的代償

　以上述べたように，米国は現在，「対テロ戦争」の出口を見出せない状況に

陥っている。「9.11同時多発テロ」直後から十数年にわたって展開されてきた「対テロ戦争」の人的・経済的代償は測り知れないものがある。

　米ブラウン大学国際・公共問題ワトソン研究所（Watson Institute, International & Public Affairs, Brown University）は，2001年以降における「対テロ戦争」の代償について詳しい研究調査を行っており，「対テロ戦争」の人的犠牲については2015年5月に *Human Costs of War, Direct War Death Toll in Iraq, Afghanistan and Pakistan since 2001* と題する調査報告書をまとめている。同報告書によれば，アフガニスタンとイラクにおける米軍の死者総数は，6846人（アフガニスタン2357人，イラク4489人），他に英国を含む有志連合軍の死者は両国で1433人，イラク軍・警察は約1万2000人となっている。民間人の死者について言えば，兵士の死者数をはるかに上回り，イラクでは約13万7000人～16万5000人，アフガニスタンでは約2万6000人に及んでいる。そして，戦闘による直接的暴力によるイラク，アフガニスタン，パキスタンにおける死者総数は，各国の国軍・警察関係者，民間軍事会社要員や人道支援団体関係者，ジャーナリストも含めた場合には最大で約37万人（そのうち，民間人の死者は最大で約21万人。米国の「敵」勢力の死者は約10万人）であり，他に，栄養不良や環境劣化による民間人の死者を含めればその死者数は数倍にもなるとしている。最近の状況について言えば，とくにアフガニスタンでは，国連アフガニスタン支援ミッション（UNAMA）の2015年年次報告書（2016年2月14日公表）によれば，2015年は民間人死傷者が統計を取り始めた2009年以来過去最高となり，民間人死者3545人，負傷者7457人に及んでいる（"Civilian Casualties Hit High in 2015." https://unama.unmissions.org/civilian-casualties-hit-new-high-2015 ［2016年6月14日閲覧］）。

　また，経済的代償について，2014年12月に米議会調査局がまとめた報告書（Amy Belasco, "The Cost of Iraq, Afghanistan, and Other Global War on Terror Operations Since 9/11," Congressional Research Service, December 8, 2014）によれば，2001年の「9.11同時多発テロ」から2014会計年度（2013年10月～2014年9月）までの「対テロ戦争」関連戦費は約1.6兆ドルにのぼっている（内訳は，アフガニスタンで約6860億ドル，イラクで約8150億ドル）。すでに2008年時点で，同年8月に米議会調査局がまとめた報告書で明らかなように，イラク，アフガニスタンの戦争における米国の戦費はベトナム戦争を遥かに超えている（ベトナ

ム戦争の戦費が約6860億ドルであるのに対し，イラクとアフガニスタンでの戦費は合計で約8590億ドル。2008年の物価水準での調整額）。

「米国の戦争」再考――ベトナムからイラクへ

現在，世界を震撼させているISの台頭の背景には，イラクにおける米国の「戦争・占領」後におけるイラクの政治復興の失敗とシリア内戦の混乱があり，この意味でISの台頭はイラク戦争の帰結と言える。ISの前身は，イラク西部で反米・反政府活動を展開していたジハード主義を掲げる組織であり，米軍やイラク軍による掃討作戦でイラクをいったん離れるものの，シリア内戦によって生じた権力空白の中で影響力を拡大し，イラク北部でも勢力を拡大してきたのであった。

このように現在の中東地域の混迷を象徴的に示すISの勢力拡大は米国によるイラク戦争の遺産である。前述のとおり，米国主導の「対テロ戦争」は「終わりなき戦争」の様相を呈し，「暴力の連鎖」が繰り返され，膨大な人的・経済的代償を生み出している。

本章では，以上の状況を踏まえ，以下の2点について考察する。

第1に，米国の「対テロ戦争」に至る歴史的背景は何か，そしてなぜ米国の政策的展開が「暴力の連鎖」を生み出してきたかという点である。この点を理解するうえでは，米国政府部内において「史上初の敗戦体験」でもあったベトナム戦争における教訓が対外的軍事介入を縮小する方向には活かされず，米国がベトナム戦争終結後，対外的軍事介入を忌避・警戒する意味での「ベトナム症候群」の克服を目指し，1991年の湾岸戦争を経て，2001年の「9.11同時多発テロ」後には軍事力に依存する姿勢をより強めていったという歴史的文脈を理解することが重要である。

第2に，「米国の戦争」が生み出す暴力的状況をいかに克服するかという点ある。本節で述べたように，「対テロ戦争」の人的・経済的コストは膨大なものがある。第2の点との関連では，「正義の戦争」観を問いかける契機となったベトナムにおける「米国の戦争」と同様に，「対テロ戦争」においてもアフガニスタンやイラクにおいて多くの民間人犠牲がもたらされ，しかも従軍した多くの兵士がPTSD（外傷後ストレス障害）など精神的苦悩に苛まれるなど，「米国の戦争」が生み出してきた暴力的状況の負の遺産に着眼する重要性を本

章では強調したい。

以下，第1の点については第2節と第3節にて，そして第2の点について，第4節で考察する。

2 ベトナム戦争から湾岸戦争へ

第2次世界大戦後の「米国の平和」とベトナムにおける「米国の戦争」

　米国は第2次世界大戦終結前後，圧倒的な経済力と軍事力を背景に，戦前の排他的ブロック体制を解体して「1つの世界」のもとに自由主義的な資本主義世界体制の秩序形成とその維持を図ろうとした（「米国の平和」パクス・アメリカーナ）。しかし，第2次世界大戦終結直後の世界における東欧をはじめとする地域での社会主義の影響力拡大は米国内での共産主義脅威論の高め，米政権内で「トルーマン・ドクトリン」に見られるような善悪二元的世界観が定着したこともあって，1947年以降，米ソが対峙する「二極世界」＝「冷戦」体制が形成され，その体制が長らく続くことになった。反共主義が米国外交の基本姿勢となり，米国はその「冷戦」政策を前提としてベトナムに大規模な軍事介入を展開することになる。

　米国のベトナム介入の歴史的起源は，ホー・チ・ミン率いる民族的抵抗を鎮圧しようとして長期の戦いを余儀なくされていたフランスに軍事的・経済的支援を開始した1950年5月に遡る。米国が対仏支援を決断したのは，1949年の中国革命後に「ドミノ理論」的発想のもとで東南アジアを重要視したからである。この背景には，東南アジアを日本の市場として資本主義的に地域統合することで世界システムの維持者としてアジアにおける米国の覇権を保持しようとする意図があった。その後も，米国は，上記の発想のもと，フランス敗北後調印されたジュネーヴ協定に調印せず，「東南アジアでの自由世界の礎石」として北緯17度線以南に親米政権を擁立し，ベトナムを南北に分断した。しかし，ベトナムでは民族の統一を求める民族的抵抗が継続し，1960年12月に南ベトナム解放民族戦線が結成されて民族解放は新たな段階に入った。この状況に対し，1961年に発足したケネディ政権は，「ドミノ理論」的発想に加えて「対ゲリラ戦略」の試金石としてベトナムを位置づけて軍事介入の道を選択し，軍事顧問の増派と軍事援助拡大を行った。その後，南ベトナムの親米政権の一層の

不安定化と民族的抵抗の高まりを受けて、米国は、ケネディ暗殺後に大統領に就任したジョンソン大統領のもとで、1965年初頭以降、戦闘部隊派遣など直接軍事介入の道を歩んだ。ジョンソン政権は、ベトナムにおいて、「米国の平和」実現に向けて、世界システムの維持者としての「威信」をかけた「米国の戦争」を展開したのだった。

「米国の戦争」の実相とベトナムにおける軍事介入の挫折

ジョンソン政権は1965年3月以降、南における抵抗運動の源が北ベトナム（ベトナム民主共和国）にあるとの理解から北ベトナムに対する恒常的北爆を強化・継続するとともに、南では火力と機動力を駆使して民族的抵抗を鎮圧する「索敵撃滅」作戦を展開した。しかし、北爆のような「戦略爆撃」はベトナムの農業社会では有効ではなく、しかも南での米軍「索敵撃滅」作戦においては、主にゲリラ戦に基礎を置く「姿なき敵」に対する戦場の中では戦闘員と非戦闘員との区別が困難で、ベトナムの人々を「グック（gook）」と蔑称するなど人種差別意識も手伝って、米軍による民間人や捕虜に対する無差別の殺害や虐待が日常的に繰り返された。1968年3月16日、米軍部隊がベトナム中部クアンガイ省ソンミ村で504人の民間人を殺害したことで知られる「ソンミ虐殺」はその象徴である。2013年に刊行されたニック・タースの研究書（『動くものはすべて殺せ』）によれば、米軍によって少なくとも320件の民間人や捕虜に対する無差別の殺害・虐待が行われた。このように、戦場の現実と「南ベトナムを救う」という政治目的とが大きな齟齬をきたしたことに米国の軍事的ジレンマがあった。

1968年1月末の解放勢力によるテト攻勢により「米国の戦争」の挫折は明確となった。ところが1969年1月に発足したニクソン政権は、「米国の平和」維持を目的に米中和解による従来の「冷戦」外交の転換と米ソデタント促進によって世界秩序を再編し、南ベトナムの維持を目的とする「名誉ある和平」実現のために、南ベトナムへの支援を強化するとともに、ベトナムの隣国ラオス、カンボジアへの戦線拡大と北爆の強化に乗り出した。このためベトナムにおける「米国の戦争」はその後7年にわたって継続した。とはいえ、最終的に1975年4月30日、解放勢力によるサイゴン解放によって戦争は終結した。米国にとっては「史上初の敗戦体験」であった。

ベトナムにおける「米国の戦争」の規模とその代償――最も破壊的な戦争

　米軍の投入兵力について言えば，南ベトナムには最も多いときで約54万3000人の米兵が派遣され，戦争期間中，南には延べ約259万4000人の米兵が派遣された。戦争のピーク時に，米海兵隊の50％以上の戦闘力が，陸軍の全即応部隊の40％以上，海軍では同じく30％以上が南ベトナムに投入された。そしてアメリカはその火力と機動力を最大限発揮しようとしたことから，ベトナムにおける「米国の戦争」は第2次世界大戦後の戦争としては最も破壊的な様相を呈した。米国は，南北ベトナム，ラオス，カンボジアのインドシナ地域で約1400万トンの砲爆弾を使用した（うち，南北ベトナムでは約1127万トンを使用）。また，米軍は核兵器を除くあらゆる兵器を使用し，ナパーム弾やクラスター爆弾などを使用した。そして南では「枯れ葉作戦」が1961年から1971年までの約10年間にわたって展開され，約7万キロリットルの枯れ葉剤が散布された（210万〜480万人のベトナム民衆が枯れ葉剤を浴びた）。

　ベトナム戦争における死者について言えば，米軍約5万8000人，南ベトナム軍25万4000人以上であるが，民族解放戦争を戦っていた北ベトナム軍と人民解放軍（南ベトナム解放民族戦線の軍事組織）の死者は合わせて約100万人にのぼった。これに対して南北合わせた民間人の死者は，以上の数字を遥かに凌駕し，ベトナム戦争終結20周年にあたる1995年にベトナム政府が公表した数字によれば約200万人にのぼる。

「ベトナム症候群」の克服，湾岸戦争，「正義の戦争」観の復活

　ベトナムにおける「米国の戦争」が挫折し，米国国内の亀裂を未曾有の形で深めただけに，ベトナム戦争終結以降，米国の対外的軍事介入に警戒的な姿勢を示す「ベトナム症候群」が見られた。しかし，米政府指導者にとっては，国内の亀裂を修復し，「米国の平和」＝世界における米国のヘゲモニーを回復するためには「ベトナム症候群」の克服が課題となった。米国外交史家ロバート・マクマンが示唆するように，ベトナム戦争終結後のカーター政権から2001月1月に至るクリントン政権までの「ベトナムの記憶」をめぐる言説の特徴は，ベトナム戦争に対する肯定的評価を提示するとともに，戦争で戦った米兵士の英雄的な犠牲的精神を称えるものであった。たとえば，1980年8月，直後の大統領選挙で当選するロナルド・レーガンは，米国のベトナム介入は

「崇高な大義である」との理解を示した。

　1989年における東欧の一連の市民革命を経て東欧のソ連型社会主義が崩壊し，同年12月，G. W. H. ブッシュ大統領とゴルバチョフは冷戦終結宣言を行った。約半年後の1990年8月にイラクがクウェートに侵攻した。これに対しブッシュ大統領は，冷戦後の米国の指導力に対する重大な挑戦と受けとめて対応した。91年1月以降，ブッシュ政権はハイテク兵器を駆使してイラクに対して多国籍軍を展開させ（「砂漠の嵐」作戦），同年2月27日にはブッシュが勝利宣言し，湾岸戦争は多国籍軍の勝利として終結した。

　米国にとって湾岸戦争は「ベトナムの亡霊との戦い」（米国外交史家ジョージ・ヘンリング）でもあった。1991年春の湾岸戦争勝利直後にブッシュ大統領は，「ベトナムの悪夢はアラビア半島の砂漠の砂の中に永遠に埋め込まれた」と演説し，ソ連崩壊直後の1992年1月の一般教書演説では，朝鮮とベトナムで戦い亡くなった米軍兵士を「冷戦を打破した人々で，……勝者になった」と称えた。

　軍事力行使に関して言えば，漸進的な介入政策が戦争の泥沼化を生み，米兵の犠牲の甚大さが国内で戦争批判の昂揚を招いたとの「ベトナムの教訓」から，湾岸戦争ではハイテク兵器を駆使した短期決戦の方針で臨んだ。湾岸戦争の指揮をとったパウエル統合参謀本部議長（当時）は，湾岸戦争後，軍事力行使にあたり，米軍兵士の犠牲を最小限にし，戦争目的の明確さと圧倒的戦力による迅速な作戦終了を主張し，冷戦後の米国の軍事力行使の基本的方針を示した（「パウエル・ドクトリン」）。

　そして菅英輝が指摘するように，湾岸戦争を契機に「正義の戦争」観が再登場し，「望ましい秩序と平和を維持するための軍事力の有効性を是認し，道義的な基礎にもとづく軍事力の行使の正当性を容認する」新たな介入主義イデオロギーが見られたことも無視できない（菅 2008：133）。このような「正義の戦争」観を抱く者からすれば，湾岸戦争がフセイン政権の打倒ではなく，クウェートからの撤退という原状回復の形をとって終結したのは不満であり，その後1990年代後半に「新しい米国の世紀プロジェクト（PNAC）」（1997年設立）に加わるラムズフェルドやウォルフォウィッツなどネオコン（新保守主義者）と呼ばれる人々が影響力を増す中で，2000年の大統領選挙ではG. W. ブッシュが大統領に当選した。こうした状況の中，2001年9月11日に「同時多発テ

ロ」が米国を襲ったのだった。

3 「9.11」以後の中東における米国主導の「対テロ戦争」

「9.11」とアフガニスタン，イラクにおける「対テロ戦争」開始

2001年9月11日，アルカーイダのメンバーがハイジャックした民間航空機をニューヨークの世界貿易センタービルと国防総省に激突させる「同時多発テロ」が発生した（1機はペンシルベニア州シャンクスヴィルに墜落）。世界貿易センタービルでの犠牲者は，91カ国約500名の外国人を含む2750名以上に及んだ。これに対しG. W. ブッシュ大統領は「米国に対する宣戦布告」がなされたと理解し，「テロとの戦い」を宣言した。彼は「同時多発テロ」直後の9月20日における上下両院合同会議の場で，「これまでにわれわれが経験しなかったような長期の戦いになる」と米国市民に訴えた。パウエル国務長官は，「対テロ戦争」を長期かつ犠牲を伴う「新しい戦争（New Kind of War）」と位置づけ，ベトナム戦争後の「死傷者ゼロ」原則を転換させた。そしてブッシュ大統領は，アフガニスタンに対する攻撃開始にあたって，「通常兵力ではゲリラと戦うことはできない」ことをベトナム戦争から学んだと述べ，テロ組織に対して特殊部隊を中心とした総合的な軍事力行使を展開する必要性を強調した。

G. W. ブッシュ政権は同年10月7日，「9.11同時多発テロ」の首謀者と目されるオサマ・ビンラディンが潜伏するアフガニスタンに対して米国主導の空爆作戦（「不朽の自由（Enduring Freedom）」作戦）を開始した。2001年末までにアフガニスタンを支配していたターリバーン政権は崩壊した。後のイラク戦争においてもそうであったように，アフガニスタンにおいては精密誘導兵器や通信衛星を駆使した空爆対象の設定など高度化した戦争を展開した。このことは，「対テロ戦争」の時代にあっては，民間人犠牲者を伴うことを前提とした空爆作戦や地上作戦が展開され，軍事力行使が以前に比べはるかに制約されなくなっていることを意味した。

当時，同時多発テロ直後に大統領に軍事力行使の権限を与える議会決議が上下両院で可決された際に，米上下両院で唯一その武力容認決議に反対したバーバラ・リー下院議員は，大統領に白紙委任状を与え対ベトナム軍事介入拡大の引き金となった「トンキン湾決議」採択の愚を再び繰り返していると警鐘を鳴

らし,「私たちは退場の戦略も焦点を合わせた標的もなしに無制限の戦争をしないよう」注意を払わなければならないと訴えた。そして,「未来の平和のための9.11犠牲者遺族の会」(September 11th Families for Peaceful Tomorrows) のように,肉親や知人の死を戦争と暴力を推進するために利用させてはならず,「他者」であるアフガニスタンにおける戦争犠牲者にも眼差しを向け,アフガニスタンに対する報復攻撃に反対し,「非戦」のメッセージを発信しようとする動きも見られた。しかしながら,これらの良識の声は,「9.11同時多発テロ」直後における米国内の愛国的雰囲気の中でかき消され,米国はその後,アフガニスタンのみならずイラクなど中東地域において「対テロ戦争」を展開することになる。

　G. W. ブッシュ大統領は,新保守主義者(ネオコン)によって1997年に設立されたPNACに関わっていたラムズフェルド,チェイニー,ウォルフォウィッツをそれぞれ国防長官,副大統領,国防副長官に登用した。ブッシュ大統領は,彼らの影響を受け,自国の強力な軍事力の維持を掲げ,自由と民主主義という理念を誇示して米国主導の国際秩序を志向し,国際的取り決めが自国の国益に反する場合には単独主義的行動を辞さない態度を示した。たとえば,2001年3月には京都議定書からの離脱の表明し,同年12月にはミサイル防衛推進を目指してABM(弾道弾迎撃ミサイル)条約脱退を表明した。

　「対テロ戦争」に関連して言えば,「9.11同時多発テロ」以後,政権内で大量破壊兵器拡散に伴うテロに対する脅威論が高まるなかで,ブッシュ大統領は2002年1月の一般教書演説において,テロを支援し,大量破壊兵器開発を目指す国家を「悪の枢軸」と烙印を押して,北朝鮮,イラク,イランを非難し,その後,「ならず者国家」やテロ組織に対しては先制攻撃も辞さないことを示唆した(2002年9月20日付米国家安全保障戦略文書)。

　2001年1月のブッシュ政権発足直後にネオコンのラムズフェルドやウォルフォウィッツなどは政権の重要課題の1つがイラクのフセイン政権打倒であると主張していた。アフガニスタンに対する攻撃が早期決着の見通しが出てくるなかで,イラクに対する攻撃計画が策定され,ブッシュ大統領は,自らの自伝 (*Decision Points*, 2010. 邦訳『決断のとき』) でも認めているように,早くも2001年11月21日にイラクに対する戦争計画の作成を命じた。その後,2002年10月に米上下両院は,対イラク武力容認決議を77票対23票,296対133票でそ

れぞれ可決した。

　こうしてブッシュ政権は2003年3月20日，イラクに対する攻撃（「イラクの自由（Operation Iraq Freedom）作戦」）を開始した。イラクの大量破壊兵器査察結果が最終的に明らかになっておらず，また国連安全保障理事会での武力容認決議を経ない中でのイラクに対する軍事行動の開始であった（後に，2004年10日に米議会に提出された米国の調査団による最終報告書は，イラク戦争開始以前にイラクには大量破壊兵器は存在せず，開発計画もなかったと結論づけた）。

　当時のアナン国連事務総長は，米国によるイラク戦争の強行を受けて，「国際法が危機に瀕している」と米国の態度を強く批判した。また，フランスやドイツなどが米国主導のイラクに対する軍事行動に反対し，国際社会においても，米国によるイラク攻撃への気運が強まる中で，世界各地でイラクに対する軍事行動反対の運動が展開された。

　米国がイラク攻撃に固執した意図は，直接的にはイラクのフセイン政権を打倒することで大量破壊兵器の脅威を除去し，イラクに親米政権を樹立することにあったが，より広くは，湾岸地域における石油資源を安定的に確保するとともに，イラクの親米政権樹立によって「中東の民主化」を促進し，イスラエルの安全保障の確固たるものにすることで中東地域における米国のヘゲモニーの維持を推進することにあった。

イラク戦争の展開とイラクにおける米国の「戦争・占領」の実態

　イラク戦争は当初，イラクに約25万の米軍を中心に英国，オーストラリア，ポーランドなどの有志連合軍が加わり展開された。2003年4月9日にはバグダードが陥落してフセイン政権は崩壊し，ブッシュ大統領は5月1日，イラクにおける主要な戦闘が終結したことを宣言した。

　しかし，フセイン政権打倒のための戦闘は短期間で終結したものの，米軍による「イラク占領」の中でイラク民衆の米国占領統治に対する不満が顕著に見られ，テロが頻発するなど，占領軍の駐留が長期化の様相を呈した。

　イラク戦争の負の遺産としてイラク社会の混迷が深まり，また多くのイラク民間人が犠牲となったが，この点について詳しくは第4節で言及することにし，本節では，イラクにおける米国の「戦争・占領」の実態とその遺産に焦点をあて，以下の3点を指摘しておきたい。

第1に,米国の占領政策が米国防総省主導によって進められ,連合暫定施政当局(CPA)ブレマー長官による「脱バアス党化」によってバアス党によって支配されていたフセイン政権の行政組織,官僚組織が解体され,しかもイラク占領統治のなかで米国の息のかかった亡命イラク人がむしろ登用された。この結果,行政がイラク民衆のニーズに応える形で対応できず,イラク民衆の不満を高め,イラク社会がむしろ不安定化に向かうことになった。

　第2に,2004年7月24日にイラク戦争に反対する退役軍人によって結成される「戦争に反対するイラク帰還兵の会」(Iraq Veterans Against the War, IVAW. 以下,IVAW)が,イラク戦争開始5周年の2008年3月に開催した「冬の兵士 イラクとアフガニスタン 占領の目撃証言」公聴会 (*Winter Soldier : Iraq and Afghanistan : Eyewitness Accounts of the Occupations*, 以下「冬の兵士」公聴会) で明らかにしたように,故意に非戦闘員を攻撃することを禁じた戦争の諸法規の適用を米占領軍の司令官らが緩め,罪なき民間人を銃撃する事例が多々あったことである。この背景には,フセインが打倒される2003年4月以降に米軍の占領に対して武力を用いたレジスタンスが勃発し,多くの市民が「抵抗勢力」として加わり,ベトナム戦争時のように「敵」と「味方」の区別がつかない状況のなかで,「抵抗勢力」の掃討の名目で,民間人が犠牲となる事例が頻発したことがあった。

　イラクにおける民間人攻撃の象徴例として挙げられるのが,2004年4月以降におけるイラクの首都バグダード近くの町ファルージャでの民間人の無差別攻撃であり,2005年11月19日,イラク西部の町ハディーサーで起こった民間人24名の殺害であった。ファルージャでの民間人の無差別攻撃について言えば,「冬の兵士」公聴会において海兵隊予備役としてファルージャ包囲作戦に参加したアダム・コケッシュ三等軍曹は,ファルージャ包囲の間,「様子をうかがう不審人物は誰であれ撃ってよし」とされたことを述べている(反戦イラク帰還兵の会・グランツ 2009 : 58)。2004年4月以降における米軍のファルージャ包囲によるイラク民間人犠牲者は同年12月末までに約6000人と言われている。そして,ハディーサーでの米軍による民間人殺害は,その殺害を生み出した状況と事件が暫く隠蔽されたという点で,ベトナム戦争時の「ソンミ虐殺」を想起させるものであった。

　第3に,その後,2005年10月にイラクでは国民投票で新憲法が承認され,

この新憲法に基づいて2006年5月にマーリキーを首相とするイラク政府が発足し，米軍によるイラク占領統治は一応終了した。しかし，シーア派によるマーリキー政権の成立によってシーア派とスンニ派の宗派間対立が顕在化し，イラクは内戦状況に陥った。米軍によるファルージャ包囲があった2004年頃以降にとくに悪化しつつあったイラクの治安状況は，2006～07年にはそれまでで最悪の状況となり，米軍だけでも年間1000人近くの犠牲者を出し，イラク民間人の死者は年間3000人に及んだ。その後，2007年1月以降には米国とイラク政府が大量の部隊を動員して強力な治安作戦を展開した結果，イラクでは死傷者数が急激に減少した。

こうした状況をもとに，ブッシュ政権は2008年11月，2009年6月までの米軍の都市部からの撤退と2011年末までの米軍のイラク撤退を定めた地位協定を締結した。しかしながら，第4節で詳しく述べるように，イラクにおける宗派間対立の様相や国内・国外での難民問題の顕在化などイラク社会の混迷が続くことになる。

オバマ政権の「対テロ戦争」

2009年に発足したオバマ政権は，国務長官に就任するヒラリー・クリントンが米上院外交委員会での指名承認公聴会で提示した「スマート・パワー (Smart Power)」の枠組みのもとで，ブッシュ前政権の単独主義的な外交を改め，多国間協調主義のもとで米国による世界秩序の維持を図ろうとした。具体的には，イランや北朝鮮との対話の促進，核軍縮や地球温暖化対策への取り組みとともに，2009年6月にエジプトのカイロ大学で演説し，「ムスリム世界との新たな始まり」を提唱した。

「対テロ戦争」の主要な場であったイラク，アフガニスタンにおいては，イラクにおける戦争の終結の実現を目指し，むしろ「対テロ戦争」の主戦場はアフガニスタンにあるとしてアフガニスタンの安定を重視する姿勢をとった。イラクについては，2011年末にイラク駐留米軍の撤退を完了させる一方で，アフガニスタンに関しては，就任後にアフガニスタン駐留米軍を3万人増派し，一時，アフガニスタンにおける駐留米兵は10万人規模に達した。ただ，2017年1月までには米大使館警備要員約1000人を除いてアフガニスタン駐留米兵を完全撤退させる方向を示していた。

その間，中東地域は劇的な変化を経験した。2010年12月におけるチュニジアでの独裁体制打倒を求める民衆の運動を始まりとして，翌2011年にかけてエジプト，リビアなどで民主化運動が展開された（「アラブの春」）。一方，シリアにおいては2011年1月以降，シリア政府軍と反政府勢力との対立状況が顕在化するとともに，これに乗じてシリア領内でISの攻勢が続いてきた。オバマ政権は，このような状況下で，とくにシリアに対しては，この間，アサド政権の打倒およびIS掃討を目的に米国主導の「有志連合」による空爆をシリア領内に行ってきた。そして，米国は同時に，パキスタンやイエメン，シリアなどでの「対テロ戦争」において無人機による作戦を強化してきている。

しかしながら，本章第1節で述べたように，アフガニスタンやイラクでは社会的安定とは程遠い状況が継続しており，ISの抗戦が続くとともに，シリアの内戦も継続し，米国の「対テロ戦争」は出口のない「終わりなき戦争」の様相を呈している。

4 「終わりなき戦争」の代償

本章冒頭でも述べたように，米国主導の「対テロ戦争」は，イラク戦争の帰結としてISの台頭を生み出すとともに，アフガニスタンやイラクにおいて社会的混迷と民間人の多大な犠牲をもたらしてきた。そして，このような終わりなき「対テロ戦争」の代償はアフガニスタンやイラクの現地社会にとどまらず，従軍した多くの米兵士が帰還後，外傷後ストレス障害（PTSD）に悩まされたという点で，米帰還兵にも及んでいる。本節では，イラク戦争の代償の諸相に焦点をあて，イラク社会の混迷，イラク民間人の犠牲，米兵士の苦悩について考えてみる。

イラク社会の混迷

米軍によるイラク攻撃，そしてその後のイラクにおける米国の「戦争・占領」によってもたらされたのは，イラク社会の安定ではなく，むしろイラク社会の混迷であった。その1つの象徴的現象が，イラクにおいてはイラク戦争後の情勢の不安定化の中で，隣国シリアの内戦状況下で影響力を拡大してきたイスラーム教スンニ派の武装組織がシーア派主導の政権を脅かすなど，宗派間対

立が顕在化してきたことであった。イラク戦争以前には異なる宗派間同士の結婚や異なる宗派への改宗が見られたのであり，イラク戦争後ほどイラク社会において宗派の違いで社会的亀裂が深まったことはかつてなかった。イラクではこの間，異なる宗派に憎しみを抱いているというよりは，宗派対立の様相を呈して政治的影響力をめぐる抗争が続いてきたと言ってよい。

　このような宗派間対立の様相と相まってイラク社会の混迷を示すものが，イラクにおける国内・国外での難民化の現状である。イラクの難民問題が顕在化するのは2007年のことで，この背景には，米国のイラク占領の長期化に伴う経済的苦境などによる将来への不安や国内の宗派間対立による暴力的状況が続いたことがあった。2007年には200万人以上がヨルダンやシリアなどの国外に，そして同規模の人々が国内で難民化の状況にあったと言われる。このように，2007年時点では，イラクの人口の7分の1にあたる400万人以上が家を追われる状況にあった。2014年秋の国連難民高等弁務官事務所（UNHCR）の発表によれば，2014年1月以降にイラク国内で約160万人が避難を強いられており，現在では，シリア内戦によりシリアからの難民もイラク北部に流入しつつある。

イラク民間人の犠牲

　イラクにおける米国の「戦争・占領」によるイラク民間人の死者は，本章第1節で述べたように，13万7000人〜16万5000人に及んでいる。イラク戦争における民間人の犠牲に関して忘れてはならないのが，イラク戦争において米軍がクラスター爆弾や劣化ウラン弾，白リン弾などの「非人道兵器」を使用し，その結果，イラク民間人に多くの犠牲を強いてきたことである。

　クラスター爆弾に関しては，米国は湾岸戦争・イラク戦争で数万発をイラクで使用したが，国際NGO「ハンディキャップ・インターナショナル」が2010年に出した報告書（Handicap International, Cluster Munition Coalition et al., *Cluster Munition Monitor 2010*［Mines Action Canada, October 2010］）によれば，米英軍はイラク戦争の最初の数週間で1万3000発のクラスター爆弾を使用した。湾岸戦争時も含めれば，イラクは世界でクラスター爆弾の被害者が最も多い国の1つである。

　劣化ウラン弾についても米国は湾岸戦争で約300トン使用し，イラク戦争で

は500～2000トンを使用したとされる。2004年の米軍によるファルージャの攻撃では、本章第3節で述べたように約6000人に及ぶ民間人が犠牲になったが、この時、米軍は劣化ウラン弾や白リン弾を使用した。英『ガーディアン』紙の2011年12月30日付記事は、ファルージャでの新生児先天性障害は平均の11倍に及び、米軍による劣化ウラン弾や白リン弾使用との関連性を指摘している（佐藤真紀「イラクの今——10年戦争」『歴史地理教育』2013年3月号参照）。

イラク戦争10周年の2013年3月に、イラク戦争が始まった2003年からの10年間におけるイラクの民間人の犠牲についてまとめたボストン大学のクローフォード教授が述べているように、イラクの暴力的状況による犠牲者が2010年以降も毎年増大しており、現在、イラク戦争の時期、それ以前の時期、そして米国による経済制裁に伴う負の遺産という三重苦の状況にイラクは置かれている（Neta C. Crawford, "Civilian Death and Injury in the Iraq War, 2003-2013," March 2013, *Costs of War*, Watson Institute, International & Public Affairs, Brown University）。

アフガニスタン、イラク戦争参戦米兵士の苦悩

アフガニスタンとイラクでの戦争は、イラクやアフガニスタンの民衆の莫大な犠牲や米兵士の人的犠牲にとどまらず、アフガニスタン、イラク戦争参戦米兵士の少なからずが帰還後に重度のPTSDに苛まれるなど、米国社会にも大きな影を投げかけている。『ワシントン・ポスト』紙の記者を二十数年間勤め、2007年4月から1年間、米陸軍第16歩兵連隊第2大隊の兵士と生活を共にして戦闘ストレスに悩む米兵士とその家族の姿を本にまとめたデイヴィット・フィンケルによれば、アフガニスタンとイラクに派兵された米兵士200万人の内、50万人がPTSDとTBI（外傷性脳損傷）の精神障害に苦しみ、毎年240人以上がこのような精神障害や、それに伴う薬物中毒等で自殺しているという（フィンケル2015）。2008年4月に発表されたランド研究所の報告書でも、この時点でアフガニスタンやイラクに派遣された164万人に関してPTSDなどの精神障害を何らかの形で抱えている兵士は、帰還兵全体の2割にあたる30万人と推定している。

こうした背景には、米兵士が極度の緊張状態に置かれたことがあった。たとえば、本章第3節で言及したようにイラク・ファルージャでは1万を超える米

兵が投入され，武装勢力を包囲する作戦が展開されたが，民衆の中に入って徹底抗戦を図る武装勢力と対峙する状況下では，武装勢力と一般民衆との区別がつきにくく，一般民衆を巻き込まずに攻撃することは困難であった。2005年11月におけるイラク西部のハディーサーでの虐殺事件も，武装勢力と一般民衆との区別がつきにくい状況下で起きたのだった（上記のアフガニスタンとイラクの帰還兵の帰還後の精神障害の状況については，NHKハイビジョン特集「兵士たちの悪夢」[2008年8月31日放映]参照）。

　ベトナム帰還兵も同様に多くの兵士が精神障害の症状を発症しており，2014年における米国心理学会の調査によれば，現在も28万3000人が依然としてPTSDに苛まれ，12万人が治療を受けている（"The War is Not Over': Many Vietnam Veterans Still Afflicted by PTSD," *Common Dreams*, Aug. 11, 2014）。

「終わりなき戦争」を超えて

　米国主導で展開されてきた「対テロ戦争」は，むしろ「暴力の連鎖」を招き，「終わりなき戦争」の様相を呈している。

　本章で明らかにしたように，今日の「対テロ戦争」は，ベトナムにおける「米国の戦争」の挫折に学ぶことなく，冷戦体制の崩壊もあって，ベトナム戦争当時よりも軍事力行使の制約が少なくなった中で展開されている。

　「暴力の連鎖」を克服するためには，1つは，過去にはベトナムにて，そして現在では「テロ撲滅」を錦の御旗に展開される「米国の戦争」が民間人の多大な犠牲を伴ってきた実相とその背景を理解し，本章で述べたような民衆の犠牲や帰還後トラウマを抱える米兵に眼差しを向けることで「非暴力・非戦」の重要性を確認することが大切である。そして第2に，「テロ」の温床と根源はグローバリゼーションのもとで生み出される中東地域をはじめとする世界諸地域における貧困などの「格差」や抑圧的状況に起因するが故に，対症療法的な軍事力行使によっては「テロ」の温床や根源を絶つことは不可能であることを理解する必要がある。この点では，貧困などの「格差」や抑圧的状況などの「構造的暴力」の克服に向け，国連などを軸にした取り組みとともに，NGOなどの地道な草の根的取り組みを強化することが国際社会に現在求められている。

参考文献

イラク戦争の検証を求めるネットワーク編『イラク戦争を検証するための 20 の論点』合同出版，2011 年。
大治朋子『勝てないアメリカ――「対テロ戦争」の日常』岩波新書，2012 年。
嘉指信雄・森瀧春子・豊田直巳編『終わらないイラク戦争――フクシマから問い直す』勉誠出版，2013 年。
菅英輝『アメリカの世界戦略――戦争はどう利用されるのか』中公新書，2008 年。
佐々木卓也編『戦後アメリカ外交史』新版，有斐閣，2009 年。
タース，ニック（布施由紀子訳）『動くものはすべて殺せ――アメリカ兵はベトナムで何をしたか』みすず書房，2015 年。
反戦イラク帰還兵の会，アーロン・グランツ（TUP 訳）『冬の兵士――イラク・アフガン帰還米兵が語る戦場の真実』岩波書店，2009 年。
フィンケル，デイヴィット（古屋美登里訳）『帰還兵はなぜ自殺するのか』亜紀書房，2015 年。
藤本博『ヴェトナム戦争研究――「アメリカの戦争」の実相と戦争の克服』法律文化社，2014 年。
松岡完『ベトナム症候群――超大国を苛む「勝利」への強迫観念』中公新書，2003 年。
「テロが『戦争』を変える」『朝日新聞』2016 年 4 月 3 日付，「Globe」1〜6 頁。

第4章　アジア太平洋地域における安全保障と地域社会
――「アメリカの湖」の形成と展開――

長 島 怜 央

1　太平洋における米国の帝国主義・植民地主義・軍事主義

「アメリカの湖」としての太平洋

　西太平洋のミクロネシアという地域は，19世紀末以降，とりわけ第2次世界大戦後，米国と深い関わりを持っている。そもそもこの地域は，大航海時代の1521年のグアムへのマゼラン来島以降，様々な形で欧米諸国や日本を含めたアジア諸国と関わってきた。現在はグアムと北マリアナ諸島（サイパン島やテニアン島など）の2地域が米国領であり，ミクロネシア連邦，マーシャル諸島共和国，パラオ（ベラウ）共和国の3国が米国と自由連合協定を結ぶ自由連合国であり，政治的・経済的・社会的に米国と強い繋がりを形成してきた。ただし，米国という超大国とミクロネシア（ギリシャ語で「小さな島々」を意味する）との間で維持されてきた関係は，きわめて非対称的なものであり続けている。

　米国の帝国主義・植民地主義が顕在化する地域としての，あるいはグローバル・サウスにおける，ミクロネシアの特徴は，軍事的な植民地であることだといえる。ミクロネシアは天然資源が豊富にあると認識されたわけでもないし，大規模な市場があるわけでもない。にもかかわらず米国がこの地域と深く関わってきたのは，安全保障や軍事の観点から重視してきたからである。第2次大戦後，米国は世界に米軍基地を張り巡らせることによってその覇権を維持してきた。そのなかでミクロネシアは，ハワイと並んで，米国の覇権とその下での新自由主義的政策の展開において重要な役割を担わされてきた。

　太平洋と重なり合う地域名にはオセアニアがあり，そのオーストラリアを除いた部分はミクロネシア，メラネシア，ポリネシアという下位地域に分けられる。本章は，そのなかでもミクロネシアを主な対象地域とする。ただし，地理

的にはミクロネシアに含まれるギルバート諸島（現在はキリバス共和国）とナウル島（現在はナウル共和国）は取り上げない一方で、歴史的経験の相違から考察の対象から除外されることのあるグアムを含める。また、ポリネシアの北端に位置するハワイも取り上げる。すなわち、本章は一般的な地域区分にとらわれず、東アジアと北米の間の空間、北太平洋の島々を対象とする。ここは第2次大戦後にまさに「アメリカの湖」となったが、それ以前には大部分が日本の統治下・影響下にあり、21世紀の現在においては中国の存在感が高まっている地域でもある。

本章はアジア太平洋地域における安全保障に関係しているが、中心的に取り上げるのは、各国の安全保障政策そのものではなく、第2次大戦後に「アメリカの湖」と化した太平洋において米国の安全保障政策の影響を大きく受けてきた地域社会、つまり島々の歴史と現在である。まず、それらの島々が戦後の米国の覇権にいかなる役割を担わされてきたか、それはいかにして可能となったのかについて、日米の帝国主義・植民地主義や島々の政治的地位に着目しながら歴史的に概観する。次に、米軍やその基地との関わりのなかで揺れ動く地域社会の様相を、グアムを中心に見ていく。そのなかで、島々における政治・経済のみならず文化・イデオロギー、具体的には人々の安全保障に関する認識やナショナル・アイデンティティに着目する。

島々の政治的地位

グアム、北マリアナ諸島、ミクロネシア連邦、マーシャル諸島、パラオ、沖縄、小笠原群島・硫黄列島。ここに挙げてみた太平洋の島々は、いずれも日米両国の統治を受けた経験があり、様々な政治的地位を経験してきた。そのことだけでもこの地域の特異性が際立つ。以下、本章の対象となる島々の現在の政治的地位について確認する。

ハワイ王国によって統治されていたハワイ（ハワイ諸島）は、19世紀末に米国に併合され、1959年に50番目の州となって現在に至る。かつて琉球王国が存在していた日本の沖縄県とも境遇が似ている。ハワイも沖縄も現在は制度的には他の州や県と同じ位置づけを与えられている。

その一方で、米国には「米国に属しているが、その一部ではない」とされる非編入領土という政治的地位がある。それは米国領であるが、その州になるこ

とを想定されていない。住民のいる非編入領土には，カリブ海のプエルトリコや米領ヴァージン諸島，太平洋の米領サモア，グアム，北マリアナ諸島がある。そのなかでもプエルトリコと北マリアナはコモンウェルスという名称の自治領である。コモンウェルスは，交渉によって中身が決められるもので，法的定義はないが，非編入領土にとっては自治の程度を高める政治的地位として位置づけられてきた。また，非編入領土の住民は，現在は連邦法によって米国市民権を付与されているにもかかわらず（米領サモアを除く），国政への参加が制約されたままである。住民は米国大統領選挙に投票できず，本会議での議決権（意思決定に参加する権利）のない米国連邦議会の下院議員1名をそれぞれの非編入領土において選出することしかできない。ただし，その制約は，ハワイなどの州に移住すればなくなるというもので，属人的でなく属地的なものである。

　さらに自由連合国というものが，ミクロネシア連邦，マーシャル諸島，パラオとミクロネシアには3カ国ある。各国の通貨は米ドルであり，公用語には英語が含まれている。それぞれが米国と結んだ自由連合協定によって，以下のような状況にある。まず，米国に安全保障や防衛を委ねており，それに関連した外交も制約を受ける。そして，それらの国民はビザなしで米国に入国し，居住・就学・就労が可能である。また，協定発効から15年間の期限付きの多額の財政援助を米国から受け，その財政援助は協定改定によって延長されている（ミクロネシア連邦とマーシャル諸島は20年間，パラオは15年間）。米国によって主権を制約されているが，国際連合にも加盟しており，名目上は独立国である。

軍事植民地

　米国の最も若い州や非編入領土や，米国と協定を結んだ自由連合国が太平洋にあるということの背景には，いうまでもなくアジア太平洋地域あるいは地球規模の米国の安全保障上の関心がある。

　米軍には陸軍，海軍，空軍，海兵隊，沿岸警備隊の5軍がある。現在はこうした軍種を統合した統合軍が9つあり，担当地域によるもの6つと機能によるもの3つに分かれる。

　いわゆるアジア太平洋地域のみならず，インド洋の大部分，北極海と南氷洋の半分以上を含む広大な地域を担当とする太平洋軍は，統合軍の1つであり，ハワイ州オアフ島の海兵隊基地キャンプ・スミスに司令部を置く。太平洋軍の

下には太平洋陸軍，海軍太平洋艦隊，太平洋空軍，太平洋海兵隊があり，それぞれの司令部もホノルルの基地内にある。たとえば，海軍太平洋艦隊の司令部はパールハーバー海軍基地にある。

ハワイには軍事的要衝として数多くの米軍基地があるが，ハワイ諸島の主要8島のうちとくにオアフ島に基地は集中している。また，真珠湾攻撃直後に戒厳令が敷かれたハワイにおいて，米海軍によって爆撃演習のために全島を接収されたカホオラヴェ島もある。1976年からハワイ人らの抗議活動が起こり，1990年に爆撃演習が停止され，1994年に同島は連邦政府からハワイ州に返還された。

第2次大戦後にハワイのような「太平洋のジブラルタル」と化したのがグアムである。現在は「槍の先端（矛先）」という異名を持つように，米軍基地の島といえる。米国本土から見れば，太平洋上で「極東」に突き出た槍の先端に位置するのが米国領であるグアムになる。グアム海軍基地やアンダーセン空軍基地などがあり，軍用地は島の面積の約30％を占める。また，2000年代に始まった米軍再編のなかで，沖縄からの海兵隊の移転などによって，軍事拠点化がさらに進むことが決まっている。

グアムの北に位置する北マリアナ諸島は，現在は大規模な軍事施設はないものの，米国にとっての軍事的価値は失われていない。サイパン島のタナパグ港は米海軍によって使用されているし，同島の北隣にあるファラリョン・デ・メディニラ（FDM）島は米海軍の爆撃演習場となっている。また，テニアン島の北側3分の2の土地は米軍に貸し出されており，軍事基地があるわけではないが，軍事演習が行われることがある。同島もグアムを中心とする米軍増強の計画に含まれている。FDM島よりさらに北にあるパガン島においても爆撃演習場の計画がある。すなわち，マリアナ諸島全体が米軍によって軍事基地や軍事訓練・演習場と見なされており，「槍の先端」となっているといえるかもしれない。

そのほかに，ミクロネシアで重要な基地があるところとして，マーシャル諸島のクワジェリン環礁が挙げられる。同環礁クワジェリン島にはロナルド・レーガン戦略ミサイル防衛実験場がある。これは統合軍の1つである戦略軍を構成する陸軍宇宙・ミサイル防衛司令部の下にある。同実験場では，カリフォルニア州のヴァンデンバーグ空軍基地から発射された大陸間弾道ミサイル

(ICBM) を迎撃する実験が行われている。こうした基地建設やミサイル実験のために強制退去させられた人々の多くは，クワジェリン環礁のイバイ島で暮らし，米軍関係者が居住するクワジェリン島の基地で働いている。ビキニ環礁やエニウェトク環礁での核実験はもう行われていないが，マーシャル諸島は現在も米国に軍事的に利用されている（中原・竹峰 2013；竹峰 2015）。

以下ではこのような「アメリカの湖」がどのように形成され，維持されてきたかを見ていく。

2　第2次世界大戦前・戦中の太平洋

米 国

米国が北米大陸の外に積極的に領土を拡大し始めたのは，1898年の米西戦争の頃である。その海外膨張主義をシーパワー（海上権力）理論によって支えたのが，米海軍の戦略家・歴史家アルフレッド・マハンである。この頃から，太平洋を「アメリカの湖」とする認識が米国の膨張主義のなかで見られるようになる。

ポリネシア系のハワイ人を中心とするハワイ王国では，19世紀を通して欧米諸国の影響力が徐々に強まっていった。カメハメハは1795年にハワイ王国を建国し，1810年にはハワイ諸島を完全に統一していた。同国は，1875年の互恵条約によって，非関税で農産物を米国に輸出することができるようになったが，その見返りとして米国にパールハーバーを独占的に使用する権利を与えた。そして，1893年に米海軍の協力を得た白人（欧米系住民）によるクーデタによってハワイ王国は転覆された。翌年に白人を中心とするハワイ共和国が樹立され，米西戦争開戦後に連邦議会の両院合同決議によって米国はハワイを併合した。アジアに目を向けたとき，太平洋上で米国に比較的近くに位置するハワイを領有することが重要であるということは疑問の余地がなかった。

そして戦後のパリ条約で，フィリピン，グアム，カリブ海のプエルトリコを米国は領有し，その後キューバを事実上の保護国とした。1899年には英米独の協定でサモア東半分を米領サモアとして領有し，1903年にはパナマ運河地帯を支配し，1917年にはヴァージン諸島の一部をデンマークから購入した。このようにして，19世紀末から20世紀初頭にかけてアジア太平洋地域とカリ

ブ海・中米に米国領や米国の支配下にある地域が次々と誕生した。

これらの米国領のうち，ハワイは1900年に準州，1959年に州となった。その一方で，プエルトリコやフィリピンやグアムや米領サモアなどは非編入領土であるとされた。これらの領土は，のちに独立したフィリピンを除き，いまだに非編入領土のままである。

このような区別が設けられたのには，これらの領土の住民の文化（文明化の程度）や人種についての統治者の側の認識が関係している。前述のように，ハワイ諸島はハワイ共和国となっており，同国では白人（欧米系住民）が政治的・経済的に支配的な地位を確立していた。他方で，その他の領土の多くは旧スペイン領であり，スペイン（カトリック）や土着文化の影響が強く，米国にとってはより異質な存在であった。

非編入領土においては，米国市民権は住民が当たり前に得られるものではなかった。プエルトリコは1917年，米領ヴァージン諸島は1927年，グアムは1950年と，住民に市民権を付与する連邦法が制定された。

重要なのは，これらの領土では，米国領としての自治や米国市民権は，住民が勝ち取ってきたものだということである。それらの要求と獲得を通じて，住民は米国人としてのアイデンティティを形成していったともいえる（長島2015）。

日 本

日本は太平洋のなかではミクロネシアとの歴史的な関わりが深い。20世紀初頭には日本の支配は台湾，朝鮮半島，樺太，中国大陸といった広大な範囲に及んでおり，ミクロネシアも日本の統治下にあった。また，太平洋戦争でミクロネシアの多くの島々が戦場となり，日米の兵士だけでなく，「島民」と呼ばれた現地住民や日本（主に沖縄）からの移民が数多く亡くなった。戦後60年の2005年にはサイパン，戦後70年の2015年にはパラオに天皇が慰霊の旅を行ったことは記憶に新しい。

小笠原諸島の南に広がるミクロネシアの大部分を，日本は「南洋群島」として約30年にわたって統治した。1914年に第1次世界大戦が勃発し，日本海軍は太平洋の赤道以北ドイツ領を占領した。マリアナ諸島（米国領であったグアムを除く），カロリン諸島，マーシャル諸島である。日本は，当初海軍による軍

政を敷いていたが，1919年のパリ講和会議で南洋群島のC式委任統治を受任し，1922年に南洋庁を統治機関とする民政を開始した。

もともと日本海軍が目指していた南洋群島領有は実現しなかったが，C式委任統治はA式やB式に比べるとそれに近いものであった。国際連盟規約第22条6項では，いわゆるC式委任統治に該当する西南アフリカおよび太平洋の島嶼は，「受任国領土ノ構成部分トシテ其ノ国法ノ下ニ施政ヲ行フヲ以テ最善トス」とされ，日本は南洋群島を実質的に植民地統治することが可能となったのである。

南洋群島は日本の領土ではないため，朝鮮人や台湾人とは異なり，「島民」とされた現地住民は，日本国民ではなく，日本国籍も原則として与えられなかった。それに関連して，基本的に日本人と現地住民との間には，受けられる教育，就ける職業・職位，賃金などに違いがあった。現地社会では人々の意識の上でも暗黙の序列があった。「一等国民：内地人，二等国民：沖縄人・朝鮮人，三等国民：島民」というものである。しかし，現地住民のほうでは，「沖縄人」や「朝鮮人」を蔑視していたとも言われる。「島民」はさらに「チャモロ」と「カナカ」に分けられ，前者の方が文明度は高いとされた。

日本がこの地域を支配下においたのは，豊富な天然資源があったからではない。当時の南洋は，日本統治下の南洋群島を指す「内（裏）南洋」と，主に東南アジア地域を指す「外（表）南洋」とに区別されるようになっていた。日本は，「(1)南洋群島を外南洋への経済進出の拠点とすること，(2)対米軍事戦略上の要地として活用すること，(3)日本の統治を受容し，貢献する『島民』として現地住民を育成すること」を基本方針とした（今泉 2014）。

このような基本方針の実現は，南洋群島の糖業モノカルチュア経済の成立によって可能になったのであり，それを担ったのが1921年11月に創設された南洋興発株式会社である。南洋興発は，サイパン島やテニアン島で製糖業を発展させ，漁業などへ事業を拡大していった。また，同社は製糖業に習熟した低廉な労働力として主に沖縄から移民を募り，移民は甘蔗農場や製糖工場などで働いた。南洋群島の日本人人口は1943年には10万人に近づき，現地住民人口の1.8倍となり，その半数以上の本籍地が沖縄県であった（今泉 2014）。

太平洋戦争

　南洋群島の軍事的重要性はその後ますます高まっていった。第1次大戦後のヴェルサイユ体制，ワシントン体制のなかでは，日本は南洋群島の軍事基地建設を進めていくことはできなかった。しかし，その後の日米両国は互いを仮想敵国とし，軍事作戦を練っていく。そして1931年9月の満州事変後，1935年の日本の国際連盟からの脱退に向かうなかで状況が変化する。日本海軍は「海の生命線」として南洋群島の軍事的重要性を主張し，実際に軍事演習や軍事施設の建設などを行うようになっていく。そして1941年12月8日（日本時間）の真珠湾攻撃，日米開戦へと至る。

　真珠湾攻撃の後，日本軍は米国領のグアムを攻撃し，12月10日に占領した。これによって，ミクロネシアのほぼ全域が日本の統治下に入った。だが，すでに30年近く日本の統治下にある南洋群島と，40年以上米国の統治下にあるグアムとでは状況が大きく異なった。グアムは「大宮島」となり，現地住民であるチャモロ人に対する日本化政策が行われた。そのなかでは学校教育が重視され，グアムのチャモロ人を南洋群島の現地住民（「島民」）のレベルにまで日本化しようとした。そしてそのために，サイパン島出身のチャモロ人が学校や村での通訳や警察補助として雇われた。そうした戦時下の日本化政策は，グアムのチャモロ人にとっては抑圧的なものであった。

　ちなみに，ミクロネシアの残りの地域については，日本軍は英国領のギルバート諸島をグアムと同日，英国・オーストラリア・ニュージーランドの委任統治領であったナウル島を翌1942年8月に占領した。

　その後，日本統治下の南洋群島やグアムは戦場となっていく。1942年6月のミッドウェー海戦で日本軍は大損害を被り，劣勢に立たされ，1943年9月に日本は「絶対国防圏」を設定し，南洋群島の東半分（マーシャル諸島）をその外に置いた。グアムでも，戦局の悪化により，チャモロ人に対して行われる学校教育より，食糧生産や飛行場建設のための労働が重視されるようになっていた。米軍の上陸が間近になると，日本兵などによるチャモロ人の虐待・虐殺が頻発した。グアムや南洋群島の島々では次々と地上戦が行われ，「太平洋の防波堤」としての役割を強いられ，日米の兵士のみならず，多くの民間人が亡くなった。中部太平洋での日本人戦没者数は24万7000人とされる。

　米軍に占領されたミクロネシアの島々は，今度は日本各地を空襲するための

基地となる。1945年8月に広島・長崎に長距離爆撃機B-29によって落とされた原子力爆弾は、テニアン島で搭載されたものである。

日本は戦後、1951年のサンフランシスコ平和条約に基づいた、アジア太平洋地域における冷戦構造である「サンフランシスコ体制」に組み込まれた。これは同時期に締結された米国と同盟諸国との相互安全保障条約、日本の場合は日米安全保障条約とともに作り上げられたものである（原 2005）。日本は米軍のプレゼンスの下で復興を遂げ、その一方で沖縄や小笠原群島・硫黄列島の人々とともに、ミクロネシアの人々は「アメリカの湖」における〈要石〉＝〈捨て石〉とされていく（石原 2013）。

3　第2次世界大戦後の太平洋

戦後太平洋の米軍基地

米軍は第2次世界大戦中・戦後の基地構想において、太平洋の島々の重要性を再認識していた。1945年10月に統合参謀本部が承認した戦後基地建設計画では、米国が基地のために確保すべき区域が、重要性の高い順に、主要基地、2次的基地、補助基地、副次基地の4つのレベルに分けられた。太平洋地域のなかでは、主要基地区域には、アリューシャン列島、ハワイ諸島、マリアナ諸島、フィリピン諸島、琉球諸島が、2次的基地区域には、小笠原諸島、トラック島（チューク島）、クワジェリン島などが含まれている。その後、多数の基地を要求するこの計画は、政府・軍内部からの批判を受け見直しが行われた。1947年8月に統合参謀本部に承認された計画は、リストアップされた基地を90カ所から53カ所に減らし、主要基地、補助基地、中継基地の3つの区域に分類した。主要基地区域に含まれたのは、ハワイ諸島、マリアナ諸島、小笠原諸島、琉球諸島、アリューシャン列島などである（林 2012；池上 2013）。

朝鮮戦争勃発後に世界的に核基地化が進み、そのなかで太平洋の島々も重要な役割を担わされた。アジア太平洋地域においては、アラスカ、グアム、ハワイ、沖縄、硫黄島、小笠原群島、韓国、台湾、フィリピン、太平洋のジョンストン島、クワジェリン、ミッドウェーなどに核兵器が配備された。

グアムは主要な核基地の1つとなった。1950年7月には弾体（核弾頭を外した核兵器）、1951年6月には核弾頭が配備され、その後18種類の核兵器が配備

され，核戦争の重要な拠点となった。アジア太平洋地域における核兵器配備数は（ハワイを除く），1960年に約1700発，1967年に3200発であった。そのうちグアムには，1960年頃に225発，1967年に600発であった。1980年代前半の米国の海外における核弾頭配備数は6551，核兵器施設数は615であり，そのうちグアムはそれぞれ428と8であった。島の大きさに比して異常なほど多くの核兵器が配備されてきたことが分かる（林 2012）。

では，ミクロネシアの島々における米軍基地建設や核基地化はどのようにして可能になったのであろうか。

非編入領土，非自治地域

第2次大戦後にはグアム政府が誕生するなど大きな変化があったが，米国国内でのグアムの位置づけという大枠の部分は変わらなかった。米軍はグアムに1944年7月21日に上陸し，8月10日には組織的抵抗の終結を宣言し，日本からグアムを奪還した。1946年5月には海軍政府の統治が再開され，戦前とほぼ同じ統治体制に戻った。しかし，知事と議員の対立はあいかわらず続いた。そしてついに，議会が諮問機関でしかないことに異議を唱えていた議員たちが，1949年3月にストライキを起こした。それがAP通信やUP通信によって全米各地の新聞で報じられると，連邦政府はグアムの状況の打開に向けて動いた。それによって，1950年8月にグアム基本法が成立し，グアム政府が誕生し，グアムのチャモロ人に米国市民権が付与された。グアムの人々が要望してきたことが実現したのである。しかし，基本法にはグアムが非編入領土であるということが明記された。

国際社会においても，グアムは特別な地位を与えられた。1946年に国際連合の非自治地域リストに72地域が登録され，そのなかにグアムも含まれたのである。米国は，グアムのほかに，ハワイ，アラスカ，プエルトリコ，パナマ運河地帯，米領ヴァージン諸島，米領サモアを登録した。非自治地域については，国連憲章の第11章「非自治地域に関する宣言」に定められており，当該地域が自治を行えるよう国連加盟国が取り組むとされている。1960年12月には国連総会で植民地独立付与宣言1514（XV）が採択され，非自治地域の脱植民地化は継続的に取り組まれてきた。だが2015年現在，いまだ17の非自治地域があり，米国領としてはグアム，米領ヴァージン諸島，米領サモアの3つが

残っている。

　戦後に米軍の重要拠点となったグアムにおける軍用地は，1950年の時点で島の面積の34％であり，そのおよそ半分以上がもともと私有地であった。つまり，米軍は新たに制定された連邦法によって合法的に土地を取得していき，多くの住民がそれまで暮らしていた土地を失ってしまった。こうした状況下で，グアムの人々は生活の安全が保障されることを願い，米国市民権や民政をいっそう求めていき，グアム基本法へと至ったのである。

信託統治領（戦略地区）

　ミクロネシアの旧南洋群島は，1947年7月に米国を施政国とする国連の太平洋諸島信託統治領（TTPI）となった。

　国連憲章には，国際信託統治制度の目的について，次のように書かれている。「国際の平和及び安全を増進すること」（第76条第1項）。「信託統治地域の住民の政治的，経済的，社会的及び教育的進歩を促進すること。各地域及びその人民の特殊事情並びに関係人民が自由に表明する願望に適合するように，且つ，各信託統治協定の条項が規定するところに従って，自治または独立に向かっての住民の漸進的発達を促進すること」（同条第2項）。

　しかし，TTPIは一般的な信託統治領ではなかった。国連憲章第82条と第83条には「戦略地区」の規定がある。その内容は，信託統治協定において施政国は「戦略地区」を指定でき，その「戦略地区」は信託統治理事会ではなく安全保障理事会の管轄下に置かれるというものである。そしてこれらを根拠として，TTPIはその信託統治協定において，米国によって「戦略地区」に指定された。同協定では，安全保障や軍事に関することとして，軍事基地の設置や軍隊の駐留（第5条）や，「閉鎖地区」の指定（第13条）が定められた。すなわち，安全保障理事会で拒否権を持つ米国は，TTPIに関して他国からの介入を防ぐことが可能であり，TTPIを軍事戦略上の理由で利用することが可能となった。

　だが，ミクロネシアへの戦略的信託統治の適用は米連邦政府内で容易に合意されたことではない。当初，統合参謀本部は沖縄や小笠原群島・硫黄列島といった他地域への戦略的信託統治の適用を考えており，ミクロネシアについては領有を望んでいた。その一方で，国務省は領土不拡大原則を重視し，ミクロネ

シアの戦略的信託統治を想定していた。結果的に、米国は国際信託統治制度を利用することによって、国際協調的姿勢を保ちながら、ミクロネシアの排他的支配を可能にした（池上 2013）。

ミクロネシアは米軍基地および核やミサイルの実験場として米国に利用されていった。マーシャル諸島では、ビキニ環礁でTTPIになる前の1946年から、エニウェトク環礁で1948年から、1958年までの間に米国による67回もの核実験が行われた。米国だけでなく、フランスは1966年から1996年までフランス領ポリネシアのムルロア環礁やファンガタウファ環礁で、英国は1952年から1956年までオーストラリアで、1957年から1958年までクリスマス島（現在はキリバス共和国）で核実験を行っており、太平洋は核保有国の「核の遊び場」（S. ファース）であったということも付け加えておきたい。また、1944年2月に日本軍から米軍の手に渡ったクワジェリン環礁は、核実験の後方支援基地や1960年頃からはミサイル実験場として利用されてきた。マリアナ諸島のサイパン島では、海軍技術訓練隊を隠れみのにしてCIA（米中央情報局）の秘密基地が建設され、中華民国国民党の中国本土への反攻の準備の支援などが行われていた。

信託統治の最初の約15年間、米国は消極的戦略をとった。TTPIは第三国排除のための地域として「潜在的戦略価値」をのみ認められたのである。米国は軍事的関心を優先させたため、TTPIの社会経済開発には制約が課せられた。

自由連合国

TTPIはその後、3つの自由連合国と1つの米国自治領（コモンウェルス）へと分裂していく。1970年代の米連邦政府との交渉で、後述のようにマリアナ地区が北マリアナ諸島コモンウェルスとなった。残り6地区のうちトラック、コスラエ、ポナペ、ヤップの4地区で1975年にミクロネシア連邦憲法草案が住民投票で承認され、1979年に憲法が施行された。マーシャル諸島とパラオではそれぞれ1979年と1981年に別の憲法が施行された。そして、1978年4月に米連邦政府との間で調印された「自由連合のための合意原則（ヒロ原則）」に従って、ミクロネシア連邦、マーシャル諸島、パラオは、米連邦政府と自由連合協定の交渉に入った。マーシャル諸島とミクロネシア連邦はそれぞれ、1983年に住民投票で自由連合協定案が承認され、1986年に自由連合国となっ

た。マーシャル諸島の補助協定は、クワジェリン環礁のミサイル実験場の米軍による 30 年間の継続使用を認めている。パラオは、非核条項による住民投票で自由連合協定案の承認がなかなか得られなかったが、最終的に 1993 年の第 8 回目の住民投票で承認され、翌年に独立した。

これらの自由連合国は、前述のように米国によって主権を制約されており、米国の自治領に近い独立国といえる。実際米国はこれらの国々を独立国と見なしておらず、自治を認めているだけである。このような政治的地位は、米国がミクロネシアの国々を軍事的に利用するため、あるいはその可能性を担保するためであった。では、いかにしてこのような 3 つの自由連合国が誕生したのであろうか。

1960 年代に入ると、脱植民地化の国際的潮流および圧力のなかで、米国の TTPI に対する統治政策は転換する。国連は 1950 年から 3 年ごとに信託統治領への国連視察団の派遣を行っており、1961 年度の報告は米国の TTPI 統治は国際信託統治制度の目的を果たしていないとして厳しく批判した。TTPI の米国領有を考えていたケネディ大統領は、TTPI 統治の予算を増額したほか、TTPI の今後の政策についての検討を開始し、ハーバード大学の経済学者アンソニー・ソロモンに現地調査をさせた。1963 年 10 月に提出された「太平洋諸島信託統治領への合衆国政府調査団報告書（通称、ソロモン報告書）」は、TTPI を米国に統合するため、米連邦政府が社会経済的な開発を推進する必要性を認識し、援助額の増大や平和部隊の派遣を求めた。

ミクロネシア（TTPI）の人々は、米国の思い通りには動かなかった。1965 年にミクロネシア議会、1967 年に同議会のなかに「将来の政治的地位に関する委員会（FPSC）」が設置され、ミクロネシアの人々によって政治的地位が議論された。FPSC は検討を行った結果、自由連合、独立、米国への併合、現状という 4 つの政治的地位の可能性を示し、自由連合を推した。そして 1969 年 10 月から、FPSC と米連邦政府との間で政治的地位に関する交渉が開始された。米国は自由連合の提案を拒否し、非編入領土やコモンウェルスを望んでいた。

折しも、同年 7 月に発表されていたニクソン大統領のグアム・ドクトリンとそれを発展させたニクソン・ドクトリンで示された軍事構想は、ベトナムからの撤退を主張し、同盟国の軍事的負担の増加を求めるものであった。この頃は、

1968年には小笠原諸島返還があり、沖縄返還も現実味を帯びてきたときであった。それゆえ、ミクロネシアの戦略的重要性がますます高まり、TTPI の領有が真剣に考えられたのである。

こうした世界情勢のなかで、米国にとっての軍事的価値を持てる者と持たざる者が生まれ、TTPI は分裂していった。マリアナ地区（北マリアナ諸島）は単独でコモンウェルスを求めるようになっていく。また、1971年に米連邦政府によって発表されたマリアナ地区、パラオ地区、マーシャル諸島地区における軍事基地の建設計画がきっかけとなり、パラオ地区やマーシャル諸島地区も、自分たちに有利な条件を求めて、個別に交渉することとなる。その後、1つのコモンウェルスと3つの自由連合国が生まれ、TTPI は役目を終えた。オーストラリアを施政国とする信託統治領のニューギニアが 1975 年にパプアニューギニアとして独立したため、TTPI は最後の信託統治領となっていた。

コモンウェルス

マリアナ地区はコモンウェルスという米国の自治領となった。1976年に米国とのコモンウェルス盟約を締結し、1978年に憲法を制定し、北マリアナ諸島コモンウェルス（CNMI）政府が誕生した。そして1986年に、コモンウェルスへの完全移行とともに住民に米国市民権が付与された。前述の北マリアナのサイパン島のタナパグ港、FDM 島、テニアン島の3分の2はこの盟約で米国に租借された。

なぜ北マリアナは TTPI の他地区と同じ道を歩まなかったのか。同じマリアナ諸島の南端に位置し、1898年から分断されたままとなっていたグアムとの統一の議論は、植民地支配や第2次大戦での経験や経済発展の違いから進展しなかった。TTPI の他地区とも文化的・地理的・経済的な要因からまとまることができず、単独で米国領となることを選択したのである。これには米国の思惑も関係している。TTPI との交渉が順調に進まないなか、多額の支援によってマリアナ地区を特別扱いし、他地区と異なる動きをするよう仕向けたのである。

北マリアナはコモンウェルスとなってから、グアムとは異なり、出入国管理を独自に行い、最低賃金を独自に決めていた。北マリアナはグアムよりも自治の程度が高かったといえる。しかし、最低賃金は 2007 年 7 月から、出入国管

理は2009年11月から連邦法への移行が進んでいる。また，2009年から連邦下院にグアムと同じような議員を送っている。コモンウェルスといっても，中身はグアムとあまり変わらなくなってきた。

　北マリアナの1970年代以降の動きは，グアムの政治的地位の議論を加速させた。グアムでは，1960年代以降に政治的地位の問題が本格的に議論されるようになり，1980年代にはコモンウェルスが求められていくこととなる。数度の住民投票を経て，1980年代末に連邦議会へコモンウェルス法案が提出される一方，グアム政府と連邦政府との間で交渉が開始された。しかし，グアム政府が求めた独自の出入国管理，相互合意，チャモロ人の自己決定権を，連邦政府はのむことができず，交渉は決裂した。グアムでは現在も地元政府の脱植民地化委員会が活動し，脱植民地化に向けた話し合いが進められている。

4　社会の軍事化——「槍の先端」グアムを中心に

冷戦終結と米軍再編

　ここからはアジア太平洋地域における米軍・米軍基地と地域社会の関わりについて，グアムを中心に見ていく。

　アンダーセン空軍基地が朝鮮戦争，ベトナム戦争，湾岸戦争において出撃基地となるなど，グアムの米軍基地は冷戦時代に重要拠点として利用されたが，1990年代には縮小されていった。米軍は冷戦終結頃から1990年代までに，国防予算の縮小を前提として，国内基地の再編・閉鎖を実施した。それは，1988年，91年，93年，95年と4ラウンドの「基地再編・閉鎖（BRAC）」プロセスによるものであった。グアムに関しては，93年と95年のラウンドで，軍事支援機能の民間業者への委託や，海軍飛行場や海軍艦船修理廠の閉鎖および軍用地の返還が行われることとなった。グアムでは軍の余剰地（遊休地）の返還を求める動きがあり，そのような立場からすると，こうした基地の再編・閉鎖は望ましいことではあった。その一方で，それまでの基地への依存度の高さゆえに，急速な基地の縮小はグアムにおいて複雑な反応を生み出した。

　しかし，2000年代の米軍再編のなかでグアムは軍事拠点としていっそう重視されるようになる。この米軍再編は，9.11事件の直後の2001年9月末にブッシュ政権によって出された「4年ごとの国防政策の見直し（QDR）」から始

まる。そして 2003 年 11 月,ブッシュ大統領は米軍再編の開始を対外的に宣言し,冷戦終結と「対テロ戦争」に対応した「海外軍事態勢の見直し」の交渉が開始されることとなった。この基地再編は「蓮の葉戦略」と呼ばれる。「地球上の様々な場所に米軍基地が配置される。蓮の葉に大小があるように基地には様々な種類がある。カエルが蓮の葉を跳びながら移動するように,それらの基地を跳躍台として,世界中のどこにでも短期間に兵を送り,そこで持久力のある戦争を行えるようなシステムの構築をめざす」というものである(梅林 2006：16)。この戦略のなかで,米国領であるグアムの存在が見直されたのである。

2000 年代半ばには,グアムの米軍増強の内容が徐々に明らかになっていく。日米両政府によって発表された 2005 年 10 月の「日米同盟：未来のための変革と再編合意」や 2006 年 5 月の「在日米軍再編実施のための日米ロードマップ」において示されたのは以下のことである。(1)グアムはアラスカ,ハワイ,米国本土とともに,自衛隊の訓練機会を拡大するための場所となる。(2)太平洋地域における海兵隊の能力再編のなかで,約 8000 名の海兵隊員とその家族 9000 名が 2014 年までに沖縄からグアムへ移転する。(3)海兵隊移転のために必要な 102.7 億ドルのうち,日本は 60.9 億ドルを負担する。このグアム移転を実施するため,2009 年 2 月には,日本の外務大臣と米国務長官との間で,通称「グアム協定」が署名され,その後国会で可決された。

その一方で,海兵隊移転を含めた米軍増強の全体像が,米太平洋軍によって 2006 年 7 月に承認された「グアム統合軍事開発計画」や,国防総省によって 2008 年 4 月に公表された「グアム統合軍事マスタープラン素案」で明らかになっていく。それらには,海兵隊移転に関連した施設建設・整備や,アプラ港での原子力空母の一時駐留埠頭の建設などが盛り込まれていた。

しかし,そうした計画がグアムの人々の生活にどのような影響をおよぼすのかを的確に判断できるようになるのは,国家環境政策法(NEPA)のもとで,環境影響評価が公表されるのを待たなければならなかった。2009 年 11 月には環境影響評価準備書(DEIS),2010 年 7 月には最終評価書(FEIS)が米海軍施設本部統合グアム計画室によって公表され,9 月に決定書が出された。

DEIS では米軍増強は次のようなものとされた。(1)沖縄からの海兵隊移転(約 8600 人とその家族)とそのための施設・インフラ整備,(2)原子力空母の一時

寄港とそのための埠頭建設，(3)陸軍ミサイル防衛任務隊の配備（約600人とその家族）とそのための施設・インフラ整備，である。この米軍増強は，その名称が「グアム・CNMI軍事移転」となっている通り，グアムだけでなく北マリアナにも関係している。(1)において，グアムだけでなく，北マリアナのテニアン島においても4つの射撃訓練場が置かれることになっていた。

その後，当初の米軍増強計画は修正されていく。2012年4月に在日米軍再編見直しの中間報告が出され，それまでパッケージとされていた海兵隊移転と普天間移設の切り離し，海兵隊員5000人と家族1300人へとグアム移転分の大幅縮小，それに伴う費用の減額，北マリアナについても日本政府が費用負担，などが明らかとなった。

基地経済への依存，社会の軍事化

グアム社会と米軍基地の関係がこれまでどのようなものであったか，米軍増強においてはどうなっているかを考えるうえで，米軍基地がグアム社会におよぼしてきた経済的影響は言うまでもなく重要である。第2次大戦中・戦後における土地接収と基地建設によって劇的な社会変動が引き起こされ，グアムにおける米軍と米軍基地の存在感は以前にも増して大きなものとなった。これは，軍事的なものが社会的・文化的に社会に浸透していくという意味で，社会の軍事化と捉えることができる。

グアムでは，戦時中の土地に根ざした自給自足経済から，戦後の米軍基地を中心とした公共部門に依存した経済へと劇的な転換が生じた。これには，土地接収だけでなく，米海軍の出入域制限措置によって民間部門の発展が抑制されてきたということも関係している。米海軍はグアムにおいて人の出入りを国籍問わず厳しく管理した。それらの結果，公共部門の比重が高まり，そこにチャモロ人が集中した。1970年代のある調査では，チャモロ人就業者のうち80％以上が公共部門で働き，そのうち50％がグアム政府，30％以上が基地労働者か米兵として連邦政府に雇用されていたという。基地労働者には，海軍艦船修理廠における熟練機械工・電気工・職人や，基地内の売店・商店での店員やレジ係のようなサービス労働者がいる。要するに，雇用全体における米軍基地関連の割合が非常に高くなったのである。

基地関連のビジネスも多くある。たとえば，基地建設に関する契約の多くが，

米国本土企業とだけでなく、地元企業とも結ばれている。また、米軍は地元で生産された卵・パン・牛乳・農産物などを地元の業者から購入する消費者でもある。地元の業者と梱包・船積み・廃棄物処分・事務機器修理・敷地整備などの契約も結ぶ。当然、個々の米軍兵士とその家族も基地内外で消費活動を行う。

また、基地があることによってグアム政府の歳入が増大するとともに、電気・水道・道路などのインフラの近代化が進んできた。もともと指摘されていたものとして、(1)米兵の給与から引かれた連邦所得税(グアムで徴収された連邦税はグアム政府に戻ってくる)、(2)公立学校に通う米兵の子弟を支援するためにグアム教育省に支払われる資金、(3)米兵がグアムで購入したか他所から持ってきた自動車の登録料、などがある。なお、1997年に国防総省は基地内に学校を作るようになったため、(2)は無くなってしまった。

こうした米軍によって支えられた公共部門に依存したグアムの就業・雇用構造や、米軍と地域住民との間の日常的な接触や交流ゆえに、グアムにおいては米軍の既存の駐留や新たな計画に好意的な反応が一定程度見られてきた。1962年の出入域制限措置の撤廃以来、グアムでは観光産業が発展していき、基地経済への依存度も低くなってきた。しかし、2000年代以降の米軍増強をめぐっては、米軍基地の経済効果に期待する声は依然として強い。

グアムでは米軍基地は、第2次大戦中や終戦直後には日本、冷戦以降はソ連、中国、北朝鮮から島を守っているとされてきた。グアムの米軍基地が安全保障の面で米国や世界に貢献しているということも言われる。これはグアムの人々の愛国心やアイデンティティの問題でもある。第2次大戦で米軍が日本軍の支配から「解放」してくれたという戦争の記憶もこれに関係している。しかし、基地を抱えることによって逆に敵国やテロリストの標的になるという批判も、当然のことながらグアムにはある。

以上のように米軍基地があることによってグアム社会は様々な影響を受けるが、それらのことにグアムの人々がどれだけ関与できるのかという問題がある。これまで、米連邦政府や政財界など、一部の人々の意向によって、頭越しに様々なことが決定されてきた。グアムの人々にとっては自己決定権の侵害や民主主義の欠落といえるような事態が生じており、これも米軍基地に関連する深刻な問題である。

米軍を担う人々

　グアムの人々にとって米軍は自国の軍隊であり，軍隊と住民との間の境界は曖昧である。グアムからも多くの兵士を輩出し，住民にとって軍隊が外部の存在とは言えないからである。これも社会の軍事化の一側面である。

　グアムや北マリアナは米国領であるので，住民のほとんどが米国市民権を持ち，米軍に入隊することができる。また，ミクロネシア連邦，マーシャル諸島，パラオの国民も自由連合協定によって米軍への入隊が可能となっている。すなわち，ミクロネシア地域の若者にとって，米軍は就職先の1つでもある。

　「対テロ戦争」では，グアムや北マリアナを含む米国海外領土出身の人々や自由連合国の国民の入隊者数や戦死者数の割合が高いということが知られている。とくにグアムには第2次大戦前から米軍基地があり，米軍に入隊するチャモロ人も多かった。第2次大戦，朝鮮戦争，ベトナム戦争，湾岸戦争と米国が戦争を行うたびに，グアムからは多くの若者が参加した。ベトナム戦争でのグアム出身兵士の戦死者率は，全米平均の3倍であった。

　こうしたことから，グアムのような島は「リクルーター（新兵採用担当者）のパラダイス」と呼ばれる。1973年に米国は徴兵制から志願制へと移行した。陸軍・海軍・海兵隊などそれぞれにリクルーターがおり，彼らはどれだけ多くの若者を入隊させたかで評価される。「対テロ戦争」で多くの人々が戦死したり，心身に傷を負ったりしているため，米国本土では軍に入隊しようと思う若者は減少してきている。しかし，米国海外領土ではそういうこともなく，リクルーターにとってそれらの島々はパラダイスだというのである。その要因としては，愛国心，経済的動機，基地や米軍施設の利用の特権などが挙げられている。自由連合国の国民も，米国に貢献することを肯定的に捉えているという。いわゆる経済的徴兵制が，米国の周辺地域において顕著に表れているともいえる。

　グアムや北マリアナの若者にとって，米軍は学校を通じても身近な存在である。米国の多くの大学にはROTC（予備役士官訓練隊）というプログラムがあり，士官候補生と呼ばれる参加学生は軍事教育・訓練を受け，卒業後は初級士官となる。奨学金や生活費手当を得られるというメリットゆえに人気がある。高校版のROTCであるJROTCは，卒業後の入隊の決まりもないし，奨学金等も得られず，部活動に近い。しかし，高校生たちに軍隊に慣れ親しませるこ

とによって，結果的に入隊希望者を生み出すという仕掛けがある。グアムや北マリアナの大学や高校ではROTCやJROTCは人気が高い。

グアムは米国にとっての軍事拠点であり，地理的・機能的な意味で「槍の先端」と呼ばれる。だが，多くの兵士を提供しているということから，人的貢献としても「槍の先端」と捉えることができるし，そのような意味ではミクロネシア全体が「槍の先端」ということになる。

米軍に異議を申し立てる人々

しかし，社会の軍事化が進行するなかで，グアムの人々は米軍と基地を単純に受け入れてきたわけではなく，アンビバレントな反応を示してきた。

米軍基地による環境汚染は，他の米軍基地所在地と同様に，グアムでも住民の大きな関心事となってきた。自然環境や人体への影響は深刻な問題である。有毒物質のPCB（ポリ塩化ビフェニル）やTCE（トリクロロエチレン）が米軍基地の廃棄物などから排出され，土壌や地下水を汚染してきた。ベトナム戦争時に使用された枯れ葉剤のエージェント・オレンジやエージェント・パープルによる汚染の実態も明らかになっている。島内の至る所で米軍や基地に関連した汚染が指摘され，汚染地とがん発症などの健康被害の関係が問題となっている。こうした軍事環境問題は，米軍や基地への住民の反発を引き起こす要因ともなり，米国植民地主義への批判やチャモロ・ナショナリズムの高まりにも関係している。

グアムの米軍増強では，環境影響評価のプロセスが住民の意識を大きく変えた。2009年11月20日に米海軍施設本部統合グアム計画室によって公表された環境影響評価準備書（DEIS）は，1万1000頁に及ぶ大部であり，しかも住民・関係者が意見を出せるのは90日間であった。そうした困難に立ち向かうために，住民団体のメンバーが分担してDEISを読解し，啓発活動を行った。

DEISによって，米軍増強がグアムに様々な問題を引き起こす可能性があるということが住民に認識されていった。米軍増強は当初から特需を期待する政財界やメディアから大きな歓迎を受けていたが，住民たちの慎重な声や反対する声も決して小さくはなかった。後者の声がいっそう大きくなっていったのは，環境影響評価のプロセスにおいて，急激な人口増加，水不足，原子力空母の受け入れのための浚渫工事による珊瑚礁の破壊，射撃場建設のための土地収用な

どが生じるということが明らかになったり，広く認識されたりするようになったからである。

なかでも新たな土地収用は住民にとって受け入れがたいものであった。DEIS では，軍は私有地・公有地の 2200 エーカーをさらに取得することになっていた。それが実現すれば，軍用地は島の 40％になる。そのうち，射撃訓練場候補地となったグアム北東部のパガット地区で収用される土地は 1800 エーカーであった。

そうしたなか，パガット地区を守ることを中心的な目的とする住民団体が生まれた。具体的には，パガット地区でのハイキングや清掃・美化活動などを行ったり，若者のために大学進学を支援する活動を行ったりしている。また，国防総省を相手取り，ハワイの連邦地裁に 2010 年 11 月に提訴された訴訟の原告にも加わった。原告は，国防総省が射撃場の候補地としてパガット地区以外を除外しているのは，専制的であり，連邦法に照らして違法であると主張した。この訴訟によって，国防総省は計画を変更せざるをえなくなった。

この問題におけるグアムの人々の関心は，土地収用と自然・文化の破壊に向けられた。反対運動のなかでは，900 年以上前にさかのぼるパガット地区の村としての歴史的・文化的重要性が主張された。また，パガット地区は，グアム人口の 85％の飲料水を提供するグアムの帯水層の上にあるとされ，そのことも反対の根拠とされた。訴訟のさなか，パガット地区には島の内外から多くの人々が訪問し，ハイキングや集会など様々な活動が展開され，その歴史的・文化的な重要性が主張されていった。まさに，パガット地区の再発見ともいえる。射爆場候補地となった北マリアナのパガン島に関しても，同じような運動がマリアナ諸島全体に広がっている。

米国にとってのグアムやサイパンを含むマリアナ諸島は，ミクロネシアにおける最重要基地であると同時に，社会の軍事化・アメリカ化が進み，人々が愛国主義的になっている植民地である。その一方で，ミクロネシア諸国は，自由連合協定のもとでの米国への財政的従属が弱まることはなく，むしろ米国との社会的・経済的な繋がりをますます強めている。現在進行しており，おそらく米国が目論んでもいるのは，ミクロネシアのアメリカ化，いやグアム化あるいはマリアナ化ではないであろうか。

しかし，それは容易なことではない。米国の軍事植民地であることのリスクがグアムでは議論されてきた。また，中国の台頭や海洋進出のようなアジア太平洋地域の情勢の変化もあるし，中国と台湾はこの地域への経済援助を増大させている。グローバル・サウスとしてのミクロネシアの特徴は，周辺大国の軍事的関心によって翻弄され，そのなかで人々が生き抜いてきたという点にある。この地域は20世紀には日本や米国の覇権に貢献させられることとなった。そして，21世紀に中国の存在感が高まり，同国と米国や日本との関係が変化していくなか，この地域もまたそれに巻き込まれざるをえない。

参考文献

池上大祐『アメリカの太平洋戦略と国際信託統治——米国務省の戦後構想1942～1947』法律文化社，2013年。

石原俊『〈群島〉の歴史社会学——小笠原諸島・硫黄島，日本・アメリカ，そして太平洋世界』弘文堂，2013年。

今泉裕美子「太平洋の『地域』形成と日本——日本の南洋群島統治から考える」『岩波講座 日本歴史 第20巻 地域論〈テーマ巻１〉』岩波書店，2014年。

梅林宏道『米軍再編——その狙いとは』岩波書店，2006年。

竹峰誠一郎『マーシャル諸島——終わりなき核被害を生きる』新泉社，2015年。

等松春夫『日本帝国と委任統治——南洋群島をめぐる国際政治1914-1947』名古屋大学出版会，2011年。

中原聖乃・竹峰誠一郎『核時代のマーシャル諸島——社会・文化・歴史，そしてヒバクシャ』凱風社，2013年。

長島怜央『アメリカとグアム——植民地主義，レイシズム，先住民』有信堂高文社，2015年。

林博史『米軍基地の歴史——世界ネットワークの形成と展開』吉川弘文館，2012年。

林博史『暴力と差別としての米軍基地——沖縄と植民地─基地形成史の共通性』かもがわ出版，2014年。

原貴美恵『サンフランシスコ平和条約の盲点——アジア太平洋地域の冷戦と「戦後未解決の諸問題」』渓水社，2005年。

松島泰勝『ミクロネシア——小さな島々の自立への挑戦』早稲田大学出版部，2007年。

コラム1　植民地支配と軍事基地，性暴力，人身売買

「フィリピンのどこから来たの？」英語で話しかけると，少し驚いたような顔をして，「マニラ…」何人から同じ答えが返ってきただろう。10人目ぐらいにもなると，いくらマニラに人が多いとしても実際はマニラから来たのではないのだろうな，とさすがに考え始めた。とはいえ，もちろん，本当の答えを知る由もない。韓国の京畿道（キョンギドウ），議政府（ウィジョンブ）にあるNGO，トゥレバンが毎月一度行っている「基地村」への「アウトリーチ」に2014年9月に同行した際のことである。「基地村」は在韓米軍基地周辺の繁華街の一般的な名称である。この「アウトリーチ」は，トゥレバンの事務所から車で1時間ほど北上した東豆川（トンドゥチョン）にある米軍基地，キャンプ・ハンフリー周辺の「基地村」にあるクラブをトゥレバンのスタッフたちが訪ねるという活動である。

トゥレバンは1986年に基地村の性産業で働く女性たちを支援するために設立された。女性たちにカウンセリングや医療サービスを提供したり，一緒に小物を作って販売したりする活動を続けている。トゥレバンのスタッフは女性たちに性産業から足を洗うように勧めたりはしない。女性たちが必要とする生活の支援や，経済的な自立を望めばそれを手助けする活動を続けている。

この月の「アウトリーチ」では，生理用品を詰めた小袋にトゥレバンの連絡先を記したシールを貼り付けたもの数百個とタガログ語と英語でトゥレバンの活動を紹介した，掌に収まるくらいのサイズの小さなチラシを抱えて，20軒ほどのクラブを3グループで手分けして回った。

クラブでは，トゥレバンのスタッフが顔なじみのクラブのオーナーらしき女性やそこで働いている女性たちに，「最近の様子はどう？　このお土産（生理用品とチラシ）はいくつあげればいい？」というようなことを尋ねる。クラブで働くフィリピン人女性たちはエンターテイナー・ビザで入国している場合が多いため人数に関する公式の統計も存在するが，オーバー・ステイのケースなどを考えれば必ずしも実状を反映しているわけではない。アウトリーチで「お土産」を配ることは，トゥレバンに関する情報を女性たちに提供する手段であるとともに，クラブで働く女性たちの概ねの人数を把握する手段にもなっている。今回のアウトリーチで接したクラブで働いている女性はすべてフィリピン人だった。

1950年に始まった朝鮮戦争には20カ国が参戦し，韓国軍側では米軍が中心となる国連軍が組織された。そこでは韓国軍がアジア太平洋戦争中の日本軍が行った慰安婦制度のように，兵士に性的サービスをさせる女性たちを行軍させた。また国連軍であった米軍は朝鮮戦争休戦以降，現在に至るまで韓国に基地を持ち駐留を続けているが，その米軍を顧客とする基地村の性産業にも米軍駐留と同じくらいの歴史がある。

トゥレバン設立当時，基地村の性産業で働く女性たちは韓国人女性たちだった。そのうちフィリピン人女性が働くようになる。

フィリピンは1898年の米西戦争でスペイン支配から米国の支配下となり，アジア太平洋戦争中には米国と日本の戦場となった国である。アジア太平洋戦争終結後は米軍が駐留を続けた。しかし，冷戦終結後の1991年，フィリピン議会が米軍基地への土地の提供を継続しないことを決定し，当時アジア最大と言われたクラーク米空軍基地とスービック米海軍基地が閉鎖されることとなった。韓国の基地村にフィリピン人女性が増えたのはその頃からで，フィリピンの米軍基地の性産業で働いていた女性たちがやってきたためだという。また，1990年代にはソ連崩壊後のロシア人女性たちが，やはりエンターテイナーとして基地村に流入してきた。その後，ロシア人女性に対するエンターテイナー・ビザの発給が制限されたため，現在，基地村で働く女性はほとんどがフィリピン人で，トゥレバンでは英語が話せるスタッフを必要としているという。

近年，平和維持活動部隊（PKO）が人身売買を含めて組織的性暴力に関わっているケースがいくつも明らかになり，国連はその対策に腐心している。しかし，これは最近の問題ではない。在韓米軍「基地村」に目を向ければ，性売買を目的とした軍隊による人身売買には植民地支配と軍事主義を背景とする長い歴史があることが分かる。そして，それに抵抗するトゥレバンのような小さなNGOの地道な活動もまた続けられているのである。

（秋林こずえ）

第5章 「南」から見た「EUバンク」の半世紀
―― 欧州投資銀行による対アフリカ開発金融の原型――

藤 田　　憲

1　トリフィンの知的遺産とグローバル・サウス

　1958年に欧州経済共同体（EEC）の一機関として産声を上げた欧州投資銀行（EIB）は，同行設立から半世紀余を経た21世紀初頭の今日，欧州連合（EU）条約に基づく開発金融機関として，複数大陸で活動している。EU条約第309条によれば，非営利を原則とするEIBに課されたミッションは，EU諸国の「均衡ある発展」への寄与，EU域内における経済的社会的連帯の強化である。具体的には，EU加盟28カ国を出資者とする「EUバンク」として，EIBは欧州内外における健全かつ持続可能な投資案件に資金と専門知識を提供することを責務とし，EIBが支援するプロジェクトは欧州統合主体EUの政策目的推進への貢献を企図する。一方でEIBは，財政的に自立した法人格を有する国際機関であり，貸付資金の大部分を債券発行により資本市場から自己調達している。大陸欧州を代表する国際金融センター・ルクセンブルクに本拠を構えるEIBは，グローバル・ノースとグローバル・サウスの結節点に位置する世界最大の多国籍貸手・借手であり，開発金融分野における稀有な実務経験を有するのである。

　しかし，融資対象の9割がEU域内に収束することもあり，世界的国際金融史家ビュシエール（E. Bussière）らの監修により2008年に刊行された「正史」が，EIB初の包括的アフリカ開発金融プロジェクトであるコートディヴォワール調整公社（La Société Nationale de Conditionnement：SONACO）向け融資に言及しないなど，公開の進むEIB関連一次史料に基づく実証研究はいまだ途上にあると言わざるをえない。EIBに関しては，米国主導欧州復興計画に基づく「マーシャル援助」の受け入れ機関である欧州経済協力機構（OEEC）において，1940年代末にその設立が構想されていた。しかし，ポンドをはじめとする欧

州諸通貨を襲う金融経済危機が資本市場に機能不全をもたらし，欧州における「均衡ある発展」を目的とする EIB の設立に向けた動きの再活性化は，「危機」が後退した 50 年代中葉を待たねばならなかった。

本章が指摘するように，「欧州統合の父」として名高いモネ（J. Monnet）の側近であるユーリ（P.Uri）に対し 1955 年 2 月に提示されたトリフィン（R. Triffin）の欧州通貨統合構想は，資本市場から調達された資金に基づく「均衡ある発展」の可能性を追求する国際機関の欧州における立ち上げについて，「トリフィンのジレンマ」論に基づく国際経済学的視点からその必要性・実現可能性を訴えるものであった。トリフィン構想は，全般的経済統合の主体としての EEC と統合の恩恵を域内発展途上地域にまで供与する EIB の同時設立を実現する流れを生み出したのである。こうした 1950 年代中葉以降における欧州統合プロセスの再開を受け，のちに「コートディヴォワール独立の父」となるウフェボワニ（F. Houphet-Boigny）は，拙稿（2001）が指摘するように，ユーリと連携しつつフランス・フラン圏海外領土を代表して EEC 設立交渉に関与した。1960 年のフランスからの独立後，初代大統領ウフェボワニは，EEC を中核とする欧州統合政策パッケージとの整合性を強く意識しつつ，EIB によるアフリカ初の包括的開発支援を導出したのである。1960 年代中葉における開発支援獲得過程は，域内経済不均衡の克服を通じた安定的通貨関係の樹立という欧州統合史上の一大文脈に乗じた戦略性の高いものであった。

トリフィンの知的遺産は，21 世紀初頭の国連におけるグローバル・サウス論で脚光を浴びている。リーマン・ショックを受け国連総会議長が行った委嘱に基づく『スティグリッツ報告』（2009 年 9 月 21 日付公表）の中で，スティグリッツ（J. Stiglitz）は「グローバル準備銀行（Global Reserve Bank）」設立とケインズ（J. M. Keynes）やトリフィンからインスピレーションを受けた人工通貨創設を提唱しつつ，二大論点を提示し，「トリフィン的（Triffinesque）」事態の深刻さを指摘する。報告書は，第 1 に，現在の基軸通貨制度は，世界経済，とりわけ，多くの発展途上国からなるグローバル・サウスにとって非常に不公平であると指摘する。すなわち，ドルが準備通貨であるため，豊富な先進国から不足する発展途上国へ流れるべき資本が，発展途上国から先進国へ「外貨準備」として逆流し，こうした発展途上国からの資本の流出は，発展途上国における投資意欲を減退させ，成長と貧困削減の阻害要因をなしていると言及する。報告

書は，第2に，こうした「逆流」こそ，米国の国際収支赤字に基づく流動性供給とドル安方向へのヴォラティリティ上昇という，「トリフィンのジレンマ」に由来する「トリフィン的」事態であり，かつ，輸出志向工業化戦略に基づき自国通貨高を望まない発展途上国にとってきわめて合理的な対応となり，結果として，「米国は世界経済に不安定要因を持ち込んでいる」と断じるのである。

「理論家」トリフィンと「実務家」ユーリの連携

上述のように，「トリフィンのジレンマ」論や「トリフィン的」事態への対応との関連において，没後四半世紀余を経た今日も，トリフィンの注目度は高い。しかし，ユーリ欧州石炭鉄鋼共同体（ECSC）経済局長による「スパーク報告」がEEC設立工程表として提示される1956年4月21日以前の時点で，「理想主義的」とも揶揄されたトリフィンの欧州通貨統合構想に関する「実証」は，モネをはじめとする「欧州統合の父」たちのブレーンとなるトリフィン自身の諸著作においてさえも不十分である。

以下で，在フィレンツェEU史料館に所蔵されるユーリに提示されたトリフィン執筆の報告書「統合と通貨交換性」（PU52）に基づき，トリフィン構想を検証する。トリフィンは，第2次世界大戦後の混乱を克服した欧州通貨が交換性回復を実現する際の欧州通貨統合構想を詳述すべく，1955年2月付でこの文書を作成し，ユーリらECSC当局者に提示した。提示された報告書はユーリによる「スパーク報告」執筆に大きな示唆を与えることとなったのである。

トリフィンの言葉を借りるまでもなく，「欧州通貨統合は，経済統合と密接不可分である」。のちにモネ率いる「欧州合衆国のための行動委員会」にブレーンとして参画するトリフィンは通貨統合について，「すべての通貨の統一に対する真の障害は，超国家主義的コンセプトと密接に関連する諸決定をめぐる劇的かつ不可逆的特徴に由来する」と強調する。そのうえでトリフィンは，政治共同体なき銀行券発行権の集中が通貨価値調整の不可能性に由来する技術的困難を伴うことに言及し，困難克服のため，統合された欧州地域の財政負担で償還される債券につき，発券集中前における共同発行を提唱する。早期の通貨統合の可能性に言及する一方で，通貨の安定性と交換性に関し，「求められる政策が国ごとに大きく異なる」ことは十分に認識しており，「通貨・金融情勢の相違と密接に関わる経済的平衡問題に対しては，通貨統合前の各国通貨発行

準備資金量に応じて発行され，一定の生産的均衡を維持することを目的とする，欧州における外国向け共同債券で対応」すべきと提案した。

このようにトリフィンは，通貨統合に由来する経済格差拡大を想定し，資本市場における共同債券発行を通じた「均衡ある発展」の重要性を提示していた。EEC条約に基づくEIB設立に至るトリフィン提言は，ユーリの手による全般的経済統合に向けた工程表が「スパーク報告」として提示される2カ月以上前の1955年2月，欧州における「不可逆的」通貨統合と「可逆的」交換性回復の同時実現を「理想主義的」と批判する動きについて，「誤った選択肢」の提示であるとして次のように牽制する。「第1の通貨統合は『理想主義的』であり，第2のグローバルな交換性は『現実的』であるという，1つの選択肢に関する2つの用語であるかのように，欧州通貨統合をグローバルな交換性としばしば対立させようとするのは奇妙である」。

「不可逆的」通貨統合か，「可逆的」交換性か

トリフィンにとって「為替取引の自由化と為替相場の固定」は同時実現を義務づけられたイヴェントであり，彼は「1913年の通貨交換性に復帰することが容易であるとするならば，少なくとも技術的側面に関して，欧州の多様な国民通貨を，唯一の通貨に融合させることもまた容易である」と断言する。そのうえで，「理想主義的」と揶揄される通貨統合の実施に伴い予想される障害について，資本市場における共同債券発行を通じて調達される公的開発資金に基づく域内経済不均衡是正を前提に，「為替の固定比率と1913年以前と同様の伝統的交換性の継承を保証するための障害と同様の性質を有する」と反論し，「不可逆的」「理想主義的」と指摘される通貨統合の現実性を強調すべく，具体例を挙げつつ次のように論じる。

「たとえばベルギー・フランとフランス・フランに関する1対7の通貨平価の堅持は，2通貨間相互の平価を維持するため，通貨・信用に関する国家主権をめぐる同一の問題を解決しなければならず，国家主権に関しフランスとベルギー双方に同様の制限を加えることになるのである。主権制限を経てベルギー・フラン価値が維持可能なら，同様の主権制限を経たフランス・フラン価値もまた維持可能であろう。当該2通貨の融合とは，経済的困難の克服ではなく，会計上ないし制度上の困難克服を意味するのである」。続けてトリフィンは，

新通貨導入を通じた通貨統合により,「金ドル本位制」に基づくブレトンウッズ体制下の政策当局が次の2命題から解放されると指摘した。第1に,通貨統合は,為替取引の恒久的自由化に関する,あるいは,各国民国家がすでに国際的に受諾していた為替相場の固定に関する「底意（arrière-pensée）」の堅持という命題から,政策当局を「自由」にするのであり,第2に,上述の通貨政策上の国家主権の放棄について,換言すれば,固定相場に基づく交換性回復への「本質的理解なき同意（adhésion sans esprit）」について,公衆の面前で明示することを避けたいという政治的固定観念から,通貨統合を選択した政策当局は「自由」になるのであった。

通貨統合に由来する困難

トリフィンは「通貨統合に由来する困難」について,「不可逆的」な通貨統合に由来する特殊な困難ではないことを指摘し,ブレトンウッズ体制の本質をめぐる「埋め込まれた自由主義」論に基づき,次のように論破する。すなわち,「もはや政府や世論が,国際収支均衡を最優先させることはありえず,経済政策に関連する他のあらゆる目標を犠牲にすることを容認しえない」との指摘に同意しつつ,政策的困難は「可逆的」な交換性回復過程でも準備されるべき国際収支不均衡として顕在化すると断じたのである。そのうえで,トリフィンは,「現時点で唯一可能であると思われる手段」として,欧州地域で活用可能な外貨準備の構築や資本輸入,外国からの援助受け入れなど,欧州各国の政府や世論を説得しうる域内不均衡是正を目的とする「通貨統合関連の制度的メカニズムの段階的発効」に言及し,「この方法に沿った解決策こそが,政治共同体創設に際する諸段階を予測可能にするとともに,適切である」と提言する。トリフィン提言からEEC枠内における資本市場に依拠した「均衡ある発展」を謳うEIB設立へは,明確な連続性が存在するのである。

1998年に誕生した「ユーロ」が,欧州通貨間「不可逆的固定相場」を基礎とすることは指摘するまでもない。「ユーロ」の歴史的淵源たるトリフィンによる欧州通貨交換性回復時通貨統合構想から示唆を得たユーリは,EEC設立工程表としての「スパーク報告」においてEIB設立の重要性を明示した。次節では,EEC枠内における経済的不均衡の是正を目的として設立されたEIBの開発金融業務を検討対象とする。実証にあたり,未刊行一次史料として,在

フィレンツェ EU 史料館所蔵のトリフィン欧州通貨統合構想と EIB 設立の連関を明示する CM3/NEGO-43 を，刊行一次史料として，EIB 設立の 1958 年から EIB による対 SONACO プロジェクト融資に関するコートディヴォワール側からの返済が終了する 1972 年までの EIB 年次報告，および，1983 年に EIB が記した発足後四半世紀の活動実績に関する「正史」を，それぞれ参照する。

2　資本市場と共に生きる EIB

　欧州における開発金融面での国際協力は，米国による「マーシャル援助」の受け入れ機関として 1948 年に設置され，のちに経済協力開発機構（OECD）となる OEEC をはじめとする複数の政府間主義的主体の形成を通じて萌芽的に実現した。1950 年代に入ると，欧州人の中には経済的連帯や統合のさらなる強化を超国家主義に基づいて志向する者が現れ，フランス外相シューマン（R. Schuman）は，フランスとドイツの基幹産業である石炭産業と鉄鋼産業を共同管理下に置き，全欧州諸国が結集しうる機関の構築を訴えた。1952 年，ECSC が，ベルギー，ドイツ，フランス，イタリア，ルクセンブルク，および，オランダを加盟国として発足する。関税障壁が撤廃され，6 カ国において石炭と鉄鋼に関する貿易が拡大を始めることとなった。ECSC 条約と同条約に基づく初期の統合は，その後のはるかに大規模な全般的統合構想の礎石となったのである。同構想は「ローマ条約」に基づく EEC の設立として具現化したが，同条約が同時に EIB の設立条約となったことはすでに指摘したとおりである。EEC と EIB は，1958 年 1 月に産声を上げた。

　シューマンは，欧州統合のスピードや克服すべき困難について，幻想を抱いてはいなかった。彼は「欧州が単一の計画で一朝一夕に建設されることはない。欧州は，現実的連帯観の構築に資する実務的成果を通じて，初めて建設されるのである」と述べる。城壁都市ルクセンブルクの高台に立った彼は，自らが生まれ，後に EIB 本部ビルが建設されることになる渓谷の底を見下ろしながら，名高い宣言文を高らかに読み上げたのである。EIB はその行動指針として「シューマン宣言」を援用している。EEC 条約が掲げる経済的連帯の実現に向け，EIB の責務に関するアウトラインが描き出され，EEC が対峙する困難な域内開発問題に対する処方箋を提示することで，EIB の存在意義は明示的となった。

「メッツォジョルノ」における苦闘

トリフィンやユーリなどEECに関する制度設計・運用に携わった多くの者たちにとっての最大の関心事は，いかにして均衡ある地域開発を成し遂げるかであった。迅速な開発が進む地域から切り離され，後塵を拝すことを余儀なくされる地域の存在が，EEC設立交渉過程において課題として浮上していた。交渉担当者間の議論の中心に置かれた国がイタリアである。当時のイタリアは特殊イタリア的経済格差に由来する困難を経験していた。1860年代の「統一」は，北部における経済力と繁栄と「メッツォジョルノ（Mezzogiorno）」と称される南部の衰退を特色とするイタリア国内における「南北問題」を際立たせることとなり，1950年代前半における大規模公共投資の開始以前のイタリアは二国に「分裂」しているとさえ指摘しうる状態にあった。EEC設立に関与した交渉官は，欧州「統一」が1860年代以降のイタリアにおける困難をはるかに大規模かつ欧州全体に「再来」させるリスクを強く意識していた。結果的にEEC原加盟6カ国は，域内における不均等経済発展の問題に一致して対応する意志を固めたのである。地域開発概念は，経済状況の好転のみならず，加盟国国民間の基本的連帯の実現をも，その射程に収めていた。全般的共同市場に基づくEECが構築された後，経済成長が促されたとしても，相対的貧困地域が欧州統合の恩恵を共有するための努力が不可避であるとの認識が共有されていた。それゆえ6カ国は，「ローマ条約」で「域内に存在する格差と相対的発展途上地域の後進性の削減を通じた均衡ある発展」を謳い，「共通の利害関係」に基づく公共投資を通じた越境型の道路・鉄道，アルプス縦断トンネルなどの共同体インフラの整備に向けた原動力としてEIBを設立したのである。

「黄金時代」のEIB

EECによる「均衡ある発展」の実現に向けた公共投資計画の遂行は，各国における資金の再配分のみならず，欧州における金融資源への新規アクセスを要請した。EEC域外からの借入にも依存した融資業務資金の自己調達を実施するEIBの運営形態が，こうした課題の克服に貢献したことは指摘するまでもない。債券発行を通じた資金調達・供給を基礎とするEIBの銀行経営メカニズムは，加盟国政府や税負担者としての加盟国国民の継続的資金負担の軽減を実現するとともに，同行による公的融資が市場競争を歪めるリスクを資本市

場が有する監視機能に基づき軽減させ，新自由主義的な「健全投資（sound investment）」の遂行を可能にした。換言すれば EIB は，EEC の構成要素をなす非営利の公的制度として，EEC 統合の進展に寄与しつつ，リージョナリズムに基づく開発金融業務を担う銀行として，欧州域内外の多様な金融機関と資本市場を通じた深い関係性を有するのである。

　1958 年に EEC が創設された時，統合に向けた基本的な推進力こそ強かったものの，その新しい構造や協力手続きの浸透・定着には移行期が必要であった。欧州の生産能力は第 2 次世界大戦前の水準をすでに超越しており，欧州域内貿易のさらなる拡大を可能にする基盤は整っていたと言える。さらに，戦後農業の機械化・近代化は都市部における高賃金工業セクターやサービス・セクターにおいて雇用可能となるマンパワーを農村から解放した。言い換えれば，農業セクターにおける豊富かつ相対的に低価格な一次産品生産は，「黄金時代」とも称される 60 年代における工業セクターの成長促進に向けた起爆剤となっていたのである。1958 年から 1972 年にかけて，生産性と実質所得は顕著な拡大を記録した。EEC 原加盟 6 カ国の実質国内総生産（GDP）は，年平均 5％ のペースで成長し，期間を通じての倍増を達成する一方，6 カ国間の貿易も，年平均 11％ のペースで拡大を続けたのである。オイルショック直前までの時期において，低インフレ率，安定的な金利水準，さらにはブレトンウッズ体制下「金ドル本位制」の効力による相対的に安定した為替相場が欧州の経済成長を支持したと指摘できる。当該期において，EIB は，他行による融資に対する保証を含め，EEC 加盟国における投資資金の供給に寄与した。具体的に，資金は運輸・通信インフラに優先的に投下され，発電所や増大するエネルギー需要に対応するガスパイプラインの建設にも配分された。工業セクターにおける投資に関する融資案件の多くが，拡大する市場に対応するための新工場建設もしくは設備拡大に関連していた。資金供給全体のおよそ 6 割がイタリアにおける投資に対応するものであり，その多くが「メッツォジョルノ」における深刻な発展途上性に由来していたのである。EEC 創設からオイルショック勃発までの 15 年は，EEC における EIB の開発金融業務が著しく拡大する確固たる基礎として機能したと言えよう。

グローバル・ノースとグローバル・サウスの結節点として

　EIB は EEC 域外における多くの国々へと活動領域を拡大させた。1960 年代初頭に EEC と連合協定を締結したギリシャ（1961 年調印）とトルコ（1963 年調印），および，独立後，旧宗主国植民地関係に由来する「欧州との特別の関係」を「ヤウンデ協定」（1963 年調印）に基づき構築する決断をしたコートディヴォワールをはじめとする 18 のアフリカ・マダガスカル諸国（AASM）における融資行動が，EEC 域外における活動の嚆矢となった。

　こうした域外諸国における開発支援融資は EIB の主要な活動として当初から想定された機能ではなかったが，EIB は，EEC 拡大や欧州における経済協力関係の強化，さらには，グローバル・サウスにおける多方面の開発支援実施に顕著な政策的重要性を見出す。欧州との歴史的文化的関係を共有する諸国との連帯が一義的な背景にあり，人道主義的観点もあわせて重視された。EIB が活動を展開した EEC 域外諸国の大半において，1 人当たり GDP で計測される生活水準が EEC 平均の 10 分の 1 以下であり，こうした EEC 域外諸国の 3 分の 1 において，その生活水準が EEC 平均の 20 分の 1 以下であった。相対的に高価なエネルギー資源と輸入される資本財の高騰，および最大の市場としての先進国における景気後退が，発展途上国の生活水準を悪化のスパイラルに陥れていたのである。

　EEC の開発支援は，EEC が南欧や AASM からなる近隣諸国経済といかに強い経済的相互依存関係を有しているかについて，実証的に体現することとなった。EEC 加盟国は，拡大しつつある世界貿易に大きな利益を見出していたのであり，近隣の途上国が発展を遂げ，欧州にとってのより大きな貿易相手となることは，途上国の利益となるのみならず，長期的に欧州の利益となると見通していたのである。概して EIB の業務は，EEC の政策執行機関である欧州委員会により管理される発展途上国支援に比して，地理的により大きな枠組みを提示することとなった。発足初期 EIB による融資業務の実際を確認すると，融資対象は国ごとに大きく異なっていたことが分かる。AASM 諸国における優先順位は，工業，農産工業，鉱業，観光業，およびエネルギー開発に関連する案件で高く，ギリシャやトルコなど地中海地域諸国における優先順位は，大規模通信施設改修や経済インフラ整備に関して高かった。EIB はこうした発展途上国に対して資本市場から自己調達した資金に基づく融資を実施するが，実

際の資金供与にあたり，贈与的要素を増大させるため，EEC の資金拠出に基づく金利負担分への補助が行われた。EIB は，AASM 諸国における工業生産拡大を支援するため元本償還にリスクを伴う融資や地中海地域発展途上国におけるインフラ整備に対する長期・低利融資を実施し，EEC とともに無利子融資などの特別譲許的貸付を目的とする開発資金供給に邁進した。リージョナルな欧州統合の拡大・深化の文脈における EEC と EIB の協働が，EEC 域内発展途上地域および EEC と密接な関係を有する発展途上国の支援という EIB のグローバルな存在感拡大に結び付いたのである。

　しかし，EEC との協働に基づく EIB のグローバルな存在証明には，困難な要素も存在した。すなわち，大枠としての融資規模に関する双方の合意を見出しつつ，資本市場で調達した資金の確実な償還を可能にするため，最低限の利益を確保しうる個別融資プロジェクトの掘り起こしが義務づけられていたのである。欧州域内「メッツォジョルノ」であるか欧州域外 AASM であるかに関わりなく，発展途上地域における経済活力は概して乏しく，ミクロ・マクロ両面において困難な経済環境は良好な投資機会の不足を意味していた。持続的開発の障害となる多様で重層的諸問題との対峙は，同行の経営に複雑性を持ち込んだ。発足間もない EIB の経営活動領域の中で相対的に貧困状態が深刻な AASM 諸国において，低所得水準のわずかな上昇をもたらす成長達成さえも追求困難な課題だったのである。次節では，EIB による包括的対アフリカ融資案件の嚆矢としてのコートディヴォワール SONACO プロジェクトに着目する。EEC 設立交渉にも関与した「独立の父」ウフェボワニの存在が，EIB に世界銀行によるアフリカ進出の機先を制させたのである。実証には，在フィレンツェ EU 史料館所蔵の EIB による対 SONACO 融資関連未刊行一次史料（BEI2055〜BEI2059）を用いる。

3　コートディヴォワールにおける SONACO プロジェクト

　ウフェボワニ大統領は，1963 年 12 月 17 日，コートディヴォワール・バナナ産業界における複雑な利害関係の調整を目的とする SONACO を立ち上げた。ウフェボワニは SONACO による一連の輸出志向バナナ産業近代化プロジェクトに対する EIB からの融資を獲得するにあたり，側近であるディアワラ（M.

Diawara) 計画相をハイレベル交渉の窓口として指名した。ディアワラが, コートディヴォワール政府を代表する取締役の一人として, SONACO の設置・運営を主導していたためであった。

　EIB 執行部から融資の返済可能性について問われたディアワラは, コートディヴォワール経済について次のように概観する。「コートディヴォワールは 370 万人の人口と 32 万 2000 平方キロの国土を有し, 1 平方キロ当たりの人口密度は 11 人強である。人口増加率は年平均 2.25％程度であり, 国民の 9 割あまりが農村に居住しているが, 急速な発展を遂げる首都・アビジャンには, 25 万人を上回る人口が集中する。なお, 1961 年における就学率は 36.5％と推計されている」。

　続けてディアワラは, 債権者としての EIB が恩恵を享受する為替変動リスクの低さについて,「コートディヴォワールの法貨であるアフリカ金融共同体 (Communauté Financière Africaine : CFA) フランは, フランス・フランとの固定相場関係を有し, コートディヴォワール経済発展に持続可能性を付与している」と指摘する。制度的根拠として,「1962 年以来, EEC と連合関係を有する他のアフリカ 6 カ国とともにフランス共和国との間に通貨協力協定を締結している西アフリカ通貨同盟の構成国となっており, 同協定に基づきフランスは, フランス財務省に開かれた外貨準備の捕捉を目的とする操作勘定を活用し, 西アフリカ諸国中央銀行が管轄する 7 カ国共同発券機関により発行される CFA フランとフランス・フランの間に自由交換性を保証しているのである。さらに, 1CFA フラン = 0.02 フランス・フランというフランス・フランと CFA フランの平価は西アフリカ通貨同盟諸国とフランス共和国の双方の合意に基づいてのみ改定されることとなっている」と言及し, フランス銀行総裁を長とするフラン圏通貨委員会の実務的貢献による旧宗主国フランスとの安定的通貨関係がコートディヴォワール経済に持続的発展可能性を付与していることを強調した。フランス銀行とフラン圏通貨委員会との連関に関しては, 拙稿 (2012) を参照されたい。

　コートディヴォワールにおけるマクロ経済環境
　コートディヴォワールを取り巻くマクロ経済環境については, 次のような説明がなされている。「1960 年の独立後の数年間, コートディヴォワール共和国

は顕著な経済発展を達成した。発展の背景には，重要インフラ整備事業の進展に伴う輸出志向農業生産の劇的な成長が存在する。GDPについては，1958年に1133億CFAフラン（約4億5300万欧州決済同盟計算単位（=US$）），1960年に1450億CFAフラン（約5億8200万計算単位），1963年には1840億CFAフラン（約7億3600万計算単位）が計上され，過去3年の年平均成長率は8％を超えている。1963年，コートディヴォワール共和国の1人当たりGDPは200計算単位規模を記録した。同年，EECとAASM 18カ国との新たな連合協定であるヤウンデ協定が調印されたが，AASMにおける平均値は95計算単位である。コートディヴォワールの1人当たりGDPは大きく上回っており，ガボンをわずかに下回る第2位の水準にある。コートディヴォワールの工業セクターは年平均15％の急速な拡大を続けており，1963年におけるGDPの15％を占めるに至ったものの，農業セクターはGDP比で48％あまりを記録しており，依然として，重要な位置を占め続けている」。

コートディヴォワールの対外交易については，「貿易黒字に特徴づけられ，1961年に53億CFAフラン（約2120万計算単位），1962年に92億CFAフラン（約3680万計算単位），1963年に149億CFAフラン（約5960万計算単位）が記録されるなど，黒字幅は拡大基調にある。貿易赤字に対する貿易黒字の比率は，1961年の113％から1963年の135.5％へと上昇している」と指摘し，1963年におけるコートディヴォワール発の輸出について，金額ベースで91％を4品目が占めていることを強調した。具体的内訳は，「コーヒーが18万2000トン（輸出総額の43％），木材が115万4880トン（輸出総額の22％），カカオが9万9728トン（輸出総額の20％），バナナが13万3406トン（輸出総額の6.1％）」であり，ディアワラ自身が取締役を務めるSONACOプロジェクトを通じた輸出志向バナナ産業の計画的近代化により，バナナの輸出に十分な拡大可能性が存在すると指摘した。

自由主義経済政策の追求

資本市場の存在を強く意識するディアワラ計画相は，SONACOプロジェクトの重要性・成功可能性と密接に結び付くコートディヴォワール共和国における独立後10年の経済社会開発計画に関して，「自由主義経済政策（politique économique libérale）の追求」を明言している。1960年から69年にかけての投

資動向の見通しについては，「当初5年の年平均成長率は6.6%，その後の5年のそれは7%が想定されており，10年間の総額で3440億CFAフラン（約13億7600万計算単位）を想定している。なお，投資の過半が公共投資で構成されている」と言及したうえで，「基本的な財政均衡が実現しており健全な財政状況にあるコートディヴォワールにおいて，独立当初の4年で実現した結果は総じて満足すべきものであった」と総括し，「新自由主義的」と評しうる健全財政政策を誇ってみせた。

　SONACOに関し，「コートディヴォワールにおける包括的な産業インフラ建設プロジェクト」との認識を示しつつ，次のように説明する。「段ボール箱による梱包工程の整備とそれに基づき現時点で『全食品』として生産されるバナナの大半を『(20本前後の指の付いた) 手』としての輸出することを目的としており，産地中心部に位置する15カ所の梱包工場およびアビジャン港における低温貯蔵倉庫の建設を主内容とする」。また，「バナナ関連の生産・輸出工程の調整は世界的に展開されており，欧州向け輸出拠点であるフランス領アンティル県でも進行中である」と付言した。

　SONACOの意思決定がバナナ産業界内部の対立により迅速に進まないのではないかとのEIB側からの指摘に対しては，SONACO設立にあたり，コートディヴォワール政府が35%を，コートディヴォワールバナナ果物協同組合（La Coopérative Bananière et Fruitière de la Côte d'Ivoire：COBAFRUIT）などのバナナ生産協同組合が40%を，バナナの輸出に取り組む商社が25%を，それぞれ出資していたが，EIBからの融資実行に向け，コートディヴォワール政府を含む全出資者が追加出資し，SONACO全体の出資比率を，コートディヴォワール政府：35%，COBAFRUITなどのバナナ生産協同組合：30%，バナナの輸出に取り組む商社：25%，と改めることに言及した。結果的に，EIBはコートディヴォワール政府を筆頭株主とするSONACOに対して融資を実施することとなったのである。

　SONACOプロジェクトへの融資決定に際し，EIB取締役会でドイツにおける中米産バナナの輸入利害関係を強く主張したミュラー＝アルマック（A. Müller-Armack）は，SONACOプロジェクトについて，EECにおけるバナナに関する共通域外関税の設定とフランスやイタリアなどのEEC諸国における特恵的輸入枠の撤廃を通じて，「欧州とアフリカ諸国の関係に市場経済原則を適

用可能にする」機会と捉えていた。一方で、世界銀行がアフリカ開発に未関与であった時代に、「独立の父」ウフェボワニがコートディヴォワール独立以前から深く関与した EEC を基礎とするユーラフリカ連合秩序を活用して着手された SONACO プロジェクトは、旧「宗主国」を数多く擁する EU による旧「植民地」を数多く擁する途上国に対する開発支援の方向性を規定することとなったのである。

ウフェボワニと EIB

次に、1965 年 5 月 12 日付でウフェボワニ大統領の名において発表された政令 (65-146) に基づき、EIB 融資を活用した SONACO プロジェクトの骨子を確認する。冒頭において、「国家的最優先事業の選定・管理・運営に関する質的向上に取り組む政府は、コートディヴォワールにおけるバナナ生産の近代的規範に基づく調整 (le conditionnement selon des norms modernes de la production bananière ivoirienne) を掲げ、包括的産業振興の実現を企図する調整公社 SONACO のプロジェクトを承認する」と宣言し、SONACO プロジェクトについて、下記の具体的内容に言及する。(1) 6 億 5000 万 CFA フラン規模のバナナ産業近代化投資を実現する。(2) 9 万トンを下限とするバナナ生産の包装・発送とする年間 500 万個の段ボール箱製造に必要な産業インフラの整備。(3) (2)につき 1968 年に実現する。(4)コートディヴォワールにおける輸出用バナナ生産全般の調整を持続可能なものとするための努力を拡大する。(5)コートディヴォワール国民の個人的活動をあらゆる領域において専門的・技術的に組織する。(6)コートディヴォワール産品を優先的に活用する。(7)箱の原価、もしくは、実際の取引において生じるコストに対する介入を通じた価格の低下を、生産者に対する請求価格に反映させる。(8) 1963 年 6 月 12 日付政令 (63-275) の規定に基づく国家投資基金から SONACO に対する特別融資を実施する。

上述の政令 (65-146) を受け、1965 年 5 月 17 日付で、SONACO と EIB の融資実施が最終的に合意され、EIB による融資を 2 億 5000 万 CFA フラン (100 万計算単位) とすることが決定した。これは、(8)におけるコートディヴォワール政府による SONACO への特別融資と同額であり、SONACO の自己資本 1 億 5000 万 CFA フラン (60 万計算単位) と合わせて、SONACO プロジェクトは 6 億 5000 万 CFA フラン (260 万計算単位) の資金に基づき開始されたの

である。1970年12月23日付でEIBにより作成されたコートディヴォワールにおける融資業務報告書によれば，SONACOプロジェクトはウフェボワニ大統領の想定を大幅に上回るバナナ生産・輸出を実現し，「大変満足すべき（très satisfante）」状況にあると総括された。1969年における輸出動向は，対フランス輸出が12万5000トンから13万トン，対英国輸出が2万4000トン，その他の対北アフリカ諸国輸出が少量，と確認されている。好調な事業業績を受け，1967年4月30日から1972年4月30日にかけて半年ごとに11回で実施され，総額3億1250万CFAフラン（126万8750計算単位）となる年利2.5％に基づく元利返済も順調に進行中であり，EIBとしての追加的対応は必要ないと評価されるに至ったのである。

SONACOからPIIGSへ

1957年3月25日に調印されたEEC条約に基づいて1958年1月1日に設立されたEIBは，旧「植民地」を中心とするグローバル・サウスと旧「宗主国」を中心とするグローバル・ノースの間の資本市場を通じた「新自由主義的」連関の場となった。独立初期コートディヴォワールにおいてウフェボワニの肝いりで推進された輸出志向バナナ産業近代化に関するSONACOプロジェクトは，EIBによる包括的アフリカ開発融資案件の嚆矢であり，今日に至る欧州による対グローバル・サウス融資の原型である。一方，1960年のフランスからの独立を主導して初代大統領となり，在職中に死去する1993年まで大統領であり続けたウフェボワニは，独裁的権力基盤に基づき「象牙の奇跡」と称される高度経済成長を主導し，ウフェボワニ政権下で要職を歴任したディアワラは，1980年代に巨額公金横領に手を染めることとなる。

21世紀初頭の今日，半世紀超の歴史を有するEIBによる資金調達・供給業務は，統合欧州建設のあり方に変化を及ぼしかねない世界経済の力学的変容と一蓮托生の関係にある。すなわちEEC原加盟6カ国をはじめとするEU加盟28カ国は，グローバルな経済成長に寄与する一方で，そこからの恩恵を享受してきた。旧ソ連構成国にまで活動領域を「東方拡大」させたEU・EIBには，グローバル市場競争，高失業率，低成長率，財政赤字・累積政府債務，高齢化，人口減少，移民・難民，物価変動圧力，エネルギー価格の変動，生産性向上に資する新技術の出現など，多様な経済社会要因が影響を及ぼしている。

EU 域内外における EIB の活動拡大は資本市場における高評価を前提とすることは敢えて言及するまでもない。EIB は，保険会社などの機関投資家や各国の年金基金などグローバルな投資家が債務不履行リスクの少ない借手としての EIB に対する信認を明示する場合においてのみ，安定的に開発金融業務を遂行することができる。実際，グローバル・ノースとグローバル・サウスの結節点としての EIB の高い実務能力を反映し，その発行債券に対する資本市場における評価は最高水準が維持されてきたのである。EU 枠内唯一の債券発行機関として「EU バンク」とも称される EIB は，2009 年 10 月のギリシャにおける政権交代を発火点とする「ユーロ危機」において，ユーロ圏加盟国間合意とルクセンブルク法に基づき 2010 年 6 月に発足した欧州金融安定ファシリティ（EFSF）の財務管理を支援するなど，対応の実務的最前線を形成している。ポルトガル・アイルランド・イタリア・ギリシャ・スペイン（PIIGS）をはじめとする欧州域内外発展途上地域との半世紀を超える密接な関係が，資本市場からの信認に基づく迅速な危機対応に結び付いたと指摘できよう。

参考文献

藤田憲「フランス海外領土政策と欧州経済共同体設立交渉――ユーラフリカ秩序の構築をめぐって」『アジア・アフリカ研究』第 41 巻第 4 号（通巻 362 号），2001 年。

藤田憲「ヨーロッパ経済共同体設立交渉とピエール・ユーリ――海外領土包摂問題をめぐる仲介」木畑洋一編『ヨーロッパ統合と国際関係』日本経済評論社，2005 年。

藤田憲「欧州通貨統合と旧フランス領アフリカ植民地の包摂」松下冽・藤田和子編著『新自由主義に揺れるグローバル・サウス――いま世界をどう見るか』ミネルヴァ書房，2012 年。

Bussière, E. M. Dumoulin and E. Willaert (eds.), *The Bank of the European Union : The EIB, 1958-2008*, Imprimerie Centrale, société anonyme, Luxembourg, 2008.

Triffin, R., *Gold and the Dollar Crisis*, New Haven : Yale University Press, 1960. (=村野孝・小島清監訳『金とドルの危機』勁草書房，1960 年)

European Investment Bank, Annual Report, 1958-1972.

European Investment Bank, *EIB : 1958-1983*, 1983.

United Nations, *Report of the Commission of Experts of the President of the United Nations General Assembly on Reforms of the International Monetary and Financial System*, September 21, 2009.

＊本章は，平成 27-29 年度科学研究費補助金（課題番号：15K11964），平成 27 年度新潟大学人文社会教育科学系附置共生経済学研究センター研究プロジェクト推進経費に基づく研究成果の一部である。

第6章　冷戦終結後ロシアにおける社会経済変容
―― 住生活の視点から ――

道　上　真　有

1　市場経済ロシアで生きる ―― ソ連の遺産との相克

市場経済認識と世代間格差

　冷戦終結とソ連崩壊から体制転換へと至る激動の時代を経て20余年がたった。その口火を切ったのは1985年からゴルバチョフ書記長が実施したペレストロイカからであったとすると，2015年は激動の始まりから30年を迎えた年であった。あれからロシアの社会経済はどれほど変わり，そして何がまだ変わらずに残り続けているのだろうか。言い換えればこの問いは，ロシアの人々はソ連をどう克服し，そしてソ連の何を遺産として引き継いだのかを考えることに他ならない。本章では，この問いに対してロシアの人々の住生活の視点からアプローチし，冷戦終結後の社会経済の変容と現状の課題について論じる。

　ペレストロイカ改革にロシアの人々が期待したことは，政権の腐敗や硬直化した官僚制の弊害が解消され，政権と国民の間がより近づく民主的な体制に変わること，そして何よりもモノ不足が解消され，西側との技術や経済水準の格差が縮まり，西側並みの豊かな生活が訪れることであった。当時の人々が夢見た豊かな生活は，モノ不足で行列に並ぶことのない，商店の棚には商品があふれている社会，当時垣間見えた冷戦の敵である欧米諸国，すなわち現在のEUそして米国の生活文化であった。

　しかしペレストロイカ改革は，人々の期待に応えることのないまま，なし崩し的に体制転換へとなだれ込んだ。ペレストロイカが目指した方向性とその後に起きた体制転換そのものに対するロシアの人々の評価は，当時も現在も肯定的なものが多く，正しい選択であったと支持されている（ペレストロイカおよびその後の市場経済化に対するロシアの人々の評価については，2014年に実施されたロシア極東連邦管区アンケート調査参照）。しかしペレストロイカがもたらした結果に

ついては，人々の評価はすこぶる低い。したがって改革を主導したゴルバチョフ自身に対する評価も低く，彼に対する西側の高評価とは対称的である。

　他方で，ゴルバチョフ後のエリツィン・ロシア大統領時代の体制転換がもたらした結果については，世代によって評価がわかれる。その違いを大まかにいえば，ソ連を知らない世代とソ連を知っている世代との間の認識の差と理解できる。ロシアは体制転換によってあこがれていた欧米の市場経済文化をようやく手に入れることができた。その流入のスピードは急速で，高い資源価格を背景に資源輸出利得によって GDP 成長率が上昇した 2000 年代に入るとさらに加速した。体制転換からすでに 20 年余りがたった今，いわゆるソ連の経験を持たない世代，ロシア市場経済の中で欧米化の果実を享受しながら成人した世代が増えつつある。ソ連をまったく知らない 20 代の世代と，幼少期にソ連の経験はあるものの市場経済化の混乱期に成長してきた 30〜40 代の世代では，市場経済に対する評価は相対的に高い。

　一方，人生の多くをソ連時代に費やし年金受給世代に突入する（ロシアでは女性 55 歳，男性 60 歳から受給）50 代以上の世代では，市場経済の負の側面に対する抵抗がある。この世代の多くは，1992 年から 1998 年の体制転換による最も厳しい混乱期を主たる生計者として迎えており，世代間で比較すれば市場経済化で最も苦労した世代にあたるからである。あこがれた欧米型市場経済の表裏の現実が彼らの人生に切実に影響した。人間の基本的な生活に関わる財を市場取引の対象とすることに警戒感を抱き，行き過ぎた市場の拡大に反発する傾向もみられる。たとえば住宅は，民間の力や自助努力で解決できない問題が生じれば，政府が保障するべきものだとする考えを持つ人々が多い。

受け継がれる価値観

　もちろんそれぞれの家計状況や時期によって，人々の市場に対する評価は様々であろう。その中で注目されるのは，世代を通じて引き継がれるロシアの人々の価値観である。住宅の分野では，市場のみに任せるのではなく国がサポートするべきものであるとする考えが，家族を通じて親から子へと，若年世代にも通底する価値観として引き継がれている（道上 2013a 参照）。

　住宅の私有化によって，住宅の転売利益や投資収益を享受する若年世代も，景気変動による住宅取得難に陥った際には，政府の力で問題を解決するべきだ

という考えを表明するようになる。2000年代以降利用が拡大している住宅ローンに対しても、ローン返済が滞った際の担保として住宅が没収されることを恐れ、ロシアでは若年世代でさえ住宅ローン利用に一定のブレーキをかける。ロシアでは住宅取得資金を家族内での資金調達に依存し、住宅ローンの利用額を抑えることが多い（2011年のロシア全国平均で、住宅購入取引高に占めるローン利用割合はまだ17.6％に過ぎない。道上 2013a:24）。このことが、ロシアの公式統計による住宅資金調達の実態把握を難しくさせている要因の1つでもある。ロシアでは住宅購入が増えている割には、GDPに対する住宅ローン融資残高割合はまだ3％台と小さい（2013年1月で3.19％であった。道上 2013a:24）。現在は、2014年から続くルーブルの急速な減価と景気悪化によって、住宅ローン融資が一時的に減少しており、逆に不良債権率が上昇している状況にある。

市場経済の酸いも甘いも味わい、市場移行が完了したとさえ言われるロシアの人々に今問われていることは、自らの経済をどのように認識し、これからどのように特色づけていくのかという新たなステージの課題である。彼らはそれぞれの世代の中で、住宅などに代表される物理的な遺産を引き継ぎながら、市場や政府に対する評価に代表されるような価値観の遺産という、いわばハードとソフトの両面におけるソ連の遺産の相克の中に生きている。

2 変わるロシア、変わらないロシア

ソ連崩壊後の20余年のロシア経済をGDP成長率の数値から見ると、大きく分けて3つの時期に区分できる。第1期は1992年の市場経済化開始から1998年のロシア金融危機まで続いた急激なマイナス成長の時代、第2期は前年の金融危機から回復しプラス成長が始まった1999年から2008年の世界金融危機の影響を受け2009年に大幅なマイナス成長を記録するまで続いた高度経済成長の時代、そして第3期は2009年のマイナス成長を乗り越えたあとの2010年から現在にかけての低成長の時代の3つに分けられる。

第1期——市場経済化の混乱の中で

第1期の市場経済化の混乱期には様々な社会経済の変容が生じたが、本節では住生活の側面からその変容について論じる。第1期に起きた経済収縮とハイ

第6章　冷戦終結後ロシアにおける社会経済変容

表6-1　ロシアのGDP成長率

年	1992	1993	1994	1995	1996	1997	1998	1999
%	-14.5	-8.7	-12.6	-4.1	-3.6	1.4	-5.3	6.4
年	2000	2001	2002	2003	2004	2005	2006	2007
%	10.0	5.1	4.7	7.3	7.2	6.4	8.2	8.5
年	2008	2009	2010	2011	2012	2013	2014	2015
%	5.2	-7.8	4.5	4.3	3.4	1.3	0.6	-3.7

出所：1992～95年までは The World Bank, *World Development Indicators*,
　　　1996～2015年まではロシア連邦国家統計局の数値。

パーインフレによるルーブルの急速な減価と預金の目減りによって，人々の生活はソ連期よりもいっそう深刻な困窮化を強いられることとなった。あこがれの欧米流のライフスタイルを手に入れたくとも手が届かず，食糧や現金収入のための仕事をどのように確保するかに汲々としていた時代である。

　またソ連が崩壊し，ロシアを去り海外に移住する人々，ソ連から独立する国が誕生したことで独立した旧ソ連諸国へ還る人々，逆に独立した旧ソ連諸国からロシアへと流入する人々など，人口の国際移動が発生した。人口移動は国際移動のみならず，ロシア連邦国内の移動も伴った。ロシアの東部に位置する極東ロシア地域では，同地域を捨てモスクワやモスクワ周辺の首都圏に雇用を求めて移住する，国内人口移動が大量に発生したのである（堀内・齊藤・濱野編著2012，および堀内2008参照）。極東ロシア地域は主要産業である軍需産業の民生転換が難しく，またソ連時代から消費物資の自給力に乏しい地域である。それまでソ連政府の補助によって賄われていた消費物資の輸送コストの負担に直面し，雇用と所得の喪失と消費物資の高騰で，人々の生活は困窮することになった。その消費物資の供給を支えたのが，隣国中国であった。以後，極東ロシア地域の不足を中国東北部のヒト・モノ・カネが補う形で，極東ロシアと中国東北部の関係が深まっていった。

　他方で，ヨーロッパに近いモスクワやサンクトペテルブルグを代表都市とするヨーロッパ・ロシア地域では，その不足をおぎなったのは西欧やトルコなど近隣諸国からの輸入製品であった。ロシア製品と比較して品質とコストパフォーマンスで圧倒的な高さを誇る西欧からの生活物資の恵みを享受すると同時に，人々は国産品の圧倒的な敗北とそれによる自らの雇用喪失に直面することにな

った。

　豊かではなくとも保障されていた生活がことごとく瓦解していく中で，人々はソ連時代に保持していたソ連国民としての連帯性，統一性を徐々に失っていった。財政難，政権内の抗争や政権と財閥との癒着，そしてチェチェン紛争に代表される内戦による混乱と，人々はロシア政府そのものに対する失望と，冷戦時代に保持していたソ連の国際的地位が失われ，大国ロシアが移行支援資金獲得のための外交にいそしまねばならない現状に忸怩たる思いを募らせていた。

　1998年に起きたロシアの金融危機で，市場経済化の混乱と経済の急速な低迷はピークに達する。急速に展開する市場経済の果実と痛みに翻弄されながら，人々は，ソ連時代の住宅を無償で手に入れることができ，副業でなんとか生計を立て，財政難で頼りにならない政府を横目に否が応でも政府に頼らない生活力を身につけていったのである。獲得した所得を目減りするルーブルから住宅などの資産に置き換えて保持するといった知恵も，少しずつ備わるようになっていった。

第2期──高度経済成長の中で

　ロシアの人々が自らの生活の立て直しと大国ロシアとしての復活を重ね合わせるかのような契機がロシアに訪れたのが，第2期の1999〜2008年の高度経済成長の時代である。1998年の金融危機からロシア経済が回復に要した時間は実質的には1年弱であった。この素早い経済回復とその後のプラス成長を実現させた要因の1つが，原油価格の上昇による資源輸出利得の増大にある。さらにルーブル為替レートの切り下げが国内製造業に対して輸入代替効果をもたらした。この原油輸出利得の国内への還流と国内製造業の輸入代替効果が，1999年から2008年までのロシアの高成長を支えていたのである。

　ロシア産原油（Urals）の国際市場価格は1999年2月に1バレル＝8.96ドルにまで下落した後，上昇に転じ，ピークとなった2008年7月には1バレル＝137.61ドルにまで高騰した（U.S. Energy Information Administration）。この原油価格の高騰はロシア経済に巨額の貿易黒字をもたらしたと同時に，国際資源価格の下落リスクの緩衝材としてロシア政府が2004年から設けた安定化基金（原油価格が1バレル＝27ドルを超えるとき，その価格を上回る部分に対応する輸出関税と採掘税の連邦予算の増収分が基金に繰り入れられる（田畑 2008：37，参照）），お

表6-2　ロシアの固定資本投資

	固定資本投資 [A]			外資による固定資本投資 [B]		
	2007年	2008年	2009年	2007年	2008年	2009年
	(単位：10億ドル)			(単位：10億ドル) 下段括弧内は（[B]／[A]（％））		
固定資本投資総額	273.6	298.9	262.2	120.9 (44.2)	103.8 (34.7)	81.9 (31.2)
建設	10.9	13.6	9.3	2.9 (26.6)	3.4 (25.0)	1.0 (10.8)
不動産	50.0	55.1	39.4	8.4 (16.8)	15.4 (27.9)	7.9 (20.1)
	対前年比（％）			対前年比（％）		
固定資本投資	122.7	109.9	83.8	219.5	85.8	79.0
建設	128.8	126.2	64.7	408.3	116.4	29.9
不動産	130.3	109.5	68.4	140.3	182.8	51.6

出所：『ロシア統計年鑑』2010年，『数字で見るロシア2010年』より筆者計算。

よび2008年1月1日からは準備基金と国民福祉基金に名称変更された基金の蓄積を増大させた。ロシアが外貨準備高で世界第2位となったのはこの2008年のことである（総務省『世界の統計』2009。2008年8月で外貨準備高は5965億ドル（ロシア中央銀行），準備基金は1409.8億ドル，国民福祉基金は319.2億ドル（ロシア財務省））。しかしロシアにとってこの資源価格高騰による景気拡大は諸刃の剣でもある。ルーブルの対ドル為替レートは2007年から徐々にルーブル高に転じ始め，資源輸出による景気の好転がやがては為替レートの自国通貨高をもたらし国内製造業にマイナスの影響を与えるいわゆる「オランダ病」を想起させる状況にロシア経済は進行しつつあった。2008年7月の対ドル・ルーブル相場は2007年1月の水準から約12％上昇していたのである。

　2008年の金融危機はロシア経済に対して景気過熱やオランダ病の進行を食い止める効果をもたらしたものの，ロシア最大の貿易相手であるEU経済の回復の遅れが，ロシアの実物部門に対する打撃となって跳ね返ってきた。それまでのロシア国内経済を支えてきた製造業，小売・卸売業，建設業の生産が大きく落ち込み，企業倒産や失業が増加し所得低下が長引くこととなった。

　資源価格の高騰を背景に，ロシアに未曾有の好景気をもたらした富の源泉は，

EU 向けのエネルギー輸出であった。ロシアに消費ブームが発生し、家電や自動車、そして住宅が売れ始める。その需要と投資を担った1つが外国資本、特にEUからの投資流入であった。住宅市場、建設業に焦点を絞ると、ロシアの固定資本投資の拡大には外国資本の流入が影響をもたらしていたことが表6-2からも分かる。

ロシア連邦全体での固定資本投資総額に占める外資の割合は 2007 年時点で 44％に達していた。つづく 2008 年は 35％、2009 年で 31％であった。特に建設業では 2007 年 27％、2008 年 25％、不動産業では 2007 年 17％、2008 年 28％の投資が外資系企業による直接投資によるものであった。

国内資本に加えて外国資本流入が後押しする形で拡大してきた固定資本投資は、2009 年に急速な減少に転じる。特に建設業における外資系企業の資本流出は激しく、前年比約マイナス 70％にも達するほどの著しい流出を招いた。不動産業においても約 50％の外資がロシアから撤退しており、このような外国資本の急速な流出が建設工事高の激しい低下をもたらした要因に挙げられる。2010 年の完成予定で建設されていた大型都市開発プロジェクト、モスクワ・シティ建設工事が中断を余儀なくされたことは、この現象を象徴的に物語っている（モスクワ市政府が開発主体となっている大型都市開発計画で詳細については、モスクワ国際ビジネスセンター「モスクワ・シティ」サイトを参照）。

第2期の時代に浮き彫りになったロシアの特徴は、資源価格、資源輸出利得、外国資本投資流入といった、いずれもロシアが影響力を直接及ぼすことができないグローバル経済の動向にロシアの GDP が大きく左右されてしまうという脆弱性であった。この事実そのものが、ロシアがグローバル経済とようやく一体化した証拠でもある。ロシアの人々の生活も、ロシア国内市場の変動に左右された第1期から、ロシア国外のグローバル経済の変動に左右される時代へと変化していったのである。

好景気によってロシアの人々の所得も上昇し、イケアをはじめとする欧米資本の手頃でおしゃれな生活用品にも手が届くようになった。照明、カーテン、ベッドカバー、ソファ、タオルやグラス、食器に至るまで、2000 年代当時のロシアでは、どの家庭にもイケアやオーシャンなどの外資系の大型ショッピングモールで売られている製品が急速に普及した。ソ連時代の画一的なデザインから一線を画するヨーロッパの製品へのあこがれが、消費ブームに一気に火を

つけた格好である。他方で駅周辺の市場では別世界が広がり，中国人市場や中央アジアからの移民労働者があふれ，日本で販売されている中国製品とは明らかに品質が落ちる中国製の生活用品が安値で流通していた。しかし皮肉なことに，その新たなロシアの消費生活も外資企業のグローバルマーケティング戦略の中に取り込まれ，逆にロシア独自の生活スタイルが失われていくことにも繋がった。

第3期——低成長経済の中で

　第3期は現在も進行中であるが，ロシアが意図せぬ形で突入している低成長局面の時代である。市場経済化の発展が一段落し，もはや移行は完了したという論者も出てくるようになった今日，出来上がったロシア市場経済を見直すと，米国型の市場経済の導入に失敗した側面が露呈する。たとえば住宅ローンは，米国のモーゲージ・ローン制度そのものを導入し，急速に普及したもののその利用率は，自動車ローンや耐久消費財の購入を目的とした消費者ローンやクレジットカード・ローンに比較して，相対的に低いままである。前節でも触れたように，ロシアの人々にとって住宅は，基本的な生活の保障のために重要な資産であり，それは政府が保障するべきものであるという価値観がいまだに全世代を通じて根強く存在している（Zavisca 2012 参照）。他の消費者ローンと異なり，返済が滞ればせっかく手に入れた住宅が担保として銀行に没収される。それにもかかわらずローンだけが親の世代から子の世代まで引き継がれる住宅ローンに対して，ロシアの人々は抵抗を感じるようである。住宅ローンが手軽に提供されるようになった一方で，ウクライナ問題による経済制裁と原油安とルーブル下落によって景気悪化が激しい 2014 年以降では，ローンの返済負担に苦しむ世帯も増え，期限を超過した不良債権の累積額も増え始めている（道上 2016 参照）。

　ホームレスに陥る恐怖は，ソ連を経験・未経験を問わず，ロシアの全世代にとって未経験の恐怖である。この恐怖は，住宅ローンの返済不能という形で，特に初めての住宅を住宅市場を通じて取得することになった若年世代にとっては深刻に映る。ロシアの住宅事情は，ソ連時代の住宅を無償で私有化できた世帯と，ロシア住宅市場で住宅をローンで購入する世帯との間で，住宅取得難易度の格差や特殊な住環境格差が生じている。また親世代から子世代への遺産相

続による住宅入手という手段も大きく，その場合はリフォーム資金制約に直面することもロシアの住宅事情の特徴である。このことが，米国流の住宅ローン制度が若年世帯においても大きく発展しない要因の1つとなっている（Michigami 2014: 15-38 参照）。第3期のロシア経済の特徴は，ロシアをグローバル経済に合わせようとすることではなく，外国資本やグローバル経済の変動に左右されないロシア独自の自律した経済をいかに築き上げ，グローバル経済の中でその特殊性も含めたロシア経済をいかに認知させていくかという新たな課題挑戦に突入している点にある。

3 グローバル経済の中でのロシアの価値観

欧米 vs.中露の価値観

欧米諸国からの経済制裁と資源価格の下落によって経済が低迷する現在のロシアにおいて，頼りになる存在は中国である。今や極東ロシア地域を支える役割だけでなく，ロシアの主要な資源輸出先としても中国は，EUに代わる輸出先として重要視されている。中国をはじめとするアジアへの資源輸出を確実なものにするために，東シベリアの埋蔵地の開発とパイプラインの建設が行われ，中口間での経済開発協力も活発である。欧米からの経済制裁が続く現在では，ロシアのアジアシフトが一層鮮明になってきている。

2014年のロシアの商業不動産投資の外資のシェアは急速に縮小した。前節の表6-2の外資による不動産投資のシェアが20％だった2009年時と比べると，欧州企業の投資シェアは9％にまで縮小している。他方でアジア企業からの投資がそれまでの0％から初めて10％に増加した（道上 2016 参照）。ロシア資本の投資シェアも81％にまで大幅に増大し，2014年の経済制裁によって投資の面でアジアシフトと国内資本への輸入代替が生じている。

中国とロシアは今では経済的にも切ってもきれない密接な関係を構築しているが，その関係は決して安定しているわけではない。ソ連時代からロシアと中国は敵・味方が交互する，よきライバルでもある。極東ロシア地域ではこれまで，流入する中国人労働移民に対する脅威論がうずまく時期もあった（堀江 2010 参照）。他方で2014年後半からのルーブルの急落を受けて，筆者が2015年9月に訪問したウラジオストクでは，中国人観光客が押し寄せ，同地で貴金

属や宝石などをいわゆる爆買いする姿にも出くわしたほどである。インタビューしたロシアの人々の感想は，押し寄せる中国人観光客のパワーに圧倒される気持ちと，そのおかげで受ける恩恵とで複雑な思いを抱えていた。しかし中国経済の今後の景気動向とルーブルレートの動向次第で，この流れはいつ止まるやもしれない。

ウクライナ問題で国際社会から非難を浴びるロシアにとって，同じく人権問題や領土問題で国際社会とときには対立する中国は，同じ価値観を共有するパートナーでもある。両国は，欧米流の経済価値観に次ぐ第3軸としての価値観をグローバル経済の中で認知させようとしている。たとえば政府と市場のバランスや，一見，経済非効率に見える慣行の継続である。

ロシア独自の価値観とは何か——企業アンケート調査から

このことを具体的に，筆者が2009年10月から12月にロシア連邦各地の430社（工業企業を中心）に対して実施した企業アンケート調査結果から検討してみよう。ここでは質問項目の一部である企業の福利厚生についての質問，さらに福利厚生の質問項目のうち住宅に関係する質問への回答結果を中心に，変わらないロシアの新たな側面を提示することで本章の締め括りとする（詳細は，道上 2013c参照）。

アンケートで質問した福利厚生内容は，医療保険料（70.6％），食費補助（55.8％），交通費補助（50.5％），社宅所有（18.8％，借上げは15.0％）の4項目で，企業が自社従業員の全員か一部の者にこれらの福利厚生項目を支給しているか否かを質問したものである（括弧内は全回答企業のうち各項目の福利厚生を支給している企業割合を記している）。

福利厚生4項目の中で社宅を提供している企業割合は18.8％と最も少ないが，先行研究による数値と比べると高い保有率であることが，アンケート調査から新たに判明した。ソ連では，優秀な人材を確保するために非常に重視された福利厚生項目の1つが，社宅の提供であった（大津 1988: 279-281は，ソ連時代に生じていた労働力不足の状況下で企業が人材を定着させるには，（不足する）住宅と保育施設を従業員に提供できるかどうかが重要なファクターであったと指摘している）。1990年時点で国営住宅シェア67％のうち42％が社宅という形で国民に住宅が配分されていた。体制転換以降，地方自治体への所有権移転，さらに住

民への無償私有化を経て社宅のシェアは急速に減少し，1998年には18％，2000年には7.8％にまで減少したとされている（Struyk 1996: 196; Starodubrovskaya 2003: 618; 徳永 2004: 114-115 を参照）。

また，自社負担での福利厚生の意義を少しでも認める企業の割合が78.2％*存在し，その具体的な意義を人材の確保や労働生産性の向上に寄与すると考えている企業が最も多い（31.3％）ことも分かった。

> ＊質問「福利厚生への支出にはどのような利益があると思うか（複数回答可）」に対して，「従業員数の確保，新規採用のため」と回答した企業は31.3％，「より効率的な仕事への刺激」31.3％，「従業員への負担を軽減し自社幹部への肯定的な世論形成のため」19.5％，「企業に対する肯定的な世論形成のため」10.0％，「肯定的なビジネスイメージの形成」3.8％，「地方行政府との良好な関係構築」3.8％，「その他」0％であった。

ありのままのロシアをみる

これまでの先行研究では，企業の社宅は僻地の厳しい自然環境に立地する地域特性から社宅を提供せざるを得ない資源産業や，企業城下町に立地する特殊な事情を抱える企業に限定されるものと目されてきた。

しかし福利厚生の面からみた2009年のアンケート調査から得られた諸結果，すなわち社宅所有率を含めた福利厚生支給企業割合の高さ，福利厚生の意義を労務管理や生産管理上，肯定的なものとして認識する企業割合の高さ，ロシア政府が認定する企業城下町ではない地域においても福利厚生の支給率が一定の高さを有していたことは，ソ連企業経営の遺産だけでこの結果を説明することは不十分であることを示唆している。

現在のロシア企業にとって福利厚生を支給する動機は，主に次の3点が考えられる。(1)地方経済におけるインフラ整備の遅れや住宅や医療保険市場の未発達を，企業自身が補っている。(2)ロシア企業が有している社会的責任論の観点が現在も引き続き重視されている。(3)持続的な企業成長と高度な業績を支える人材管理に効果をもたらすものとして，福利厚生が位置づけられている。

この中で，アンケート調査を補足する筆者の現地調査結果から考えられることは，現在のロシア企業がソ連企業の慣行を継承しつつも余裕のできた成長企業から，企業の社会的責任の1つとして従業員への福利厚生支出の拡充を図ろうとしている側面である。欧米流の市場経済の論理で考えれば地域の住宅市場

の発展を阻害しかねない社宅や，経営バランス上，負担になりかねない福利厚生も，現代ロシア企業の特殊な事情によっては，必要とされる価値観なのである。住宅ローンの普及が他の消費者ローンに比べて伸び悩み，最終的には住宅は政府が保障すべきという意識が強いものの，他方で，その矛先となる政府は少子化対策に寄与するもの以外には住宅を保障する余力も方針もない。かつてのソ連政府とは比べものにならないくらい小さなロシア政府と，まだ未発達な部分をもつ住宅市場との隙間を，企業の福利厚生としての住宅が埋める役割を果たしていると考えられる。新たな社宅の存在が企業の労務管理や社会的責任という新しいキーワードを身にまとって役割を果たしている。この観点の立証はさらに分析を進めなければならないが，先進市場経済のマナーでは非効率と思われる経済慣行が，現代のロシア経済では新たな観点で意義を見出し機能し始めている。ロシア経済の特殊性を変わらないロシアの「遺産」と片付ける前に，ロシア流の経済そのもののロジックを先入観なく理解することが，グローバル経済を生きる私たちに今問われているのである。

参考文献

大津定美『現代ソ連の労働市場』日本評論社，1988 年。
道上真有（2013a）『住宅貧乏都市モスクワ』東洋書店，2013 年。
道上真有（2013b）「ロシア極東地域における住宅価格動向：コンパクトシティの再考」*ERINA REPORT*, No. 114, November 2013.
道上真有（2013c）「ロシア企業の福利厚生戦略の新たな意義」『経済学雑誌（大阪市立大学）』第 114 巻第 3 号，2013 年 12 月。
道上真有「市場変動に揺れるロシア都市住宅市場」中津孝司編『岐路に立つロシア経済』創成社，2016 年。
総務省『世界の統計』2009 年。
田畑伸一郎「ロシアの財政状況――安定化基金とその再編をめぐって」『平成 19 年度財務省委託研究会ロシア問題研究会』財団法人国際金融情報センター，2008 年 3 月。
堀内賢志『ロシア極東地域の国際協力――中央・地方関係からの分析』国際書院，2008 年。
堀内賢志・齊藤大輔・濱野剛編著『ロシア極東ハンドブック』東洋書店，2012 年。
堀江典生「移民大国ロシアの軌跡――中国と中央アジアからの労働移動に着目して」『ロシア・東欧研究』第 39 号，2010 年 3 月。

徳永昌弘「都市と企業の市場移行——ロシアにおける企業都市の変容に関する一考察」『ロシア・東欧研究』(32), 2004年。

Michigami, Mayu, "Intergenerational Differences in Russian Housing Conditions in the 2000s : Based on the RLMS (2008)," *The Northeast Asian Economic Review*, Vol. 2, No. 2, October 2014, pp. 15-38.

Struyk ,Raymond J., " Housing Privatization in the Former Soviet Bloc to 1995," G. Andrusz, M. Harloe, and I. Szelenyi (eds.), *Cities after Socialism : Urban and Regional Change and Conflict in Post-soviet Societies*, Oxford : Blackwell Publishers Ltd, 1996.

Starodubrovskaya, Irina, "Reform in Housing and Public Utilities," Egor Gaidar (ed.), *The Economics of Transition*, MIT Press, 2003.

U. S. Energy Information Administration (EIA). (http://www.eia.gov/)

Zavisca, Jane R. *Housing the New Russia*, Cornell University Press, 2012.

モスクワ国際ビジネスセンター「モスクワ・シティ」サイト (http://www.citynext.ru/)。

ロシア極東連邦管区アンケート調査 Институт истории, археологии и этнографии народов Дальнего Востока, Дальневосточного отделения Российской академии наук, Отдел социально-политических исследований, *Опыт крушения модернизационного проекта : от перестройки к дню сегодняшенему*, Аналитический докла , Доклад подготовлен при поддержке Российского гуманитарного научного фонда (Проект № 13-01-00199), Владивосток 2015.

ロシア統計年鑑 Росстат, *Российский Статистический Ежегодник*, 2010.

数字で見るロシア Росстат, *Россия в цифрах* 2010.

＊本章は, 科学研究費補助金基盤研究(C)「現代ロシア都市住宅動向とその特殊性の研究：家計の住宅保有・住替動向を中心に」(課題番号 26504005), ならびに同基盤研究(A)「ロシアにおける人口動態の研究：ミクロ計量分析による総合的把握」(課題番号 2645034), および新潟大学共生経済学研究センターの研究成果の一部である。

第7章　新自由主義時代の国際移民と国境管理
　　　　──国境危機に対峙して──

南 川 文 里

1　国境危機の時代

　現代世界の国境は，数多くの悲劇の現場となっている。ここで起きているのは，国境や領土をめぐる軍事紛争ではなく，国境を越えようとする移住者とそれを管理・阻止しようとする国家との対峙である。世界各地で，安全と安心を求めて，よりよい仕事を求めて，よりよい未来を求めて，人々が国境を越えようと殺到している。その多くは，政治的・経済的・社会的な混乱状況にあり，安全な市民生活を送ることが困難なアフリカ，中東，アジア，ラテンアメリカなど「南」からの移住者であり，その目的地は，近隣の比較的豊かで安定したヨーロッパ，北米，東アジアなどの「北」の先進国である。しかし，その移住の旅は，苦難と危険に満ちている。

　近年，地中海における越境者をめぐる事故や事件は，繰り返しメディアで伝えられている。国際移住機関（IOM）によれば，2015年1月1日から8月31日までの8カ月間で移住の過程で死亡した移住者の数は3620名に上る。そのうち，73％を占める2643名が地中海地域で死亡している（IOM, Missing Migrants Project）。地中海での死亡者の大半は，正規のビザなどを持たずに越境を試みた密航船の事故によるものである。たとえば，2014年9月には，500名近くの難民が乗った密航船が沈没し，多数の乗客を死亡させた。地中海難民の多くは，シリア，イラク，アフガニスタン，エリトリア，ナイジェリア，ソマリアなど，中東，アジア，アフリカ諸国の出身で，イタリア，ギリシャ，スペインなどに入国し，EU圏内で難民申請を試みる。また，ヨーロッパへの難民は，海路だけでなく東南方面からの陸路での移動者も含まれている。トルコやギリシャからハンガリーなどを経由してドイツへ向かう難民は，「難民トラック」や鉄道，徒歩で入国を図る。2015年8月には，オーストリア東部に放置され

図7-1 フランス海軍による難民船の救出活動(2015年5月20日)(フランス海軍提供／AFP＝時事)

たトラックの荷台から70名以上の遺体が発見されるという事件も起きている。

国境での死亡事故は、地中海地域だけでなく、北米、とくに米国とメキシコの国境でも多発している。IOMによれば、2015年1月から8月の間に米墨国境で死亡した移住者は133名に上る（IOM, Missing Migrants Project）。米国には1000万人以上の非合法移民が居住しているが、その半数以上がメキシコ出身者で、ラテンアメリカ出身者が8割以上を占めている。近年の米墨国境で問題視されているのが、メキシコやグアテマラ、ホンデュラス、エルサルバドルなどの中米諸国から、18歳未満の未成年が単独で（親を伴わずに）国境を越えるケースである。2014年には、米墨国境で拘束された未成年の非合法移民の数は6万3000人に達し、5年前の10倍以上に膨らんでいる。このような未成年の移民の多くが、出身地で犯罪組織や家族からの暴力にさらされており、その越境過程では人身売買や麻薬密輸などのトラブルに巻き込まれる危険性も高い（UNHCR Regional Office for the United States and the Caribbean 2014：6）。他にも、ミャンマーからの難民流出、とくに2015年に少数民族のロヒンギャを乗せた難民船がマレーシアやタイから受け入れを拒否された事件は、国際的な注目を集めた。

世界的な難民や非合法移民の増加と拡大の背景には、出身国における政治的・社会的不安定に加え、密航や密入国を支援する非合法組織やビジネスの隆盛がある。これらのビジネスは地下組織のネットワークを活用して、非合法な越境を助ける一方で、厳しい取締り、トラブル、摘発の際には、難民等の生命

や安全を容易に犠牲にする。500名の犠牲者を出した密航船沈没事故も，密航の摘発を逃れようとした業者が意図的に船を沈めたことで生じたといわれている。

　以上のように，現代の国境は危機的な状況にある。そこでは，越境を試みる人々の生命が極端に軽んじられ，その基本的な権利が容易に蔑ろにされる人道的危機が生じている。一方で，多くの難民の流入に直面している国家にとっては，それは国境管理の危機を意味する。出入国者の把握・統制・管理は，国家主権の基本的な条件の1つであり，それが脅かされる状況は，現代国家にとって重大な危機と見なされる。移住者にとっても，国家にとっても，現代とは国境危機の時代なのである。

　本章では，このような二重の意味での国境の危機を，1980年代以来の欧米世界を席巻してきた新自由主義に基づく政治経済構造の転換の1つの帰結として考える。新自由主義とは，労働者に対して安定した地位と手厚い社会保障を認める「大きな政府」志向の自由主義（リベラリズム）に対し，市場主導の競争原理と自己責任の強調と社会福祉の削減を進める志向とされる（ハーヴェイ 2007；三宅・菊池編 2014）。本章では，まず，現代の国際人口移動の変化が，新自由主義の浸透と深く関わっている点を明らかにする。そして，国際移民や労働力移動のグローバルな規模での拡大が，新自由主義と結び付いていかに国境の危機として帰結したのかについて，D. ハーヴェイが整理した新自由主義国家（neoliberal state）論を下敷きにして議論したい。そして，「南」から「北」への人口移動がもたらす国境の危機が，現代の国家と移民の関係にとって，どのような意味を持っているのかを考える。

2　新自由主義と国際人口移動

国際移民のグローバル化と移民政策

　現代は，「国際移民の時代」と言われる（カースルズ，ミラー 2011）。途上国から先進国への人の移動だけでなく，途上国同士や先進国同士の間でも，国境を越える移動が，人々の日常生活の一部となっている。運輸通信技術の発展，経済活動のグローバルな繋がり，国境を越える移動者のネットワーク構築などが，国際移民のグローバルな拡大を支えている。

国連によれば，2013年に国際移民として「出生したのと異なる国や地域に住んでいる，あるいは外国人として国や地域に住んでいる人々」の数は，全世界で約2億3000万人を超え，そのうちの約6割が先進諸国に居住している。これは，世界の全人口の3.2％であるが，先進諸国では人口の10.8％に達しており，国際移民がその人口構成に与えるインパクトの大きさが分かる。この国際移民の人口は，2000年と比べて2.2％増加しているが，なかでもヨーロッパ，アジアでの増加が顕著である。先述した地中海難民に直面しているイタリア（7.6％増加）やスペイン（10.5％増加），オイルマネーによる外国人労働力の大量導入で知られるカタール（9.4％増加）やアラブ首長国連邦（8.9％増加）など中東湾岸諸国での増加がとくに目立つ（United Nations, Department of Economic and Social Affairs, Population Division 2013）。

　ここに挙げられた国際人口移動の多くは，まったく無秩序に生じているわけではなく，各国の移民政策・出入国管理政策や複数国間の移民や外国人労働者に関する協定に基づいて生じている。移民政策は，基本的には各国の国家主権の権限である。米国，カナダ，オーストラリアのように，国際移民がその国家の起源の物語と深く結び付いている移民国家と，西欧諸国のように，消極的ではあるが移民を受け入れている国家，そして日本を含めて，公式には移民（＝永住者）の受け入れを否定し，外国人労働者や留学生など期限の定めのある滞在者のみ受け入れる国家など，移民に対する政策的方針は様々である。移民政策は，国民社会のメンバーシップについての各国家の姿勢を反映しているが，先進諸国には一定の動向も共有されている（Hollifield, Martin and Orrenius (eds.) 2014）。

　グローバル化のなかで共有される移民政策の傾向として，第1に顕著なのは，グローバルな人材獲得競争への参入である。出身国や民族的な背景に関わりなく，高度な技能，専門知識，能力を有する人々を求める動きは，1990年代頃から先進諸国で顕著であった。米国では，1965年移民法改正以降，特定の職業的・経済的背景を有する人々に一定の枠を設け，中国，フィリピン，インドなど主にアジア諸国出身のIT技術者，医療や介護系の専門職，投資家などを受け入れてきた。また，移民受け入れに消極的であったドイツでも，2000年から，IT分野を中心に特定の職業や専門知識を有する人々を受け入れる「グリーンカード」プログラムを実施してきた。日本も2000年代になってから

「高度外国人材」の受け入れに積極的な姿勢を強調している。このような高度技能移民の多くは，英語に堪能で，高度な情報通信分野の知識や技術，医療などの専門的知識，経営学修士号などの国際的な学位や資格など，国境を越えて通用する能力を有している。このような高度技能人材の労働市場は，グローバルなレベルで形成されており，各国が優秀な人材を求めて競い合っている。

　高度技能移民と並んで，現在の国際移民の主流を形成しているのが，家族（再）結合による移民である。先進諸国では，移住者に対する権利保障の考え方のもと，配偶者や子供とともに生活する権利を守るため，家族の呼び寄せ移民を認めている。また，難民の受け入れも，基本的な人権の擁護という考え方に基づいており，権利に基づく移民の1つの形であるといえるだろう。2012年の米国の新規移民のうち，家族移民が全体の66％を占め，これに難民を加えると8割に達する（U.S. Department of Homeland Security 2013: 26）。移民や難民の資格は，家族と生活する権利や人道的な配慮に基づいているため，労働者としての能力を問うものではなく，その質や数の管理が難しい。そのため，2000年代以降，権利としての移民をリードしてきた欧米諸国でも，家族移民の条件の厳格化や制限が議論されている。

　労働力としての質の管理が困難な権利に基づく移民を制限しようとする動きの反面，「安価で置換可能」な移民労働者に対する需要は決して小さくない。このような労働力は，不安定な地位にある移民労働者から調達される。第1は，中東諸国などで導入されている厳格な滞在期限を設けた外国人労働者である。カタールやUAEでは，国内人口の80％以上を外国人で占められているが，その大半は，南アジアや周辺諸国出身の外国人労働者である。その大部分が男性の建設労働者などの単純労働者で，滞在資格の更新は認められず，職業の変更や家族の呼び寄せも認められていない。その権利は著しく制限され，人権侵害と言えるような労働条件を強制される例も少なくない（細田編 2014）。もう1つの「安価で置換可能」な移民労働力の波として挙げられるのが，正規の就労・滞在資格を持たずに移動する非合法移民である。たとえば，米国では，2010年に1120万人の非合法移民が居住し，そのうちの800万人が就労し，合衆国全体の労働力の5.2％を占めている。とくに，カリフォルニア州やテキサス州では労働力の10％以上を占めており，農場，建設業，サービス業などを支える重要な労働力供給源となっている（Pew Hispanic Center 2011）。非合法移

民も，その脆弱な法的立場ゆえに，労働者としての法定水準以下の労働条件での就労を強いられている。これらの労働力は，専門的な技術や知識を求めない単純労働やサービス労働を中心に，労働力需要の増減にあわせた，大量導入や解雇が可能なものと考えられている。

　以上のように，今日の世界では，家族移民や難民のように質の管理が困難な移民を抑制しつつ，企業エリートを含む高度技能移民と，「置換可能」な労働移民という，2つの階層における移動性が高まっていることが分かる。このような移動の分極化を，Z. バウマンは「旅行者」と「放浪者」の比喩で表現している（バウマン 2010）。「旅行者」は，自分の能力を最大限に活用し，人生を「楽しむ」ために国境を越える人々である。彼らは，新しい機会と成長をもたらす存在として，多くの国々で歓迎される。一方で，「放浪者」は，移動することを強制される人々であり，その移動は受け入れ国からも歓迎されない。その典型が難民であるが，正規の資格を得られないにもかかわらず，移動を余儀なくされる非合法移民なども含まれるだろう。各国の移民政策は，このような分極化した2つの国際移動の波を前にして，前者を積極的に受け入れつつ，後者については，その労働者としての権利を否定したまま利用しようとする。

新自由主義国家にとっての国際移民

　このような移動性の両極化は新自由主義的な社会改革と連動している。ハーヴェイは，新自由主義は市場化や民営化を進める一方で，国家が独自の役割を担っていることに注目している。新自由主義は，市場における企業の経済活動への規制緩和，企業に対する減税，市場ルールを貫徹させる特区の設置，企業活動を圧迫する（とされる）正規社員と労働組合のリストラ，非正規化による置換可能な労働力の柔軟な利用などを進めようとする。このような「良好なビジネス環境」をつくりだす主体が，新自由主義国家である。国家の権力や権威は，そのような目的に応じて正当化されるのである（ハーヴェイ 2007: 111-114）。

　国際的な労働力の導入や活用は，このような「良好なビジネス環境」を用意するという新自由主義国家の役割と親和性が高い。労働者の職の保障と福祉を軸とする従来の自由主義（リベラリズム）は，労働組合との強固な協力関係に支えられており，企業経営者は，忠誠心の高い労働者を調達するために，高い賃金，安定した地位，充実した福祉などを約束する必要があった。しかし，新

自由主義は，このような制度は，グローバル経済の急速な変化に対応できないと考えてリストラを進め，フレキシブルな労働力需要に，高度な技能を有する外国人労働力を活用して応えようとした。実際，米国は，1980年代から90年代に高度技能移民や投資移民を積極的に受け入れることで，IT分野での技術革新の震源地となり，新たな経済成長をもたらした。グローバル化の広まりのなか，多国籍企業エリートを呼び込み，技術者や専門家を高度技能移民として受け入れることは，国際的な競争力獲得や企業誘致には欠かせない。さらに，先進諸国では，企業活動などに投資する投資家移民に対しては，永住権付与の条件を緩和するなど優遇する制度を設けている。このような移民政策も，経済成長をもたらすのは高技能労働者・技術者，投資家，企業家であるという，新自由主義の発想に支えられている。

　一方で，企業労働者の中核を占めてきた中間層に関する職は，生産・事務・サービス拠点の海外移転，リストラや雇用調整によって，空洞化が進行している。多くの労働者を吸収してきた工場は賃金の安い海外へ移転し，また，事務職やカスタマーサービスなどの顧客サービス職も，インド，中国，メキシコなどへと次々と「アウトソーシング」されている。中間層の空洞化は，正規社員としての職を解体する企業活動に直接的な原因があるため，移民労働者と直接競合した結果とは言えない。しかし，職が減少し，機会が狭まり続ける現状では，これを「移民によって奪われた」と考える人々が少なくない。さらに，後述するように，新自由主義国家は，このような中間層や非正規労働者層からの不満を，「既得権益層」（公務員など）や「福祉受給層」（シングルマザーや生活保護受給者など）に対するバッシングや，人種主義的・排外主義的なナショナリズムの喚起によって逸らそうとする。その結果，この層は，現代の移民排斥運動や排外主義運動を担う勢力にもなる。

　最後に，新自由主義国家にとって，「安価で置換可能な労働力」の獲得も重要である。多国籍企業の本社機能や金融・専門サービスが集中する「良好なビジネス環境」を支えるためには，清掃・警備・メンテナンスなどの対企業サービスや，レストラン，家事，ベビーシッティングなどの対人サービスも必要となる。このようなサービス職で働いているのは，需要に合わせた柔軟な雇用が可能な外国人・移民労働者や非正規労働者である（サッセン 2008）。さらに，このような置換可能で柔軟な労働力の有無は，国際的なコスト削減競争に直面

する大小の企業にとって死活問題となっている。たとえば，日本における技能実習生制度は，「技術移転」「国際協力」の目的で，途上国出身の実習生を就労させる制度であるが，実質的には，その圧倒的に安価な労働力が中小規模の農業や製造業を支えている。このような非正規労働力の活用も，新自由主義的な市場の要求に応えたものである。

　以上のように，二極化する国際移動は，新自由主義国家が進める労働市場の柔軟化と，「既得権益者」としての中間層の解体と連動して生じている。多国籍の企業エリート層や専門技術者層と，それを法的賃金以下の労働で支える「安価で置換可能」な労働移民への二極化は，巨額の報酬を得るエリート層と，不安定な条件を強いられる非正規労働者の間の「格差社会化」と同様の原理に基づいて進行している。

3　「放浪者」との対峙——国境管理の軍事化

「テロとの戦争」時代の国境管理

　新自由主義時代の国際労働力移動は，各国における中間層を解体しながら，分極化した移動の波を形づくっている。当然，このような変化を，先進諸国の多くの国民が歓迎しているわけではない。新自由主義的な国家においては，一方で市場化を徹底しながら，もう一方では，移動する人々の管理，すなわち「国境管理（border control）」が焦点となる。とくに，非合法移民，難民，そのほか正規の地位や資格を持たないまま移動する「放浪者」の存在は，国境管理の主体としての国家の正当性に対する挑戦と見なされる。

　このような挑戦を背後から支えているものとして，しばしば国際人権レジームと呼ばれる枠組みが挙げられる。国際人権レジームとは，世界人権宣言や国際人権規約を端緒として，「すべての移住者労働者およびその家族の権利の保護に関する国際条約」「難民の地位に関する条約」「人種差別撤廃条約」などの国際条約などを通して構築された，国家の枠組みを越えて保護されるべき人間の権利の枠組みを指す。国連をはじめとする国際機関，EU のような地域統合体，そしてアムネスティ・インターナショナルやヒューマン・ライツ・ウォッチなどの国際 NGO が，移民，難民，非合法移民の基本的な権利を保障するよう，国家にも協力を求める。国際人権レジームは，経済的効率性とは別の視点

から,各国の移民政策を規定し,一定の方向に収斂させようとする(サッセン 1999)。とくに,自由民主主義的な原則に基づく国家は,その国家理念が普遍的な人権理念や価値を内在しているため,その要求を無視することは難しい。

しかし,国際人権レジームによる規定の反面,非合法移民や難民の増加を国家主権に対する挑戦と受け止め,権利の保障ではなく,管理の強化を望む動きが顕著になっている。とくに,その傾向を加速させたのは,2001年9月11日の同時多発テロ事件であった。この事件を契機に,国境を越える「放浪者」のなかに,国家安全保障の脅威となる「テロリスト」が潜んでいるという想定のもと,越境者の徹底した管理が,国家的な課題として考えられるようになった。2003年には,米国で国境管理や移民政策を担当していた移民帰化局が,新設された国土安全保障省の管轄となり,出入国管理が「安全保障」政策の最前線として再定義された。

「テロとの戦争」時代の安全保障政策化する国境管理は,移動者に対する態度を大きく変える。「テロリスト」という特定の領域を越えて活動するアクターを管理するためには,越境者を潜在的な「敵」と見なすことが前提となる。「テロとの戦争」を前提に設立された国土安全保障省は,「テロ対策」として南アジア系やアラブ系移民の取締りも強化したが,国境管理政策の最優先事項に掲げたのは,米墨国境における非合法な越境の取締りであった。米墨国境地域の国境警備計画の予算は,2000年の約10億ドルから,2011年の約35億ドルまで3倍以上に膨らみ,国境における壁の設置と拡張,国境警備隊の増強,最新監視技術の導入などが進められた。そこに見られるのは,国境管理の軍事化と呼ばれる事態である。

国境管理の軍事化

国境管理の軍事化とは,非合法移民や難民を「敵」や「侵略者」と想定し,出入国管理機関が軍事的な手段を用いて,それを監視・阻止しようとする事態である。米墨国境における国境警備隊要員は9.11以前から比べて2倍以上に増加し,軍事的な訓練も受けるようになった。さらに国境警備のために,地中センサー,赤外線カメラ,熱感知カメラ,ビデオ監視システム,無人探査機(ドローン)のような最新軍事機器が大量に導入された。米国の場合,このような国境警備は,「麻薬戦争」と呼ばれる大規模な麻薬密輸・密売組織の摘発活

動と連動し，人材や最新技術が集中的に投入される場となっている（Andreas 2009）。軍事化は，21世紀の難民の波に対しても，顕著となっている。オーストラリアの周辺海域では，「ボートピープル」難民の上陸を阻止するために，空軍・海軍が動員されている。地中海でも，各国の軍が監視や取締り活動を行っていることに加え，フロンテクス（欧州対外国境管理協力機関）は，2013年に地中海全域にわたる国境管理当局の間の活動調整や情報交換を進めるため，欧州国境監視システム（Eurosur）を設置した。このような国境管理の軍事化を後押しするように，各国では国境管理をめぐる活動が，「対移民戦争」のメタファーでしばしば語られる（森・ルバイ編 2014）。

　ただし，国境管理への予算の集中的投入と軍事化にもかかわらず，国境付近での越境者の拘束件数は減少している。米墨国境での逮捕件数は，2000年の約168万件から，2011年の34万件と4分の1以下程度まで減少している（U. S. Border Patrol）。これは，軍事化ゆえに非合法越境者自体が減少したためと考えることもできるが，合衆国内の非合法移民数の減少幅はそこまで大きくない。さらに，地中海においては，難民や越境者の波が，その軍事的な統制能力の限界値を超えた規模に達しており，動員された国境警備隊の活動も，監視や取締りというよりも海難事故からの人命救助に移行している。

　むしろ深刻なのは，国境管理の軍事化が，非合法移民や難民の越境過程を変えたことである。国境の監視や取締りが厳しくなるほど，越境や密入国のための手段は限定的になる。そこで，非合法な越境を助ける密航・密入国支援組織の存在感が大きくなる。これらの組織は，越境のための交通手段（密航船，トラック，バスなど）の提供，越境ルートの案内，偽造書類の提供などを行う。決して安価ではないが，多くの移住者は，厳格化された国境警備を突破するために，このような非合法組織に頼ってしまう。地中海や米墨国境の死亡事故の多くは，このように提供された密航船やトラックの事故に巻き込まれた結果である。なかには，摘発を恐れた業者が，移民を故意に死亡させる事件も生じている。それでも，軍事化した国境を越えるために，このような組織の利用は後を絶たず，また摘発されても別の組織がすぐに登場してしまう。まさに，国境管理の強化が，非合法組織への依存と越境の危険性を高めるというパラドクスが，世界中にみられるのである。

4　全域化する国境管理——越境者の権利と送還可能性

受け入れ社会における移民の権利

　ここまで見てきたように，現代における国境は，越境者にとって命の危険を伴う場となっている。そこでは，国境を越えようとする人々は潜在的な「敵」「侵入者」として，正規の資格を持たない人々をいかに排除するかが前提条件となっている。しかし，先述したように，この軍事化を背景にした取締りの強化も，完全に人の波をコントロールすることはできない。実際，多くの人々が国境を越え，米国やEU域内へと流入し，そこで新しい生活を始める。では，国境の高い「壁」を越えた先で，移住者たちに解放や安定は用意されているのだろうか。

　国境を越えた人々にとって，法的地位の安定は重要な課題となる。EU加盟国を目指す難民らは，受け入れ国に入国した後，難民としての庇護認定を求める。国連難民高等弁務官事務所（UNHCR）によれば，2014年の先進諸国における難民申請件数は前年と比べて，ヨーロッパで47％増加し，全世界で87万件に達した。そのうち最大の申請を受けているのがドイツである（17万件）。これらの申請者が，「難民条約」に基づいた「難民」として認定される確率（難民認定率）は，全世界で27％と発表されている。これに一時的な保護対象として滞在を認められた者を含めると，全体の6割近くが申請国での滞在が認められている（United Nations High Commissioner for Refugees 2015：31-33）。この申請を却下されても難民条約では本国への強制送還が禁じられているため，滞在を続ける場合もあるが，法的資格が不安定なため生活再建の障害は大きい。日本では，2014年度に過去最高の5000件の申請があったにもかかわらず，わずか11件の難民認定（認定率0.2％）にとどまっており，その厳格過ぎる審査に批判も集まっている。

　また，非合法移民や非正規滞在者の権利をめぐる問題も深刻である。正規の滞在資格を持たないため，これらの人々は安価で置換可能な労働力として，劣悪な労働条件を余儀なくされる。なかには，厳しい国境管理を乗り越えるために入国時に非合法組織に頼ったことで，人身売買に等しい状態で（売春のような性的搾取を含む）インフォーマルな労働を強要される場合もある。さらに，非

合法移民の子供のなかには、義務教育の機会すら与えられず、児童労働に就くこともある。このような劣悪な条件は、先進国のなかにも、法の保護の枠外で非正規な労働市場を前提としたインフォーマル・セクターが、一定の規模をもって成立していることを示している。

このような非合法移民を受け入れている国では、これらの人々の資格を正規化するアムネスティ政策の導入が検討される。スペインでは、2005年に犯罪歴がなく就労実態のある非合法滞在者に対して、就労滞在許可を与えるプログラムが実施され、約120万人がその対象になった。米国では、非合法移民の子供が、米国生まれの子供と同様の条件で高等教育を受けられるようにする「ドリーム法」が各地で成立した。このように、非合法滞在者であっても、地域社会において住民や労働者として生活している実態をふまえて、その資格を正規化したり、不利な条件を改善したりする動きは各地で見られる。一方で、このようなアムネスティ政策は、さらなる非合法移民を誘発するものだという批判もある。近年、保守派の政治家やメディアは、米墨国境に殺到する未成年非合法移民の増加はドリーム法をはじめとする非合法移民の権利擁護を優先する政策の結果であると批判している。

非合法移民や難民と比べれば、合法的な資格を持つ移住者の経験は、比較的安定している。とくに、高度技能移民やエリート専門職の移民の場合、出入国はスムーズに行われ、大都市部ではこのような人々の経済活動や日常生活を支えるサービス業も充実している。とくに欧米諸国では、永住資格を持つ移民を、国民と同等の権利が保障される「デニズン（永住市民）」と見なす態度は広く共有されている（ハンマー 1999）。デニズンと国民の間の主要な違いは、国政への参政権などの一部の権利の制限に限られる。

強制送還と国境管理

以上のように、「旅行者」と「放浪者」への国際移動の分極化は、移住後の生活経験にも直結する。ただし、前者の「自由」と後者の「不自由」を過度に強調するのは短絡的である。なぜなら、前者の移動の「自由」は、しばしば、徹底した移住者情報の管理や統制の結果でもあるからだ。たとえば、北米やEUでは、「スマートな国境（smart borders）」というスローガンに基づいて、「開いているけれども、完全に管理されている」国境管理の考え方が広がって

いる。実際、エリート移民も観光客も、出入国管理のために、名前やパスポート情報に加えて、指紋や顔写真などプライバシーに関わる要素もデータベース化されている。その「自由な」移動は、ハイテク化された監視システムのもとで実現しているに過ぎない。「スマートな国境」は、情報データベースの共有や監視システムの導入により、地理的境界としての国境だけでなく、国内全域における監視と管理を徹底させるのである（森・ルバイ編 2014）。たとえば、日本では、2012年から新たに「在留カード」制度が施行され、在留資格に応じた権利と義務が明確化されたが、カード交付の対象外となる非正規滞在者にとっては、日本社会における周縁化と排除をいっそう強めることとなる（『Migration Network』2012年4月号）。米国でも、2004年に導入された入国管理システム US-VISIT により、外国人や移民の指紋や写真などの個人情報を一元的に管理する仕組みが確立している。さらに、大量の非合法移民流入に直面している米墨国境地域では、非合法移民の実質的な取締りを、保安官、警察官、自警団が担っている。とくに、アリゾナ州マリコパ郡の保安官ジョー・アルパイオは、人種に基づく捜査や、拘束した非合法移民にピンクの下着着用を強制するなどの基本的人権を無視した取締りで知られている。

　このような国内での取締りの強化の帰結といえるのが、移民の強制送還 (deportation) の増加である。合衆国では、2000年代後半から、米国内で拘束された移民が強制送還される件数が増えている。送還者の数は、2003年の21万人から増加し続け、2012年に42万人に達し、メキシコや中央アメリカ諸国を含む「北米諸国」への強制送還が全体の96％を占めている（U.S. Department of Homeland Security 2013: 107-115）。また、強制送還者の内訳をみれば、犯罪者として有罪になったことによる強制送還者が2003年から2倍以上に増加しており（2012年で約20万人）、このことは、合衆国内における犯罪取締りが出入国管理と連動して行われていることを示唆している。英国では、強制送還の件数は2004年から減少傾向にあるが、出国支援プログラム利用者を含む自発的出国者を合わせた合計は2013年に4万5000人を超えた（Blinder 2015: 5）。また、日本では、2013年に送還命令を忌避したフィリピン人非正規滞在者75名をチャーター機で強制送還して以降、同様の措置が繰り返し行われている。現代における国境管理は、国境地域における越境者の阻止や逮捕だけでなく、「テロ対策」の名の下での国内での摘発活動の強化、警察捜査との連携、

人種差別まがいの捜査手法の蔓延，そして，移民の個人情報のデータベース化と監視体制の確立を通して，国内生活の様々な側面にわたって全域化していると言ってよいだろう。移民の送還制度は，「拡張された国境管理」なのである (Kanstroom 2012)。

このような国境警備から強制送還への国境管理政策の拡大は，移民の地位に対する考え方に大きな影響を与える。すべての移民は，居住国の国家によって，出身国に強制送還される可能性，すなわち送還可能性 (deportability) を有するという点で，国民と異なっている。強制送還の対象は，非正規滞在者に限らない。犯罪者として有罪となった場合，国家が必要と認めた場合は，合法的な資格を持つ移民であっても，本人の意図にかかわらず，出身国へ強制送還される可能性がある。移民とは，日常生活の多くの部分で国民と変わらない権利を享受しているとしても，いつ何時，出入国管理機関，警察や司法の判断によって，強制送還されるか分からない存在なのである。

5　新自由主義国家と排外主義

拡大する排外主義

移民の地位の不安定性は，受け入れ社会や受け入れ国家が，人種差別的な視線を内面化して，移民を潜在的な安全保障に対する脅威と考えている場合，きわめて深刻な問題となる。とくに，移民の存在を否定し，その排除を訴える排外主義的な運動や考え方の広がりは，移民という地位の脆弱性を顕在化させる。現代の米国おける排外主義の最大の標的は，メキシコなどラテンアメリカ出身のヒスパニック系移民である。米国における排外主義は，ヒスパニック系移民を「不法外国人 (illegal aliens)」と呼び，これまでも人権を無視した取締りや社会サービスの制限などを求めてきた。また，実業家のドナルド・トランプは，2015 年に共和党の大統領候補予備選挙へ出馬した際，「メキシコ人は米国に麻薬と犯罪を持ち込む」と語り，米墨国境に巨大な「壁」を建設するべきだと主張した。このような差別的な主張は厳しく批判されたが，「サイレント・マジョリティ」を代弁すると主張するトランプの過激な発言は，連日メディアによって取り上げられている (『朝日新聞』2015 年 7 月 25 日)。トランプの一連の発言は，既存の排外主義の主張を繰り返すものであったが，このような声がメデ

ィアを通して拡散することが，合法・非合法にかかわらず，ヒスパニック系が移民・市民として合衆国で生活する権利を脅かしている。

　同様の排外主義は，ヨーロッパでは極右政党の勢力拡大というかたちで，内外の政治に深刻な影響を及ぼしている。移民排斥を訴える極右政党の代表的存在であるフランスの国民戦線は，1980年代からその勢力を拡大してきたが，2003年の大統領選挙では，党首ジャン・マリー・ルペンが2位の得票数を獲得し，衝撃を与えた。同様に，反移民を訴えるオーストリア自由党，デンマーク国民党，ノルウェー進歩党などが，連立内閣に参加して国政を左右する存在となった。近年では，難民の波に直面したハンガリーやギリシャでも極右勢力の拡大が目立つ。ハンガリーにおいて反ユダヤ主義，ロマへの差別的取締りを求める政党「ヨッビク」や，ギリシャにおいて移民排斥を訴えてネオナチと呼ばれる「黄金の夜明け」などは，近年の選挙で議席を獲得している。さらに，2014年にドイツで生じた反イスラーム，反移民を訴える「西洋のイスラーム化に反対するヨーロッパ愛国者（PEGIDA）」のデモは，ヨーロッパ全土に拡大している。2015年のフランスの風刺雑誌出版社シャルリー・エブド社襲撃事件は，イスラーム教徒側の「不寛容」や「不自由」を強調させる結果となり，以上のような動きを下支えしている。日本国内でも，在日外国人に対するヘイトスピーチに代表される排外主義運動は，2010年代になってから顕著に見られるようになった。

　個人の自由に根ざした新自由主義の考えは，本来，このような排外主義とは相容れないはずのものである。しかし，新自由主義国家は，排外主義や人種主義と矛盾をはらんだ親和性を持っている。先述したように，新自由主義は，中間層を解体し，越境的で非正規の労働力を積極的に活用する。このような新自由主義化に対して批判的であるはずの中間層や労働者層への処方箋として，新自由主義国家は，保守的な道徳観やナショナリズムの価値を強調する新保守主義を取り込む。新保守主義は，国内外の軍事的あるいは道徳的な「敵」の存在を強調することで，ナショナリスティックな求心力を獲得する。冷戦時代には，ソ連をはじめとする共産主義勢力との対決的な言説が，米国や英国における軍事予算の膨張を助けたが，今日では，「テロとの戦い」がまさに軍事化を支えるスローガンとなっている（ハーヴェイ 2007: 116-117）。

　今日の国境管理の軍事化は，新自由主義国家が進める「テロとの戦い」の延

長線上にある。国境を越える「放浪者」は，新保守主義によって「国家の敵」と見なされ，それが人種主義的なナショナリズムを煽る。排外主義とは，このような人種主義的なナショナリズムの現れであり，そのなかで，移民や難民は，受け入れ社会には相容れない異質な文化を持つ存在として，排除の対象となる。しかし，排除を求める言説は，必ずしも新自由主義的な移民労働力の利用を阻害するものではない。なぜなら，移民を「国家の敵」や「侵入者」とみなす言説ゆえに，非合法移民や難民らは，その権利のために声を挙げることをためらい，法定水準以下の劣悪な労働条件も受け入れ，その「安価で置換可能な労働力」としての特質をいっそう強化させることにもなるからである。

周縁化される移民

　排外主義の蔓延は，移民を社会の新しい成員として迎え入れる上では大きな障害となる。排外主義は，国籍や正規滞在資格の有無を問わず，特定の出身国，文化的背景，宗教的背景を持つ人々を一括して，「テロリスト」「異教徒」「犯罪者」「侵略者」などの否定的なステレオタイプで語る。人種主義や排外主義が跋扈する環境では，国家の恣意的な判断の影響を受けやすい送還可能性はいっそう深刻な問題となる。たとえば，2001年同時多発テロ後の米国では，国内のアラブ系の人々が十分な証拠や理由がないまま，「テロ対策」の名目で逮捕・拘束されることが相次いだ。同様のことは，テロ事件が起きた後のヨーロッパ諸国でも生じている。これらの出来事は，合法な資格を持つ移民であっても，人種的・文化的・宗教的な背景を理由に，国家によって基本的な権利を剥奪され，送還・追放される危険があることを示唆する。そして，普遍的な人権レジームを推進してきた社会であっても，移民は，自身の地位や権利が，国家間関係や人種主義の変化に左右されることを痛感した。国家のもとでの権利保障の枠組みへの信頼が損なわれれば，移民やマイノリティの社会参加への意欲も低くなり，その市民的な統合はいっそう困難になる。

　さらに，近年，ドイツのアンゲラ・メルケル首相，英国のデイビッド・キャメロン首相などヨーロッパの指導者たちが，相次いで多文化主義の「失敗」を認め，政策の方向転換を促している。相次ぐテロ事件や移民を巻き込んだ人種暴動の発生は，移民系マイノリティに対する差別の禁止とその文化の尊重を基本方針とする多文化主義的な政策を問題視し，代わって各国のナショナル・ア

イデンティティや忠誠心の重要性を強調する政策へと移行する動きを促した。多文化主義の後退とナショナリズムへの回帰は，21世紀の欧米諸国に共通してみられる（佐藤 2009）。2010年のニューヨークのワールドトレードセンター跡地近くでのモスク建設をめぐる論争や，フランスでのシャルリー・エブド社襲撃事件以後の「表現の自由」を求める声も，ヨーロッパ・キリスト教的価値観と，イスラーム移民文化の非適合性や異質性を強調する動きを象徴している。

　以上のような一連の動きは，非合法移民や難民はもちろん，合法移民であっても，危険な国境を越えて入国した後にも，様々な暴力や排除の対象となることを示している。新自由主義国家のもとで進められる国境の軍事化，監視技術によって国内全域に拡張された国境管理，そして新保守主義的なナショナリズムへの回帰や人種主義の蔓延は，いずれも，移民の地位や権利の基盤を揺るがす。国境管理の全域化は，二極化した移民を囲い込み，排外主義は，移民たちを人種主義的な国民の境界線の向こう側へと追いやる。このようにして，「北」のなかで周縁化された「南」は，永続的な脆弱性にさらされ続けるのである。

6　新自由主義の破綻としての国境危機

　以上のような国境管理の軍事化と移民の地位と権利の脆弱化は，新自由主義時代の移民管理政策の矛盾を体現している。一方では，国境を越える労働力の活用を進め，他方では，そのような人々の移動を規制するために多くの資源を国境管理に投入している。21世紀の最初の10年は，まさにこの新自由主義的移民管理の2つの局面が前景化した時代であったといえる。

　しかし，このような移動と管理の枠組みは，今日，大きな動揺に直面している。2014年頃から深刻化した地中海難民のヨーロッパへの流入は，国境の軍事化や市場が求める置換可能な労働力の調達という水準を越えたものとなっている。地中海を越えてヨーロッパへと流入した難民の数は，2015年9月の時点で50万人に達し，3カ月以上を残して過去最大の年間流入数となった。新自由主義国家にとって都合がいい現代的な国際移動の枠組みも，安全で安定した生活を求める人々の巨大な流れを管理することは不可能であり，この危機的状況に対して，ヨーロッパ諸国のみならず，国際社会としての対応を余儀なくされている。EU加盟国間では，10万人以上の難民を受け入れるよう調整が進

められ，米国でも受け入れが検討されている。同様の国境の危機は，地中海だけでなく，世界中で頻発しており，移民や難民をめぐる考え方の枠組みそのものを問いなおさざるをえない状況にある。

20世紀後半以降の国際移民を形づくってきた新自由主義の論理は，効率性や市場化の名のもとで，移民を労働力という経済的な単位として位置づけてきた。このような枠組みは，非合法移民や難民についても，まずは経済的動機に支えられた「偽装難民」「経済難民」と見なして厳格な取締りの対象とすると同時に，不安定な地位に陥った人々を安価で置換可能な労働力として利用してきた。しかし，出身国における人道的な危機と直結した現代の国境危機は，国境管理の軍事化をますます進めるものの，もはやそれではこの波を抑えることができないことが明らかになりつつある。2008年のリーマン・ショック以降の金融恐慌は，新自由主義の暴走と破綻であったと言われている（三宅・菊池編 2014）。同様の考え方をすれば，現代の国境危機は，新自由主義における移民と国家の関係の破綻を象徴しているのである。

現代の危機を適切に捉えるためには，移民を経済的単位と見なす新自由主義国家の発想を乗り越える必要がある。何よりも，この発想では，労働力としての需要，経済的アクターとしての役割以外に，移動する人々の生命や権利を保護する考えには至らない。「南」からの人の移動が，既存の想定を越えた規模で生じたとき，そのような巨大な波がいかに生じたのかという問いへと立ち戻る必要がある。一連の難民や移民は，しばしば，「内戦」「飢餓」「貧困」などの途上国の「国内事情」から生じたものと位置づけられ，先進諸国はこれを人道的な見地から受け入れていると主張してきた。しかし，中東諸国の政治的混乱や，アフリカ，ラテンアメリカ，アジア各地域における政治的・経済的苦境の多くは，かつての欧米の植民地政策，冷戦時代の外交的介入，ポスト冷戦時代の軍事介入などを広い背景として有している。すなわち，新自由主義国家による移民管理の破綻には，近現代史における「北」と「南」の関係性が凝縮されている。それゆえ，先進諸国における受け入れの枠組み構築についても，人道的見地に加えて，これらの移動の背後にある歴史的・政治的文脈から考える視点が求められるのである。

参考文献

カースルズ, S., M. J. ミラー（関根政美・関根薫訳）『国際移民の時代』第4版, 名古屋大学出版会, 2011年.

久保文明他編『マイノリティが変えるアメリカ政治——多民族社会の現状と将来』NTT出版, 2012年.

サッセン, サスキア（伊豫谷登士翁訳）『グローバリゼーションの時代——国家主権のゆくえ』平凡社, 1999年.

サッセン, サスキア（伊豫谷登士翁監訳）『グローバル・シティ——ニューヨーク・ロンドン・東京から世界を読む』筑摩書房, 2008年.

佐藤成基「国民国家と移民の統合——欧米先進諸国における新たな『ネーション・ビルディング』の模索」『社会学評論』60（3）, 2009年.

ハーヴェイ, デヴィッド（渡辺治監訳）『新自由主義——その歴史的展開と現在』作品社, 2007年.

バウマン, ジグムント（澤田眞治・中井愛子訳）『グローバリゼーション——人間への影響』法政大学出版局, 2010年.

ハンマー, トーマス（近藤敦監訳）『永住市民と国民国家——定住外国人の政治参加』明石書店, 1999年.

細田尚美編著『湾岸アラブ諸国の移民労働者——「多外国人国家」の出現と生活実態』明石書店, 2014年.

三宅芳夫・菊池恵介編『近代世界システムと新自由主義グローバリズム——資本主義は持続可能か』作品社, 2014年.

森千香子, エレン・ルバイ編『国境政策のパラドクス』勁草書房, 2014年.

Andreas, Peter, *Border Games : Policing the U. S. -Mexico Divide, Second Edition*, Ithaca : Cornell University Press, 2009.

Blinder, Scott, "Deportations, Removals and Voluntary Departures from the UK," Migration Observatory briefing, COMPAS, University of Oxford, July 2015.

Kanstroom, Daniel, *Aftermath : Deportation Law and the New American Diaspora*, New York : Oxford University Press, 2012.

IOM, Missing Migrants Project http://missingmigrants.iom.int/（2015年9月15日閲覧）.

Hollifield, James, Philip L. Martin and Pia M. Orrenius (eds.), *Controlling Immigration : A Global Perspective, Third Edition*, Stanford : Stanford University Press, 2014.

Pew Hispanic Center, "Unauthorized Immigrant Population : National and State Trends, 2010," February 1, 2011.

UNHCR Regional Office for the United States and the Caribbean, *Children on the Run :*

Unaccompanied Children Leaving Central America and Mexico and the Need for International Protection, Washington D. C.: UNHCR Regional Office, 2014.

United Nations, Department of Economic and Social Affairs, Population Division, *International Migration 2013: Wall Chart, 2013*. http://www.un.org/en/development/desa/population/publications/migration/migration-wallchart-2013.shtml (2015年9月15日閲覧)

United Nations High Commissioner for Refugees, *Global Trends 2014*, UNHCR, 2015.

U. S. Border Patrol, "Nationwide Illegal Alien Apprehensions Fiscal Years 1925-2015," December, 2015, https://www.cbp.gov/sites/default/files/documents/BP%20Total%20Apps%20FY1925-FY2015.pdf (2016年8月20日閲覧)

U. S. Department of Homeland Security, *Yearbook of Immigration Statistics : 2012* (DHS, Office of Immigration Statistics, 2013).

コラム2　グローバル化が進める子どもの貧困

国際社会の合意と私たちの責任
すべての人は，衣食住，医療および必要な社会サービスなど，自己と家族の健康と福祉のために必要な生活水準を保持する権利を有する。(世界人権宣言25条1項)
母と子は特別な保護と支援を受ける権利を有する。(世界人権宣言25条2項)

世界人権宣言には，地球上で暮らすすべての人が貧困から解放されて生きる権利を有していること，なかでも子ども（とその母親）は，貧困から解放されるべき特別な存在だと明示されている。また，すべての子どもが貧困から解放されて健やかに育つ権利を明記した「子供の権利条約」は，世界で最も締約国の多い国際条約の1つとしても有名である。つまり，子どもの貧困を許容しない姿勢はいまや国際社会の合意事項であり，その解決は国境を越えたすべての大人に課された責任でもある。しかし，現実は異なる。極度の貧困と飢餓の撲滅を掲げたミレニアム開発目標の最終年を過ぎても，世界中で大勢の子ども達が貧困の中で毎日を過ごしている。

途上国・先進国における子どもの貧困
途上国の子どもの貧困に関する指標を丹念に見れば，なかには改善を示している分野もある。たとえば，ILOの報告によると，児童労働の数は2000年の2.46億人から2012年には1.68億人にまで減少している（ILO, "Making progress against child labour, - Global estimates and trends 2000-2012," 2013, p.3）。またWHOの報告では，5歳未満の乳幼児死亡率が1990年の63ポイントから2015年には32ポイントまで減少すると予測されている（http://www.who.int/gho/child_health/mortality/neonatal_infant_text/en/（2015年10月15日閲覧））。

とは言え，グローバル経済の底辺で貧しい国のさらに貧しい家庭に暮らす立場の弱い子どもが搾取され，困窮する構図に変わりはない。「世界の縫製工場」の異名をとるバングラデシュで2013年に起きた縫製工場崩落事故の1000人を超える死者の中には多くの子どもが含まれていたし（Dean Nelson, The Telegraph, 2014），「途上国の薬局」とも呼ばれるインドはこれまで薬への特許付与に厳しい条件を設けてジェネリック薬を生産してきたお陰でHIVエイズ併用薬の価格を10年で99％も引き下げることに成功したが，それもいまや米国，EU，スイス，日本から法改正・政策転換を迫られて，世界の数百万人の命よりも企業利益が優先されかねない事態に陥っている（国境なき医師団 http://www.msf.or.jp/news/detail/pressrelease_2277.html（2015年10月16日閲覧））。

グローバル化が進める子どもの貧困は，何も途上国に限ったことではない。ユニセフの研究機関イノチェンティ研究所がほぼ毎年刊行する「レポートカード（通信簿）」と呼ばれる報告書は，先進国の子どもをめぐる不平等や格差を分析したものである。地球規模の経済危機が子どもに与える影響を分析した最新刊「レポートカード12」によると，リーマン・ショックが起きた2008年以降，先進国において260万人の子ども達が貧困状態となり，現在でもおよそ7650万人が貧困の中で暮らしている。2008年を起点に見てみると，分析対象となったOECD41カ国中23カ国で子どもの貧困が増加し，アイルランドなど5カ国ではその増加率が50％以上にものぼった（UNICEF (2014) Innocenti Report Card 12, Children in the Developed World)。

日本における子どもの貧困もリーマン・ショック前の2007年に14.2％だった貧困率が，2010年15.7％，2014年16.3％と悪化を続けている。2014年のデータではついに子どもの貧困率が日本全体の貧困率（16.1％）を上回り，社会に衝撃を与えた。

グローバル経済の余波は途上国の貧しい子ども達をより貧しさへと追いやるだけでなく，先進国においても格差を広げて子どもの貧困を悪化させている。貧困の苦難は個人的な経験でその立ち現れ方は個別的なものである。しかしながら，途上国／先進国の別を問わず，貧困の理由を個人に帰して理解することはできず，グローバルな格差に照らして理解する視座を欠くことはできない。

子どもの貧困を知る

グローバル化が進める子どもの貧困は，多くのドキュメンタリーや映画，小説などの題材となって描かれており，子どもの貧困を知るための手がかりを私たちに提供してくれている。

たとえば，フーベルト・ザウパー監督のドキュメンタリー映画「ダーウィンの悪夢」は，2006年のアカデミー賞長編ドキュメンタリー賞にもノミネートされた話題作である。果敢な現地撮影で製作された本作は，アフリカのヴィクトリア湖で獲れる外来魚ナイルパーチ輸出をきっかけに，押し寄せてくる新自由主義市場の波に地域が飲み込まれていく様子や新しい経済によって蝕まれる地域の大人や子供達の様子をショッキングな映像で映し出している。

また小説では梁石日（ヤン・ソギル）の『闇の子供たち』（幻冬社文庫，2004年）を挙げることができる。タイのバンコクを舞台に描かれている幼児買春は，経済的に豊かな先進国の大人が，生計に困窮した途上国農村の親によって人身売買ブローカーに売り渡された幼い子どもに向ける性暴力を浮かび上がらせている。小説（フィクション）であることを留意してもなお，その微細なまでにグロテスクな描写は，地球規模での富や権力の不均衡が著しく暴力的な刃となって子どもを傷つけることへの嫌悪感を読者に呼び起こすものである。

（中根智子）

第Ⅱ部

グローバル化と地域社会

トマト農場で働く労働者
(メキシコのバハ・カリフォルニア州にて,2015年4月23日)(AFP＝時事)

第8章　生存権をめぐる底辺からの運動
——自立と権利——

岡野内　正

1　独り立ちの支え合いとしての人の命の営み

生存権とは，人々が連帯して保障する自立の権利

　人間は，社会的動物であって，一人では生きていけない。命の糧となる食糧，衣料，住居を得るためには，他の人間の力を借りて，手分けして，大自然に働きかける必要がある。さらに，健康な場合でも幼少期や老年期，懐妊から誕生の前後には他の人間の力を借りて，自分や子供の命を育む必要がある。もちろん，子供が生まれるためには，男女の出会いがなければならない。つまり，一人ひとりの命の営みには，人々がつくる命の糧を得る仕組みと，命を育む仕組みとが欠かせない。

　だからといって，人間は，社会の存続のためだけに生きる動物ではない。むしろ一人ひとりの命の営みの自由で独自な発展，それまでの社会にとらわれない行動と思考の展開が，新しい環境に適応した新しい命の糧を得る仕組み，命を育む仕組みを次々に創り出し，結果として人々の生存を保障し，社会を存続させてきた。ほぼ10万年前にアフリカに発生した現生人類は，そうやって全世界を移動しながら，生き延びてきた。DNA解析に基づく最近の分子人類学の進展は，そのような人類史像を支持している（さしあたり，篠田 2007, オッペンハイマー 2007を参照）。

　したがって，一人ひとりが自由に行動し，思考する力を持ち，そんな一人ひとりが，思いを伝え合いながら繋がり，命の糧を得て，自分と次の世代の命を育む仕組みを作っていくこと，つまり個々人が独り立ちできるように支え合うことは，人間の命の営みそのものである。言い換えれば，人間の生存を保障するには，一人ひとりの自立と連帯が不可欠なのだ。生存権とは，ただ生き延びることだけを保障する権利ではない。それは，一人ひとりの人間の自立を，全

員のために譲れぬものとして，連帯して保障していくこと，つまり，自立を権利として認め合うことなのだ。

文明の逆説と命の営みの底力

自立の権利を支え合うことが，人類史を通じて変わらない人間の命の営みの一部分だとすれば，同じ人間の間に，支配するものと支配されるものという関係を持ち込み，自立と連帯の関係をなくしてしまう文明の始まりは，命の営みをゆがめるものだ。文明を受け入れることが，そのようなゆがみも受け入れることであれば，密林の奥地などに逃れ，今日に至るまで文明を拒否する誇り高き人々が，たとえばアマゾン奥地などに存在してきたことも，理解できるであろう。

人々が手分けして大自然に働きかけ，命の糧を得て，命を育んでいく仕組み。それは，少人数の狭い範囲ならば，複雑なものとはならない。仕組みを支える全員が，仕組みの全体を見ることができるなら，話し合いによって仕組みを変えることもたやすい。

しかし，その仕組みが，ある程度以上の大人数になったとき，何が起こるか。まず，一人ひとりの力では思いもよらないような力が発揮される。その結果，人々は，命の糧を大量に得ることができるようになる。また，多くの命を育むことができるようになる。

同時に，たまたま仕組みの全体を指揮する役回りとなった少数の人々を除いて，一人ひとりの目からは全体像が見えなくなる。全員の話し合いによって簡単に変えることなどとうていできない不可思議なものとなる。命の糧を得る仕組みも，命を育む仕組みも，一人ひとりの日々の思いの伝え合いで成り立つ命の営みとは異なり，一人ひとりにはどうしようもない，確固として動かせない世の中の仕組みのように見えてくる。

全体が見えなくなった指揮される側の大多数の人々は，自分自身の命の営みによって自立することなく，常に指揮されることによって，世の中の仕組みに依存して生きるようになる。つまり，被支配階級となる。世の中の仕組みの全体像が見える立場にある指揮する側の少数の人々は，常に指揮する側の支配階級となる。そして，やはり自分自身の命の営みではなく，巨大な力が発揮される大多数の人々の力を動員して自分たちのために用いることができる世の中の

仕組みに，依存して生きるようになる。

　こうして人々が自立を失い，世の中の仕組みに依存するようになったとき，人々が世の中の仕組みに殺されるという事態が起こり得るようになる。被支配階級の人々は，支配階級の人々が世の中の仕組みを間違って，あるいは故意に自分たちだけのために指揮することによって殺される。支配階級の人々は，そうやって殺されることに抵抗する被支配階級の人々によってか，あるいは，そのような世の中の仕組みをより有効に指揮する新しい支配階級になろうとする人々によって殺される。大自然の力だけでなく，世の中の仕組みに殺されるようになる。人々の生存を保障できるはずの人々の力が，逆に人々の生存を奪うようになる。巨大な技術力を持つ文明の外にある原始的な人々は，天災に殺されることはあっても，人災に殺されることはあまりない。だが，文明の中では，天災を防ぐことができる技術力が生かされず，人災によって殺されることがある。これが，文明の逆説である。

　それにもかかわらず，人間が生き続けようとするかぎり，一人ひとりの自立を連帯して保障し，命の糧を得て，命を育んでいこうとする試み，そのための人々の思いの伝え合いが止むことはない。それは，人が生きるということ，命の営みそのものだからだ。そこから，命の営みに合わせて，世の中の仕組みを変えていこうとする力が生まれる。これが命の営みの底力だ（このような世の中の仕組みの成り立ちと，命の営みとの関係を，マルクスからウェーバーを経てパーソンズに至る社会学，フロイトからピアジェを経てコールバーグに至る発達心理学の展開を踏まえて，システムと生活世界の関係として整理したものとして，ハーバーマス1987参照。また1980年代半ばまでの考古学の進展を踏まえて，文明とともにジェンダーや階級による支配・被支配の関係が現れる以前の協調形態（partnership）社会の存在を論証した，アイスラー1991も参照）。

人類史の見取り図

　以上，まず一人ひとりが独り立ちできるように支え合うのが，原始時代以来今日までの変わらぬ人類の命の営みであることを確認した。次に，人間たちが支配階級と被支配階級とに分かれてしまった文明の始まりとともに，独り立ちをあきらめることが生き延びる道だという世の中の仕組みが出来上がったが，それでも独り立ちを求めてお互いに支え合う命の営みが，世の中の仕組みを変

えていく底力になっていることを指摘した。

　今日の私たちもいまだにそのような逆説的な文明の中にいる。本章では，読者諸氏が文明の逆説にとらわれて命を落とすことがないように，人類史のおおまかな見取り図を示したい。とりわけ文明の時代に入ってからの人類史全体の見取り図を描くことによって，命の営みの底力の方向が確認できれば，すべての人の独り立ちを支え合うという文明の逆説を超える世の中の仕組みの転換への動きが見えてくるだろう（先述の諸文献のほか，ハーバーマスによる歴史社会学への視点を示すものとして，ハーバーマス 2000，さらにやや異なる視点からの歴史社会学の試みである，マン 2002，マン 2005 を参照）。

2　生き延びるのに精いっぱい

奴隷と奴隷主の命の営み

　巨大なピラミッドや神殿，大聖堂や寺院などの建築物を作るだけの力を持ちながら，支配者も被支配者も生き延びるのに精いっぱいだった文明の実例として，古代文明がある。さらに古代文明の崩壊の中から生まれてきた，欧米や中東，中国や日本の中世封建社会がある。以下，それらについて概観しておこう。

　いわゆる古代文明について共通に指摘されるのは，激しい部族間戦争の存在と，戦争の勝者となって帝国を形成して帝国の支配階級となる部族の人々と，敗者となって奴隷とされ，帝国の被支配階級となっていく部族の人々の広範な存在だ。またジェンダーの視点から見れば，支配階級の場合も被支配階級の場合も，女性が奴隷あるいはそれに近い境遇に落とされていくことも見逃せない。

　奴隷とは，家畜と同様の生活をする人間のことだ。お互いの自立を保障する思いの伝え合いをしながら協力して自然と向かい合い，他の人間たちと思いの伝え合いをしながら，命の糧を得て，命を育んでいくという命の営みは，何よりも主人（奴隷主）の命令に完全に服従することが絶対の条件となって，初めて命の糧を得て，命を育むことができるという方向にねじ曲げられている。命の営みがねじ曲げられてしまうのは，部族間戦争での敗北によって皆殺しの危機に直面したときに，家畜と同様の有用動物となることが生存のための唯一の選択肢となるためだ。それだけではなく，自立を放棄して奴隷となることによって，安全と生存の保障が得られる。それは弱肉強食の過酷な自然の中で生き

る野生動物が，家畜になった場合と同じである。もっとも，そのような生存の保障は，権利（生存権）ではない。奴隷主の意思に依存する恩恵にすぎない。奴隷はいかなる権利も持たない。あくまでも奴隷主が奴隷に関する生殺与奪の権を握っている。

　奴隷主は，奴隷主であり続けるために，自らの命の糧を得て，命を育むだけでなく，奴隷の命の糧を得て，奴隷の命も育んでいかねばならない。さらに，部族間戦争で敗北し，皆殺しにされるか，自らが奴隷にされないように，勝者であり続けることができるような武力を持ち続けねばならない。そして，武力の保持のために，自分自身の自立を含め，すべてをささげなくてはならない。自らの意思で，最強の戦争マシンの一部にならなければならない。そのため，奴隷主たちの命の営みも，ねじ曲げられてしまう。お互いの自立を保障し続けるのではなく，部族間戦争に勝利できる世の中の仕組みの中で，支配階級として一体となるために一人ひとりの自立を放棄することが命の営みとなってくる。奴隷は奴隷主の奴隷となるが，奴隷主は，奴隷に依存する世の中の仕組みの奴隷となる（古代社会と封建社会の基本的性格については諸説あるが，人類史的な視野でヘーゲル，マルクス，ウェーバーを踏まえて，中国，日本の思想史にまで展開した，守本 1967，守本 2009，岩間 1990，そして教科書的で分かりやすい岩間 1997 などを参照）。

農奴と封建領主の命の営み

　いわゆる中世封建社会の支配階級と被支配階級とされる，封建領主と農奴の場合も，似たようなものだ。農奴は，自分の生存のために封建領主に服従し，封建領主は，支配階級である封建領主層内部でのピラミッド的な階層秩序に服従する。ここでも，生存のために一人ひとりの自立を求める命の営みはねじ曲げられている。

　だが，農奴は家畜と同様ではない。一人ひとりが自分の道具を持ち，部族的な繋がりを持って，思いを伝え合って協力しあいながら，自然に向かい合って命の糧を得て，命を育んでいる。ジェンダーの視点からみれば，女性もそのような部族的繋がりの一員となっている。農奴は，封建領主と同じ人間ではあるが，力のない，劣った人間として，部族的な繋がりを持つ人間としての生存を保障してくれるという条件付きで，封建領主に対して服従する。したがって，

封建領主による農奴の生存保障は，恩恵であって権利ではない。御恩があるから奉公もある。奴隷に対する生殺与奪の権を握る奴隷主とは異なり，封建領主には農奴の安全と生存保障の義務がある。

部族間戦争が奴隷と奴隷主を生み出して，人々が生き延びていく新しい世の中の仕組みを生み出したように，部族間戦争あるいは奴隷主間の戦争が，奴隷ではなく農奴を支配するより強力な支配階級である封建領主を創り出し，封建領主間の戦争がさらに奴隷主と奴隷との支配・被支配関係に替わって，封建領主と農奴との支配・被支配関係を生み出していったと考えられる。そして，その背後にあったのは，大自然と向き合う人々の思いの伝え合いの中から生まれてきた新しい技術を用いて，命の糧を得て命を育む力，すなわち命の営みの底力の発展であった。

部族全体で力を合わせて自然に立ち向かうことによって，ようやく部族全員の命を育むことができるだけの命の糧を得ることができるほどの技術しかない場合，家畜同様の奴隷となることはむしろ安全と生存の保障と見えることもあるだろう。しかし，基本的に一人，というよりは成年の男女のふたりが力を合わせることによって，命の糧の大部分を得ることができるほどの技術があり，部族的な繋がりの力は，それを補うためだけに必要な場合，奴隷として家畜同様に扱われることは，命の営みの底力の強さとの落差ゆえに，人間として耐えられないことになるだろう。奴隷の反抗と反乱が続発するだろう。絶対服従の奴隷を用いるよりも，条件付き服従の農奴からの貢納を受ける方が，より多くの命の糧を得られる仕組みとなれば，何度かの戦争の繰り返しの中で，支配階級は，奴隷主から封建領主へと変化してくる。

3 独り立ちできるものだけの支え合い

市民社会と独立小生産者

「アダムが耕し，イブが紡ぐとき，誰が領主だったか」という14世紀半ばの英国の農民反乱で広まった標語は，一組の男女のカップルで自立する命の営みをイメージし，領主に依存しない世の中の仕組みを展望する点で，人類史的にみて画期的なものであった。それは，鉄生産と鉄器使用の農村部への広まりによって可能となった重量有輪犂の使用や三圃農法による農業生産力上昇に支え

られた。当時の英国での独立自営農民（農業部門での独立小生産者）の登場を背景とするものであった。だが，当時のヨーロッパでは，まだ独立自営農民の数は少なかった。独立小生産者たちが力を集めて，独り立ちできるものだけで支え合う近代市民社会という世の中の仕組みへの転換を果たしたのは，さらに数世紀後のことであった。

いわゆる近代社会の出発点になるのは，17世紀の英国市民革命，18世紀の米国独立革命，フランス革命，そしてそれに続く19世紀のヨーロッパ諸国の市民革命である。それによって，領主たちが農奴などの従属身分を支配する封建社会に替わって，平等な市民が主体となる市民社会を創り出したとされる。その背後には，封建社会を支えた農奴に替わって，より高度な技術を用いるようになり，部族的な繋がりに依存しなくても，成人男性ひとりだけで基本的な命の糧を得ることができるようになった独立小生産者の広範な形成があった。独立小生産者は，ひとりだけで移住しても生きていくことができる。封建領主の承認のもとで荒地や山地などの開拓，植民が進められるようになり，封建領主から逃れて，新天地に移住する人々も現れてきた。16世紀に始まるヨーロッパの宗教改革じたいがこのような独立小生産者の形成を反映するものであったが，17世紀には宗教改革に起因する封建領主の圧迫を逃れるため，米国大陸への移住も増えていった。

機械を用いない技術に依存する独立小生産者の場合，成人男性ひとりだけで基本的な命の糧を得ることはできたが，成人女性ひとりでは一般的には困難だったと思われる。このことから，女性は一人前の人間ではない従属民として扱われ，市民革命後の市民社会を形成する市民から排除された。女性の市民権が認められるようになったのは，機械の使用が一般化し，女性が賃金労働者として働いて基本的な命の糧を得ることができるようになった20世紀初頭以後のことであった。

民族＝国民国家と独立小生産者の命の営み

独立小生産者たちが命の糧を得る仕組みは，生き延びるための思いの伝え合いを通じて決めたことに従って，手分けして自然に立ち向かい，協力して得た命の糧を分かち合うことによってではなくなってくる。めいめいが独立に得た命の糧から余った部分を自由に交換し合い，各自の得手不得手や土地の条件な

どに応じてどんな種類の命の糧を得るようにすれば，より多くの命の糧と交換できるようになるかを各自が考えて，自由に決定するようになってくる。つまり，一人ひとりの自立を前提に，自由な生産物の交換によって，全体としてより多くの命の糧を得ることができる市場経済の仕組みが形成される。独立小生産者たちは，この市場経済という命の糧を得る仕組みの上に，命を育む仕組みを作ることによって，一人ひとりの命の営みの底力を強めていく。

こうして強められた命の営みの底力は，ねじ曲げられた封建社会の世の中の仕組みに抵抗するようになる。基本的に武力衝突を伴う革命となった市民革命の際に，封建領主たちを打ち破ったのは，独立小生産者たちで自主的に編成された軍隊だった。このような抵抗運動の中で独立小生産者たちのきずなとして，外敵との関係の中で，ネイション（民族）という絆が形成されていった。こうして，封建社会に取って代わった市民社会は，民族＝国民（ネイション・ステイト）の枠組みに閉じこもる。先住民族の土地を奪う植民地獲得が進められ，先住民族は，従属民として市民社会から排除される。領土紛争や植民地獲得競争から民族国家間の戦争が頻発し，かつての部族間戦争状態が再現されるようになると，強大なネイション建設こそ生存のため保障であると考えるナショナリズムが強まってくる。一人ひとりの自立を求める命の営みは再びねじ曲げられてしまう。

市場社会としての市民社会から排除された貧民たち

独立小生産者たちの命の営みは，一人ひとりが，自分が生き延びるのに必要な命の糧を得る力を持つことによって自立していることを前提に，市場での交換を通じて，より豊かな命の糧を得るという命を育む仕組みを作り出そうとするものだ。それは，部族的な繋がりのなかで協力しなければ命の糧を得ることができない技術の制約を乗り越えて，自立を放棄する文明の逆説に陥ることなく，お互いの自立を連帯して保障する関係を創り出すもののように見えた。

原始人の自立を賛美したルソー，独立小生産者が自由に交換する市場を通じての諸民族＝諸国民の富の増加と平和な関係の形成を展望したアダム・スミスの理論が，市民社会の理論として世界的な影響力を持ったのはそのためだ。

だがわれわれは，独立小生産者からは，一人ひとりが，自分が生き延びるのに必要な命の糧を得る力を持つことによって自立していない，女性（あくまで

も男性に従って「家庭」を守る存在とされた）と先住民族（「野蛮」「未開」とされた），そして「貧民」とされた賃金労働者が排除されていることに注意しよう。

　ホッブズやジョン・ロックなどの時代の賃金労働者は「従者 (servant)」と呼ばれた。もはや中世封建社会のように土地に縛り付けられてはいなかったが，農奴的労働の義務からも土地からも離れて自由になるということは，浮浪者として飢え死にする自由を意味した。金持ちのお気に入りとなり，従者となることは，自立して生きることではなく，雇い主の機嫌を損ねないように，従属して生きることだった。だからこそ，17世紀の市民革命の思想家たちは，最もラディカルなレヴェラーズ（水平派）まで含めて，女性はもちろんのこと，貧民男性の参政権に反対した（マクファーソン 1980）。

機械制大工業と賃金労働者階級

　そんな貧民男性だけでなく，女性や子供，先住民族の移民までもが加わるようになっていた賃金労働者階級の状態が変わったのは，産業革命が世界に広まり，機械制大工業に基づく世界市場が創られた19世紀半ばのことであった。機械を用いて命の糧を得る機械制大工業の仕組みによって，機械を用いて働く貧民たちは，自分たちの思いを伝え合いながら，ともに命の糧を創り出す力に自信を持つようになった。機械の進歩によって，もはや腕力や特殊な訓練による技能や知識などに左右されることなく，人間であればだれでもできる作業によって，命の糧を創り出せるような技術の見通しが開けてきた。そうなれば，男女，年齢，出身民族などの違いを超えて，一人ひとりがお互いの自立と平等を尊重しながら，ともに命の糧を創り出す仕組みをイメージできるようになってくる。

　ロバート・オーエンの協同組合工場の実験や，マルクスの共産主義社会へのイメージは，そんな時代の産物であった。そして賃金労働者階級の人々は，もはや従者ではなく，自立した自由な市民として承認され，市民社会の一員となることを求めるようになった。

　世界市場の急成長によって生まれた需要に対応するために生産の拡大が求められ，いつでも求人があるような労働市場が創られた。賃金労働者は，次々に職場を変えて「キャリア」を作りながら，自分に合った仕事場と同僚たちとともに，自由で，自立した人生を送ることができるようになったかに見えた。

だが実際はそうではなく，周期的に起こる世界恐慌とそのあとの不況によって多くの企業が倒産したり業績悪化に陥り，賃金労働者たちは失職したり解雇されたりした。賃金労働者階級の人々は，命の糧を創り出す力を持ちながら，市場社会の仕組みのもとでは，命を育むことができなかった。こうして，賃金労働者階級の人々は，命の営みを守るために，世の中の仕組みを変えるべく動き出した。

資本家階級と近代市民社会

独立小生産者の場合，生産の場，すなわち命の糧を創り出す働きをする場は，だれにも邪魔されずに，自分自身の創意工夫を発揮する場であった。

独立小生産者たちは，封建社会から近代市民社会へと，独立小生産者自身が武器をとる市民革命を経て世の中の仕組みを組み替えたとき，そのような生産の場での創意工夫の自由を，誰も介入できないプライベートなもの，私的権利であると宣言した。近代市民社会の世の中の仕組みは，そんな私的権利に基づく独り立ち，すなわち一人ひとりの自立を支え合うことこそが，公的な関心事だと宣言した。封建社会では，領主が公的なものを代表し，封建小生産者たちは，奴隷とは異なる私的なものの萌芽を守るために，それに従う意思を表明することだけが，公的なことであった。しかし近代市民社会は，私的権利を守ることこそが公的なことだとされたのである（ハーバーマス 1994 を参照）。

近代市民社会という世の中の仕組みは，あたかも市民はすべて独立小生産者であり，独立小生産者が命の糧を創り出すものであるかのように，組み立てられていた。しかし，実態は異なっていた。独立小生産者はわずかであり，独立小生産者の中からも，資本家と賃金労働者とが成長していった。独立小生産者として孤立して生産するよりも，同じ作業場で協業したり，そのうえで手分けして分業を行ったり，さらに機械を用いて巨大な工場で作業をしたほうが，一人当たりに換算した生産量がはるかに多くなることが明らかだった。近代市民社会は，独立小生産者だけの単一階級社会ではなく，資本家階級と賃金労働者階級からなる階級分割社会になることによって，より多くの命の糧を創り出し，より多くの命を育む力を持てるようになった。

しかし，資本家階級は，独立小生産者を想定する近代市民社会の生産の場と私的権利に関する考え方を受け継いだ。資本家と賃金労働者との契約は，独立

小生産者どうしの商品交換の売買契約と同じ私的な契約であり，公的な介入は許されないものと考えられた。公的な世界は，独り立ちできる者だけが支え合う世界であり，賃金労働者のように独り立ちができない者は，あくまで公的な世界から排除されたのである。

4　独り立ちを許さない支え合いとその崩壊

賃金労働者階級の人々の命の営みと世の中の仕組み

　とはいえ，賃金労働者階級にとっても，どの資本家とどのような契約を結ぶかという契約の自由は，自分自身の創意工夫を生かしていける仕事のできる職場を選ぶための前提条件だった。気の合う資本家と契約して働くのであれば，孤立した独立小生産者として働く場合と同じような自由を確保したうえで，それ以上に大きな仕事ができるのだ。つまり，賃金労働者も独り立ちした市民となれるはずだ。それは，領主を選べない封建小生産者，奴隷主の言いなりになるしかない奴隷と比べて，大きな進歩であり，まさに近代市民社会の成果だった。

　だが先述のように，あたかも自由な独立小生産者がパートナーを選ぶかのように賃金労働者が資本家を選ぶ，労働力の「売り手市場」であるような労働市場が形成されるのは，周期的にやってくる例外的な短期間にとどまった。資本家が賃金労働者を自由に選ぶ労働力の「買い手市場」状態のもとでは，賃金労働者の間での競争が強まる。

　資本家の場合，他の資本家との競争に敗れて，賃金労働者を雇うことができなかったとしても，自分自身が働くことによって，独立小生産者として生きていくことはできる。しかし，賃金労働者の場合，賃金労働者間の競争に敗れて，雇用されないということは，働く場を失うことであり，命の糧を創り出すことができなくなること，すなわち飢えを意味し，命を育むこともできなくなり，したがって，命の営みを続けることができなくなることを意味する。

　そして実際に，賃金労働者階級の生活は，長時間労働，劣悪で不健康な労働環境などの職場の状態の悪化，低賃金ゆえの栄養不足や住環境の劣悪化，賃金労働者が女性や子供の場合の妊娠・出産・保育・教育・介護環境の劣悪化など，悲惨な貧困状態となった。

このような命の営みの危機に直面して，賃金労働者たちは資本家との契約交渉にあたって団体を結成し，団結して交渉にあたるようになった。さらに，職場はそこで働いてきた賃金労働者にとっては命の糧を創り出す場であり，賃金労働者はそのような場所を確保する権利があると主張して職場を占拠して生産をストップさせ，職場の私的所有者である資本家に対して，賃金労働者にとってより有利な契約を結ぶように資本家に対して要求するようになった。これが，賃金労働者の団結権，団体交渉権，争議（ストライキ）権である。

独立小生産者を想定する近代市民社会は，当初，このような私的領域での争いを放置するか，あるいは契約の自由を侵害するものとして団結権や団体交渉権を，さらに資本家の私的所有権を侵害するものとして労働者の争議権を捉えて，賃金労働者階級の権利請求を拒んだ。しかし，命の営みの底力に支えられた賃金労働者階級の運動の高まりとともに，賃金労働者階級は，世の中の仕組みの変更を要求するようになってきた。賃金労働者階級をも市民として承認するとともに，賃金労働者階級の独自の権利を公的なものとして承認するように求めたのである。個々の資本家の権利を尊重することによって，賃金労働者階級の状態が悪化することで，社会全体の命の糧を得る仕組みと命を育む仕組み自体が危機に陥り，国民国家が危機に陥ることが明らかになったとき，近代市民社会という世の中の仕組み自体がこのような賃金労働者階級の要求を受け入れて変わっていった。

すなわち，近代市民社会は，一方では，職場という資本家の私有財産内部での，資本家と賃金労働者と間での私的契約に基づく紛争について，それが公的な性格を持つものであることを承認し，公的に介入するようになった。19世紀を通じて欧米各国で徐々に制定されていった職場の労働条件に関する工場法や，労働者の権利に関する労働法の制定がそうである。他方では，独立小生産者として経済的に自立していないゆえに市民としての政治的権利を認められなかった成年男子の貧民たち，すなわち賃金労働者階級の参政権も，19世紀末までには欧米各国で承認されるようになった。その結果，労働組合の要求もある程度政治に反映されるようになっていった。

こうして，近代市民社会は，独り立ちできるものだけの支え合いから，これまで排除されていた人々を団体に組み込むことによって，すべての人々を市民として包摂していった。しかし，それはすべての人が，生き延びるために，労

働組合や職業団体，あるいは資本家団体などに組み込まれることであった。つまり，独り立ちできるものだけの支え合いから，独り立ちを許さない支え合いへと，世の中の仕組みが変化したことを意味する。賃金労働者が労働組合に組織されていくように，資本家も個人企業から株式企業のオーナーへと変化していき，さらに銀行など金融機関との融資関係や株式所有の関係を通じて，資本家団体へと組織されていく。

帝国主義，資本家団体，労働貴族，社会主義，福祉国家

　先述のように，独立小生産者を中心とする近代市民社会の形成は，同時にネイション（民族）の形成でもあり，ネイション・ステイト（国民国家）の形成でもあった。19世紀半ばのマルクスたちは，市民社会から排除された世界各地の賃金労働者階級が，ネイションを超える結び付きを作り，ネイション・ステイトを超える命の糧を得る仕組みと命を育む仕組みからなるような，世の中の仕組みを創り出すことを構想した。普仏戦争（1870～71年）で早々に敗北したフランス軍に替わってプロイセン軍の侵略に対抗すべく，パリなどフランス各地の都市で，賃金労働者階級を中心とする直接民主主義的な自治政府（コミューン）が成立したことは，そのような構想の実現を求める動きであった。しかし，それは，短期間でフランス政府軍に鎮圧された。

　以後，資本家階級は，国家間対立にもかかわらず，賃金労働者階級あるいは植民地として支配することを望む地域の人々と対抗するために国境を越えて連携するようになる。労働組合や労働者政党など，賃金労働者階級の団体は，植民地獲得に起因する自国企業の好業績によって待遇改善が実現することで，戦争に協力するようになり，生存権を保障された「労働貴族」としてそのような「帝国主義」国家に取り込まれていく。

　普仏戦争の敗北から賃金労働者階級を中心とするコミューンが生まれたように，第1次大戦での事実上の敗北から1917年のロシア革命が生まれた。ロシア革命も旧ロシア政府軍と列強の軍隊の国際的介入によって，コミューンのように鎮圧がもくろまれたが失敗し，社会主義政権は，1991年まで生き残った。もっとも，独り立ちできるものだけの支え合いを，女性や外国人も含めてすべての人の独り立ちを支え合う方向に転換していこうとするコミューンの伝統は，1930年代以降のソ連では抑圧され，消えていく。社会主義政権エリートは資

本家団体であるとともに軍事指導者の機能を果たすようになり，全員が生き延びるために独り立ちを許さない支え合いの仕組みが徹底されていった。

　それでもフランスのコミューンからロシア革命に至る流れを受けて，すべての人の独り立ちを支え合う世の中の仕組みを求める動きは，1920年代以後の大量生産技術の進歩によってその可能性が見えてきたことによって，人類全体の中でむしろ強まった。第1次世界大戦と同様に，第2次世界大戦も資本家団体の間での植民地の奪い合いの側面が強く，賃金労働者階級やその予備軍となっていた貧しい農民たちは，資本家団体から離れる独り立ちを求めた。第1次大戦からソ連が生まれたように，第2次大戦から，東欧諸国と中国，モンゴル，朝鮮でのソ連の影響の強い政権が生まれた。またアジア，アフリカなどの植民地独立運動，すでに独立はしていたが植民地的な社会構造の変革を求めるラテンアメリカの社会運動でもコミューン的な動きが強まった。そして，そのような動きに危機感を持った米国を中心とする資本家団体からソ連に対抗する「冷戦」戦略が発動されることになった。先述のようにソ連はすでに西側とは対立する資本家団体が支配する軍事国家となっており，冷戦に対抗して独自の市場圏を形成し，軍備拡大を進めていった。また，西側と東側の国々は，それぞれが自分たちの市場圏，軍事勢力圏を拡大するために，アジア，アフリカ，ラテンアメリカの国々に対して援助合戦を行うようになる。

　コミューン的なすべての人の独り立ちの支え合いを求める人々は，すでに独り立ちを許さない支え合いの仕組みに転換していたソ連に幻滅し，米国などとも，ソ連とも距離を置く動きが強まっていく。それは非同盟運動として，新しく独立したかつての植民地諸国の間で強かった。しかし，それらの諸国の中でも，人々を団体に組織することによって全員が生き延びるために独り立ちを許さない仕組みが作られていった。

　資本主義の諸国では，賃金労働者階級の反乱によるコミューンの再発を防止するために，労働貴族の育成と軍事大国化が進められ，やはり全員が生き延びるために独り立ちを許さない支え合いの仕組みが形成されていった。2度の大戦を通じての社会保障制度の整備と，第2次大戦後の福祉国家の形成は，そのような性格を持っていた。

新自由主義改革とプレカリアートの形成

　しかし，1970年代以後，コンピュータとITの進歩に伴って，制御の自動化の展望が開けてくるとともに，多国籍企業が急成長を始め，生産のグローバル化が進展し，国民経済が空洞化し，多国籍企業の利潤に課税できない各国財政は赤字基調となり，福祉国家が危機に陥ってくる。そのようなグローバル化経済の技術的進歩から取り残されたソ連・東欧社会主義の崩壊以後，労働貴族の保持によってコミューン拡大を防止する必要もなくなり，労働貴族の解体，福祉国家の解体が急速に進められるようになる。

　それが，いわゆる新自由主義改革である。独り立ちを許さない支え合いは，再び，独り立ちできるものだけの支え合いへと転換されつつある。それは賃金労働者階級の団体だけでなく，資本家団体や政党などをも解体しながら，国民国家，労働組合，資本家団体による「福祉国家」的な支え合いを破壊していった。21世紀に入って，世界の政官財のエリートが毎年一度顔を合わせるダボス会議（世界経済フォーラム）が，グローバル経済の中で独り立ちできるものだけの支え合いという世の中の仕組みを象徴するようになった。

　世界的な格差社会の形成の中で，新しい階級として登場してきたのが，不安定ということばをもじって命名された「プレカリアート」，すなわち日本では「非正規」従業員と呼ばれる不安定就労層である。これには，アジア，アフリカ，ラテンアメリカの都市と農村に溢れる日雇いや物売りなどの雑業層（インフォーマル・セクター従業者とも呼ばれる）も含まれる（スタンディング 2016参照）。

　プレカリアートの広範な形成は，会社によって生存権が保障されるような労働貴族の育成政策が資本家階級によって放棄されるようになったことからくる。しかし，それだけではなく，賃金労働者の側が，労働組合と企業に依存する生き方ではなく，本当に自分自身の創意工夫を生かせるような仕事を求める生き方をしたいという，独り立ちへの願いを実現させている側面がある。それは日本での「フリーター」という表現にも込められている。

　新自由主義改革の悲劇は，資本家団体や労働者団体の規制を逃れ，創意工夫を発揮し，独り立ちを望む人々の願いが，グローバルに独り立ちできるものだけの支え合いの仕組みへの転換に繋がり，その結果，あたかも19世紀に逆戻りしたかのような貧困層の社会的排除あるいは見殺しがグローバルな規模で進んでいることだ。

5　独り立ちの支え合いとしてのベーシック・インカム

すべての人の独り立ちを支え合うベーシック・インカム

　20世紀の終わりから21世紀の初めにかけて，プレカリアートの増大が顕著になってきた世界各地で注目されるようになったのが，すべての人に対して，無条件で，生涯継続の月極め個人向け現金移転の形で，最低生活に必要な所得を保障するベーシック・インカム政策の導入である。

　ソ連のような社会主義国家は，一人ひとりがどのような仕事をするかは，公的な問題だと捉えた。命の糧を得るために手分けして人々を配置することは，かつては資本家が私的に行っていたが，それを賃金労働者階級自身が公的なこととして行うのが，プロレタリアート（賃金労働者階級）独裁の国家の使命だと考えられたのである。

　資本主義の福祉国家は，一人ひとりの仕事の選択は私的問題であり，個人の自由だとしながらも，制限を設け，所得を得られる仕事をするかしないかは，公的問題だとした。生活保護のような低所得者への公的扶助にあたって，就労努力が調査されるのはそのせいである。

　近代市民社会の国家は，独立小生産者であるような財産を持つ市民の経済活動の自由は守ったが，政治的権利を持たない二級市民とされた貧民である賃金労働者については，勤労を提供する義務を持つ者として，公的な取り締まりの対象とした。後に，賃金労働者階級の特殊な権利が承認され，すべての国民に平等な政治的権利が与えられる福祉国家が成立しても，財産を持つ者の勤労意欲は問われないが，財産を持たない貧民が所得を得ようと努力する公的義務は取り締まりの対象として残されている。社会主義国家では，財産を持つが勤労意欲のない人は取り締まりの対象となるが，資本主義の福祉国家は，そうではない。つまり，社会主義国家は，財産を持たない者がともに勤労するための勤労者国家だが，資本主義国家は，財産を持つ者中心の所有者国家なのである。

　これに対し，ベーシック・インカム国家は，すべての人を安定した収入のある財産（国家財産への各自の持ち分）所有者にする点で，資本主義国家以上に徹底した所有者国家となり，公的な勤労義務を全面的に否定する点で，社会主義的勤労国家と一線を画する。それは近代市民社会が，とりあえず独り立ちでき

るものだけの支え合いとして構想した国家構想を，さらに徹底させ，すべての人の独り立ちの支え合いにまで拡張したものと言える。

ナミビア，ブラジル，インド実験からグローバル・ベーシック・インカムへ
　したがって，日本やEU諸国での試算によって，財政的に可能であることが明らかにされても，反対論は根強く，どこの国でもベーシック・インカムはまだ導入されていない。

　しかし，植民地時代の遺産としての貧困問題が深刻であり，なおかつ新自由主義改革に伴う外資中心の経済発展によって，ある程度の財政的余裕もあるナミビア，ブラジル，インドでは，導入運動が盛り上がりを見せている。すでに導入推進の運動団体による村レベルでの給付実験も行われ，勤労意欲に悪影響を及ぼすという反対論にもかかわらず，当然のことながら無条件に分配された現金によって飢餓や貧困が根絶したうえで，さらに村の経済が活性化し，コミュニティ活動も活発化するという結果が出ている。特にインドでの実験は，ユニセフが資金を提供して女性の自営業者の労働組合SEWAが実行した5000人規模の大規模なものであり，ユニセフやSEWAのネットワークを通じて，今後の国際的な拡がりの可能性が注目される（岡野内 2016参照）。

　ナミビア，ブラジル，インドの貧困問題は，植民地支配に起因する入植者や植民地支配に協力した大地主の土地所有問題と直接関連している。ベーシック・インカム要求は，先述のようにすべての人を財産所有者にする要求であるため，多くの人々に貧困を相続させた植民地支配による略奪が問題にされざるをえないだろう。サハラ以南アフリカなどのより貧困な国々にもその動きは広がるだろう。その時，植民地支配の遺産を相続する多国籍企業への課税あるいは株式の共有化とあわせた，財政にまったく余裕のない貧困国を含めた，グローバルなベーシック・インカムの導入が国際社会によって議論されることになるだろう。人類史は，いま，すべての人の独り立ちを支え合う世の中の仕組みへとゆっくりと動き出している（グローバル・ベーシック・インカムの財源として人類遺産相続基金の設置を歴史的正義回復と合わせて提起した岡野内「中東と世界の未来のために――歴史的正義回復に向けた市民運動を」長沢栄治・栗田禎子編『中東と日本の針路――「安保法制」がもたらすもの』大月書店，2016年所収，および岡野内2017（刊行予定）を参照）。

参考文献

アイスラー, リーアン (野島秀勝訳)『聖杯と剣——われらの歴史, われらの未来』法政大学出版局, 1991 年。

岩間一雄『中国政治思想史研究』第 2 版, 未來社, 1990 年。

岩間一雄『比較政治思想史講義——アダム・スミスと福沢諭吉』大学教育出版, 1997 年。

岡野内正『グローバル・ベーシック・インカム入門——世界を変える「ひとりだち」と「ささえあい」の仕組み』明石書店, 2016 年。

岡野内正『グローバル・ベーシック・インカム構想の射程』法律文化社, 2017 年（刊行予定）。

オッペンハイマー, スティーヴン (仲村明子訳)『人類の足跡 10 万年全史』草思社, 2007 年。

篠田謙一『日本人になった祖先たち——DNA から解明するその多元的構造』NHK 出版, 2007 年。

スタンディング, ガイ (岡野内正監訳)『プレカリアート——不平等社会が生み出す危険な階級』法律文化社, 2016 年。

ハーバーマス, ユルゲン (丸山高司ほか訳)『コミュニケイション的行為の理論』上・中・下, 未來社, 1987 年。

ハーバーマス, ユルゲン (細谷貞雄・山田正行訳)『公共性の構造転換』第 2 版, 未來社, 1994 年。

ハーバーマス, ユルゲン (清水多吉監訳)『史的唯物論の再構成』法政大学出版局, 2000 年。

マクファーソン, C.B. (藤野渉ほか訳)『所有的個人主義の政治理論』合同出版, 1980 年。

マン, マイケル (森本醇・君塚直隆訳)『ソーシャル・パワー：社会的な〈力〉の世界歴史Ⅰ——先史からヨーロッパ文明の形成へ』NTT 出版, 2002 年。

マン, マイケル (森本醇・君塚直隆訳)『ソーシャル・パワー：社会的な〈力〉の世界歴史Ⅱ——階級と国民国家の「長い 19 世紀」』上・下, NTT 出版, 2005 年。

守本順一郎『東洋政治思想史研究』未來社, 1967 年。

守本順一郎『日本思想史の課題と方法』未來社, 2009 年。

コラム3　押し付けが生み出す援助の弊害

私たちの話を聞いてくれ

「小農のための援助というなら，まず私たちに聞いてほしい」

2013年2月，モザンビーク最大の小農組織 UNAC（全国農民連合）のアウグスト・マフィゴ代表は，東京で外務省と JICA，そして私たち日本の市民に訴えかけた。

「私たちは何十年も土を耕してきた。土地に何が合うのか，何を食べたいのか，だから何を栽培すべきか，私たち農民が一番よく知っている」

日本が政府開発援助（ODA）を使ってモザンビーク北部を対象に進める「日本・ブラジル・モザンビーク三角協力による熱帯サバンナ農業開発プログラム（以下，プロサバンナ事業）」の緊急停止を求めて来日したときのことである。

土地を奪われ，生活が壊される

アフリカ南東部に位置するモザンビークでは，人口の約7割が農村部で自給的農業を営み，国内総生産の約3割を生み出している。プロサバンナ事業の対象地でも，家族農業によって主食のメイズや豆，雑穀，葉物野菜や根菜類など様々な作物が生産されている。事業名称の「サバンナ地域」というイメージに反して雨量も多く森林も豊かで，人々は森からも木の実や果実，動物などの多くの食料を得ている。

プロサバンナ事業は，JICA の資料によれば，3州19郡の1000万ヘクタール（日本の全耕作面積の約2倍）の地域を対象として大豆等の栽培を目的としており，直接的には中小農民40万人，間接的には360万人の農業生産者に裨益するという。にもかかわらず，現地の小農は2012年から抗議の声を上げ続けている。

その背景の1つに，この地域で近年頻発している土地収奪が挙げられる。外国政府や民間企業による「支援」や「投資」を通じた「開発」という名の下に，地元農民の土地が奪われ，生存すら脅かされている現実がある。日本の NGO が，過去3年にわたって行っている現地での調査では，次のような事態が明らかになっている。

以前は，自分たちの農業によって「1日4回食べられていた」「子供を大学まで行かせることができた」「作物を売って得たお金で乾燥魚を買い，一年中食料を欠かしたことはなかった」という小農たちが，強制的に農地を奪われた結果，「食べるものがなく，とにかくお腹がすいている」という状況に追い込まれている。また，残された土地を同じコミュニティ内の人々の間で争うことになり関係性が悪化したケースもあった。

本来自国の農民の人権を守るべき政府がその機能を果たせていない状態にあるのだ。そのような政府と手を携え，あらたに広大な地域を対象として「小農支援」と「投資促進」の共存が謳われる開発事業・プロサバンナ事業に対し，地元農民が不安を覚え

るのは当然だろう。実際プロサバンナ事業においても，事業について質問した小農に対し，地元政府関係者が「投獄するぞ」と脅すなど人権侵害の実態が報告されている。

誰のための援助なのか

2012年10月，プロサバンナ事業に対しUNACが最初に出した声明にあった，「われわれは支援を待つだけの存在ではない，農業の当事者であり発展の主体なのだ」との主張は，日本の私たちの胸に強く響いた。一方で，日本の援助がそれを疎外しかねない方向性を持っているだけでなく，彼らの声に耳を傾けない現状があることを知り，日本のNGOはこの事業への政策提言活動を行ってきた。

しかし残念ながら，2015年3月に発表された事業計画「マスタープラン・ドラフト初稿」において，小農の現在の農業は「粗放的な移動農法」で「生産性が低い」結果「貧しく，森林伐採の元凶」とされている。計画では，2030年までに地域農民の4割を多投入型近代農業に転換させると謳う。つまり，小農たちは間違ったことを続ける「問題の主体」として定義されているため，「変えられるべき客体」として描かれ，解決策も目標も「与える側が分かっているので決める」ことをよしとしている。はたしてそれでいいのだろうか。

2015年4月に開催されたマスタープラン初稿に関する公聴会で，ある農民がプロサバンナ事業をこんな風になぞらえて聴衆の喝采をあびていた。「ここに若い男女がいる。男は女と結婚したいが，女は結婚したくない。男はそれでもアプローチし続け，両親に結婚を迫る。女の話など聞いてはいない。私は"あなた（プロサバンナ）"に来てほしくないと言っているのだ！」

グローバル化している現代においては，いかなる場所で起きたどのような問題も，自分たち自身が加害する当事者である可能性がある。そう考えれば「支援」とは，「持つものが持たざるものに一方的に与える」ものではなく，同時代を生きる者としてともに問題を解決するための方法の1つにすぎない。一方的に「あなたのため」と押し付け，「決めるのはあげる側だ」という態度は，むしろ相手の尊厳を傷つけ，信頼を壊す暴力と化す。「援助」や「支援」というフィルターを通すと，人と人が接するときに大切なこんな簡単なことが見えなくなることがあることを，私たちは知らなければならない。

（渡辺直子）

第9章　開発・環境問題と発展途上国
―― 国連の視点から ――

石原　直紀

1　発展途上国と国連

国連の組織的特徴

　今日，環境問題は国際社会が協力して取り組むべきグローバルな政策課題であるとの認識が定着している。しかし，環境問題が国際社会共通の課題として受け止められ，様々な条約の作成や共通の政策を実施することの必要性が広く国際社会で議論されるようになったのは，1970年代以降と言ってよい。その背景には，公害，人口増加，気候変動など様々な生活環境に影響を及ぼす要因が，人類の現在や未来の生活と生存に与える影響の深刻さについて実感されるようになったことがある。その結果，そうした課題に対して緊急に取り組むことの必要性が広く問題意識として共有されるようになったからに他ならない。

　しかし，こうした今日では世界共通の課題として認識されるようになった環境問題も，先進国と開発途上国とでは，その捉え方に大きな違いが存在した。また，実際に環境に関する条約の創設の過程での論議，政策実施のための責任分担など具体的な課題となると先進国と途上国間の違いのみならず，先進国間，途上国間でもそれぞれ差異が存在するのである。

　本章では，環境問題がグローバルな課題となるうえで大きな役割を果たし続けている国際連合（以下，国連）に焦点を当て，特に途上国の視点を中心に環境問題がいかに国際社会共通の課題となったか，国連加盟国は，その過程でそれぞれどのような主張と交渉を展開し，どのような成果を生み出してきたかについて論じてみたい。

　国連に焦点を当てるのは，今日の世界の3分の2以上を占める，開発途上国や発展途上国，今日ではグローバル・サウスと呼ばれる国々（以後，途上国）が国連という多国間外交の場を利用することにより結束を図り，共通の立場や

利益を明確にするとともに，先進国に対する交渉力を発揮する機会を得てきたと思われるからである。したがって，議論を進めるうえで，まず，国連がどのような特色と機能を持つ国際機関であるかをあらためて確認し，そのことが途上国によってどのように利用されてきたか，特に開発と環境の問題において途上国が国連の場でどのように議論を展開し，どのような政策を追求し，そのためにどのような外交交渉を展開してきたかを検討することとしたい。その際，開発問題と環境問題がいかに一体化され，何が争点となり，どのような条約や政策の枠組みが構築されてきたか，いくつかの事例も取り上げながら具体的に検討していくこととしたい。

今日の国際社会には多くの国際機関が存在し，それぞれの組織が異なる特徴と活動目的を有する。国連のように世界のほとんどの国が加盟し，幅広い課題を扱う組織のみならず，同じ国連システムに属する機関でも国際労働機関（ILO）や世界保健機関（WHO）のようにそれぞれ労働や保健，衛生といった特定の課題に取り組む，いわゆる専門機関も存在する。さらに，経済開発協力機構（OECD）のように先進国が構成する機関もあれば，アフリカ共同体（AU）や東南アジア諸国連合（ASEAN）のような地域単位の共同体までその形態は多様である。その中で国連の特徴はどのような点に見出せるのであろうか。

まず，既述のように，現在，世界に存在するほとんどの国が国連に加盟しているという点で，国連は加盟国の構成に普遍性を有する国際組織であるといえよう。このことは，開発問題や環境問題など国際的な性格を有する課題，いわゆるグローバル・イシュウを扱ううえで，国際社会の多様な視点や利益といったものを幅広く反映した議論や交渉を可能にする。第2に，国連では，平和と安全保障，国際経済と開発，人権や人道問題など多様な課題を取り上げることができるという点が指摘できよう。これは，加盟国が個々の課題領域を超えて総合的視野に立った交渉をすることを可能にし，結果的に合意形成の可能性を拡げることも期待できる。

国連のような多国間外交の場では，加盟国は国際社会の総意に自国の主張や立場をより効果的に反映させるべく多数派を形成することがきわめて重要となる。特に国連は，総会をはじめとして様々な会議体の意思決定において，主権平等の原則に基づき一国一票の票決システムを採用している。平和と安全保障の問題を扱う安全保障理事会における常任理事国の拒否権を除けば，大国も小

国も平等に一票を投じることによって決議の採択を行う。この点,ブレトンウッズ機関と称される世界銀行（IBRD）や国際通貨基金（IMF）など出資額に応じて票数の配分を行う,いわゆる加重投票制を用いている組織とは異なる。これらの組織では,いきおい大口拠出国である先進国の立場がより強く反映されることとなる。その点,国連では加盟国の中で多数を占める途上国は,投票行動において相対的により大きな影響力を行使することが可能となるのである。

　もちろん,国連における意思決定は,総会や安全保障理事会,経済社会理事会などの会議体により,また,議題の性格によって投票パターンが一様でないのはいうまでもない。しかし,開発や環境など多くの経済社会分野の課題においては,意見や立場,利害の相違に関し,主として先進国と途上国といった大きな区分が可能であり,多くの場合対決的な状況となる。その意味で,国連ではこうしたグループ形成とグループ間の交渉力学が加盟国間の合意形成をめぐってきわめて重要な意味を持つのである。

国連における途上国

　では,国連ではいったいどのようにグループ形成がなされ,いかなる多国間外交の力学によって国際社会の総意が作り出されるのであろうか。まず,国連には加盟国を地理的に分類するグループ分けが存在する。アジア諸国,アフリカ諸国,米国,カナダなどを含む西欧その他諸国,ロシアを含む東欧諸国,中南米カリブ海諸国などのグループである。これらのグループは,基本的に地理的な分類であるため先進国や途上国といった経済力を反映した区分,あるいは各国の政治的,宗教的な背景など国家の属性に基づくグループではない。こうした地理的区分は,安保理の非常任理事国の選挙をはじめ多くの会議体のメンバーの選出単位として使われることが多い。

　一方,政治的,あるいは宗教的な共通性に基づき形成されるグループも存在する。たとえば,今日ではほとんど政治的には意味を失っているが,冷戦期に東西いずれの陣営にも属さない政治的立場に立つことを目的に形成された非同盟諸国（NAM）といったグループも存在する。しばしば連帯して行動するイスラーム教諸国のように共通の宗教的基盤によって連携している国々もある。さらに,フランス語を母語として使用する国々のグループなど使用言語という文化的な結び付きを媒介としたグループなど様々なグループが形成されている。

国連加盟国は，単独の加盟国としてのみならず，自国が属するこれらのグループの結束を必要に応じて活用しながら，自国の意見や立場を国連全体の意思に最大限反映させるべく外交努力を行うのである。

　このように多様なグループが存在する国連において，今日でも特に環境問題を含む経済社会分野の課題で大きな存在感を持つグループが途上国と先進国といった，基本的には経済力によって分類されるグループである。もっとも，開発途上国や発展途上国，今日ではグローバル・サウスと称される国々について，必ずしも国際的に合意された明確な定義が存在するわけではない。一般的には，経済開発協力機構（OECD）の開発援助委員会（DAC）が規定した，政府開発援助（ODA）の対象国，地域が意味されることが多いが，これは，OECDに参加している先進国がODA供与という視点でいわば一方的に定めた基準にすぎない。

　また，かつて途上国と分類された国々の中にも経済発展を遂げた結果，先進国並みの経済力をつけるに至ったシンガポールのような国もある。インド，ブラジル，メキシコなどは，今日，G7と同様国際経済に存在感を持つようになったG20にも参加している。さらに，石油などの天然資源を産出することにより，経済的には先進国に匹敵する，あるいはそれ以上の富を有する中東の国々も存在する。一方で逆に経済発展から取り残され，依然として多くの貧困層を抱えるアフリカのサブサハラ諸国のような国々も存在し，途上国も決して一様ではない。しかし，国連においては，1964年に開催された国連貿易開発会議（UNCTAD）を契機として途上国グループとして発足した77カ国がいわゆる「グループ・オブ77」（G77），あるいは，中国を加え，「G77および中国」という名称の下に結束し，国連においては最大のグループとしての存在感を維持し，影響力を発揮しているのである。

国連の機能と途上国

　上記のような国連の特性を踏まえたうえで，次に国連が国際社会で果たしている役割，すなわち国連の機能ついて概観してみよう。一般的に，国連の機能として以下の点が指摘されることが多い。第1は，多国間外交の機会と場所の提供である。先進国のように諸外国に多くの大使館を持たないほとんどの途上国は，国連の場を他国とのコミュニケーションや外交に活用している。国連に

自国の代表部を置くことで，本来の多国間外交のみならず日常的に他の加盟国と接触し，二国間外交を展開することが可能となる。毎年，9月に開会する総会の冒頭では，各国のリーダーが活発な首脳外交を行うこともできる。こうした国連の機能を利用して途上国は相互の連携と連帯を図ることができるのである。第2に，国連における様々な会議への参加を通じ，加盟国は，国際社会が共通の関心事項とする課題について議論を戦わせることにより，国際社会の世論ともいうべきものを形成することが可能となる。政府間国際機関である国連における世論形成は，主として各国政府により代表される意見が主流ではあるが，国際的なあるいは各国のNGOなどがその過程で参加することは可能であり，特に国連主催の国際会議などにおいては，今日，NGOの影響力はますます大きくなってきている。環境問題については，特にこの傾向が顕著といえ，国連は国際社会の多様な意見や利害を集約する機能を有するのである。第3に，国際社会には多様な価値観が存在するが，国連を通じて各国は，国際社会として共有すべき規範やルールを創出することができる。海洋法や環境についての条約の作成など，世界のほとんどの国が参加しているという普遍性を活かした規範やルール作りの場として国連は役立っている。第4には，加盟国間の政策協調や調整のための協議を行ううえでの国連の役割が挙げられよう。開発や環境の課題について国際社会が協力して対応するうえで，政策協調は不可欠であるが，国連を通じて国際社会は共通の政策を作り上げることができる。さらに，第5番目として，政策協調の一環として，国連が主体となって実施する様々な技術援助を含む事業活動の担い手としての国連の役割もきわめて重要である。環境問題においても，多くの途上国が必要とする政策上の助言や資金援助が国連を通じて提供されるのである。

　このような国連の機能を開発と環境問題に即して整理してみると，まず，国連が中心となって環境問題に対する専門的，科学的知見を集め，国際世論を喚起，集約するという作業が期待できる。次に，問題の性格や捉え方，そこに各国が見出す利害などにおいて，加盟国の意見の相違や共通点を探りながら，共有できる規範や条約を確立，創設し，各国の開発，環境政策の調整を図っていくということになる。さらに，合意されたルールや政策の実施に向け，途上国が必要としている資金や技術について先進国が援助を提供していく枠組み作りができるのである。このように，国連はその組織的特徴と機能的メカニズムを

通じて，国際社会の開発や環境問題への取り組みに大きな役割を担ってきているといえる。

2　開発と環境

開発問題と途上国

　経済援助，あるいは開発援助という理念と政策が国際社会で共有されるようになったのは第2次世界大戦後のことである。大戦後，その圧倒的な経済力を背景に米国は戦争で疲弊したヨーロッパ諸国の復旧・復興に力を注いだ。同時に，かつての植民地から相次いで独立を果たしていくアジア，アフリカを中心とした新興独立国に対し，それらの国の経済発展に必要と考えられた支援も展開していった。その背景には，こうした援助を通じて自国商品の輸出市場を拡大するといった経済的利益の確保といった考え方も当然あった。また，冷戦の進行とともに重要性を増してきた戦略的発想，さらに新興独立国の経済的不安定がもたらす国際社会の平和と安全への脅威，また，貧富の格差に対する人道的関心など様々な理由があった。

　米国は，こうした大戦後の世界状況を背景にトルーマン大統領が1949年に打ち出したポイント・フォア計画，あるいは1961年にケネディ大統領が国連総会の場で提唱した「国連開発の10年」など，様々な開発援助政策に主導力を発揮していく。一方，大戦後，戦前の植民地状態から脱し，相次いで国連に加盟した途上国は，次第に国連の中で多数派を形成するようになっていく。とくに，1960年代には30余りのアフリカ諸国が国連への加盟を果たし，アジアの新興独立国とともに，国連の一大勢力として存在感を高めていくこととなった。こうして途上国，国連の場を活用して結束を図りながら，先進国に対し途上国としての意見や立場，利益の主張を突き付けていくこととなる。

　国連でこのようなグループを結成することにより，一国では先進国に対し相対的に弱い交渉力しか持てない途上国が，共通の立場を基礎に，先進国に対し大きな交渉力を獲得することが可能になる。また，個々の国家としての立場や利益と，グループとしての姿勢と立場や利益を交渉の局面ごとに使い分けることによって交渉の選択肢を広げることも可能となる。後に詳しく見るように，環境に関する様々な条約について，個別に交渉をするとともに，全体を俯瞰し

ながら交渉することにより，交渉に一定の柔軟性を持ち込むこともできるし，条約の案文作りの過程でのいろいろな創意工夫を他の条約案に応用することも可能となる。一方で共通の交渉ポジションを確立する過程で，一定の妥協や譲歩が求められることもあることはいうまでもない。

　相次いで国連に加盟した多くの新興独立国は民族自決の機運と熱気の中で独立を達成したものの，植民地時代の負の遺産を抱えた経済基盤の脆弱さもあり，国内の政治的安定確保と経済発展が思うに任せない状況にあった。こうした事情を背景に，途上国は，先進国からの援助のみならず，自分たちに不利に構造化された国際的な経済構造の変革を強く求めるようになる。1959年に，元英国の外交官で当時ロイズ銀行の総裁であったサー・オリバー・フランクスは，東西冷戦の対立構造と対比して，経済格差をめぐる先進国と途上国の軋轢と対立を「南北問題」と呼んだ。この「南北問題」という言葉は，当時の先進国と途上国の経済格差をめぐる論争に明快な概念的輪郭と政治的性格とを与えたといえよう。また，1960年代から1970年代にかけて，このような途上国の主張を理論的に支えたのが，アルゼンチンの経済学者，ラウル・プレビッシュやオランダの経済学者ヤン・ティンバーゲンらの知識人，オピニオンリーダーであった。彼らは，南北の経済格差が国際社会の既存の経済体制に起因するとし，その変革を促す理論と主張を展開していた。

　このような南北問題を議論する中心的な場となったのが，すべての加盟国が議論に参加し，一国一票で意思決定を行う国連総会であり，そこで途上国は数の力を背景に先進国を圧倒するようになり，自分たちの主張を強く打ち出すようになっていく。こうした動きが頂点に達したのが1964年に国連が開催した国連貿易開発会議（UNCTAD）である。UNCTADにおいて途上国は，南北間の経済的格差と不平等の原因が先進国に有利な産業構造と貿易条件にあるとして，南北問題を貿易，援助の両面から議論することが必要であると主張した。国際経済の構造変革の重要性を強く訴え，いわゆる新国際経済秩序（NIEO）の確立を目指すようになったのである。当時，UNCTADをきっかけに途上国としてグループを形成した国々が77カ国あり，「グループ・オブ77」と呼ばれ，さらに，中国を加え，「G77および中国」として，以後，国連の場で結束して影響力を発揮する最大のグループとなっていくことは先に述べた。グループはその後も参加国を増やし，今日では130カ国以上が参加するようになって

いる。

　途上国が上記のような発想と問題意識の下に，1960年代に国連の場でその主張を具体的な形で実現していこうとしたのが資源に対する産出国の管理，利用の権利の確立であり，すなわち資源ナショナリズムの台頭である。1962年，国連の第17回総会において採択された「天然資源に対する恒久主権」決議は，こうした途上国の主張を政治的宣言の形で明示化し，後に資源利用についての取り決めをさらに具体化していくきっかけとなった。こうした流れの中でさらに1974年，国連資源特別総会において，「新国際経済秩序に関する宣言」が採択されるが，西垣昭らは，「これは，第2次世界大戦後の世界経済の枠組みであった『IMF-GATT体制』と異なる新しい原理の秩序を樹立しようとするものである。」（西垣・下村・辻 2009）と捉えている。また，長期間の審議と交渉を経て1982年に採択に至った「国連海洋法」における，大陸棚および200海里の排他的経済水域に対する沿岸国の権利の確立，また，深海底資源を国際公共財とする考え方など，経済発展に不可欠な資源に対する主権の考え方を確立したことは，多くの途上国にとって資源収奪を中核としたかつての植民地経済から脱するうえで大きな前進となったといえよう。

　しかし一方で，1970年代の2度の石油危機をきっかけに，産油国は途上国の中でも独自の利害を主張するようになっていく。同時に，1980年代に入ると石油価格の高騰，国際金利の上昇，一次産品の価格下落などの要因により，多くの途上国が不良債権の問題に苦しむようになる。対策として世銀などブレトンウッズ機関を中心に進められた「構造調整」政策は，南米諸国では一定の成果を上げたものの，アフリカの最貧国においては，貧困層にさらなる困難を課す結果となった。こうした流れの中で，1970年代から国連の場で環境問題が次第に注目され，国際社会共通の政策課題へとなっていくのである。しかし，言うまでもなく，その過程は決して平坦ではなく，先進国と途上国の思惑や利益の違いにより，多くの時間とエネルギーを必要とする政治，外交プロセスとなっていく。

環境問題の登場と途上国

　環境問題が国際社会の共通の課題として認識されるようになったのは，決して古いことではない。環境問題の先駆者としては，18世紀から19世紀にかけ

活躍し，人口と食糧生産の関係から人口増加の限界を論じた英国の経済学者マルサスや，20世紀初頭，大気中の二酸化炭素の量と地球の温度の関係について明らかにしたスウェーデンの科学者スヴァンテ・アレニウスらの名前を挙げることができる。また，1892年には，今日，環境NGOとして世界的にも有名なシエラクラブが米国で創設された。さらに，1960年代に『沈黙の春』を著わし，農薬が生物・生態系に与える影響に警鐘を鳴らした米国の生物学者レイチェル・カーソンのような知識人やオピニオンリーダーも存在した。しかし，環境問題の深刻さを多くの人々が認識し，これを各国が協力して取り組むべき共通の政策課題として認識するようになるのは1970年代以降のことであり，そのために国連の果たした役割は大きい。本節では，特に途上国の視点から，国連の環境問題への取り組みについて概観していきたい。

環境問題が国際的に注目を集めるきっかけの1つを作ったのは，1970年に世界各国の科学者を含む学識経験者や経済人などによって創設されたローマクラブである。ローマクラブは1972年に，当時，マサチュウセッツ工科大学に在籍した環境学者，デニウス・メドウズに委嘱をして作成した「成長の限界」と題する研究報告を発表する。この報告書は，人口増加や環境破壊が当時のペースで続けば100年以内に人類の成長が限界に達する，という趣旨の警告を発した。

このような先進国の知識人やオピニオンリーダーの知見に触発される形で，国連は1972年，ストックホルムにおいて「国連人間環境会議」を開催する。同会議開催の背景には，資源の有限性，過度の生産や消費がやがて地球全体の環境を損ない，結果的に人類の生存に大きな脅威をもたらすとする先進国の問題意識があったことはいうまでもない。これに対し，途上国側は，環境問題を引き起こしたのは産業革命以来の長年の先進国の生産と消費活動であり，その対応にも先進国が責任を負うべきである，という立場であった。また，途上国にとっての環境問題とは，貧困がもたらす不十分な住環境や衛生環境，さらに，普及の遅れている教育制度などであるとの認識があった。そうした観点から，これから経済社会の発展を図らねばならない途上国にとって，環境対策がその足かせとなるようなことがあってはならないというのが基本的な姿勢でもあった。既述のように，途上国は当時，国連で「新国際経済秩序（NIEO）」の構築を訴えており，先進国が主張する環境問題が，途上国の開発と発展を阻害する

要素となりかねないという受け止め方をしたのである。

「国連人間環境会議」は，冷戦構造の中で対立的雰囲気が強かった当時の国連での会議であり，両グループの間で厳しい議論が戦わされたが，最終的に環境改善のためのストックホルム宣言と26の原則を採択することになる。採択に際しては，たとえば，ケニアは，「会議が社会環境に比べ自然環境のみ強調していることを憂慮し，人間の精神の汚染がもたらしたアパルトヘイトへの明示的な言及がないことを遺憾とする」（筆者訳），というような発言も行った。また，中国は，「『宣言』が環境汚染の主要な要因が，とくに超大国の帝国主義者，植民地主義者，新植民地主義者による略奪，侵略および戦争にあることを指摘できていない」（筆者訳）("Year Book of the United Nations, 1972") と不満を述べるなど，政治的対決色の濃い会議の雰囲気をうかがい知ることができる。

そうした途上国の姿勢を反映し，採択された26の原則は，経済社会発展の重要性，一次産品の価格安定や主要産品や天然資源からの十分な収入の確保の必要性，あるいは天然資源の管理における主権の強調など開発問題における途上国の関心事項を含んでいる。このように，当初から途上国と先進国は，環境問題をめぐり鋭い対立を見せた。英国の歴史学者デイヴィッド・アーノルドは，環境の変化の歴史が単に自然の変化としての歴史のみならず，自然界に対する人間の諸観念の変容の歴史でもあると述べている。彼は，森林が人類にとって，ある場合は資源や安住の地を提供する場であるが，一方でそれは，暗黒や野蛮の地であり，進歩や繁栄，秩序のためには開拓されるべきものであると考え，人間の自然観に相違のあることを指摘した。彼はそのことを「環境とは単なる場所ではなく，相異なるイデオロギーと文化が鋭く対立する闘技場でもあったのである」（アーノルド 1999）と述べている。国連における途上国と先進国の環境問題をめぐる議論の対立に彼の指摘を読み取ることができるのではないだろうか。

しかし，こうした先進国と途上国の考え方の相違にもかかわらず「国連人間環境会議」は，国際社会の環境問題の取り組みを前進させるうえで一定の貢献をすることとなった。その成果について，国連機関の高官でもあったリチャード・ジョリーらは，「ストックホルム会議の結果は，環境問題の経済的，社会的，政治的側面を統合する包括的プログラムを作り出したことである」と要約している（Jolly, Emmerij and Weiss 2009）。この会議は，あわせて継続的に環境

問題に取り組む国連機関としてケニアのナイロビに本部を置く国連環境計画（UNEP）も設立した。「国連人間環境会議」は環境問題というテーマを国際社会が共有し，これに継続的に取り組むための国連機関の創設という一定の制度化を進めることにより，環境問題への取り組みに，緩やかな合意と組織的基盤を確立することになったといえよう。このように国連における会議を通じて，環境問題が広く国際社会の共有する問題意識となるとともに，各国の政府関係者の間で政策課題として位置づけられるようになった意義は大きい。しかし，こうした問題意識が国際条約や政策協調といった形で環境問題解決に実質的効果を持つ政策や活動として具体化していくには，さらに時間と会議が必要とされたのである。

　1983年には，国連は「環境と開発に関する世界委員会」を設立するが，その委員長に就任したのが，ノルウェーで環境大臣を経験し，後には世界保健機関（WHO）の事務局長となる当時の同国首相，グロ・ブルントラントであった。別名「ブルントラント委員会」とも呼ばれるこの委員会は，1987年に，「われら共通の未来」と題する報告書を発表する。この報告書の中で，同委員会は「持続可能な開発」について，将来の世代の必要性を満たす能力を害することなく現在世代がその必要性を満たせるような開発である，と定義する。今日では，環境問題の代名詞とも言える「持続可能な開発」という言葉は，元々は1980年に国際自然保護連合（IUCN），国連環境計画（UNEP）や世界自然保護基金（WWF）が共同でまとめた「世界保全戦略」という報告書で使われたとされている。しかし，これが国連を通じて広く国際社会に定着するきっかけとなったのは，上記報告書によるところが大きい。

　「持続可能な開発」という概念は，環境保全と経済社会開発が一体のものとして追求されること，現在の世代と将来の世代との均衡のとれた資源の利用という2つの意味が込められていると理解してよいだろう。既述のように環境問題を国際社会共通の課題として定着させるうえでは，環境問題の深刻さについての認識を先進国と途上国とが共有することが不可欠であった。なぜならば途上国にとっては，10年先の環境の影響よりも1年先の食料の確保の方が差し迫った課題であり，ある意味，環境問題は先進国の贅沢であるとの考えに傾きがちだからである。したがって，環境か開発かではなく，環境問題を共有したうえで，そのアプローチをどのようにするかという発想に立つことが必要かつ

重要となってくる。実際，ブルントラントは，自身の回想録において，この報告を作成する過程で「この委員会の特徴として，多くのメンバーが途上国の人たちであったことが挙げられる。こうして，委員会のメッセージがアフリカ，アジア，ラテン・アメリカにまで届いた。」(ブルントラント 2004) と回顧し，この問題に途上国を効果的に巻き込んでいくことの重要性を指摘している。

一方，環境問題の本質が実際の地球環境の変化や悪化に対する対策にあることは，あらためていうまでもない。とくに，オゾン層の破壊，異常気象，海面上昇や砂漠化の進行など様々な地球を取り巻く環境変化の兆候が各地で一層実感されるようになるにつれ，環境問題の急迫性が国際社会で次第に浸透していくこととなる。しかし，環境に関する条約や政策の議論を人々の生活実感だけを根拠に進めるわけにはいかない。こうした現象の因果関係や将来の変化の予測については，専門家の科学的知見により裏付けられなくてはならず，このための努力も国連は積極的に行ったのである。

国連環境計画 (UNEP) と国連の専門機関である世界気象機関 (WMO) は，1988年に共同で「気候変動に関する政府間パネル」(IPCC) を設立した。IPCC は，国際的な専門家によって構成され，地球温暖化に関する科学的知見の収集，分析，評価などを行う。これに基づき数年ごとに評価書を作成，提出することにより，国連における環境問題の議論に知的な貢献をしてきている。このように国連は，環境問題を国際的に提起し，政府関係者を政策論議に動員するとともに国際社会全体を啓発するという活動を主導的に展開してきた。さらに，その議論に専門家の知見を導入し，国連での加盟国の議論に知的裏付けと政策的方向性を与えることに大きな貢献を果たしてきたといえよう。こうした 1970 年代から 1980 年代にかけての動向が，環境問題についての具体的な条約や政策作りへとさらなる飛躍を遂げるきっかけを与えたのが次に述べる 1992 年の「国連環境開発会議 (UNCED)」の開催である。同会議は，「持続可能な開発」という今日広く人口に膾炙するようになった概念の下，途上国と先進国の環境問題への対応を共通の政策理念の下に糾合し，この概念をさらに具体化し，今日の取り組みにつなげていくうえで大きな転換点を作ることとなる。

「地球サミット」と途上国

1992 年，ブラジルのリオデジャネイロで開催された「環境と開発に関する

国連会議（国連環境開発会議）(UNCED)」は，一般に「リオ・サミット」あるいは「地球サミット」と呼ばれている。UNCED は，国連におけるあまたの国際会議の中でも，その規模や形態において，また，環境をめぐる国際協力と各国の政策協調の面でも1つの画期となる国際会議であった。実際，UNCED は，その後の国際社会の環境問題への取り組みに具体的な形で大きな推進力を与えることとなったのである。

1991 年には，第2次大戦後約 45 年にわたって国際社会を特徴づけていた冷戦がソ連の体制の崩壊とともに終焉を迎えた。このことは，国際社会に新たな国際協調への気運をもたらし，冷戦構造により大きな制約を受けていた国連活動の活性化に対しても大きな期待が寄せられた。また，加盟国政府のみならず世界中から多くの環境 NGO が会議に参加し，各国の姿勢に影響を与えるなど，政府間機関である国連の国際会議に市民社会の声を反映させるという点で，新たな国際交渉の力学を生み出すきっかけをも作ることとなった。その後，1990年代に人口，女性，社会開発など国連が主催する様々な国際会議において政府のみならず，NGO が自国の政府のみならず他国の政府にも働きかけるなど，政府間交渉に大規模かつ積極的に関与していく先鞭をつける画期的な会議でもあったのである。

同会議の成果は，「環境と開発に関するリオ宣言」と呼ばれる政治宣言と「アジェンダ 21」と呼ばれる行動計画にまとめられたが，同時に，会議に先立つ準備過程も含め，いくつかの環境に関する国際条約の形成に大きな推進力を与えることともなった。既に 1985 年には，「オゾン層保護のためのウィーン条約」，さらに 1987 年には，それを一層具体化した，「オゾン層を破壊する物質に関するモントリオール議定書」が採択されていた。UNCED においては，地球温暖化に取り組むうえで重要な意味を持つ，「気候変動に関する国際連合枠組条約」，いわゆる気候変動枠組条約，会議直前に条約の採択にこぎつけた「生物の多様性に関する条約」(生物多様性条約)，さらに，「森林に関する原則声明」の採択など，具体的な法的枠組みや実施すべき政策の輪郭が整えられたのである。「気候変動枠組条約」は，その後さらに締約国会議を重ね，1997 年に京都で開催された第3回締約国会議における「京都議定書」に結実する。

また，政策協調の面においても，経済社会理事会に「持続可能な開発委員会」を創設するとともに，既に 1991 年に設立されていた世界銀行 (IBRD)，

国連開発計画（UNDP），国連環境計画（UNEP）を実施機関とする，途上国の環境対策を資金面で支援する地球環境ファシリティー（GEF）の強化も図った。一方で，冷戦構造がなくなったとはいえ，環境問題への対応をめぐる途上国と先進国の立場の違いは依然として残っていた。先進国は，「共通だが差異のある責任」という考え方の下に，途上国を含めて国際社会が一体となって取り組むべきという側面を強調していた。これに対し途上国は，環境政策は自らの経済社会開発の必要性を犠牲にすることなく追求されるべきであり，そのためには先進国からの新たな資金や環境関連技術の移転が何よりも重要であると主張した。こうした先進国と途上国の意見の相違は，政治宣言と「アジェンダ21」を作り出す交渉過程を複雑で困難なものにしたのであった。

上記のように，1992年に開催された「地球サミット」は，国際社会が環境問題に取り組むうえで大きな画期となる出来事であった。それは，採択された政治宣言や行動計画とともに，いくつかの環境関連の国際条約の草案が承認され，また会議以前にまとめられた条約については各国に署名が開放されたからである。1972年以来，環境問題をめぐって重ねられてきた議論が順次拘束力を持つ条約の形で具体化してきたこと，環境と開発が一体として取り組むべき政策課題として先進国，途上国を問わず共通認識として定着するようになったことは，それまでの国連における環境問題の議論と交渉に1つの転換点をもたらしたといっても過言ではないだろう。

3　環境条約と途上国

オゾン層破壊防止とウィーン条約

「地球サミット」を契機として条約作成と政策協調がより具体的な形で進展を見たことは，それまでのどちらかというと抽象的で一般的議論のレベルにとどまっていた環境問題が新たな段階に移行するという意味を持っていた。国内の産業政策や開発政策に引きつけての議論，政策を推進するための資金や組織的枠組みなど，各国の個別で具体的利害をぶつけ合う交渉という新たな局面に入っていくことを意味した。本節では，オゾン層破壊防止に関する条約と議定書，気候変動枠組条約，生物多様性保護のための条約，さらに，森林開発と砂漠化防止の取り組みなどを事例としつつ，錯綜する各国の利害とそれを条約や

共通の政策として収斂させるためになされた努力について概観していきたい。まず，オゾン層破壊防止のための努力を取り上げる。

　オゾン層とは，太陽光に含まれる紫外線を吸収し，地表に達することを防止すると同時に，有害な紫外線から人間を守るという機能を有する。したがって，オゾン層の破壊は，人類の健康や生存にとって深刻な影響をもたらす問題である。人類の生活に様々な利便性をもたらしてきたフロンガスが大気中に放出され，成層圏で太陽光により分解されることにより生じる塩素原子がオゾンを破壊するという説が1970年代半ばに米国の学者らによって唱えられた。また，1980年代半ばには，南極上空のオゾンの濃度減少やオゾンホールの出現が各国の観測によって報告された。さらに，米国航空宇宙局（NASA）や国連環境計画（UNEP）などによっても，オゾン層破壊とそれのもたらす，健康上の深刻な影響について警鐘が鳴らされた。こうした脅威に直面して国際社会は，オゾン層破壊物質の生産，消費についての規制の必要性を強く意識するようになる。一方で，現代人の生活の様々な場所において多く使われてきたフロンについては，その生産，消費に関わる業界の利害が大きく関わっており，規制の具体化に向けての合意形成や，条約作りの過程は容易ではなかった。

　まず，フロンガスがオゾン層の破壊の原因となるという科学的知見を国際社会が広く受けいれるようになるまで，UNEPや欧米諸国は，1970年代半ばから国際会議やシンポジウムを通じ啓蒙のための努力を重ねていく。とくにUNEPは，その管理理事会を通じて，フロンの生産と消費を抑制すべく，国際的な取り決めの必要性を強く訴えた。一方，国内にフロン生産業者を抱える国々は，こうした動きには必ずしも同調せず，先進国の間でも国際的取り決めを作る作業については，その姿勢に差異が存在した。

　このように先進国間の足並みがなかなかそろわなかったこともあり，1985年にウィーンで採択された条約，「オゾン層保護のためのウィーン条約」は，オゾン層を保護するためにとるべき一般的な措置を盛り込んだ規定にとどまった。

　しかし，この問題への取り組みに積極的な姿勢を見せるUNEPと米国や北欧諸国は，具体的なフロンの規制を盛り込んだ議定書の採択に向け，さらに作業を進めた。その結果，1987年には，規制対象物質の特定，規制ベースを「生産量」にするか「消費量」にするかという規制ベースの考え方，削減の基

準年のあり方，オゾン層破壊物質の削減方法などについて具体的な合意を内容とした「モントリオール議定書」の採択にこぎつける。さらに，その後毎年開催された締約国会議を経て，議定書はさらに具体化，強化されていくこととなった。

ウィーン条約とモントリオール議定書は，基本的に先進国主導で進められた交渉だが，将来，開発途上国の経済発展に伴って予想される当該物質の消費の伸びにも対応する必要があることはいうまでもない。それを可能にするためには途上国の協力を確保することが必要不可欠であることから，途上国における規制の実施には10年間の時間的猶予を与えるとともに，途上国における規制の実施を可能とするための資金と技術面での協力目的でモントリオール基金も設立された。

気候変動枠組条約

今日，国際社会が直面する環境問題の中でも地球温暖化に伴う気候変動は，その影響が地球的広がりを持つこと，また，海面上昇や生態系への影響，大規模自然災害の頻発など人間の生活や経済活動に深刻に関わってくることから，環境問題の代表的な課題であるといえる。その対策としても，温暖化ガスの排出を抑制する資源，エネルギーのあり方や大量のエネルギー消費を前提とした産業の在り方の変革，さらに，人々のライフスタイルの見直しなど多角的な検討，対策を講ずべき課題である。「アジェンダ21」の第9章も大気保全の重要性について言及し，関連する課題についての政策形成のための科学的根拠の強化，持続的開発促進のためのエネルギーの開発や効率，消費についての対策，交通，工業化，地上や海洋資源の開発と土地利用など多面的な課題を指摘している。あわせて，大気圏におけるオゾン層破壊，国境を超える大気汚染の問題などを取り組むべき主要課題として列挙している。

こうした課題に国際社会が協力して取り組むうえで，特に途上国は，環境悪化の主たる責任は先進国にあるという基本的姿勢から，先進国の環境保全中心の姿勢が自分たちの経済社会開発への足かせとなるのではないかという従来からの視点を前面に出した交渉が展開された。また，途上国は，自分たちがとる環境保全のための政策には先進国からの資金と技術の提供が不可欠であると強く主張し続けたのである。条約交渉で主導的な役割を担った当時の日本政府代

表の赤尾信敏は，途上国がUNCEDを1970年代から1980年代にかけて訴えた「新国際経済秩序（NIEO）」実現の好機と捉えていた節がある，との感想を述べている。

　こうした途上国の基本的な主張は，環境問題全般において常に変わらぬものであったが，気候変動枠組条約においては，途上国間においても，それぞれの国の実情と利益を踏まえ，様々な意見の相違が顕在化した。その結果，途上国としての共通の立場を作ることができず，結果的には先進国に対する交渉力を弱めるという側面もあったのである。以下に主要な途上国間の意見の相違について具体的に見てみよう。上記の赤尾は本条約の交渉過程で途上国の示した交渉姿勢を，彼らの錯綜した利害の相違に基づき次のように分類，要約している。第1に，途上国の中でも地球温暖化による海面上昇が国の存続の物理的条件を損ないかねない小島嶼国は連帯，結束をし，どちらかというと温室効果ガスの排出抑制について消極的なインドや中国などの途上国に対して，より積極的な対応を呼びかけた。また，サウジアラビア，クウェート，イランなどの産油国は，エネルギー消費の抑制が石油輸出に依存するこれらの国に深刻な経済的影響を及ぼすとして，終始，条約作成には消極的な姿勢をとり続けた。さらに，マレーシアやブラジル，コロンビアなどの熱帯林の国々は，自国の森林資源の輸出に対する否定的な影響を恐れ，温暖化ガスの吸収源としての熱帯林の保護については，条約の文案を弱めることに腐心をしたと述べている。あわせて，G77のメンバーではない中国もインドなどと組んで強硬な立場で交渉に当たったと総括している（赤尾 1993）。

　このように，実際の条約交渉となると各国の個別の利害が前面に出てくることになり，途上国といっても決して一枚岩ではないというのが現実であった。もちろん，このことは，途上国のみならず，先進国側にも当てはまることであり，個々の課題の交渉過程において，米国，カナダ，ヨーロッパ，日本などで，また，ヨーロッパの中でも北欧諸国とその他の国々などとの間に立場や意見の相違が露呈することも珍しいことではなかった。しかし，こうした錯綜した各国の利害の違いを乗り越え，気候変動枠組条約をまとめたことは，曲がりなりにも国際社会が共通の枠組みを条約という形にしたという意味で大きな前進であったといえよう。

　この枠組条約は，その規定に従って締約国会議を毎年開催していくことにな

るが，1997年の京都における「京都議定書」の交渉過程で，温室効果ガスの排出削減についての具体的な数値目標の設定をめぐり，交渉はさらに複雑なものとなっていく。「京都議定書」は，ヨーロッパ，日本などの国が二酸化炭素の排出限度を1990年を基準とし，削減努力を行っていくこと，排出権の取引を可能とするクリーンメカニズムなどの独創的な政策を盛り込んだ議定書である。しかし，この議定書は，広く知られているように，当初，クリントン政権下で環境問題に熱心なゴア副大統領の指導力もあり，積極的に交渉に参加していた米国が，ブッシュ政権に代わるとともにそこから撤退をしたことで，大きな制約を課せられることとなる。また，二酸化炭素排出量の大きな中国や途上国の不参加により，きわめて限定的な枠組みとならざるを得なかった。

　議定書が第1約束期間と定めた2012年までに後継の枠組みについて決定することが期待されていたが，加盟国間の立場の隔たりからそれが実現せず，また，日本や途中から参加したロシアもその延長には参加しなかった。結果的に，ヨーロッパを中心とした国々だけが参加するきわめて限定的で過渡的な枠組みとならざるを得ず，2020年以降の枠組み作りに向けた議論に大きな課題を残した。二酸化炭素排出量の多い中国や米国，さらに途上国の参加も確保する形で後継の枠組みを作るべく長期間に及ぶ，各国の交渉や駆け引きが行われた。その結果，2015年12月にパリで開催された第21回締約国会議において，中国，米国を含む世界196の国や地域，すべてが参加する国際的合意である「パリ協定」が採択されたのである。同協定は，参加国がそれぞれ5年毎に設定する二酸化炭素削減目標の達成を参加国全体で監視するという柔軟な枠組みとなった。その意味で「共通だが差異のある責任」という環境問題の基本的考え方を法的枠組みにおいて，実質化するうえで画期的な前進がはかられたといえよう。

生物多様性条約

　生物多様性の保護も環境問題の中では主要なテーマの1つである。これは，地球上に存在する生物の多様性，生物の生存を可能にする生態系の維持，さらに生物が持つ遺伝子の多様性の保護など，自然の生態系，人間の経済，社会的な生活環境に密接に関わる環境条件といえるからである。過剰な森林の伐採，それに伴う土壌の劣化，気候変動による森林や生物の生息環境への影響，その

結果としての動植物の絶滅など，生物多様性の維持と保護は，人間の生活にとって大きな重要性を持っている。その意味で，「持続可能な開発」の視点から考えられるべき課題であることは疑いを入れない。同時に，絶滅に瀕している動植物の保護は，単に文化的価値のみならず，経済的資源としての価値や遺伝子を使った医薬品の開発など医療などの分野にも大きな影響を持つ課題でもあるからだ。

　こうした生物の多様性の維持に関する国際社会の取り組みは，個別の分野についてはかなり以前からなされてきていた。たとえば，1946年には，クジラの資源を守るための国際捕鯨条約が採択されている。さらに，1971年には水鳥などの生息に不可欠な湿地に関するラムサール条約，1973年には絶滅に瀕している野生動植物の貿易を規制するワシントン条約なども採択されてきている。このような歴史的背景も踏まえ，「生物多様性条約」についても，国際社会は1990年から条約交渉を重ね，UNCED開始直前の1992年の5月に採択にこぎつけた。そして，UNCEDにおいて157カ国とヨーロッパ経済共同体（EEC）（当時）の署名を実現したのである。

　2015年の時点では，締約国は194カ国にのぼり，EUやパレスチナも参加しているが，この条約の目的は，条文の第1条にうたわれているように，生物多様性の保全，その構成要素の持続可能な利用および遺伝子資源から得られる利益の公正かつ衡平な配分にある。しかし，生物多様性の維持にとって重要な多くの熱帯林が存在する途上国にとっては，資源の保存のみに偏った条約や政策は受け入れがたいものがあるのはいうまでもない。持続可能な形でこれを資源として活用し，経済発展の一助としていくことへの配慮も当然期待されるところであろう。また，途上国から見れば，先進国の製薬会社などが医薬品やバイオテクノロジーの開発のために遺伝子の資源などを一方的に国外に持ち出し，利用することへの不満もある。そこで開発された技術を特許で長期間守ろうとする結果，高価な医薬品へ途上国がアクセスすることが不可能になるなど，単に経済的側面のみならず，人道的側面からも考えるべき課題として「利益の公正かつ衡平な配分」は，途上国にとっては大きな関心事項となっているのである。

　とはいえ，資源保護にのみ重点を置き，先端技術による開発コストが高価となり，その回収の見通しが立たなくては先進国側も生物資源の利用に消極的に

なってしまう。結果的に途上国としても持続可能な範囲で得られる利益も失うことになりかねない。資源の利用に関する国家主権は，環境問題に限らず途上国がその経済発展に不可欠な条件として主張し，獲得してきた権利である。そうした権利は，生物多様性の課題をめぐっても多様な生物資源を有する途上国にとって，すでに国際社会で確立し，譲りがたい権利として守られるべきものであった。したがって，本条約の作成についても，開発のための資源利用とそれを可能にする資源の持続的な維持とのバランスがきわめて大きな争点であったことが理解できよう。同時に，途上国はこうした分野の技術移転をめぐっても，できるだけ緩やかな条件での移転を主張し，経済的に有利な条件を優先する先進国とは対立したのであった。

森林原則宣言と砂漠化防止条約

　森林資源の保護は，上記の生物多様性保持の視点からのみならず，地球温暖化に多大な影響を与える二酸化炭素の吸収源としてきわめて重要である。また，森林を保護することによって土壌の保全を図ることは，農産物の持続可能な生産という点，さらには，自然災害の影響を軽減し，人々の住環境，文化的環境を守るという観点からも重要な意味を持つ。こうした森林資源が大気汚染や酸性雨などにより大きな被害を受け，地球上の森林面積の急速な縮小，その結果としての砂漠化など大きな影響を及ぼしている。こうした現状に直面し，欧米諸国は UNCED において，森林資源の保護に関する条約交渉も行うべきとの主張を展開した。一方，これに対し，マレーシア，インドネシアなどのアジア諸国，ブラジルやコロンビアなど自国の豊かな森林資源を経済発展に積極的に利用したい国々は，森林保全のために負うべきコストという面からも条約交渉には強く反対の立場をとった。結局，UNCED においては，条約という形はとらず，法的拘束力のない「森林原則声明」の採択という形で妥協をみることになる。

　この森林の保全と密接に関わる課題として，急速に拡大する地球上の砂漠化をどう抑制するか，という課題も大きなテーマであった。アフリカ大陸の砂漠化の深刻さはつとに知られているところであるが，その原因としては，木材資源の無制限の輸出，生活資源としての木材確保のための過度な伐採，放牧や土地にかかる負荷の大きな過耕作など，同地域の貧困とも密接に関わっている。

国連は，1977年に総会で砂漠化防止行動計画を採択し，国際社会全体でこの課題に取り組むという姿勢を明確にしてきた。さらに，それを具体化するために，「深刻な干ばつ又は砂漠化に直面する国（特にアフリカの国）において砂漠化に対処するための国際連合条約（UNCCD）」，通称，「国連砂漠化対処条約」を1994年に採択し，1996年には発効させている。

これまで見てきたように，環境問題は過去40年余りにわたって，国際社会が共通に取り組むべき課題という認識を確立し，試行錯誤を経つつもいくつかの分野で国際条約を作り，共通の政策のための基盤づくりを行ってきた。この過程で途上国は一貫して，環境への対策が途上国にとっての最重要課題である経済社会開発の制約要因となってはならないとの立場から，問題に取り組むうえでのパートナーシップを優先的に強調する先進国側と対立をしてきた。国連を中心とした多くの議論と交渉を経て，「共通だが差異のある責任」という形で責任を共有し，しかし同時に歴史的に環境破壊の主要な責任を負うべき先進国とこれから経済社会開発を進め，貧困削減に取り組むことを優先課題とする途上国にその差を認めるという共通認識を確立するに至る。この道のりは，途上国が経済の不平等な構造に対する先進国への異議申し立てとして展開してきた「南北問題」の議論と軌を一にする面もある。そこから途上国は一貫して開発の権利を前面に出して主張し，環境問題の取り組みには，そのための，あくまでも新規の資金と環境技術の移転の必要性を強調してきた。この点については，途上国は一貫して一致した立場に立ってきたといえる。

しかし，本節で具体的に見たように，個別の環境課題となると，途上国の間でも個々の利害を前面に出した見解の相違が際立つようになる。もちろんこうした立場の違いが途上国に限定されるものでないことはすでに指摘した通りである。こうした個別の利害の錯綜は，ポスト京都議定書をめぐっての「パリ協定」締結に至る交渉過程からも分かるように，たいへん時間と困難を伴うものである。しかし，一方で地球上の環境変化はそうした時間を要する国際交渉とは無縁に進行していく。国連における環境と開発をめぐる議論はこれからも続けられるし，ここで述べた数例にとどまらず，数多くの環境に関する国際条約が作られてきている。また，国連がミレニアム開発目標（MDGs）の後継の開発戦略として2015年の国連創設70周年記念総会で採択した「持続可能な開発目標（SDGs）」にもいくつかの環境に関わる開発目標が一体として盛り込まれ

ている。地球と人類の将来の生存は,これらの目標を先進国,途上国の双方が「共通だが差異のある責任」をそれぞれどれだけ着実に果たしていけるかにかかっているといえよう。

参考文献

アーノルド,デイヴィッド(飯島昇蔵・川島耕司訳)『環境と人間の歴史——自然,文化,ヨーロッパの世界的拡張』新評論,1999年。
赤尾信敏『地球は訴える』世界の動き社,1993年。
西垣昭・下村恭民・辻一人『開発援助の経済学』第4版,有斐閣,2009年。
ブルントラント,グロ(竹田ヨハネセン裕子訳)『世界で仕事をするということ』PHP研究所,2004年。
Jolly, Richard, Louis Emmerij and Thomas Weiss, *UN Ideas that Changed the World*, Indiana University Press, 2009.
"Yearbook of the United Nations, 1972," United Nations, 1972.

コラム4　イタリアの戦後賠償問題と植民地主義の清算

　2008年，イタリアはリビアに対し過去の植民地支配を謝罪し，総額50億ドルの賠償を盛り込んだ「友好協定」を締結した。ヨーロッパの旧宗主国による植民地賠償は先例が無く，イタリアにおいても対リビアに限られる。イタリアがリビアへの謝罪と賠償に至った経緯とはどのようなものだろうか。

　イタリアのリビア支配は1911年に始まり，1920年代後半から1930年代にムッソリーニ政権下で強化された。1938年時点で約8万9000人のイタリア人がリビアに居住し，当時のリビア人口の10％を占めた。イタリアによる征服行動は残忍で10万人以上のリビア人が命を落としたとされる。しかし，これらの戦争犯罪は裁かれず，植民地賠償も行われなかった。その背景には，第2次大戦時に枢軸国であったイタリアが1943年の無条件降伏後，連合国の共同参戦国として対ドイツ戦に貢献したことや，戦後の冷戦構造の中で西側，とくに米国がイタリアの国際社会への早期復帰に配慮した事実がある。その後のイタリア政府による情報隠蔽もあり，戦争犯罪の記憶はイタリア人の中から薄れていった。

　1947年の講和条約でイタリアはすべての植民地を失い，リビアは1950年末の国際連合決議を経て独立した。新生リビア王政とイタリアは1956年に協定を結び，イタリアはリビアの国有資産の返還を，リビアは同国内のイタリア住民のコミュニティ存続と資産保有を保障した。しかし，1969年のカダフィによる無血クーデタの翌年，1956年協定は破棄され，リビア在住のイタリア人約2万人は強制退去を命じられた。これ以降，リビアはイタリアに対し植民地支配による損害の賠償を繰り返し要求した。

　一方で，20世紀後半以降，イタリアとリビアとの経済的な結び付きは強まっていった。1955年にリビア初の油井が発見されると，1959年にイタリアのエネルギー部門の国家持株会社ENI（炭化水素公社）はリビアに進出，1972年にはリビアの国営石油会社と合弁事業を開始した。ENIにとってリビアは最大の石油・天然ガス供給源であり，その重要性は1987年にイタリアが国民投票で脱原発を決定した後さらに増大した。リビアがテロ国家に指定され制裁を受けた時期にもイタリアはENIを通してリビアとの通商関係を維持した。

　1990年代になると冷戦終結やグローバル化の加速による国家間の相互依存増大など国際状況の変化により，リビアとイタリア，ヨーロッパとの外交関係は変化した。90年代後半以降，リビアから地中海を渡ってイタリアに流入する移民が漸増する中で，それまでパンアフリカ国境開放政策をとってきたリビアでも人口の2～3倍に上る移民は経済・社会・安全保障レベルで重荷と考えられるようになり，両国はこれに対処するための継続的な議論を開始した。1998年に両国は関係強化に向けた共同声明を発

表し、イタリア政府は過去の植民地支配でリビアに与えた苦痛に遺憾の意を表明しリビアでの地雷撤去や被害者の治療、病院建設、社会経済発展基金の設立などの賠償を約束した。リビアは従前の反西洋政策を転換し「アフリカとヨーロッパの架け橋」になると展望した。2000年、両国は不法移民に対し共闘することで合意、2002年以降、それまでリビアと公式な外交関係のなかったEUも移民問題でのリビアとの協力に向け動き始めた。

1998年の共同声明では、イタリアによる賠償によって、植民地化をめぐる歴史的争訟に終止符を打つことを確認したが、その後も「大きなジェスチャー［賠償］」を要求するリビアとの間で困難な議論が続けられ、2008年の「友好・提携・協力協定」に帰結した。同協定はイタリアによる公式謝罪と、チュニジア国境からエジプト国境までの高速道路建設を含む50億ドルの賠償により、両国の経済関係を強化・発展することを狙いとしている。同協定が定める賠償（リビア国内のインフラ整備や国境管理システム開発）はイタリア企業が請け負うことで同国にも経済的利益が及ぶ仕組みになっている。また、同年ENIはリビアへの280億ドルの投資を約束し、石油・ガス契約を2040年まで延長した。一方で、リビア中央銀行やリビア投資庁（LIA）はENIをはじめイタリアの大企業に大規模な株式保有を行った。同協定に盛り込まれた不法移民の共同監視事業は、イタリアとEUが折半で費用を負担すると規定された。これは、リビアを経由してイタリアに流れ込む移民の増大（2008年には約4万人がアフリカからイタリアに流入）がEUにとっても重大な関心事であることを示唆している。

このように、イタリアによる植民地賠償は、エネルギー確保や不法移民管理という経済的な要請が利害関係国との対話と協力を促し、旧植民地への謝罪に至ったケースといえる。中東・北アフリカからEUへの大量の移民流入がEUに人道面、経済面での対応を迫る中で、ヨーロッパが今後、アフリカとどのような形で新たな連携を模索していくのかが注目される。

（伊藤カンナ）

第10章　グローバリゼーションと途上国の貧困
　　　　──最優先課題としての貧困削減──

中　野　洋　一

1　マネーゲームの世界経済

グローバリゼーションの進展

　1990年代以降，特に1991年のソ連社会主義の崩壊により，国際政治においては「冷戦後の世界」あるいは「ポスト冷戦」と呼ばれる時代となったが，国際経済においては「グローバル経済」あるいは「グローバル資本主義」と呼ばれる時代に突入した。一般的には，グローバリゼーションの時代とも呼ばれている。

　たとえば，現代資本主義の特徴を英国の近代経済学者のスーザン・ストレンジは「カジノ資本主義」と名付け，米国の代表的な近代経済学者の一人であるレスター・サローは「グローバル経済」と表現し，あるいは世界的投資家でもあり数々の著作があるジョージ・ソロスや政治学者のロバート・ギルピンは「グローバル資本主義」と呼んでいる。

　さて，グローバリゼーションは歴史，文化，政治，経済などの分野でいろいろな見解や定義があるが，国際経済においては資本主義と社会主義の世界的な対立構造すなわち「冷戦体制」の解体以降，急速に進んだ世界経済の市場経済による一元化を意味している（西川　2014：21）。

　1991年以降，世界経済においてはそれまで資本主義に対抗していたソ連社会主義の崩壊によって，旧社会主義諸国および途上国・新興国を含めた世界全体が市場経済に包摂されるようになった。中国も1992年の第14回共産党大会で「社会主義市場経済」を採択し，2001年12月にはWTO（世界貿易機関）に正式に加盟し，積極的に市場経済に参入した。

　また，この間，コンピュータ技術と産業がいっそう発展し，1980年代においては省力化のためにコンピュータやロボットを生産現場に導入する「ME革

命」が起きていたが、さらには1990年代においてはインターネットの商業利用を基礎とする外国為替や金融商品などのコンピュータ取引に象徴される「IT革命」が続いた。

さらに、世界経済では、1980年代以降に登場する「新自由主義」経済学(「小さな政府」の経済学)が主流となり、経済のあらゆる分野で「自由化」「規制緩和」「民営化」などが進展していく。「新自由主義」経済学によれば、資本主義経済にとって重要なのは自由な民間企業と個人の経済活動である。これまでの大規模公共事業などの財政政策を基礎とする国家の経済的役割を重視したケインズ経済学(「大きな政府」の経済学)とは基本的な考え方が異なる。それゆえ、経済のあらゆる分野で「自由化」を強力に推し進めることとなる。特に、(1)資本の自由化、(2)貿易の自由化、(3)金融の自由化という3つの自由化が急激に進展していく(中野 2010:33-35)。

世界経済における3つの自由化

ここで3つの自由化を順に説明すると、最初に(1)資本の自由化は、海外投資のなかの海外直接投資の増大である。海外直接投資の典型例は、先進国の製造業企業の海外への工場移転である。これは多国籍企業の世界的な展開である。具体的数字でみると、海外直接投資(ストック、投資累積額)は、1970年の109億ドルから、1990年には2兆ドル、2000年には9兆ドル、2012年には24兆ドルへと急激に増大した。現在、多国籍企業は世界に約8万社以上あり、その生産額は、2012年の世界全体のGDP(国内総生産)70兆ドルの17%に相当する12兆ドルである。これは日本のGDP 6兆ドルの2倍、米国のGDP14兆ドルに近い数字である(西川 2014:69-70)。

次に、(2)貿易の自由化は、1995年に発足したWTO(世界貿易機関)である。WTOは戦後戦勝国の先進国中心に創設されたGATT(関税と貿易に関する一般協定)を基礎にして途上国・新興国を含む世界市場において貿易の自由化を推し進めるための国際機関である。GATTの時代には先進国を中心に工業製品の貿易の自由化をほぼ実現したが、WTOはさらに貿易の自由化を徹底するために、農産物・食糧分野、サービス分野の貿易の自由化を進めるとともに、工業製品の特許はもちろん医療分野の遺伝子特許、PCソフト、音楽・映画などのCDおよびDVDソフトの著作権などをも含む知的所有権(知的財産権)を確

立した。また，この間の貿易の自由化によって，世界の貿易（輸出）額は，1980年の2兆ドル，1990年の3兆5000億ドルから，2000年の6兆ドル，2012年の18兆ドルへと増大した（西川 2014：55）。

最後の(3)金融の自由化は，海外投資の間接投資（証券投資）であり，株，国債，各種の金融派生商品，海外金融機関などへの投資である。特に，この金融の自由化によって，世界各地へ自由に巨額の資金移動させることが可能になり，1990年代の「IT革命」と呼ばれるPCを利用したインターネットの金融取引と結合し，その結果，世界的規模でマネーゲームが展開される資本主義へと変化した。これがいわゆる「カジノ資本主義」あるいは「グローバル資本主義」と呼ばれる現代資本主義の大きな特徴である（中野 2010：74-80）。

マネーゲームの世界的展開

グローバリゼーションの時代と呼ばれる1990年代以降の世界の金融経済（すなわち金融資産）と実体経済（すなわち世界の名目GDP）を比較すると，金融資産の急増は顕著である。世界の金融資産（株式時価総額プラス債券発行額プラス銀行の貸出残高プラス預金などの合計）は，1990年の41兆ドル，1995年の64兆ドル，2007年の187兆ドル，2010年の212兆ドルに増大した。これに対して実体経済の世界の名目GDPは，1990年の23兆ドル，1995年の30兆ドル，2007年の54兆ドル，2010年の62兆ドルであった。世界の金融資産とGDPの比率は，1990年の1.7倍から2010年の3.4倍へと拡大した。こうして，現在，世界の金融市場での取引額は1日当たり1兆5000億ドルであり，その9割は実体経済の取引とは関係のない資金の流れである。また，外国為替市場に流れる資金は，2010年4月の平均で1日当たり3兆9810億ドルが取引されていた。これは世界の1日当たりの輸出入総額の約158倍の規模であった（水野 2008：39；西川 2014：110；『朝日新聞』2012年2月29日付朝刊の記事「カオスの深淵 市場の正体4」）。

現代の世界経済において展開されるマネーゲームは，各地域で「バブル経済」の大好景気の発生とその「バブル経済」崩壊による経済危機あるいは金融危機の発生の繰り返しがなされている。特に，途上国および新興国でのその具体的事例をいくつか示すと，NAFTA（北米自由貿易協定）成立直後の1984年末から85年のメキシコ金融危機，1997年のタイ，インドネシア，韓国，マレ

ーシアなどでのアジア通貨危機, 1998年のロシア金融危機, 1999年のブラジル金融危機, 2001年のアルゼンチン金融危機の発生などである。2003年のイラク戦争（フセイン政権崩壊）後においては, 世界のマネーゲームは, 原油, 金, 銅などの資源や食糧などの世界市場に巨額の資金が流れて展開し, それら商品の市場価格は高騰した。世界原油価格はイラク戦争以前の1バレル（159リットル）＝20〜30ドルの水準から2008年世界金融危機直前の7月には1バレル＝147ドルの最高価格を記録した。食糧価格においては, 特に2005年に米国のブッシュ政権によってトウモロコシをバイオエタノール生産に利用する「エネルギー政策法」が実施された時期からトウモロコシの価格は高騰した。2005年までは, 1ブッシェル（トウモロコシの場合, 約25.4キログラム）当たり約2ドルであった価格が, その後上昇し, 2006年には4ドルを超え, 2009年以降も6ドルを超え, 2011年には8ドルに迫った。その間に, 2007年と2008年には世界の食糧価格の高騰によって, 多くの貧しい途上国では食糧危機が発生した。

2 途上国の貧困の現状

国連の貧困削減の取り組み

世界の貧困問題, 特に途上国の貧困問題は非常に深刻である。たとえば, UNICEF（国連児童基金）の『世界子供白書2015年』によれば, 途上国を中心に5歳未満幼児の年間死亡数は, 2013年には630万人に上り, 途上国では貧しさのなかで栄養失調や病気などにより毎日約1万7000人もの幼児の命が失われているという厳しい現状がある。

途上国の貧困問題は重要な問題であるとして, 国連においても「貧困削減」を世界的課題として位置づけ取り組んできた経緯がある。

実際, 2000年9月にニューヨークの国連本部で国連ミレニアム・サミットが開催され, その会議には147の国家元首を含む189の国連加盟国代表が参加し, 21世紀の国際社会の目標として, より安全で豊かな世界づくりへの協力を約束する「ミレニアム開発目標（MDGs）」を採択した。このMDGsは国際社会の支援を必要とする課題に対して2015年までに達成するという期限付きの8つの目標, 21のターゲット, 60の指標を示した。

その8つの目標は，目標1．極度の貧困と飢餓の撲滅，目標2．普遍的な初等教育の達成，目標3．ジェンダー平等の推進と女性の地位向上，目標4．乳幼児死亡率の削減，目標5．妊産婦の健康状態の改善，目標6．HIV／エイズ，マラリア，その他の疾病のまん延防止，目標7．環境の持続可能性を確保，目標8．開発のためのグローバルなパートナーシップの推進である。

そのなかから，特に途上国の貧困に焦点を当てて具体的なターゲットをもう少し説明すると，目標1．極度の貧困と飢餓の撲滅においては，「ターゲット1-A，2015年までに1日1ドル未満で生活する人口の割合を1990年の水準の半数に減少させる」，「ターゲット1-B，女性，若者を含むすべての人々の，完全かつ生産的な雇用，ディーセント・ワーク（適切な雇用）を達成する」，「ターゲット1-C，2015年までに飢餓に苦しむ人口の割合を1990年の水準の半数に減少させる」と3つのターゲットを示している。また，目標2．普遍的な初等教育の達成においては，「ターゲット2-A，2015年までにすべての子供が男女の区別なく初等教育の全課程を修了できるようにする」，目標4．乳幼児死亡率の削減においては，「ターゲット4-A，2015年までに5歳未満児の死亡率を1990年の水準の3分の1にまで引き下げる」，目標5．妊産婦の健康状態の改善においては，「ターゲット5-A，2015年までに妊産婦の死亡率を1990年の水準の4分の1に引き下げる」，目標6．HIV／エイズ，マラリア，その他の疾病の蔓延防止においては，「ターゲット6-A，2015年までにHIV／エイズの蔓延を阻止し，その後，減少させる」，目標7．環境の持続可能性を確保においては，「ターゲット7-C，2015年までに安全な飲料水と衛生施設を継続的に利用できない人々の割合を半減する」などである。

2015年はMDGsの目標達成の期限の年であるが，国連はこの計画の報告書 (The Millennium Development Goals Report 2014) を公表している。上記の目標の達成については，いくつかの項目では重要な大きな成果を上げたが，全体としては完全ではなく，国連は引き続き途上国の「貧困削減」に取り組むことを明らかにしている。国連ではMDGsの達成期限である2015年以降の開発目標「ポスト2015開発アジェンダ」の策定を進め，2015年8月2日にMDGsに代わる今後の21世紀の国際社会の目標として国連加盟国は「持続可能な開発目標（SDGs）」の最終文書に合意した。同年9月25日には国連サミットが開催され，国際社会が取り組む「持続可能な開発のための2030アジェンダ」が採

択された。それは2016年1月から次の15年間（2030年まで）の達成すべきグローバルな大きな目標である（なお，このSDGsはあとの節で扱う）。

貧困削減の成果と現状

　ここでは，MDGsの報告書に基づき途上国の貧困の現状を確認する（この報告の概略については，UNDP（国連開発計画）のホームページで日本語でも確認できる）。

　まず，最初のMDGsの目標1．極度の貧困と飢餓の撲滅においては，「ターゲット1-A．2015年までに1日1ドル未満で生活する人口の割合を1990年の水準の半数に減少させる」という項目では，次のように報告している（なお，1日1ドル未満という極度の貧困の定義は，途中で1日1.25ドル未満と変更された）。

　開発途上地域で極度の貧困状態（1日1.25ドル未満で生活）にある人々の割合は1990年の47％から2010年には22％へと低下し，「2015年までに1日1ドル未満で生活する人口の割合を1990年の水準の半数に減少させる」というターゲットは達成された。この間，極度の貧困状態で暮らす人々は7億人減少した。しかし，大幅な進展は見られたものの，依然12億人が極度の貧困状態で生活をしている。すなわち，途上国に住む人々の約5人のうち1人が極度の貧困状態で生活している。その極度の貧困状態の人々のうち，インド（32.9％），中国（12.8％），ナイジェリア（8.9％），バングラデシュ（5.3％），コンゴ民主共和国（4.6％）の5カ国（64.5％）で全体の約3分の2を占めている。特に極度の貧困状態の地域住民の比率が高い地域は，2010年現在，サハラ以南アフリカが48％，南アジアが30％であり，目標達成ができていない。また，世界では2011年から2012年においては8億4200万人，8人に1人が慢性的飢餓に苦しんでいると推測され，その大部分（8億2700万人）が途上国の住民である。世界では5歳未満の7人に1人が低体重であり，4人に1人が発育不全である。貧困問題は今後も継続して積極的に取り組む必要がある（http://www.jp.undp.org/content/tokyo/ja/hoME/mdgoverview/mdg_1/）。

　次に，目標2．普遍的な初等教育の達成においては，「ターゲット2-A．2015年までにすべての子供が男女の区別なく初等教育の全課程を修了できるようにする」という項目では，次のように報告している。

　初等教育を受けられない世界の児童数は，2000年の1億人から2012年には

5800万人へと約半減した。開発途上地域全体では，初等教育の就学率は2000年の79.8％から2012年の90.5％へと大幅に改善した。しかし，同地域で最終学年までに25％以上が学校を離れるという退学率，紛争の影響で通学できない，障害児への配慮不足などの課題も残っている。このままのペースでは「2015年までに，すべての子供が男女の区別なく初等教育の全課程を修了できるようにする」という目標達成は厳しい状況である（http://www.jp.undp.org/content/tokyo/ja/hoME/mdgoverview/mdg_2/）。

次に，目標4．乳幼児死亡率の削減においては，「ターゲット4-A，2015年までに5歳未満児の死亡率を1990年の水準の3分の1にまで引き下げる」という項目では，次のように報告している。

世界的に5歳未満児の死亡率は1990年の出生児1000人当たり90人から，2012年には48人へとほぼ半減した。目覚ましい進捗を見せているが，2011年に死亡したと推定される5歳未満児660万人の大半は予防可能な病気（マラリア・肺炎・下痢など）によるものであった。地域間格差も残り，同年に死亡した5歳未満児の80％はサハラ以南アフリカと南アジアに住んでいる。サハラ以南アフリカでは10人に1人が，南アジアでは17人に1人が5歳を迎える前に死亡している。現在の達成速度では，目標4が全世界で達成されるのは2028年と言われている（http://www.jp.undp.org/content/tokyo/ja/hoME/mdgoverview/mdg_4/）。

次に，目標5．妊産婦の健康状態の改善においては，「ターゲット5-A，2015年までに妊産婦の死亡率を1990年の水準の4分の1に引き下げる」の項目では，次のように報告している。

出生児10万人当たりの妊産婦の死亡者数は，1990年の380人から2013年の210人へと，23年間で45％低下した。しかし，この数値は2015年までの達成目標からは依然としてかけ離れている。妊産婦死亡率は国家間でも国内でも，富める者と貧しい者との格差が最も大きい保健指標の1つである。開発途上地域では，出産時に熟練医療従事者が立ち会うケースは1990年56％から2012年には68％に上昇したものの，依然約4000万人が十分なケアがないまま出産している。うち3200万人は農村地域での出産である。また，妊産婦の約半数しか，推奨される最低4回の妊婦健診を受けていない。目標を達成するには，女性と子供に対する施策および強力な政治的支援が必要となる（http://

www.jp.undp.org/content/tokyo/ja/hoME/mdgoverview/mdg_5/)。

　次に，目標6．HIV／エイズ，マラリア，その他の疾病のまん延防止においては，「ターゲット6‐A，2015年までにHIV／エイズのまん延を阻止し，その後，減少させる」では，次のように報告している。

　世界全体でHIVの新たな感染者数（15～49歳）は減り続け，2001年から2012年の間に44％減少した。しかし，2012年においては推定230万人（全年齢を含む）が新たにHIVに感染し，160万人がHIV／エイズに関連して死亡した。新たなHIV感染者のうち70％（160万人）はサハラ以南アフリカの人々である。2012年においては約21万人，1日当たり約600人の子供がHIV／エイズに関連して死亡した。若者に対するHIV／エイズ感染予防法の教育は充分ではないため，性教育などの普及にもより力を入れていかなければならない。マラリアによる死亡率は2000年から2012年の間に，世界全体で42％低下した。この間に，推定330万人がマラリアによる死を回避した（http://www.jp.undp.org/content/tokyo/ja/hoME/mdgoverview/mdg_6/)。

　次に，目標7．環境の持続可能性を確保においては，「ターゲット7‐C，2015年までに安全な飲料水と衛生施設を継続的に利用できない人々の割合を半減する」という項目では，次のように報告している。

　1990年以降，23億人以上が改善された水源にアクセスできるようになり，「2015年までに，安全な飲料水と衛生施設を継続的に利用できない人々の割合を半減する」というターゲットは達成された。しかし，2012年時点で依然7億4800万人が改善された水源にアクセスできずにいる（http://www.jp.undp.org/content/tokyo/ja/hoME/mdgoverview/mdg_7/)。

3　貧富の格差の拡大

世界の億万長者

　現代世界では，1日1.25ドル未満で生活する極度の貧困状態にある12億人が存在する一方で，マネーゲームの世界経済で巨万の富を持つ一握りの億万長者（ビリオーネア）も存在する。

　毎年3月に米国の経済雑誌『フォーブス』では保有金融資産10億ドル以上のビリオーネアの名前と保有資産額を公表している。2015年3月の発表によ

れば，ビリオーネアの人数は1826人であり，その保有資産合計は7兆500億ドル（約846兆円，1ドル＝120円）である。

リストの第1位がマイクロソフト社のビル・ゲイツの792億ドル（約9兆5000億円），第2位がメキシコのIT・通信会社のカルロス・スリムの771億ドル（約9兆2500億円），第3位が米国の投資家のウォーレン・バフェットの727億ドル（約8兆7200億円）であった。この3人はここ10年以上の常連の名前である。また，国別では，米国が536人，中国が213人，ドイツが103人，インドが90人，ロシアが88人，英国が53人，フランスが47人，台湾が33人，韓国が30人，日本が24人などである。

なお，参考のために主要国の2014年の名目GDPの数字を紹介すると，第1位の米国が17兆4000億ドル，第2位の中国が10兆4000億ドル，第3位の日本が4兆6000億ドル，第4位のドイツが3兆9000億ドル，第5位の英国が2兆9000億ドルであった。1826人のビリオーネアの保有資産7兆ドルという数字は，第3位の日本，第4位のドイツ，第5位の英国のGDPよりも大きいということが分かる。また，1日1.25ドル未満で極度の貧困状態にある12億人の1年間（365日）の所得（生活費）の総計は単純な計算で6000億ドルにもならない。ビリオーネア1826人のうち上位12人の保有資産だけで6000億ドルを超えている（もちろん，統計数字でストックとフローを単純に比較することに問題があるとはいえ，興味深い比較となる）。また，毎年発表される『フォーブス』のビリオーネアリストではあるが，そのリストには不思議なことに，世界的な有名な財閥の名前はほとんど出てこないか，あるいは非常に小さくしか出てこないことに気付く。たとえば，ヨーロッパ最大の財閥であるロスチャイルド一族の資産，あるいは米国の有名な巨大財閥であるロックフェラー，モルガン，デュポン，メロンの一族などの資産である。さらに，途上国の独裁者一族の資産もそのリストにはほとんど出てこない。したがって，『フォーブス』のリストは世界のすべての富裕層の資産の実態を示すものではないが，世界のビジネス中心の富裕層の実態を示した数字であることに留意する必要がある。

トマ・ピケティの問題提起

さて，世界的な貧富の格差の拡大についての歴史的実証研究で大きな注目を浴びてすっかり有名になったフランスの経済学者トマ・ピケティの『21世紀

の資本』においても，この『フォーブス』の富豪リストの数字を使いその1つの分析を次のように試みている。

　1987年から2013年にかけて，リストの保有資産10億ドル以上のビリオーネアの数は140人から1400人に，その保有資産は3000億ドルから5兆4000億ドルに増加した。1987年当時は，地球上には成人1億人当たり億万長者がわずか5人であったが，2013年にはそれが30人になった。世界の成人人口のうち最も裕福な上位2000万分の1をみると，1980年代後半では30億人中およそ150人，2010年代前半では45億人中225人であった。この集団の平均資産は，1987年時点で15億ドル超であったが，2013年にはおよそ150億ドルに増加し，資産の平均成長率はインフレを調整して6.4％となる。さらに，世界人口のうち最も裕福な上位1億分の1をみると，1980年代後半では30億人中約30人，2010年代前半では45億人中45人であり，その平均資産は30億ドル超から，ほぼ350億ドルに増加し，資産の平均成長率はインフレを調整して6.8％であった。一方，その同じ期間の世界GDP成長率は3.3％，成人1人当たりの世界平均資産の成長率は2.1％，成人1人当たりの世界平均所得の成長率はわずかに1.4％であった。そこで，この分析のピケティの結論は，1980年代後半以降，第1に，世界の富（資産）は平均して所得より大きく増加しており，第2に，最大の富（億万長者の保有資産）は平均資産よりよりはるかに急速に増加している。すなわち，ピケティが『21世紀の資本』で問題提起した結論，$r > g$（資本収益率＞所得成長率）が証明される（ピケティ 2014：448-453）。

　このピケティの分析より分かることは，1980年代後半以降，世界の一握りの億万長者の保有資産は，世界の平均所得の成長率よりも大きく，世界のGDP成長率より大きく，世界の平均資産の成長率よりも大きく増加したということである。こうして，一部の富める人々はますます裕福になり，貧しい人々は貧困のなかに留まり，世界的な「格差社会」が形成され，世界の南北問題は解決しなかった。

税金逃れとタックスヘイブン

　世界の億万長者の資産形成とアップル，グーグル，アマゾン，スターバックスなどの有名なグローバル企業（多国籍企業）の巨額の利潤獲得において重要な役割を果たしているのがタックスヘイブン（租税回避地）あるいはオフショ

ア（タックスヘイブンの別名で，「沖合」の金融センターである）の利用である。タックスヘイブンとは，意図的に税金を優遇し，無税あるいはきわめて低い税率にして外国からの膨大な資金を集めている国・地域である。多数のペーパーカンパニーがあり，多国籍企業や富裕層の税金逃れ，富裕層や犯罪組織や独裁者の資産隠し利用されて国際問題となっている。

　タックスヘイブンについては代表的には3つのグループがあり，第1にヨーロッパ圏，第2に英国圏，第3に米国圏のものである。第1のヨーロッパ圏のタックスヘイブンは，第1次世界大戦中に各国政府が戦費の調達のために税金を引き上げたことから富豪たちの資産を隠し守るために本格的に活動を開始した。有名なのは中立国のスイスであり，オーストリア，ルクセンブルク，オランダ，ベルギー，モナコ，リヒテンシュタイン，アンドラなどである。第2の英国圏のタックスヘイブンは，かつての大英帝国の金融の中心であったロンドンのシティーであり，英国領ケイマン諸島，同ヴァージン諸島，バミューダ島，タークス・カイコス諸島，ジブラルタル，香港，シンガポール，英国王室属領のジャージ，ガーンジー，マン島などである。第3の米国圏のタックスヘイブンは，米国領ヴァージン諸島，マーシャル諸島，パナマなどである。なお，2001年の米国のエネルギー関連会社のエンロン破綻事件（負債総額318億ドル）で有名になったタックスヘイブンは英国圏のケイマン諸島，タークス・カイコス諸島などであり，米国多国籍企業の利用も多い（シャクソン 2012:26-34）。

　現代の世界貿易取引の半分以上が少なくとも書類上はタックスヘイブンを経由しており，世界の銀行資産の半分以上，多国籍企業の海外直接投資の3分の1が同様にタックスヘイブンあるいはオフショアを経由して送金されている。国際的な銀行業務や債券発行業務の約85％はいわゆる「ユーロ市場」（国家の枠外のオフショア・ゾーン）で占められている。IMF（国際金融基金）の発表によれば，2010年の島嶼部のオフショアの金融センターだけでバランスシート（貸借対照表）の合計額は18兆ドルに上ると推定している。この数字は世界GDPの約3分の1に相当する額であるが，過小評価であるとの批判もある（シャクソン 2012:17）。

　英国のNGOタックス・ジャスティス・ネットワークの調査によれば，2010年現在，タックスヘイブンに隠されている世界の富は，80以上の国・地域に，少なくとも21兆ドルから32兆ドルに上る。同年の世界GDPは約65兆ドル，

第Ⅱ部　グローバル化と地域社会

米国が約15兆ドル，中国が約6兆ドル，日本が約5兆5000億ドルであり，その額は米国のGDPより大きく，日本のGDPの4倍から6倍に相当する。そのうち，7兆3000億ドルから9兆3000億ドルは139の中所得国（途上国・新興国）から流失したものである。仮に中所得国からの流出がなければ，多くの途上国・新興国は債務国ではなく，10兆1000億ドルから13兆1000億ドルの純債権国となった可能性もある。このように，途上国・新興国からのタックスヘイブンへの資金の流失は実は深刻な問題であり，途上国の貧困の背後に存在する問題でもある（合田 2014：42-43）。

世界の貧富の拡大

また，世界の貧富の格差の拡大については，UNDPの『人間開発報告』においても説明されている。すなわち，世界の最上位20％（最富裕層）の人々と最下位20％（最貧困層）の人々の歴史的な所得格差の推移をみると，1960年には世界総所得に占める割合は最上位20％が70.2％，最下位20％が2.3％であり，その所得格差は30対1であった。以下同様の順に，1970年には前者が73.9％，後者が2.3％でその格差は32対1，1980年には前者が76.3％，後者が1.7％でその格差は45対1，1989年には前者が82.7％，後者が1.4％でその格差は59対1となり，1997年には前者が86.0％，後者が1.0％でその格差は74対1まで拡大した。これらの数字からも，特に1980年代以降の貧富の格差の拡大が確認できる（山田編著 2010：54-55。1992年版と1999年版の『人間開発報告』からの数字）。

こうして，1980年代以降においては「新自由主義」経済学が近代経済学の主流となり，1990年代以降の世界経済においては「カジノ資本主義」へと変化し，世界市場においては巨額のマネーゲームが展開し，世界的に「格差社会」が形成され，世界の人々の貧富の格差の拡大が進行した。

4　貧困問題解決のための課題

国連の新しい開発目標

1980年代以降の「新自由主義」の流れと1990年代以降の大規模なマネーゲームが展開する「グローバル資本主義」への変化によって，世界の人々の貧富

の格差の拡大が進行している。特に，途上国の貧困問題は現代世界の重要課題である。

実際，2015年9月25日に世界各国のおよそ130の首脳が参加して国連サミットが開幕され，2030年までの世界の持続可能な発展を目指す新たな「持続可能な開発目標（SDGs）」が採択された。それは国連が2000年から15年間にわたって途上国の開発を目指して掲げてきた「ミレニアム開発目標（MDGs）」が2015年で期限を迎えたことから，それに代わる新たな目標として定めたものである。新しいSDGsは途上国だけでなく先進国も含めた貧困や格差の解消，環境に配慮した持続的な経済成長，平和で公正な社会の実現など，17の目標，169項目である。特に，そのなかでも「貧困撲滅」は，現在世界が直面している最大の地球規模の課題であり，持続可能な開発にとって必須の条件であるとの認識がある。

その17の目標は，次のとおりである。

目標1．あらゆる場所のあらゆる形態の貧困を終わらせる。

目標2．飢餓を終わらせ，食糧安全保障および栄養改善を実現し，持続可能な農業を促進する。

目標3．あらゆる年齢のすべての人々の健康的な生活を確保し，福祉を促進する。

目標4．すべての人々への包括的かつ公平な質の高い教育を提供し，生涯学習の機会を促進する。

目標5．ジェンダー平等を達成し，すべての女性および女子のエンパワーメントを行う。

目標6．すべての人々の水と衛生の利用可能性と持続可能な管理を確保する。

目標7．すべての人々の，安価かつ信頼できる持続可能な現代的エネルギーへのアクセスを確保する。

目標8．包括的かつ持続可能な経済成長，およびすべての人々の完全かつ生産的な雇用とディーセント・ワーク（適切な雇用）を促進する。

目標9．レジリエントなインフラ構築，包括的かつ持続可能な産業化の促進，およびイノベーションの拡大を図る。

目標10．各国内および各国間の不平等を是正する。

目標11．包括的で安全かつレジリエントで持続可能な都市および人間居住を

実現する。

目標12. 持続可能な生産消費形態を確保する。

目標13. 気候変動およびその影響を軽減するための緊急対策を講じる。

目標14. 持続可能な開発のために海洋資源を保全し，持続的に利用する。

目標15. 陸域生態系の保護・回復・持続可能な利用の推進，森林の持続可能な管理，砂漠化への対処，ならびに土地の劣化の阻止・防止および生物多様性の損失の阻止を促進する。

目標16. 持続可能な開発のための平和で包括的な社会の促進，すべての人々への司法へのアクセス提供，およびあらゆるレベルにおいて効果的で説明責任のある包括的な制度の構築を図る。

目標17. 持続可能な開発のための実施手段の強化し，グローバル・パートナーシップを活性化する。

貧困削減のための財源

さて，SDGs を 2030 年までに本当に実現するためには，何が必要か。最重要な課題はその計画実行のための財源の確保である。経済的な裏付けがなく，目標の実現は困難である。

第1に，最初に確保できる財源は先進国の政府開発援助（ODA）である。実際に，先進国からの ODA は 2000 年から 2014 年の間に実質 66％増加し，1352 億ドルに達した。しかし，ODA 提供国である先進国のうち，国連目標である国民総所得の 0.7％を超えた国は，2014 年においては英国，デンマーク，ルクセンブルク，ノルウェー，スウェーデンの 5 カ国だけである。G7 のなかの米国（0.19％，2013 年），日本（0.23％，同年），ドイツ（0.38％，同年），フランス（0.41％，同年），イタリア（0.16％，同年），カナダ（0.27％，同年）は，その国連目標の 0.7％を必ず実現する必要がある。特に，日本は DAC（OECD の開発援助委員会）加盟 28 カ国中，第 18 位（0.23％）となっている。世界一の経済大国の米国は，第 20 位（0.19％）である。先進国としての国際的な責任を果たすべきである。

第2に，世界の軍事費を大幅に削減し，世界の軍縮に取り組み，削減した軍事費を計画実行のための財源にすることである。

国連の最大の弱点は，国連常任理事国 5 カ国（米国，中国，ロシア，フランス，

英国）が世界の「軍事大国」であることだ。そのために，軍縮と軍事費の削減に正面から取り組まない。実際，今回の SDGs，前回の MDGs にも，軍縮と軍事費の削減の項目はまったく入っていない。本来ならば，これらは重要項目である。

スウェーデンのストックホルム国際平和研究所（SIPRI）は 2015 年 4 月 13 日，2014 年の世界の軍事費について発表した。その発表によれば，世界全体の 2014 年の軍事費は，1 兆 7760 億ドル（約 213 兆円，1 ドル = 120 円）であった。第 1 位の米国が 6100 億ドル，第 2 位の中国が 2160 億ドル，第 3 位のロシアが 845 億ドル，第 4 位のサウジアラビアが 808 億ドル，第 5 位のフランスが 623 億ドル，第 6 位の英国が 605 億ドル，第 7 位のインドが 500 億ドル，第 8 位のドイツが 465 億ドル，第 9 位の日本が 458 億ドル，第 10 位の韓国が 367 億ドルである。世界全体の軍事費に占める割合は，第 1 位の米国が 34.3％，第 2 位の中国が 14.7％，第 3 位のロシアが 4.8％，第 4 位のサウジアラビアが 4.5％である。

前に示したが，現在，世界には 1 日 1.25 ドル未満で極度の貧困状態にある 12 億人が存在する。極貧の 12 億人の 1 年間（365 日）の所得（生活費）の総計は単純な計算で 6000 億ドルにも満たないのである。特に，中国とインドは国内に多数の極貧の国民を抱えながら，巨額の軍事費を支出している。現在，世界の極貧の 12 億人のうち，中国が 12.8％（1 億 5000 万人）インドが 32.9％（3 億 9000 万人）を占めている。

また，米国は 6100 億ドルの軍事費を注ぎ込みながら，ODA は 2010～13 年には毎年 300 億ドル程度（軍事費の約 20 分の 1）の実績しかない。ちなみに，日本の ODA は 2013 年の 118 億ドルで軍事費の約 4 分の 1 であり，英国は同年の 178 億ドルで軍事費の約 3 割，フランスは同年の 114 億ドルで軍事費の約 2 割，ドイツは同年の 141 億ドルで軍事費の約 3 割であった。このように，米国の ODA の軍事費に対する割合は先進国のなかでも桁違いに低い。

第 3 に，計画実現の財源の確保に必要なことは，タックスヘイブンに隠され蓄積された富裕層と多国籍企業の巨額の資金に規制と税金を課することである。前にも示したが，2010 年現在，タックスヘイブンに隠されている世界の富は，80 以上の国・地域に，少なくとも 21 兆ドルから 32 兆ドルに上るという推計がある。そのうち，7 兆 3000 億ドルから 9 兆 3000 億ドルは 139 の中所得国

（途上国・新興国）から流失したものである。特に，中国は国内からのタックスヘイブンへの資金の流失が飛び抜けて大きく，中央・地方の共産党幹部や高級官僚の一族によって1兆1890億ドルの資金が持ち出されている。

　第4に，世界の金融市場と外国為替市場で取引されている資金に，かつて経済学者のジェームズ・トービンが提起した投機的な短期取引に対して課税するという制度を導入し，その計画実行のための財源を確保する必要がある。

　現代の「カジノ資本主義」へと変化した世界経済では毎日巨額な資金が金融市場と外国為替市場に投資され取引されている。前に示したように，世界の金融市場では1日当たり1兆5000億ドル，外国為替市場では1日当たり約4兆ドルの取引が展開されている。そこで，世界の金融市場と外国為替市場の取引に対してわずかな税率で課税する制度（金融取引税と外国為替取引税）を導入することで計画実行のための財源を確保する政策である。

　たとえば，今日の世界の金融市場では1日当たり1兆5000億ドル，外国為替市場では1日当たり約4兆ドルの取引が展開されているので，税率を0.1％，取引の営業日を年間300日（土日と祝日を除く）として計算すると，金融市場からは年間4500億ドル，外国為替市場からは年間1兆2000億ドル，合計年間1兆6500億ドルの財源が確保できる。同様に，税率を0.05％として計算すると，金融市場から年間2250億ドル，外国為替市場から年間6000億ドル，合計年間8250億ドルの財源の確保ができる。

　以上，途上国の貧困問題解決のための課題として，2015年9月に国連サミットが採択した「持続可能な開発目標」(SDGs) を2030年までに実現するために，その財源の確保について経済的な分析を試み，そのための4つの現実的な方法を提起した。途上国の「貧困削減」は現代世界の最優先課題である。そのためには，世界市民の議論を結集し，具体的な政策と制度を国際社会において確立することが必要である。そのことによって，世界平和と「持続可能な開発目標」は実現できるのである。

参考文献

合田寛『タックスヘイブンに迫る――税逃れと闇のビジネス』新日本出版社，2014年。
シャクソン，ニコラス（藤井清美訳）『タックスヘイブンの闇――世界の富は盗まれている！』朝日新聞出版，2012年。

スーザン・ストレンジ（小林襄治訳）『カジノ資本主義』岩波書店，1988年。
中野洋一『軍拡と貧困のグローバル資本主義』法律文化社，2010年。
西川潤『新・世界経済入門』岩波新書，2014年。
ピケティ，トマ（山形浩博・守岡桜・森本正史訳）『21世紀の資本』みすず書房，2014年。
水野和夫『金融大崩壊』NHK出版，2008年。
水野和夫『人々はなぜグローバル経済の本質を見誤るのか』日経ビジネス文庫，2013年。
山田満編著『新しい国際協力論』明石書店，2010年。
外務省『ODA白書』各年版（外務省HPより入手可能）(http://www.mofa.go.jp/mofaj/gaiko/oda/shiryo/hakusyo.html)
UNDP（国連開発計画）『人間開発報告』阪急コミュニケーションズ，各年版。

第11章　日本の外国人労働者政策
——韓国との比較を通して——

田 巻 松 雄

1　東アジアにおける外国人労働者問題をみる目

問題意識

　就労を目的として大量の外国人が日本へ流入し始めて20年以上が過ぎた。現在，日本では少子高齢化が急速に進んでおり，外国人との共生を図り，外国人のパワーを活用することは日本経済の再生や地域の活性化実現のために不可欠なものとなっている。これまで，外国人労働者を安価な労働力と使い捨ての対象とみる雇用システム・労働慣行が強く存在してきたことは否定できない。現状を放置すれば，外国人労働者は日本から流出し，新規流入の見込みも厳しくなっていくであろう。

　日本政府もこのような事態を意識し始め，外国人労働者政策を「管理」から「共生」や「統合」へとシフトすることの重要性を指摘するようになっている。その際最も広く使われている言葉が「多文化共生」であろう。本章は，韓国の経験を比較参照しながら，日本の外国人労働者政策を振り返る。日本と韓国はともに労働力受入後発国として，外国人労働者導入に伴う「利益最大化」と「コスト最小化」を実現・維持するために厳格な入国管理制度をとってきた。本章では，こうした政策の特徴と問題性を整理・検討することを主眼とし，最後に，「多文化共生」に向き合うために必要な論点を提示する。

東アジアにおける労働力移動

　1980年代後半，東アジアにおける就労を目的とした人の移動は大きな転換期を迎えた。東南アジアのタイ・マレーシア，都市国家型経済の香港・シンガポールに加えて，北東アジアの日本・韓国・台湾が越境労働力の新たな求心国・地域として浮上した。この結果，1990年代までには，東アジア地域の国

家は，ほぼすべて，労働力の送出国，受入国，あるいは双方の役割を担う国として国際労働力移動に関わることになった。

　これらの東アジア各国へ外国人労働者が大規模に流入した背景はほぼ共通している。これらの諸国では80年代経済成長に伴い全般的に労働力不足が生じた。労働力不足には，教育水準の上昇などによって，若年労働力を中心に労働集約型産業や労働条件の良くない職場を忌避する傾向が強まったことが関係している。そして，経済成長に伴う全般的な国内労働力の賃金上昇は，近隣アジア諸国との賃金・所得格差を拡大し，外国人労働者を誘引する大きな要因となった。

　これらの諸国では，おおむね1980年代末まで外国人労働者を受け入れる体制が整っておらず，流入した労働者が非正規化（「不法化」）した点も共通する。マレーシアでは早くから非正規滞在者問題が顕在化していた。タイでは80年代後半以降にミャンマー，ラオス，カンボジアからの非正規滞在者が急増した。日本・韓国・台湾でも，外国人労働者政策は労働力不足と増加する非正規滞在者への対応として始まった。

日本と韓国

　日本と韓国は外国人労働者政策とその実態の面で共通することが多い。まず，「後発性」という共通性がある。アジアの主たる労働力受入国は，シンガポールを除き，ほぼ1980年代に労働力受入を経験しており，世界的にみれば後発的な労働力受入国である。日本と韓国は最も後発的な受入国に属する。戦後の労働力移動の求心点は，大まかに言って，ヨーロッパ，中東，アジアへとシフトしてきた。一般に，後発的な受入国ほど，他国の経験を参考あるいはモデルとしながら，外国人労働者導入に伴う「利益最大化」と「コスト最小化」を実現・維持するために厳格な入国管理制度をとってきたと捉えられる。

　もう1つの共通性は，外国人労働者の規模に関わる。90年代，日本と韓国での労働力総人口に占める外国人労働力の比率は1％台で推移した。その比率が2桁に及ぶタイやマレーシアに比べればはるかに小さい。これは，いずれも制限的な受入政策を取ってきたことに起因している。以上の2点は，台湾も共有する特徴である。

　外国人労働者の受入と政策における日本と韓国の類似点は，以下のように整

理される。第1に，両国とも，非専門的な単純労働分野といわれる低熟練技能分野での外国人労働力の導入に慎重であった。韓国は2004年に雇用許可制によって低熟練技能分野での労働力導入に踏み切るが，日本では，現在も低熟練技能分野での外国人の就労は原則として認められていない。第2に，両国とも，当初より，非正規滞在者問題が主要な政策課題となり続けてきた。第3に，両国とも，民族的な出自を同じくする人々の大量の還流現象が見られた。日本への日系南米人の出稼ぎ現象，韓国への中国朝鮮族の出稼ぎ現象が，それに当たる。第4に，両国とも，2000年代に入り，外国人労働者に関する国レベルでの様々な政策が整備されてきている。そして，日本では2006年に総務省が多文化共生の推進に関するプランを，韓国でも同時期に外国人政策委員会が社会統合に関するプランを発表し，両国とも従来の「管理」中心の政策から「共生」あるいは「統合」へと大きく方向転換するような姿勢を示した。

外国人労働者問題をみる眼

東アジアにおける労働力移動の現状・背景・意味などを検討する視点としては，経済のグローバル化，外国人労働者政策，社会運動等が考えられるが，本章では，受入国政府の「政策」とそれに規定される実態に主な関心を向ける。その基本的な理由は，経済のグローバル化に伴う経済格差が国際労働力移動の大きなプッシュ（押し出し）・プル（引き出し）要因を形成することは確かだとしても，実際の人の移動は受入国政府の政策により大きく規定されるからである。つまり，受入国政府の入国管理制度によって労働力の流入の規模と属性はある程度コントロールされる。「政策」とその実態に視点を置く検討は，どの程度の外国人労働者がどのような形態で流入し，どのような条件・環境の下で働き，どのような問題に直面してきたのか，という問題を直接問いかけることになる。また，それは，外国人労働者問題に関する受入国政府や社会の責任を検証する作業とも繋がる。

2　日本における外国人労働者政策とその実態

外国人労働者の流入とそれへの対応

日本では，80年代後半から始まるバブル期に特に建設業と製造業における

労働力不足が表面化し，主に東南アジアからの外国人労働者が流入した。日本は外国人労働力を受け入れる正式な制度を有していなかったため，流入した労働者はすべて非正規滞在者となった。非正規滞在者の増加は，治安や労働市場の面で国家の正当性を揺るがす大きな問題を構成する。他方で，この時期，特に製造業と建設業を中心に人手不足が深刻化する。外国人労働者への対応は，「不法就労」の防止と低熟練技能分野での労働力不足の解消を主要な政策課題として始まることになった。

「出入国管理及び難民認定法」(以下,「90年入管法」と表記) は1989年に改定され，翌90年より施行されたが，「単純労働力分野での外国人就労の原則禁止」という従来の方針は堅持された。この方針が閣議了解の下で堅持されてきた理由の1つは，戦後日本社会のなかで存在してきた在日朝鮮・韓国人の問題が関係する。日本の植民地政策の下で大量に日本へ移動し，戦後も引き続き日本に定着した朝鮮半島にルーツのある人々は，1952年のサンフランシスコ平和条約の発効によって，日本国籍を喪失して，外国人となった。朝鮮半島にルーツのある人々は，いずれ日本国籍を取得して帰化するかもしくは日本から出て行く人々とみなされていたが，現実はそうはならなかった。もう1つは，ヨーロッパの経験が関係する。ヨーロッパ諸国は高度経済成長期にゲストワーカーとして大量の外国人労働者を受け入れた。オイルショック後には外国人労働者の労働力は不要なものとして帰国を奨励する政策が取られたが，現実は，家族呼び寄せなどで外国人の定住化が進んだ。日本が外国人労働者の導入に慎重であったのは，この2つの経験について，外国人はいったん流入するとコントロールが難しい存在になると解釈して，教訓として受け止めたことが関係している。

ちなみに，外国人となった朝鮮半島にルーツのある人々の在留資格は，「別に法律で定めるところにより，その者の在留資格および在留期限が決定されるまでの間，引き続き在留資格を有することなく，本邦に在留することが出来る」(法126) というもので，きわめて曖昧な状態が長期間続いた。旧植民地出身という同じ歴史的背景を持つものの在留資格が「特別永住」として一本化されるには，「日本国との平和条約に基づき日本の国籍を離脱した者等の出入国管理に関する特別法案」(91年3月) まで待たねばならなかった。

さて，非正規滞在者発生の根本的原因は，資本が国境を越えて労働力を編成

することと国家が国境を越える人々の移動を制限することとの乖離にある。この乖離のなかで、80年代末から93年まで、出稼ぎ目的で来日し在留期間を超過して滞在する非正規滞在者が急増し、93年のピーク時で約30万人に達した。

これに対して、日系南米人および研修生が増大したことには、「90年入管法」の新しい内容が直接的な影響を及ぼした。「90年入管法」は、まず、日本人の血統を有する日系人に対して、「活動内容に制限がない在留資格」（したがって就労に制限のない資格）を優先的に供与した。この改定により、特に「定住者」ビザを通じた日系南米人の流入が急増した。また、「90年入管法」は、「特別永住者」の創設により長年の懸案事項であった旧植民地出身者の法的地位問題に一定の解決を与えた。このうち「定住者」という在留資格の創設は、在日三世と日系三世の処遇バランスを図った結果だと言われる。ブラジル人の日本への出稼ぎは、「90年入管法」以前から、移民ネットワークを利用する形で始まっていた。また、国は日系人を「外国人労働者」として導入したわけではない。しかし、「90年入管法」は、かれらの出稼ぎを加速化させる結果を招いた。身分を保障されているがゆえに、かれらは、移動が自由な労働力を構成することになった。

一方、明らかに外国人労働者の導入を意図して活用されたのが研修生制度である。「研修」の在留資格は、「90年入管法」によって、それまでの「留学生」の一形態であったものから、独立した在留資格として創設された。その後、経済団体の圧力を受け、研修制度の規制緩和が進み、人手不足の中小零細企業に対して大きく門戸を開いていくことになった。研修生もまた、公式には「労働者」ではない。日系人と対照的なのは、研修期間が短期に限定され研修先を変更できないなど、管理された不自由な労働者だということである。

1999年末現在、就労する外国人の総計は66万8200人で、そのうち、技術・専門職従事者12万5700人を除く54万2500人が、低熟練技能分野で就労していた。その内訳は、非正規滞在者25万1700人、日系南米人22万500人、研修・技能実習生7万300人であった（『朝日新聞』2000年12月24日）。90年代、日系人の大量流入はあったが、2000年時点では、非正規滞在者のほうが多く、低熟練技能分野就労者の約6割を占めていた。

「不可視な存在」

　非正規滞在者，日系南米人，研修生には，共通した基本特性が2つある。1つは，いずれも低コストで臨時的・短期雇用に対応するフレキシブルな労働力を構成してきたことである。非正規滞在者が1つの企業で働く期間は概ね3カ月から6カ月，最も長いケースで1年であると言われる。賃金の支払いは，時給あるは日給制で計算され，日払いあるいは週払いで支払われているケースが多い。非正規滞在者は日雇的な定着性の低い労働力として位置づけられている。日系南米人については，最も数が多いブラジル人を中心に研究が進められてきた。それらを参照すると，日系ブラジル人の多くが業務請負業者から派遣される間接雇用の労働者として製造業で就労してきた。親企業の生産予定に合わせて3カ月や6カ月といった短期雇用の請負契約を結ぶのが一般的である。業務請負業を用いる製造業にとって最大の魅力は，生産量の増減に合わせて必要な時に必要な労働力を速やかに調達出来ることにあり，これに，正社員のコストに比べて外部委託のコストがはるかに安いという魅力が加わる。研修生は，実質的に中小零細企業の安価な労働力となってきたことが広く知られている。研修期間は原則1年である。93年に技能実習制度が新設され最大3年までの延長が可能になったが，短期ローテーション型の雇用形態であることは明らかである。

　もう1つの特性は，かれらが「不可視な存在」という性格を強く持っていたことである。

　非正規滞在者は，強制送還の対象であり，潜伏的な生活を余儀なくされる。日本では，90日以上滞在する外国人には外国人登録が義務づけられていた（2012年7月9日在留管理制度が導入され，外国人登録制度は廃止された）。行政サービスを受けるには，登録が必須である。しかし，非正規滞在者の多くは，存在の発覚を恐れるなどの理由から，登録をしていない。毎年の入管統計を参照すると，非正規者の中で登録しているのは平均1割程度と思われる。したがって，非正規滞在者は，行政サービスの面でも，不可視な存在であることを余儀なくされてきた。

　ブラジル人を中心とする日系南米人は，非正規滞在者とは対照的に，身分に対する在留資格が優遇されるなかで，自由な労働者として就労してきた存在であった。その自由な性格は，雇用側からすると，短期で臨時的な雇用へのニー

ズを満たすフレキシブルな労働力を保証する条件となる。日系人の大量流入は，バブル期の人手不足の時期に生じたが，バブル経済崩壊以後，日本人が周辺労働市場に回帰してきたことによって，ブラジル人の仕事はよりマージナルな領域へと移行してきた。梶田孝道らは，請負労働力化や長時間労働に特徴づけられる就労の論理によって，外国人労働者がそこに存在しつつも，社会生活を欠いているがゆえに地域社会から認知されない存在になることを「顔のみえない定住化」と呼んだ（梶田・丹野・樋口 2005）。研修生は，日系ブラジル人とは対照的に管理された労働者であり，研修先を変更できないことを含め，雇用主の厳格な管理下に置かれる。また，短期滞在であるがゆえに，地域社会のなかで，その存在はほとんど見えない状態に置かれる。

　おおよそ 2000 年前後までの外国人労働者をめぐる動向を総括すると，外国人労働者の流入は非正規滞在者の増大という形で始まり，このことは国内労働市場を「開国」するのか「鎖国」を堅持するのかに関する議論を高めた。しかし，安価でフレキシブルな外国人労働者は，全般的に「不可視な存在」であり，かれらの労働条件や生活状況に対する市民社会での関心は高いものではなかった。外国人労働者のなかで，国が早くから関心を示していたのは，非正規滞在者の存在である。非正規滞在者に対する最初のまとまった政府報告は，1990 年版の『警察白書』に特集として掲載されている。このことは，非正規滞在者が何よりも治安的な観点から問題視されてきたことを示している。

　「90 年入管法」の目的の 1 つは，不法就労助長罪の新設など，急増した「不法就労」者に対応するためのものであった。しかし，不法就労助長罪による検挙件数は，「不法就労」による退去強制摘発人員数の 100 分の 1 程度であり，効果は限定されていた。このような事態の基本原因は，人手不足のなかで流入した非正規滞在者が，景気低迷期のなかでも日本の産業に構造的に組み込まれてきたことにあり，国が日本経済を支える非正規滞在者の労働力の有用性に配慮して，「不法就労」対策に本腰を入れてこなかったためである。この間，非正規滞在者の滞在は長期化し，出稼ぎ型から定着化への移行が見られた。2000 年代に入るまで，「90 年入管法」のほかに大きな制度的改編はなかった。

3 韓国における外国人労働者政策とその実態

外国人労働者の流入とそれへの対応

韓国は，1980年代半ばまで主に中東の建設現場へ労働力を送り出していた国である。88年のソウルオリンピックなどを契機に経済発展が上昇する中で，特に製造業での人手不足が深刻になり，労働力を送る側から受け入れる側への転換が急激に生じた。日本と同様に，外国人労働力を受け入れる正式な制度を有していなかったため，流入した外国人労働者は非正規滞在者となり，外国人労働者への対応は，「不法就労」の防止と低熟練技能分野での労働力不足の解消を主要な政策課題として始まった。韓国における非正規滞在者は，90年約2万人であったが，94年には約5万人に増加していた。

韓国で，まず，労働力不足を補完したのは，中国朝鮮族である。中国朝鮮族は，第2次世界大戦終戦までに中国に渡り，その後，中国少数民族として中国に在留し続けた人々とその子孫をさす。日本にルーツがある日系南米人が90年代以降日本に大量移動した現象と類似するものとして，韓国へは朝鮮半島にルーツがある中国朝鮮族が「親族訪問」を利用して80年代後半から大量に移動し始めた。韓国政府は1984年に，親族訪問の中国朝鮮族来訪者に6カ月の在留を認める旅行証明書の発給に踏み切っていた。親族訪問によって発給される旅行証明書では，韓国内での就労は認められていない。中国朝鮮族の出稼ぎは当初一時的な滞在が主だったようであるが，予想外の大量の流入と滞在が長期化し「不法就労」が増大したことへの対応として，韓国政府は中国朝鮮族に対して，在留期間の短縮や親族訪問が出来る年齢を高めに設定するなど制限措置を加えることとなる。

一方で，韓国政府は，深刻化する労働力不足への対応として，産業技術研修制度を導入する。韓国政府が研修生制度を導入にあたっては日本の制度を参考にしたと言われる。政府は，まず，91年に海外投資を行っている企業を対象に研修制度を導入するが，93年からは中小企業における労働力不足への対策として，従業員10〜300人未満の中小製造業企業を対象に外国人を研修生として原則1年雇用（1年延長可能）することができる運用を始めた。朝鮮族のみならず，アジア各地からの労働力の導入を期待したのである。94年には2万

人の産業研修生が雇用された。この制度は，その後，対象範囲を沿岸漁業や建設業まで拡大した。また，96年には雇用期間が2年（1年延長可能）に延ばされた。このようにして，研修生制度は，94年以降，中小企業における外国人労働者の導入に中心的な役割を果たしてきた。研修生制度の発足は，「不法就労」の防止という目的を併せ持つものであり，研修生は低熟練技能分野に従事する非正規滞在者を代替することが期待された。

　韓国で就労する外国人は，専門・技術職に従事する合法的就業者，産業技術研修生，非正規滞在者の3つに大別される。2002年現在の内訳をみると，合法就業者3万3020人（9.0％），産業技術研修生7万9350人（21.6％），非正規滞在者28万7808人（63.2％）であり，非正規滞在者が6割を超え，突出している。低熟練技能分野に限定してみると，非正規滞在者が占める比重は約8割に及んでいる。この理由としては，第1に，研修生制度は，労働力不足の解消と「不法就労」防止のいずれの目的をも十分に実現することが出来ないばかりか，大きな限界と問題点を露呈してきたことが関係する。研修生は，「研修」資格であるがゆえに，労働法上の保護を受けられない。また，研修生はいわゆる3K部門の労働力不足を埋める一時的で安価な労働力としてみられる傾向が強かったため，賃金は低く，職場では安全対策が十分でなく労災が多発した。劣悪な労働条件が強要されるなかで，研修生が研修先から逃走するという事態が相次いで発生した。研修生は指定された企業でのみ「就労」を認められており，その企業から逃走することは直ちに非正規化することを意味する。加えて，研修制度は，当初より，10人以上の規模の企業しか研修生を受け入れることが許可されず，最も労働力不足に悩んでいた零細企業の労働力不足を解消しないという矛盾を抱えていた。全般的に，限られた数の研修生では中小企業の需要に応えられないという事態もあった。このような状況のなかで，非正規ルートによる外国人労働者の流入や就労が止まらなかったのである。

　第2は，1992年の韓中国交樹立が大きな契機となって，中国朝鮮族の流入が増加し続けたことである。韓国における中国朝鮮族は95年では3万人強であったが，2002年には12万人にまで増大した。特筆すべきは，日本における日系南米人とは対照的に，中国朝鮮族は制度上一般の外国人と同等の待遇しか与えられなかったことである。中国朝鮮族は長年にわたり韓国労働者の補完として重要な役割を果たすが，低熟練技能労働への制限が加えられていたため，

「不法就労」、「不法滞在」を余儀なくされてきた。2002年現在、中国朝鮮族12万人のうち約8万人が非正規滞在者で、約29万人の非正規滞在者のうちの最大グループを構成していた。ちなみに、朝鮮族以外の中国人の非正規滞在者は約7万人で、両者の合計が非正規滞在者の半数を超えていた。以上のような背景で、韓国では、非正規滞在者は、97年の通貨危機の直後を除き、一貫して増加し続けた。非正規滞在者は、94年約5万人、2000年約15万、2002年には29万人弱までに達したのである。

逃走問題

韓国でも、非正規滞在者と研修生が安価でフレキシブルな労働力を構成してきたことは同様であるが、日本と比べて以下のような特徴があったと言える。まず、研修生の逃走が高い割合で推移した。94年および95年の研修生逃走率が5割を超えていることは、当時の研修生の過酷な実態を物語っている。研修先を変更できない不自由の下では、劣悪な状況に直面した研修生にとって、選択は忍耐か逃走のいずれかになる。また、研修生の逃走には、研修生の賃金よりもはるかに高い賃金で外国人労働者を雇用する労働市場が存在したことが関係している。ある研究機関が中心になり94年11月〜95年2月にかけて393人の外国人労働者を対象に行った調査結果では、実質労働時間がほとんど変わらないなかで、非正規滞在者の賃金は研修生のほぼ2倍であった。次に、非正規滞在者のなかでは、朝鮮半島にルーツを持つ中国朝鮮族が最大グループを構成していたが、かれらは、九老地区などいくつかの地域に集住する傾向があった。最後に、非正規滞在者が増え続けたことであり、先に示したように、2002年には就労外国人の約8割を非正規滞在者が占めるという事態に至っている。

韓国では、研修生の悲惨な実態は、95年にネパール人研修生が労働条件の劣悪さや雇用主による暴力などを告発するデモを行ったことで大きく社会問題化された。この告発を機に、外国人労働者の待遇改善を要求する市民運動が高揚する。これに加えて、中国朝鮮族の集住地区が存在したこともあり、日本に比べれば、韓国における外国人労働者および外国人労働者問題はより「可視的」であったと言える。

研修制度は、早くから、外国人労働者の権利上の適切な保護を欠いていると批判されてきた。そのため、90年代中頃から、研修生制度を廃止し、正式に

低熟練技能分野での外国人労働者を導入するための「雇用許可制」を発足させようとする動きがみられた。しかし，その試みは，産業界の反対にあい，実を結ぶまでには時間がかかった。研修生制度から最も大きな恩恵を受け，雇用許可制の導入に最も強く反対してきたのは，中小企業協同組合である。中小企業協同組合に加盟する企業は，安い給料で研修生を雇用できることの他に，以下のような利益も得ていた。まず，研修生制度においては，雇用主団体である中小企業共同組合が研修生の募集・斡旋・研修・事後管理をすべて管轄していた。中小企業協同組合は送出国の民間機関と契約するため，教育費や出国手続き費用名目の手数料，帰国保証金など入国のための費用を不当に要求することが出来た。そして，研修生が研修先を逃走した際に，保証金として預けられていたお金が中小企業協同組合に収められるという仕組みがあった。雇用許可制は，90年代中頃から，導入しようとする政府関係者，阻止しようとする産業界（中小企業協同組合），研修生制度の抜本的な見直しと代替策を要請する外国人労働者支援の市民団体等の間で，大きな争点となってきたものである。

4　2000年代の施策とその背景

日本の非正規滞在者対策

2000年代に入り，外国人労働者に関する国レベルでの政策が整備されるようになったが，その中心は，非正規滞在者対策である。まず，90年代末から在留特別許可制度に関して大きな変化が見られた。一般アムネスティ（一定の要件を満たす非正規滞在者を一時期に一斉に合法化・正規化する措置）を実施した経験を有する国は欧米を中心に少なくないが，日本では在留特別許可制度によって非正規滞在者の合法化を個別に判断する対応を取ってきた。「不法滞在者と我が国社会との繋がりに配慮した取り扱い」（第2次出入国管理基本計画，2000年）が言明される中で，在留特別許可件数が急増する。認可されたケースには，日本人との家族的な繋がり（多くは日本人と結婚した非正規滞在者のケース）や日本人との家族的な繋がりはなくても「子供の最善の利益」に配慮されたものが多く含まれる。法務省は，従来，「法務大臣の裁量」として，認可の基準をまったく示していなかった。しかし，2004年より「許可事例」が，2006年より「不許可事例」が公開されるようになり，同年10月には，「在留特別許可に関

するガイドライン」が策定されるに至った。ただし，日本で家族を形成していない長期滞在単身者に対して許可されることはなく，労働者として日本で長年就労してきたという事実は合法化の判断においてほとんど考慮されていないという現実はある。

一方で，「強力かつ効果的な不法滞在者対策の実施」(第2次出入国管理基本計画，同上)が言明され，1999年「不法在留罪」の新設と「上陸拒否期間の伸張」，2001年「偽変造文書対策のための退去強制事由の整備」，2004年「不法残留者等の罪に関わる罰金の引き上げ」，「上陸拒否期間の伸張」，「在留資格取消制度」と「出国命令制度」の新設等，次々と様々な取り組みが実施されていく。2005年12月には，「犯罪に強い社会の実現のための行動計画──『世界一安全な国』の復活を目指して」(犯罪対策閣僚会議)が策定され，「犯罪の温床となる不法滞在者」を5年間で半減させることが宣言された。出国命令制度は，「不法残留者」の自主的な出頭者を速やかに帰国させるために，入国管理局に出頭した非正規滞在者のうち，一定の要件に該当する者に対して適用される制度として新設されたものである。対象者には上陸拒否期間1年という罰則のみで，その他に罰金等の罰則は科されず，収容もされない。以上のような施策と非正規滞在者に対する取り組み強化によって，「不法残留者数」は2006年に，92年以降初めて20万人を割り，2010年1月では約9万人にまで激減した。

韓国における2つの制度改編

韓国では，2000年代に入り，外国人労働者問題に関する大きな制度的改編が2回あった。1つは，2003年7月に「外国人労働者の雇用許可等に関する法律」が制定，翌2004年8月から施行されたことである。この雇用許可制(Employment Permission System)の下で，低熟練技能分野での外国人労働者の正式な導入が開始された。もう1つは，2007年3月に訪問就業制が施行されたことである。訪問就業制は，満25歳以上の中国朝鮮族と在CISコリアン(旧ソビエト連邦地域の国籍を有するコリアン)を対象にして，韓国での就労を大きく自由化するものであった。

(1)雇用許可制

2000年に入って，雇用許可制制定に向けた動きが加速した。まず，同年3月に20の人権NGOがUN駐在韓国大使に外国人の人権保護を要請，4月に

はアジア地域の移住労働者保護関連35団体がタイで集い，韓国をはじめとする5カ国をUN移住労働者保護協約の優先条約対象国と指定し，その文書を送付した。同4月には，金大中大統領（当時）が「外国人労働者差別待遇は，人権国家を目指すわれわれとして恥じること」と声明を出し，雇用許可制の制定を指示した。これを受けて，「外国人労働者保護対策企画団」の結成による本格的な検討が開始された。2003年の「外国人労働者の雇用許可等に関する法律」は，国内世論，国際NGOの活動などの後押しを受けるなかで制定された。ただし，産業界の反対には根強いものがあった。このため，研修生制度を利用してきた中小企業の利害や雇用許可制を中小企業に適用することの困難さに対する配慮から，当面研修生制度は維持されることとなった。雇用許可制が定着した段階で研修生制度は廃止されるという想定のもと，雇用許可制は研修生制度との併用という形でスタートしたのである。

　雇用許可制の導入に向けて，非正規滞在者の取り締まり強化による海外退去措置と合法化措置が同時並行的に進められた。雇用許可制は，労働力の送出し国をアジア8カ国に指定した。雇用期間は，原則1年とし，最長3年まで延長することができる。この規定は，外国人の定住化防止と外国人労働者が経済的目的を達するに十分な期間という観点から定められている。国内に就業した後，出国した外国人は6カ月が経過した場合，国内に再就業することができる。これによって外国人労働者の長期滞在および定住化を防止するとともに，バランスのとれた外国人労働者の雇用を促進するとされる。家族同伴は禁止されている。また，契約延長，雇用中止撤回を要求する集団行動は禁止されている。職場変更は原則的に禁止されている。雇用許可制の大きな特徴の1つは，透明な外国人労働者の選定と導入が目指されていることである。研修生制度では研修生の導入過程に民間機関が介入していたことから，仲介費の不当な要求など様々な問題が発生した。雇用許可制では，韓国と送出国は国家間の了解覚書を締結し，外国人労働者の導入過程から民間機関の介入を排除することが定められている。

　雇用許可制制定に先立つ対策強化によって，非正規滞在者は2002年の約29万人から2003年には約14万人にまで激減する。しかしその後，非正規滞在者は再び増加に転じ，2007年には約23万人に至る。雇用許可制は2006年末まで研修制度と同時並行的に進められたので，この間の非正規滞在者の増大は両

制度の問題点と関連づけて検討される必要がある。しかし，雇用許可制の制定が非正規滞在者の減少に大きな効果をもたらさなかったことは確かである。

(2) 訪問就業制

雇用許可制は外国人一般を対象にするものであるが，訪問就業制は中国朝鮮族と在CISコリアンを対象にしたものである。縁故朝鮮族の場合は無制限に，32の業種において（雇用許可制で認められている製造業，建設業，農業などに加えサービス業や看護分野等も対象となる），5年間有効で1回のべ3年間の在留を認めるビザが発給される。無縁故朝鮮族の場合は，数的規制（クォーター制）をかけて発給されるが，居住国にて韓国語試験が課される。訪問就業制は，無縁故朝鮮族が合法的に韓国で就労することを認めた初めての制度である。

政府の説明によれば，年齢を25歳以上としたのは若者の大学進学放棄を防ぐためであり，滞在期間を3年に限定したのは長期出稼ぎによる居住国（中国）での家庭崩壊を阻止するためであり，中国内の定着を誘導するためだとされる。訪問就業制の制定は，2つの側面で大きな効果をもたらした。1つは，中国朝鮮族の出稼ぎブームとも言える韓国への大量の移動が生じたことである。韓国における中国朝鮮族は2002年で約12万人であったが，2010年には約38万人にまで増加した。もう1つは，中国朝鮮族のなかの非正規滞在者が急減したことである。中国朝鮮族の非正規滞在者は2002年で約8万人であったが，2010年には約2万5000人となり，在留者全体に占める割合も6％前後にまで減少した。この現象は，韓国の非正規滞在者全体の動向にも影響を与えた。すなわち，非正規滞在者は2007年から再び減少に転じ，2010年段階で約18万人となっている。

5　「多文化共生」を豊かな概念として構築するために

外国人労働者政策の現在

日本と韓国は，ともに，1980年代後半，非正規滞在者が増加する中で，低熟練技能分野での労働力不足と「不法就労」防止を主要な政策課題とする形で，外国人労働者への対応を始めた。両国はともに低熟練技術分野での外国人労働力の導入に慎重な姿勢を取りながら，主に中小零細企業における労働力不足を補完するための外国人労働者を導入してきた。本章では，「利益最大化」と

「コスト最小化」を実現・維持するためにとられてきた厳格な入国管理制度が，外国人労働者の非正規化および不自由さや使い捨てなどの問題の大きな要因となってきた関係をみてきた。非正規滞在者は「不法性」のゆえに無権利状態に置かれてきた。日系南米人や中国朝鮮族はフレキシブルな労働者として雇用されてきた。研修生は，「安価な労働力として自国の経済に貢献してもらい，短期間で帰国する」便利な労働者として雇用されてきた。いずれの形態においても，国にとって有用な労働力を確保し，負担するコストを最小限に抑えるという，「利益最大化」と「コスト最小化」の政策的意図は十分に満たされてきたと言えるであろう。

近年，両国では，外国人労働者政策の見直しと改編が進められてきた。韓国では，研修生制度の問題の顕在化と非正規滞在者増加への対応として2004年に雇用許可制が制定された。また，2007年には訪問就業制が制定された。訪問就業制は，朝鮮半島にルーツがある民族でありながら，制度上一般外国人と同等な待遇しか与えられず非熟練労働への就業に大幅な制限が加えられていた中国朝鮮族に対して，韓国での自由な就業の機会を大きく開いた。日本では，韓国ほど大きな見直しではないが，2009年7月に研修・技能実習制度の見直しを含む改正法が成立し，2010年7月から施行された。これにより，特例を除き，在留資格の「研修」は廃止され，「技能実習」制度に一本化された。外国人労働者の就業機会の保障と就労状況の改善を意図するこれらの政策が，外国人労働者問題にどのような意味を持つものなのかについては，多面的に検証していく必要がある。

「多文化共生」に向き合うために

最後に，日本の現実に戻り，「多文化共生」に向き合うための論点について指摘しておきたい。「多文化共生」という言葉は，地域や市民社会レベルでは1990年代後半から広く使われてきたが，国レベルで「多文化共生」が浮上したのは，総務省が『多文化共生の推進に関する研究会報告書』を発表した2006年である。同報告書は，従来の外国人政策が主に労働者政策あるいは在留管理の観点から行ってきたことを反省し，人口の急速な減少と経済のグローバル化が進む中で，外国人の能力を最大限に発揮できるような社会作りが不可欠となっているために多文化共生を推進することが必要であると説いた。労働

者政策は，生活者としての外国人労働者には目を向けない。在留管理は，外国人労働者が直面する労働問題や無権利状態には関心が低い。この意味で，「多文化共生」が国家的な課題として掲げられたことの意味は小さくない。

しかし，「多文化共生」を考えるには，いくつかの留意が必要である。

第1に，「定住傾向にあるが日本語によるコミュニケーション能力を十分に有しない外国人住民に関わる課題を主な検討対象」（総務省）と示されているように，多文化共生の対象として特に意識されているのはブラジル人をはじめとする定住化する外国人である。非正規滞在者や短期滞在の研修生は「多文化共生」の対象から外されている。非正規滞在者を取り巻く環境は，むしろ厳しさを増している。2012年に外国人住民に対する新たな在留管理制度が導入された。従来の外国人登録制度では，「不法滞在者」も登録の対象であり，登録することで行政サービスの享受が可能であったが，新制度ではそれが困難となり，非正規在者の無権利状態は強化されている。「多文化共生」は，日本でともに働き，暮らしている非正規滞在者や研修生を射程に入れるべきである。

第2に，「共生」には，「包摂」や「適応」の考え方が根強い。国土交通省は2006年に『北関東圏における多文化共生の地域づくりに向けて』（2007年3月）を刊行した。この報告書は，製造業が集積する北関東圏には多くの在住外国人が就労しており地域の産業にとって重要な労働力となっているが，一方で，在住外国人の集住する地域では，在住外国人と日本人住民との間の生活トラブルや外国人児童生徒の就学問題等，日常生活の様々な場面で，「生活者」として在住外国人に関係する様々な課題が発生しているため，在住外国人の生活環境の維持・改善を図る取り組みを検討することが必要になっていると述べる。つまり，国レベルで「多文化共生」論が浮上した背景としては，日系南米人の定住化に伴い，かれらが不可視な存在から可視的な存在になり始めたこと，そしてそれに起因するトラブルや摩擦が解決を必要とする地域的な課題として認識され始めたことが大きい。国が掲げる「多文化共生」は，経済活動を支える外国人の労働力の維持を図るために，かれらを生活者や地域住民として地域社会に「適応」させる，「包摂」するという考え方に強く支えられている。

第3に，「多文化共生」は，「文化」の違いと理解の必要性を強調するあまり，外国人労働者問題が持つ政治的，経済的問題を見過ごしかねない。言い換えれば，外国人が直面している厳しい政治的，経済的問題に向き合うことなく，文

化的なレベルのみで「多文化共生」が語られてしまいがちだという問題がある。

　一般に，外国人労働者は，母国での厳しい経済・政治情勢によって国外へ押し出される。そして，移住先で厳しい問題に直面した場合でも，外国人労働者は，母国でのより厳しい生活を想像することで，現実の生活の厳しさを乗り越えていく。不可視な存在になりがちな外国人労働者の生活に目を向け，彼らの生活の厳しさが「利益最大化」と「コスト最小化」を目指す厳格な入国管理制度に大きく規定されてきた事実を直視しつつ，「多文化共生」を豊かな概念に作り上げながら実践していくことが問われている。

参考文献

植田晃次・山下仁『「共生」の内実――批判的社会言語学からの問いかけ』三元社，2006年。

梶田孝道・丹野清人・樋口直人『顔の見えない定住化』名古屋大学出版会，2005年。

国土交通省『北関東における多文化共生の地域づくりに向けて』2007年3月。

鈴木理恵子「選別化が進む外国人労働者――非正規滞在者の排除と合法滞在者の管理強化」渡戸一郎・鈴木恵理子・APFS編著『在留特別許可と日本の移民政策――「移民選別」時代の到来』明石書店，2007年。

総務省『多文化共生の推進に関する研究会報告書――地域における多文化共生の推進に向けて』2006年。

田巻松雄「アジアにおける非正規滞在外国人をめぐる現状と課題――日本，韓国，台湾を中心に」『アジア・グローバル都市における都市可層社会変容の国際比較研究』平成17～19年度科学研究費補助金基盤研究（B）研究成果報告書（課題番号16330094），研究代表者田巻松雄，2009年3月。

田巻松雄『地域のグローバル化にどのように向き合うか――外国人児童生徒教育問題を中心に』下野新聞社，2014年。

田巻松雄，スエヨシ・アナ編『越境するペルー人――外国人労働者，日本で成長した若者，「帰国した」子どもたち』下野新聞社，2015年。

鄭信哲「中国朝鮮族社会の現状と未来――移動に伴う影響と役割」中国朝鮮族研究会編『朝鮮族のグローバルな移動と国際ネットワーク――「アジア人」としてのアイデンティティを求めて』アジア経済文化研究所，2006年。

鄭雅英「韓国の在外同胞移住労働者――中国朝鮮族労働者の受入れ過程と現状分析」『立命館国際地域研究』第26号，2008年2月。

第12章　経済・金融危機の EU への影響
　　　　——EU への懐疑と不満の増大か，政治的革新か——

カルロス・デ・クエト・ノゲラス

（円城由美子訳）

1　EU における南北格差

アプローチと分析対象

　伝統的な考え方では，赤道によって地球は北半球と南半球に分けられる。グローバル・ノースという言葉は，工業化し，繁栄した，民主的な国々が位置する主に北半球を指し，グローバル・サウスという言葉は，発展がより遅れ，周縁化され，グローバルなヒエラルキーでは従属的な位置にある国々を指して使われる。出生率が高く，若年層が非常に多い，主に南半球の国々である。しかし，この両半球の分断とは，国家の繁栄，経済・社会的発展の度合いという点に限った話ではない。他にも，人間開発指数，公的ガヴァナンス，透明性，自由，市民権，労働生産性，技術革新，出生率，マネジメント技術，情報へのアクセス，制度的な順応性などの分野において格差が見られる。

　国際関係の形成上，経済もまた非常に重要な要因の1つである。実際，継続的に押し寄せる技術発展の波は技術的な優位性を生み出し，両地域の格差をより大きくし，より不平等な世界をつくり出している。

　さらに，グローバルなレベルで見られる格差や不平等は，ヨーロッパ連合（以後 EU）にも存在している。南北とは地理的な意味合いだけでなく，経済的・商業的・政治的・社会的な不平等をも反映している。このように，EU の南の国々は，70 年代までに見られた，工業化が遅れ，経済的に弱い，軍事独裁政権を経験した国々と同様のパターンを再生している。他方，EU の北の国々は成熟した，強固な自由民主主義国家であり，開かれた競争経済であり，国家の介入に対してかなりの制約を設けている。

　本章の目的は，世界中に影響を与えた——とりわけヨーロッパに打撃を与

えた——深刻な経済・金融危機の影響という点から，EU内の南北格差について論考することである。

南北EUの格差は経済・金融危機により深刻化した，という仮説を立証するために，本章ではセカンド・オーダー選挙理論（the Second Order Election Theory：以後SOET）の枠組みを用いる。この理論的なアプローチに基づき，EUの南北格差を，政治と選挙の関係から検証する。その際，投票率，欧州議会（the European Parliament：以後EP）選挙における現政権への抗議票などを対象とする。経済的な関係に関しては，国民所得の水準，国の債務，財政赤字などを検証する。また社会的な関係については，人の移動の傾向や，世論調査のデータを用いる。世論調査では，欧州統合に対する賛成の程度，EU関係諸機関に対する認識や信頼に関するものを調査対象とする。

EU市民と政治・選挙の関係から

以下本節では主に，本章のリサーチデザインに関して留意した3点を説明する。

第1に，仮説を立証する上で最も適切な手法として比較研究法を用いた。EUは2004，2007，2014年に歴史的拡大を遂げたが，本研究では，2004年以前に加盟していた15カ国を分析対象とした。うち，ギリシャ，ポルトガル，スペイン，イタリア，アイルランドは南のEU諸国の例証として採用した。残りは，北を象徴する国として採用している。前述のEU拡大時に加盟した中欧・東欧の前共産主義諸国については，一部の表には採用しているものの，基本的には分析対象としないこととした。多くの研究で，民主主義国家であるEU各国がSOETの第2，第3の命題を満たさない傾向があることが指摘されている。学術界では，そのような選挙での逸脱行動について複数の説明が認められている。複数の研究で新生民主国家での選挙に見られる高い流動性が強調されている。他にも，党の力量の違い，加盟プロセスで顕示された強い反EU感情，さらにヨーロッパでの選挙で目を引くEU統合をめぐる国内政治エリートの分裂なども挙げられている。いずれにせよ，新生民主国家をこの研究対象に含めることは適切ではない。少なくとも，非常に複雑な結果をもたらす，冒険的な行為と言えるだろう。

第2に指摘しておきたいのは，対象期間である。本研究では，2004，2009，

2014年という最近行われた3回の選挙を分析対象とした。本研究の目的は深刻な経済・金融危機前後を分析し，EPの議員選挙で経済・金融危機がEU市民の選挙行動にどのような影響を与えたのかを分析することである。最後に，研究ではユーロバロメーター（Eurobarometer）（訳注：欧州委員会が実施するEU版世論調査）のデータおよびGESISデータアーカイブを用いてSOETの3命題のヨーロッパレベルでの因果関係を論証もしくは反証する。具体的な分析対象は，投票率，自国政府に対する懲罰的行為，極左・極右の新生小党に対する支持である。さらに，EU関連諸機関に対するEU市民の信頼および認識，EU統合に関する賛成の程度，国内および欧州全体の経済状況についても分析を行う。とりわけ，ユーロバロメーターを用いる際には，それぞれのEU選挙前の最も近い時期のデータを用いる。仮説では，EPに対する市民の意識・評価・信頼が高い国，市民が自国の経済状況をより肯定的に捉え，EU統合への支持率が高い国は，EP選挙で自国の政府に対して懲罰的な投票を行わない傾向がある。

2　EUのガヴァナンス・システム
——代議制民主主義か，消極的同意モデルか

政治プロジェクトとしてのEU

　EUは28の加盟国による政治プロジェクトである。加盟国は承認によって，加盟国の一員となり，断続的にその数を増やしてきた。また，EU加盟国は，制度化された意思決定方法に則って集団的な行動をとることが定められている。1950年代に創設されて以来，EUの政治的な性質については激しく議論が繰り広げられてきた。欧州連合条約ではEUの存在に関して明確な記述や定義は避けてあり，内容は統合プロセスの進捗とともに進化してきた。

　EUの定義に関する合意が得られないまま，定義を試みる活発な議論は続いているが，EUはユニークかつ多様な要素を包摂して成立している。ナショナルな——とりわけ連邦国の——政治システムの性質と国際機関の性質の両方を取り入れつつ，そのいずれでもないものとなっている。つまり，超国家的かつ政府間の統治機構の性質が共存する，複雑かつ独創性を兼ね備えた統治システムと言える。

　EUのガヴァナンス，つまり，いかにその権力を行使するかを記述するルー

ル,手続きおよび行動は,正当性および民主的要因が明らかに欠如しているとして,多々の批判を浴びてきた。欧州の統合は当初,欧州各国で共通の政策を作り,実施するための超国家的な制度づくりを認めるという消極的同意に基づいた,正当性を想定された政治エリートのプロジェクトと理解されていた。欧州統合──当時は共同市場(the Common Market)だったが──という考えは基本的には良いものであり,目に見える結果をもたらし,新機能主義者が主張する波及効果を生み出すものだと信じられていた。完全な国際的組織としてのEUは設立当初,組織の行動や政策・規制機能を正当化するための選挙手続きを必要とはしていなかった。しかし時の経過につれ,それまで加盟各国の独占的な権限とされていた政治的権限を,共同体がより多く担うようになってきた。組織の国際機関という性質が徐々に後退し,超国家的・連邦的な側面が色濃くなってきた。欧州を統合するにはEU市民による黙認以上のものが必要と見なされるようになり,制度的な改革が始められた。

制度的改革の歩み

1970年代初頭,欧州共同体(European Communities:EC)の加盟各国政府は,EPへの直接選挙制を導入するという歴史的な決定を行った。この決定によって,政治的な組織へと一気に進めることが目的だった。それまでのEPの議員は,加盟各国の国会で,国内の有権者には無縁の,不透明な手続きによって選出されていたが,欧州連邦化の一環として,共同体の民主化とEPの立法権限の強化が必要であるとの意見が出てきたからである。この歴史的決定が目指したのは,欧州連邦化へ向けて,EU市民を意思決定に参加させること,公共空間を作り,政府の支配や監視に対する意識を高め,会計部局を創設し,欧州の共通のアイデンティティをつくること,そして,民主的な正当性と透明性の水準を強化することだった。

しかし,8回に及ぶEPの直接選挙を終えて振り返れば,1979年に実施された第1回目の直接選挙直前から聞かれた不安や予告が現実のものとして現れたと言えるだろう。目的とされた内容の達成にはほど遠かった。代議制民主主義は市民の関心や選択に対して敏感に反応すべきであり(Dahl 1971),その思いは具体的な政策の中で実現されなければならない。

民主主義の赤字──つまり,十分に市民を代表する能力の不足──は,こ

のEUという欧州の取り組みを分析し記述していく際に，度々持ち上がる問題である。EUにおける民主主義の赤字の一側面は，有権者のEP選挙の用い方に見て取れる。有権者はEP選挙を，自国の政策に対する判断および評価に使い，EUの実績評価に用いていないという点である。このような有権者行動は大部分において，SOETの基本的な考え方を具現化している。

3　セカンド・オーダー選挙理論の仮説とその経験的妥当性

EP選挙と国政選挙の相違

　SOETによれば，ファースト・オーダー選挙である国政選挙と比較すると，EP選挙の総合的な結果は，SOETの3つの特色もしくは仮説に一致している。第1に，EP選挙の投票率は，ファースト・オーダーである国政選挙の投票率よりも低い。第2に，国内与党は，EP選挙では懲罰的な投票により，結果的に国政選挙よりも悪い結果を得る。最後に，EP選挙では，比較的周辺的に位地する新生の小政党が，直前に行われた国政選挙に比べて得票率を伸ばす。これらの仮説によれば，セカンド・オーダーの選挙結果は，低投票率，真意に基づく投票行動，ファースト・オーダー選挙の重視，戦略的有権者の存在，ということになるだろう。SOETの根底にある論理によれば，EP選挙およびその結果は有権者にとって重要性が低く，取るに足らないものである。なぜならば，EP選挙においても，国内政党が提議するのはいずれもきわめて国内的な問題だからである。さらに，EP選挙の有権者の多くは，EP選挙に参加しないか，もしくは参加したとしても，自国政府に対する評価の機会として使うか，もしくは自国議員に対する政治的なメッセージを送るために利用している。これらすべてのことから導き出される結論とは，EP選挙と国政選挙の有権者行動に見られる相違である。両者の違いはEP選挙では，政権与党に対する抗議票が自国の政権交替に影響することも，また，自ら死票を投じる結果になることを心配する必要もないという点であろう。

EP選挙における低投票率

　SOET最初の仮説では，加盟国各国の国政選挙に比べてEP選挙では投票率が低く，参加者が減少している，というものである。直接選挙が行われたEP

表12-1　EP選挙の平均投票率（1979〜2014年）　　（％）

1979	1984	1989	1994	1999	2004	2009	2014
61.99	58.98	58.41	56.67	49.51	45.47	43.0	42.54

出所：Elaboration of data from TNS/Scytl, European Parliament

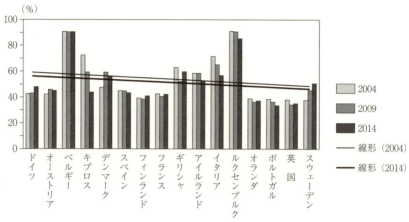

図12-1　加盟各国のEP選挙における投票率の比較
出所：Elaboration of data from TNS/Scytl, European Parliament

の最初の8回の選挙において，この最初の仮説は十分立証されている。ただし以下のケースは当てはまらない。投票が義務化されているベルギー，キプロス，ギリシャ，ルクセンブルク，また，EP選挙と同時に他の選挙があった場合，もしくは，ファースト・オーダー選挙である国政選挙において勝利した後の楽観ムードが影響している場合である。このようにEP選挙における平均的な投票率は1979年の初回選挙での62％から2014年の選挙での42.54％まで，規則的に低下している。2014年選挙では，有権者の半分以下しかEPへ送る自国議員の選出に参加していないのである。このような結果は，EPが加盟国市民を適切に代表しているのか，正当性があるのかという疑問を投げかける。

上述のように，これらの選挙はいずれも有権者に十分重要とは見なされていないか，もしくは，政権与党を決定する自国内のファースト・オーダー選挙ほど有権者に関係しているとは考えられていない（Franklin and Hobolt 2011）（EP選挙以外でセカンド・オーダー選挙のカテゴリーを構成している選挙は，地方選挙，上院議院選挙，補欠選挙，国民投票など）。EP選挙が有権者にとっての利点および

第12章　経済・金融危機のEUへの影響

表12-2　国政選挙とEP選挙（2004, 2009, 2014年）の投票率の比較

	国政選挙	EP選挙	国政選挙	EP選挙	国政選挙	EP選挙
ドイツ	2002年9月22日	2004年6月13日	2005年9月18日	2009年6月7日	2013年9月22日	2014年5月25日
	79.1%	43.0%	77.7%	43.27%	71.5%	48.1%
オーストリア	2002年11月24日	2004年6月13日	2008年9月28日	2009年6月7日	2013年9月29日	2014年5月25日
	84.3%	42.43%	78.82%	45.97%	74.91%	45.39%
ベルギー	2003年5月18日	2004年6月13日	2007年6月10日	2009年6月7日	2010年6月13日	2014年5月25日
	91.63%	90.81%	91.08%	90.39%	89.22%	90.39%
キプロス	2001年5月27日	2004年6月13日	2006年5月21日	2009年6月6日	2011年5月22日	2014年5月25日
	91.8%	72.5%	89.0%	59.4%	78.10%	43.97%
デンマーク	2001年11月20日	2004年6月13日	2007年11月13日	2009年6月7日	2011年9月13日	2014年5月25日
	87.15%	47.89%	86.59%	59.54%	87.74%	56.3%
スペイン	2004年3月14日	2004年6月13日	2008年3月9日	2009年6月7日	2011年11月20日	2014年5月25日
	75.66%	45.14%	73.85%	44.87%	71.69%	43.81%
フィンランド	2003年3月16日	2004年6月13日	2007年3月18日	2009年6月7日	2011年4月17日	2014年5月25日
	66.7%	39.43%	65.0%	38.6%	70.5%	41.0%
フランス	2002年6月9〜16日	2004年6月13日	2007年6月10〜17日	2009年6月7日	2012年6月10〜17日	2014年5月25日
	64.42%※	42.76%	60.42%※	40.63%	57.23%※	42.43%
ギリシャ	2004年3月7日	2004年6月13日	2007年9月16日	2009年6月7日	2012年6月17日	2014年5月25日
	76.6%	63.22%	74.14%	52.61%	62.49%	59.97%
アイルランド	2002年5月17日	2004年6月13日	2007年5月24日	2009年6月7日	2011年2月25日	2014年5月23日
	62.6%	58.58%	67.03%	58.64%	70.0%	52.44%
イタリア	2001年5月13日	2004年6月12日	2008年4月13〜14日	2009年6月7日	2013年2月24〜25日	2014年5月25日
	81.4%	71.72%	80.5%	65.05%	75.19%	57.22%
ルクセンブルク	1999年6月3日	2004年6月13日	2004年6月13日	2009年6月7日	2013年10月20日	2014年5月25日
	86.5%	91.35%	91.9%	90.76%	91.15%	85.55%

第Ⅱ部　グローバル化と地域社会

オランダ	2003年1月22日	2004年6月13日	2006年11月22日	2009年6月4日	2012年9月12日	2014年5月22日
	79.9%	39.26%	80.4%	36.75%	74.6%	37.32%
ポルトガル	2002年3月17日	2004年6月13日	2005年2月20日	2009年6月7日	2011年6月15日	2014年5月25日
	61.48%	38.60%	64.26%	36.78%	58.03%	33.67%
英　国	2001年6月7日	2004年6月10日	2005年5月5日	2009年6月4日	2010年5月26日	2014年5月22日
	59.4%	38.52%	61.4%	34.7%	65.1%	35.4%
スウェーデン	2002年9月15日	2004年6月13日	2006年9月17日	2009年6月7日	2010年9月19日	2014年5月25日
	80.11%	37.85%	81.99%	45.53%	84.63%	51.07%

※第1回投票
出所：International Institute for Democracy and Electoral Assistance (IDEA)

有効性が少ないのは，EPの可視性の低さに起因している。つまり，EP選挙の結果と，EUの政策策定や執行機関である欧州委員会の委員任命との間に関連が見られないからである。さらに，政党やメディアもEP選挙をそれほど重視しておらず，また，選挙に対する高棄権率を欧州統合に対する抗議と見なす専門家もほとんどいないことにも起因している。

　表12-2では，最近行われた過去3回の選挙で，ファースト・オーダーである国政選挙がEP選挙よりも高い投票率を示しており，第1の仮説が全加盟国において立証されたことになる。

　本研究の分析対象とした加盟国の中で，経済危機の影響を最も深刻に受けた欧州南部諸国では，ギリシャを除いて，2014年選挙での投票率が2004年および2009年の選挙時より著しく低下している。南部諸国の世論は，投票率低下はEUに一定程度の責任があるとして，とりわけ厳しい緊縮政策・調整を進めたEU―ECB（欧州中央銀行）―IMFのトロイカ体制内での欧州委員会の役割を批判している。緊縮政策には，社会保障費の削減，経済自由化措置，定年年齢の引き上げ，早期退職優遇措置の抑制，付加価値税などの増税，賃金凍結などが含まれる。これらの政策は有権者の間に不満を生み，EP選挙の投票率に打撃を与えた。ギリシャの事例がこの傾向から逸脱しているのは，EP選挙直後の2015年に国政選挙が迫っていたことで社会・政治的に国内が流動的になっていたことに起因している可能性がある。この選挙の投票が，アレクシス・

第12章 経済・金融危機のEUへの影響

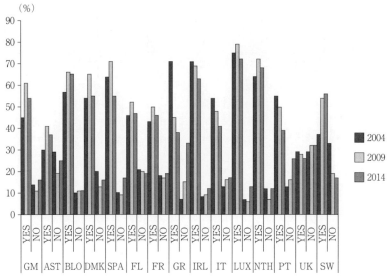

図12-2 EU加盟国の世論「自国がEU加盟国であることを良いと思うか」
出所：Elaboration of data from EUROBAROMETER

チプラスのシリザ党に政権与党の座を与えることになった。逆に，デンマーク，フィンランド，フランス，スウェーデン，英国では，投票率は横ばい，もしくは前回選挙を上回っている。これらの国々にとって経済危機は選挙の数年前の出来事であり，また，それほど深刻な社会・経済的な影響はなかったからである。さらに，2014年EP選挙で参加者が増加した国（デンマーク，フィンランド，フランス，英国）においてはEU懐疑主義的な政党が票を伸ばす一方で，各国の政権与党が選挙期間中に最大級の打撃を受ける結果となったのは偶然ではない。

政治的不満と投票率

そこで次に，世論変数の中で見受けられる政治不満と投票率との関係について因果関係を探し，特定する。以下，欧州統合への賛成，EU機関や制度に対する認識や信頼の度合い，超国家レベルにおける民主主義の機能性との関係を見てゆく。冒頭で述べた通り，この分析にはユーロバロメーターデータを利用する。

図12-2は，人口に対してEUの一員であることを肯定的（否定的）に捉え

第Ⅱ部　グローバル化と地域社会

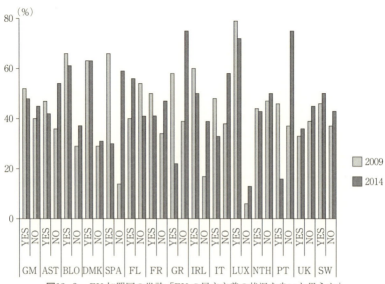

図12-3　EU加盟国の世論「EUの民主主義の状況を良いと思うか」
出所：Elaboration of data from EUROBAROMETER

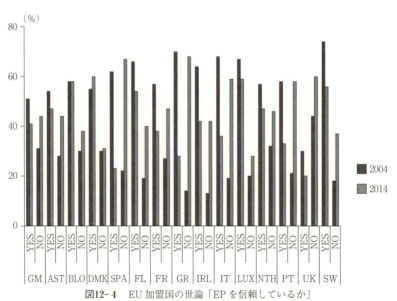

図12-4　EU加盟国の世論「EPを信頼しているか」
出所：Elaboration of data from EUROBAROMETER

ている人の割合を示している。経済危機によって打撃を受け緊急財政支援策が実施された南部諸国では否定的な見方の人の割合が増加し，肯定的な見方の人の割合が減少していることが分かる。英国を除く北部諸国はまったく逆である。英国ではナイジェル・ファラージ率いる英国独立党とキャメロン英国首相を党首とする保守党の後押しによって EU 懐疑主義が票を伸ばした。

同様に，EU の民主主義の実績に対する EU 市民の受け止め方についても，EU へのイメージの急速な悪化が EU 南部の加盟国市民の間ではっきりと現れている。反対に，EU の民主主義の実績が「良い」と回答した EU 市民の割合は，北部加盟国では横ばい，もしくは増加した。ただし，否定的な意見の人数も増加している。しかし，この変数を加盟国の現政権への懲罰的投票行動とクロス集計すると，両者の相関関係はフランス，ギリシャ，アイルランド，ポルトガル，英国でプラスとなる。

最後に，EP への信頼に関する分析では，EP を信頼していないという割合は，南部の加盟国市民の間で急増し，北部では横ばい，もしくは微増にとどまっている。この例外は英国であるが，これは先述の通り，英国の政治では近年 EU 懐疑主義が浸透しているからである。EP への不信と，国内の政権政党もしくは連立与党政権に対する懲らしめ的態度の相関関係が見られる加盟国は，フランス，ギリシャ，アイルランド，ルクセンブルク，ポルトガル，オランダ，スペイン，英国である。

政権党に対する抗議票

SOET によれば，加盟各国の政権政党が EP 選挙で振るわなかった理由は，EU 内での EP の影響力が歴史的に弱いために，EP 選挙の結果がこれまで欧州委員会の委員構成やイデオロギー的立場および政策項目の決定に活かされてこなかったという事実から説明できる。このように，有権者の中には，最も望ましい候補者への誠実な投票から，最も望ましいわけではない候補者に投票する戦略的投票へと投票行動を変化させる者もいる。これは，自国の政権政党に対する有権者なりの一時的な不承認の意思表示なのである（Oppenhuis et al. (eds.) 1996)。このような投票行動を「手段としての投票」もしくは「意思表明投票 (voice vote)」と呼ぶ研究者もいる。このように，ファースト・オーダー選挙では現政権政党を支持する有権者の多くが，セカンド・オーダーの EP 選

挙では，野党に投票することで現政権に批判的なメッセージや警告を送っている。有権者をこのような投票行動へと向かわせる要因とは，自分たちにとってEP選挙の結果が大して重要ではないこと，抗議票を投じることによって何かを失うリスクが少ないこと，さらに一時的に支持を停止することで政権政党に対して圧力をかけることができることなどが挙げられる。

　現政権に完全に失望した有権者は，国政選挙でそれまで支持していた政権政党を見捨て，支持政党を乗り換えるか支持政党への抗議として棄権へと転じたと考えられる。この分析モデルによれば，ファースト・オーダーである国政選挙での政党選好，政治的見解，政治的関心は，セカンド・オーダーであるEP選挙での政党選好，政治的見解，政治的関心を上回ることになる。換言すれば，表向きは2つの選挙は，異なる問題や政策に関する投票であるにもかかわらず，ファースト・オーダーである国政選挙における政党選好および政治的関心――つまり，政権政党の支持率や経済状況――が，セカンド・オーダーであるEP選挙での投票行動に影響を与える，ということである。このため，EP選挙を「抗議」選挙もしくは「バロメーター」選挙と呼ぶ研究者もいる。

　表12-3は加盟各国のEP選挙での政権政党の票の喪失率を％で表したものである。直前の国政選挙で獲得した票と，その後に行われた最も近いEP選挙での獲得票を比較し喪失率を計算したものである。結果を見ると，EP選挙の投票行動が，政権政党への懲罰目的であったことは明らかである。仮説は分析した86.6％の事例で立証された。仮説に合致しなかったのは6事例のみであり，いずれの事例においても低い値が示されている（-0.9％，-0.4％，-2.2％，-1.2％，-1.4％）。

　懲罰的投票行動が行われるという仮説に合致しなかったいくつかの事例については，時間的要因によって，その理由を説明することができる。EP選挙と国政選挙との時間差である。ゆえに，この時間モデルによれば，自国の政権政党に対する抗議投票の多さやその有無，また野党への乗り換え行動でさえも，国政選挙サイクルのどの時点でEP選挙が行われるのか，ということに依存する。ファースト・オーダーの国政選挙とセカンド・オーダーのEP選挙との時間差が決定要因ということである。SOETによれば，有権者はセカンド・オーダー選挙では，より戦略的な投票を行い，両選挙が同時期に行われる場合もしくは時間的に接近している場合――つまりEP選挙の時期が，国政選挙の直

表12-3　EP選挙における各国政権政党の票の喪失状況——直前の国政選挙との比較（数字は％，喪失率を示す）

EU加盟国	2004	2009	2014
ドイツ	13.7	10.7	4.6
フランス	9.6	14	14.9
イタリア	2.2	1	−1.4
オランダ	8.8	12.8	30
ベルギー	6.2	7	−1.2
ルクセンブルク	1.2	8.7	10.2
英　国	18.1	19.5	29.1
アイルランド	16	23	27.9
デンマーク	8.8	12.8	30
ギリシャ	2.3	9.5	16.4
スペイン	−0.9	4.9	18.5
ポルトガル	14.6	18.5	20.6
オーストリア	13.3	1.6	−0.4
フィンランド	3.7	−2.2	−2.2
スウェーデン	15.3	5.5	13.4

出所：Elaboration of data from ParlGorv Database
http://www.parlgov.org/static/static-2014/stable/documentation/table/view_election.html

後のいわゆる「ハネムーン」の時期かもしくは次期国政選挙の直前——には，より本当に希望する支持政党に投票する（Kousser 2004：17）。

　このように，政権政党は，選挙後の楽観ムードが漂っているごく短い時期には，さらに高い支持率を得る。スペインでの2004年EP選挙で起きたのが，まさしくこの現象である。その後，政党支持率は大幅に低下し，次期EP選挙までの中間時点で支持率が最低に落ち込み，政権政党は最大数の票を失う。そこから国政選挙サイクルの終わりが近づき，次の国政選挙が行われるまでは政権政党の支持率が徐々に上昇する。このようにして，得票数の減少や信頼の喪失が時間の経過とともに低減する*。ゆえに，国政選挙との関係においてEP選挙がどの時点に行われるのかが，政権に対する支持や不支持よりも重要なのである。

　　＊この行動に関する説明の1つは——景気循環とも関係しているが——政府は国政選挙サイクルの終わりに向けて支持率を拡大して再選を果たそうとするため，支持率が低下する時期つまり有権者の関心にそぐわないことを実施する時期を選挙サイクルの初期に設定し，有権者に有益な結果を任期最後には示せるよう期待する傾向があるというもの。別の説明は，支持率の程度と有権者の投票行動との関連に限定

第Ⅱ部　グローバル化と地域社会

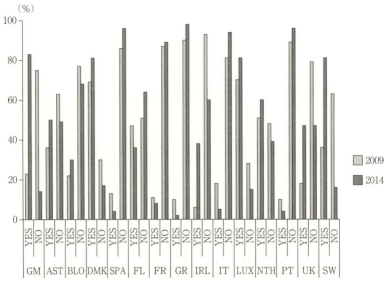

図12-5　EU加盟国の世論「個人・国家の経済状況を考えて，『EU加盟は良かったと思うか』」
出所：Elaboration of data from Eurobarometer
　　　http://ec.europa.eu/public_opinion/cf/index_en.cfm

されている。両者の関係はファースト・オーダー選挙が行われた時点で最高点に達し，その後下降して次の選挙までの中間点の頃に最低点に達する。

　繰り返しになるが，個人レベルおよび国家レベルでのEU内の経済状況に対する認識のデータからは，個人レベルでも国家レベルでも経済状況が良くないと認識している市民が占める割合が最も大きいのは欧州南部の加盟国である。北部の加盟国では，同様に経済状況が良くないと認識している割合は南部加盟国の同じ数字よりも明らかに低い。例外は，特別なケースであるフランスと英国だが，フィンランドもある程度は例外と言える。このことはEU懐疑主義を掲げる政党がこれらの国で目覚ましい躍進を遂げた理由となる。上のデータを政権政党への懲罰的投票行動とクロス集計すると，フィンランド，フランス，イタリア，ポルトガルが目を引く。というのは，これらの国では2014年のEP選挙で各国の経済状況がそれほど目立って選挙結果に反映されているとは言えないからである。中でも目を引くのはフランス，イタリア，ポルトガルであるが，とりわけ劇的と言えるほどに深刻な経済的打撃を受けたイタリアとポルトガルについてはさらに興味を引く。この状況に対する説明は第1に，懲罰

的な投票行為はすでに2009年EP選挙で「使用済み (taken-effect)」の手であること。第2に政権政党が政権の座に着いてからEP選挙までの時間が短く，経済状況に対して現政権の手腕を見極め，緊縮政策の責任を求めるには時間の経過が十分ではないことが挙げられる。とはいえ，加盟国の中にはアイルランドやルクセンブルク，英国のように経済状況に対する低い評価と懲罰的投票行為の因果関係が個人レベルでも国家レベルでも見られない国もある。この場合には懲罰的投票行為を決定する上で別の要因が存在していると考えられる。

EP選挙における新生小政党の存在

SOETの第3の仮説によれば，大政党はEP選挙では国政選挙に比べてより得票率を下げることになる。このことは政権政党でより顕著であるが，野党政党にもあてはまる。他方，小政党はEP選挙でより得票率を上げる (Marsh 2007)。緑の党はEP選挙で良い結果を得ているが，これは特に模範的な経験的事実と言える。有権者の考えるEP選挙とは，「失うものはより少ない」というもので，選挙結果はEUの行政府である欧州委員会の構成を決定づけるわけではない，というものである。ゆえに，有権者は政党選好をより自由に意思表明することができ，戦略的に計算した上で頭で考え投票して選挙結果に影響を与えようと試みるファースト・オーダーの国政選挙に比べて，EP選挙ではより自分の本当に投票したい党に――自分の心に忠実に――票を投じる (Schmitt 2005:151-152)。EP選挙では，戦略的な計算の不在によって，有権者は無効票を投じる心配をせずに，より正直に最も好む政党の意思表示するのである。国政選挙において最も決定的な政治アクターである大政党が，なぜ，正直な意思表示をする有権者の存在によってEP選挙で一部支持を失うのか，リーフ・シュミット (Reif Schmitt) が述べているように，このように考えると説明できる。EP選挙で大政党は票を失うが，これは国政選挙では戦略的な有権者の投票が大政党に利する場合もあるものの，EP選挙ではそのような有権者が新生小党を好むからである。思想的に左派・右派の両端に位置する政党は反EU志向の傾向があり，EP選挙ではEU賛成派の中道政党の失った票を獲得することで，より良い選挙結果を得る傾向があることが，多くの研究によって実証されている (Hobolt et al. 2009 ; de Vries and Edwards 2009)。ただし，たとえば1989年，1994年のEP選挙に見られるように，この傾向が常に事実に合致

表12-4　2014年EU議会における反体制派政党の台頭

国	政党	会派	議席	% Vote
オーストリア	オーストリア自由党（Freedom Party of Austria）	NA	4	19.72
ベルギー	フラームス・ベランフ（Flemish Interest）	NA	1	4.26
キプロス	労働人民進歩党（Progressive Party of Working People）	GUE/NGL	2	26.98
チェコ共和国	ボヘミア・モラヴィア共産党（Communist Party of Bohemia and Moravia）	GUE/NGL	3	33.89
チェコ共和国	市民民主党（Civic Democratic Party）	ECR	2	
チェコ共和国	自由市民の党（Party of Free Citizens）	EFDD	1	
ドイツ	左翼党（The Left）	GUE/NGL	7	
ドイツ	ドイツのための選択肢（Alternative for Germany）	ECR	7	15.46
ドイツ	ドイツ国民民主党（National Democratic Party of Germany）	NA	1	
デンマーク	デンマーク人民党（Danish People's Party）	ECR	4	34.7
デンマーク	反EU国民運動（People's Movement against the EU）	GUE/NGL	1	
ギリシャ	シリザ：急進左派連合（Syriza: Coalition of the Radical Left）	GUE/NGL	6	
ギリシャ	黄金の夜明け（Golden Dawn）	NA	3	45.53
ギリシャ	ギリシャ共産党（Communist Party of Greece）	NA	2	
ギリシャ	独立ギリシャ人（Independent Greeks）	ECR	1	
スペイン	統一左翼（United Left）	GUE/NGL	5	
スペイン	ポデモス（Podemos）	GUE/NGL	5	20.09
スペイン	人民の決定（The peoples Decide）	GUE/NGL	1	
フィンランド	真のフィンランド人（Finns Party）	ECR	2	12.9
フランス	フランス国民戦線（National Front）	NA	24	31.47
フランス	フランス共産党（French Communist Party）	GUE/NGL	4	
クロアチア	クロアチア権利党（Croatian Party of Rights）	ECR	1	
ハンガリー	ヨビック（Jobbik）	NA	3	14.67
アイルランド	シン・フェイン党（Sinn Féin）	GUE/NGL	3	19.5
イタリア	5つ星運動（Five Star Movement）	EFDD	17	27.30
イタリア	イタリア北部同盟（Northern League）	NA	5	
リトアニア	秩序と正義（Order and Justice）	EFDD	2	14.25

ラトビア	祖国と自由のために（For Fatherland and Freedom）	NA	1	14.3
オランダ	オランダ自由党（Party for Freedom）	NA	4	36.6
オランダ	社会党（Socialist Party）	GUE/NGL	2	
オランダ	オランダ政治改革派党（Dutch Reformed Political Party）	ECR	2	
オランダ	緑の左派党（Green Left）	Greens/EFA	2	
ポーランド	法と正義（Law and Justice）	ECR	19	38.93
ポーランド	新しい右派会議（Congress of the New Right）	NA	4	
ポルトガル	ポルトガル共産党（Portuguese Communist Party）	GUE/NGL	3	17.25
ポルトガル	左翼ブロック（Left Block）	GUE/NGL	1	
スウェーデン	緑の党（スウェーデン）（The Green Party）	Greens/EFA	2	31.57
スウェーデン	スウェーデン民主党（Sweden Democrats）	EFDD	2	
スウェーデン	中央党（スウェーデン）（Centre Party）	ALDE	1	
英国	英国独立党（United Kingdom Independence Party）	EFDD	24	50.45
英国	保守党（Conservative Party）	ECR	19	
英国	民主統一党（Democratic Unionist Party）	NA	1	

注：ALDE：欧州自由民主同盟，ECR：欧州保守改革グループ，EFDD：自由と直接民主主義のヨーロッパ，Greens/EFA：欧州緑グループ・欧州自由同盟，GUE/NGL：欧州統一左派・北方緑の左派同盟，NA：無所属議員連合

出所：Elaboration of data from http://www.europarl.europa.eu/pdf/elections_results/review.pdf and http://www.results-elections2014.eu/en/election-results-2014.html.

するわけではない。

　SOETの第3仮説に関しては，2014年EP選挙は，とりわけ政党の思想的な性質によって有権者の乗り換えが顕著に現れた選挙であり，その意味でSOETの仮説通りであった。

　2014年EP選挙では，極右のEU懐疑主義的政党および反EU政党が北部加盟国間での主要な勝者となった。一方，南部加盟国では反体制派のポピュリスト政党が，欧州の政治舞台に華やかに登場した。

　南部加盟国では極左政党が，北部加盟国では右派のEU懐疑主義的な政党が，EU賛成派の伝統的な政党を打ち負かしたと言えるだろう。複数のEU懐疑主義的な政党および反体制のポピュリスト政党——たとえばオランダの人民党

(People's Party) やギリシャのシリザ (Syriza), フランスの国民戦線 (National Front), 英国の独立党 (Independence Party) ――が, EP 選挙において各国で最も多くの票を獲得したことは注目に値することである。

しかし, その他の政党も, たとえばイタリアの5つ星運動 (Five Stars Movement) やラトビアの国民同盟 (National Alliance), キプロスの労働人民進歩党 (Progressive Party of Working People), ポーランドの法と正義 (Law and Justice) は, 国内第2位の位置を確保し, ほとんどの政党が国内の政治舞台でも影響力を持つアクターとなったのである。

極左ポピュリスト政党の中でも特記に値するのは, ギリシャのシリザ (得票率26%), スペインのポデモス (得票率7.98%), イタリアの5つ星運動 (得票率21%) である。シリザはギリシャの左派ポピュリスト政党で, 2004年に左派および極左政党である社会民主主義者, 民主社会主義者, フェミニスト, 反資本主義者, 環境保護運動, マルクス-レーニン主義者, 毛沢東主義者などの連合政党として結成された。2013年には単一政党となったが, 2004年の連合結成以来, 極左的な政党の性質や国内選挙での大敗もあり, 野党にとどまり続けていた。しかし, 2014年 EP 選挙では反緊縮政策を含む経済・政治改革を掲げたシリザは26.5%の得票率で第1党の座を獲得した。その数カ月後にギリシャ議会は解散し2015年初頭1月に行われた選挙ではシリザは得票率36.6%で300議席中149議席を獲得し, チプラス党首が新首相に就任した。

ポデモスは, 15-M運動 (5月15日運動) の後で2014年に結成されたスペインの左派政党である。15-M運動は欧州財政危機に続いて起きた不平等, 緊縮財政, 不平等, 政治腐敗に反対する運動で, その2カ月後の EP 選挙では, この結成間もない新生党が国内有権者の7.9%を得票し, EP 内で5議席を獲得したのである。5つ星運動は, ベッペ・グリッロとジャンロベルト・カサレッジオによって2009年10月に結党されたイタリアの政党である。ポデモスやシリザ同様, 5つ星運動は反体制派の EU 懐疑的なポピュリスト政党である。2013年のイタリア総選挙では5つ星運動が代議院で第2位の票を獲得した。しかし, 連立で候補者を立てる政党に優位な選挙制度のために, 議席数では630議席中109議席を得たに過ぎなかった。1年後となる2014年の EP 選挙では, 国内票の21.15%を獲得し, EP の17議席を獲得した。

2014年の EP 選挙の結果は, 大量の EU 懐疑的な右派議員を生み出した。

表12-5 ギリシャ，イタリア，スペインのポピュリスト政党の選挙結果（2009年，2014年）

	2009年選挙			2014年選挙		
	得票数	%	議席	得票数	%	議席
シリザ	240,898	4.7	1/22	1,518,608	26.6	6/21
ポデモス				1,253,837	7.98	5/54
5つ星運動				5,807,362	21.2	17/73

出所：Elaboration of data from ParlGov Database
http://www.parlgov.org/static/static-2014/stable/documentation/table/view_election.html

EUは何か間違っており，このままでは近い将来悲惨な結果を招くという意見を意味する反EU票が多数投じられた。多種多様な主義主張を掲げる右派政党が多くの国で驚くべき票数を獲得した。フランス国民戦線，英国独立党，デンマーク人民党（the Danish People's Party），真のフィンランド人（Finns Party），ドイツのための選択肢（Alternative for Germany），自由党（Freedom Party），ギリシャのネオナチ黄金の夜明け（Golden Dawn），オランダ自由党（Dutch Party for Freedom），スウェーデン民主党（Sweden Democrats），イタリア北部同盟（Northern League），ベルギーのフラームス・ベランフ（Vlaams Belang），ハンガリーのヨビック（Jobbik）がこれにあたる。

懐疑主義台頭の要因

この欧州全般に見られるEU懐疑主義の台頭の原因の1つとして考えられるのは，EU域内で2009年末に起きたユーロ危機の影響による政治的・経済的停滞である。とりわけ，スペイン，ポルトガル，アイルランド，キプロス，ギリシャでの経済メルトダウンである。これらの国々は，財政赤字の政府や債務超過状態に陥った銀行の負債を，欧州金融安定ファシリティや欧州中央銀行，IMFのような第三者機関の支援なしに自力で償還することができないため，EU加盟国による救済プログラムを要請している。EU懐疑主義の右派政党はもはや，EU反対という単一の問題を取り上げる政党というだけではなくなった。EUの欧州中・東部へ向けての拡大プロセス，ルーマニアやブルガリアからの難民に対する流入への規制解除，最近の欧州南部諸国からの若い労働者の流入が，これらEU懐疑主義的右派政党が政治的批判を繰り広げる要因となっ

第Ⅱ部　グローバル化と地域社会

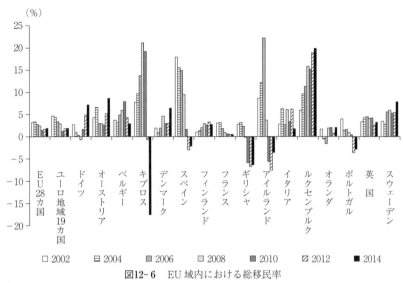

図12-6　EU 域内における総移民率
出所：http://ec.europa.eu/eurostat/tgm/table.do?tab = table&plugin = 1&language = en&pcode = tsdde230

た。各国ではこの間、緊縮政策および国家予算の削減が実施されており、EU 懐疑主義的政党は、欧州南・中・東部の移民が、所得、雇用、福祉プログラム、社会保障年金、学校、病院などに影響を与えていると批判している。

移民に対する人々の不安はメディアによって刺激され、ドイツ、オランダ、フランス、フィンランド、スウェーデン、英国で政治諸階級を悩ませている。事実、英国のデイビッド・キャメロン首相は最近になって、EU 移民が失業手当や子供手当てのような社会福祉手当ての受給資格を得るまでの期間を1年間に延長するよう求めているが、これは有権者の移民に対する不安を緩和するのを狙ったものである。EU 懐疑主義の政党は、失業中の移民が社会福祉制度を乱用しているのではないかという不安をかきたてる。しかし Eurostat のデータによれば実際に近年の経済危機によってスペインにもたらされた主要な影響とは EU 域内での移民の流出入のパターンに見られる変化である。

経済危機とスペイン国籍者の変化

　経済危機の影響が移民総数に見られる国の好例として注目に値する国がスペインである。景気後退が始まる数年前からスペインは欧州への移民の最初の滞

表12-6　スペイン国内の居住者数の変化（2007～15年）

	2007	2009	2011	2012	2013	2014	2015
合　計	44,784,659	46,239,271	46,667,175	46,818,216	46,727,890	46,512,199	46,439,864
スペイン国民	40,335,225	40,852,612	41,354,734	41,582,186	41,655,210	41,835,140	41,992,012
移　民	4,449,434	5,386,659	5,312,441	5,236,030	5,072,680	4,677,059	4,447,852

出所：Spanish National Office for Statistics, Migration Statistics 2014, June 2015.

在先となっていた。この間，当局が記録を取り始めて以来，過去20年間見られなかった2つの現象が初めて見られるようになった。居住者の減少および，最初に移民の流出が流入を上回って以来，流出者が流入者を上回り続けていることである。

表12-7に見られる2014年のデータが示す通り，スペインでの居住人口の減少は自然な人口減によるものではない。

2010年以来，移民の流出が流入を上回っていることが上記の政府公式統計データによって見て取れる。雇用機会の不足や24％という著しく高い失業率が，移民流入の激減へと繋がり，同時に劇的なほどの移民の流出を招いたのである。スペイン国家統計局によれば（http://www.ine.es/inebmenu/mnu_cifraspob.htm），各国のスペイン領事館に登録しているスペイン国籍者の人数を2009年（147万1691人）と2015年（218万3043人）で比較すると48％増加している。経済危機が始まって以来，よりよい雇用機会を求めて国外へと移動するスペイン人の数は着実に増加している（各年ごとの増加率は2012年6.3％，2013年6.65％，2014年6.1％など）。2014年のスペイン国籍者の増加を地域別に見ると，スペイン国籍の人口増が安定的に見られる米国では，2014年のスペイン国籍者数の増加が8万1030人と最も多い。これにより，北米のスペイン国籍者数は130万人になった。次に移住先としてスペイン人に好まれているのがヨーロッパであり，2014年には米国に次いで2番目に多く増加しており，フランス，ドイツ，スイス，英国が，欧州内で雇用を求める人々の移住先となっている。2014年にヨーロッパ内で移住したスペイン人の数は3万9246人で，ヨーロッパ内の他国に在住するスペイン国籍者の数はこれによって73万839人となった。しかし，増加率で見てみると，スペイン国籍者の増加率が最も大きかったのはアジアの10％である。ただし，実数では3万441人で地理的には他地域に比べ依然として低い数字を示している。

表12-7 人口統計学的数値の動向(2014年)

スペインの人口(2014)	46,512,199
出生者数(A)	426,042
死亡者数(B)	396,068
自然増減(C = A − B)	29,974
流入移民数(D)	307,035
流出スペイン人の数(E)	409,343
移民増減(F = D − E)	−102,309
スペインの現住人口(2015)(C + F)	46,439,864

出所:Spanish National Office for Statistics, Migration Statistics 2014, June 2015.

新たな「サウス」の誕生と移民・難民

　EU 内の移民の動態に見られる変化については,ギリシャ,イタリア,スペインの沿岸から流入している多くの難民について付言しておく必要がある。この難民の波の発生はアフガニスタン,シリア,イラクにおける紛争やエリトリアやナイジェリア,その他サハラ以南のアフリカ諸国における政治状況に起因している。移民の流入の発生と同時期に OECD が発表した最も工業化の進んだ先進国における移民についての報告では,移民のホスト・コミュニティへの統合について残念な結果が示されている。報告書は,移民および移民先で生まれた移民の子供は失業する可能性が著しく高く,標準以下の住宅に住み,差別を受けていることを強調している。5200 万人(EU 人口の 10％)の移民が EU 域内に存在しているが,これは 2000 年と比べると 30％の増加である。経済危機が始まって以来,移民家族の若年層における失業率は,移民以外の若年層の失業率よりも調査されたほとんどの国で悪化し続けている。スペインは,移民と非移民の失業率格差が調査国の間で最も大きく,この傾向がとりわけ顕著に現れているケースと言える。EU 域内若年層の失業率を分析した結果,移民第 2 世代の失業率は非移民の EU 市民若年層よりも 50％高くなっている。つまり,EU 域内の南部地域において,移民という新たな「サウス」が生まれているのである。

第 12 章　経済・金融危機の EU への影響

4　EU の危機に向き合って

EU における支持の再調達へ

本章を締めくくるにあたり，3 つの重要な問題を提起したい。第 1 に，仮説の第 1 命題，つまり，域内の南部と北部の格差が拡大したのは経済危機の結果であるのかどうか，という点については，明らかであろう。国民所得のヨーロッパの平均的数値を示す経済的なデータ，および投票率，投票行動，EU 懐疑主義的なポピュリスト政党の支持の動向などの選挙に関する政治的なデータ，さらには EU 加盟に対する世論の動き，移民の失業・貧困状況，移動の流れなどの社会的変数は，EU 加盟国内でかつて見られないほどに格差が広がる傾向を見せている。

第 2 に，2014 年以降，EU の加盟国の増加プロセスおよび経済危機の深刻化により，反 EU を掲げる政党が EP 選挙においてこれまでないほどの好結果を獲得し，同時に EU 市民の「EU に対する信頼」は低下を見せている。EU 統合に対する消極的同意は，1972 年に EU 問題に関するノルウェーの国民投票が行われて以来，下降し続けている。国民投票はノルウェー（1972 年と 1994 年）を皮切りに，グリーンランド（1984 年），デンマーク（1992 年と 2000 年），スェーデン（2003 年），アイルランド（2001 年と 2008 年），フランス（2005 年），オランダ（2005 年），スイス（1992 年と 2001 年）で行われた。2014 年 EP 選挙で EU 懐疑主義的政党が歴史的な素晴らしい結果を手にしたことを見れば，EU 統合に対する消極的同意はほぼ完全に失われたと言えるだろう。この状況は EU 内の政治会派に現れている。EU 懐疑主義的会派には以下のようなものがある。英国保守党が率いる穏健派の「欧州保守改革グループ（ECR）」，EU 域内の自由な人の移動の封鎖を呼びかけ，EU の存在を拒否し，現状を攻撃的に批判している英国独立党が率いる強硬派の「自由と直接民主主義のヨーロッパ（EFDD）」，「欧州統一左派・北方緑の左派同盟（GUE/NGL）」，さらにフランス国民戦線やオランダ自由党が率いる極右の「無所属議員連合（NA）」。最後に記した会派は反体制を訴え体制に対する抗議票を投じることを重視しており，人種差別主義，ユダヤ人排斥主義，外国人嫌い，イスラーム嫌いを明確に掲げている。2014 年 EP 選挙では，すべての EU 懐疑的会派が議席数を伸ばし，

EP の 29％の議席を獲得するに至った。

　金融危機からの数年間，EU というプロジェクトにとっての最大の危機は，景気の停滞だけではなかった。最も深刻な事態は，人々の EU に対する政治的な拒絶である。EP 選挙が有権者にとって，抗議票を投じる機会となっている現状では，市民も政党も各国政府も，選挙結果にどう対応すべきか深刻なジレンマを抱えている。現実的に政治勢力のバランスが変化しつつある現在，市民の EU に対する気分や関心も考慮に入れなければならない。EU はこの問題に対して早急に正面から向き合わなければならない。経済成長や雇用を促進させつつ，一般の人々が EU と生活との関連をより強く感じられる存在となることも同時に目指さなければならない。EP 内の EU 賛成の 3 会派──中道右派の「欧州人民党グループ（EPP）」，中道左派の「社会民主進歩同盟グループ（S＆D）」，「欧州自由民主同盟」──は依然として議席の 63.7％を占めてはいるが，2009 年には議席占有率が 72.4％だったことを考えると，EP を支配していると考えるべきではないだろう。反体制派の会派の影響は，議会手続きや立法手続きの遅延，議会決定手続きの妨害などの点で現れてくると考えられる。EP の全体会議は大抵が多数決投票であるからと言って，EP における EU 懐疑派議員の増加が，立法手続きに与える影響はほとんど取るに足らないなどと考えるべきではない。今のところ懐疑派の議席数は EP 内での「阻止票」となるにはほど遠い。とはいえ，現在の流れを考えれば，異なる EP 内会派との交渉や対話の文化を育み，自国政府や市民からの明らかな支持がとりつけられるよう行動することが喫緊の課題である。EU 懐疑派は，各会派の政治的なスタンスや目的，目指すべきものが異なることや，さらに何より会派間に相互不信があるため，これまでのところ反 EU の共同戦線を作ることはできなかった。とはいえ，政治的な可能性を過小評価すべきではないだろう。EU の政策にとってより深刻なリスクとは，拡大するポピュリズムによる間接的な影響が各国政府の国内政策に影響を与え，結果的に EU 議会本部ブリュッセルに対する政府の姿勢が変わることだろう。英国のキャメロン首相率いる保守党その他多くのヨーロッパの政党が EU に対してより厳しい政策を取り，多くの問題でとりわけ移民問題，EU の拡大，および EU 加盟国の主権回復問題などで──より強い姿勢を望む圧力にさらされつつある。

第12章 経済・金融危機のEUへの影響

グローバリゼーションとEUの民主的刷新

最後に指摘しておきたいのは，公的な政策に対する目に見える制約についてである。

経済・金融危機は，加盟各国の国家予算の大部分を福祉分野に使っている福祉国家と呼ばれる国々に大きな課題をつきつけることとなった。社会保障政策——とりわけ失業保険や失業手当，最低限所得保障など——が，何百万人もの人々に対して経済危機の影響を軽減したことははっきりしている。しかし，この世界的な不況によって，政府は福祉政策を含む支出の大幅な削減を余儀なくされ，現在の政策が財政的に実現可能な内容かどうか，疑問を挟むようになった。多くの国が経済危機を機に福祉国家から撤退した。EU諸国間で経済的・政治的相互依存性が高まり，そのことは，国内のアジェンダ設定の手続きを含めて，各国政府の政策内容や立案手続きにも影響を与える。その意味でEU統合は各加盟国にとって国家政策のアジェンダをより制約する結果となっている。よって，人々が民主的な選好について表現するチャンネルとしての機能が弱められている。この危機によって，各国の民主的な政策立案者が，市場適応型の原理からはなれた公共政策を策定する能力が低下しつつあることが明らかになった。「EUの経済統合は，国家レベルで実行できる政策の選択と，到達できる政策目標の幅を著しく狭くした。その点では，自国政府の影響力や反応力，つまり民主的な正当性が弱まった。」(Scharpf 2001 : 360)。南部のEU市民は，グローバリゼーションとEU統合が，自国政府の公共政策策定に敵対する動きであることに気がついた。両プロセスは国内の政策の幅を狭めると同時に，両プロセスとも国内の政治アクターの制御能力範囲をはるかに超えたものになっている。グローバリゼーションとEU統合という2つの潮流は，加盟国間で熾烈な競争を繰り広げている。この競争とは，グローバル市場および，経済成長や雇用が予想されるところに対する高レベル投資をめぐるものである。そのため国家は，経済的な必要性を公共政策への配慮に優先させることになっている。公共政策という点で言えば，グローバゼーションと地域の経済統合は，各加盟国の公共政策立案者が失う自律性の度合いを考えれば，機会というよりもむしろ足かせになっている。今日，公共政策を立案する上での最大の課題とは，国内に存在する競争上の制約をグローバリゼーションから取り除くことではない。むしろ課題はグローバルかつトランスナショナルな政策を策定するこ

とや，透明性，公平性，効果，対応性を向上させるための政府のシステムを作ることである。今日 EU は，民主的な正当性と EU 市民からの「支持」を獲得するために，EU 市民とは誰なのかを見出し，強い民主主義を作る上での新たな要素を取り入れなければならない。熟議民主主義の観点から，より民主的で革新的な新たなガヴァナンスのあり方を取り決めることが緊急の課題である。

　欧州の金融危機は単に理事会の構成変更や技術的な修正で対応できる問題ではないだろう。むしろ，EU の民主的な正当性に対してより深い政治的な問題を投げかけているのだろう。

参考文献

Dahl, Robert A. *Polyarchy : Participation and Opposition*, Michigan : Yale University Press, 1971.

Catherine E. De Vries and Erica E. Edwards, "Taking Europe to Its Extremes : Extremist Parties and Public Euroskepticism," *Party Politics*, Volume 15, Number 1, 2009.

Franklin M. and S. B. Hobolt, "The Legacy of Lethargy : How Elections for the European Parliament Depress Turnout," *Electoral Studies*, Volume 30, 2011.

Hobolt, S. B. J. -J. Spoon and T. Tilley, "A Vote against Europe ? Explaining Defection at the 1999 and 2004 European Parliament Elections," *British Journal of Political Science*, Volume 39, Number 1, 2009.

Kousser, Thaddeus, "Retrospective Voting and Strategic Behaviour in European Parliament Elections," *Electoral Studies*, Volume 23, Number 1, 2004.

Marsh, Michael, "European Parliament Elections and Losses by Governing Parties," Cees van der Eijk and Wouter van der Brug (eds.), in *European Elections and Domestic Politics : Lessons from the Past and Scenarios for the Future*, South Bend : University of Notre Dame Press, 2007.

Oppenhuis, Erik Cees van der Eijk and Mark Franklin, "The Party Context : Outcomes," in Cees van der Eijk and Mark N. Franklin (eds.), *Choosing Europe ?*, Ann Arbor : University of Michigan Press, 1996.

Reif, K. and H. Schmitt, "Nine second-order national elections. A conceptual framework for the analysis of European election results," *European Journal for Political Research*, Volume 8, 1980.

Scharpf, F. W. "Democratic legitimacy under conditions of regulatory competition : why Europe differs from the United States," in K. Nicolaidis and R. Howse (eds.), *The*

Federal Vision, Oxford University Press, Oxford : 2001.

Schmitt, H. "The European Parliament Elections of June 2004 : Still Second Order ?," *West European Politics*, Volume 28, Number 3, 2005.

第13章　グローバル化に抗する市民・運動・暴力
――「近代」の矛盾への挑戦――

太 田 和 宏

1　グローバル社会の矛盾

　グローバリゼーションの歯車が大きく回ろうとしている。軋みながらしかも機軸を大きく外れかねない動きを見せ始めている。

　グローバリゼーションが論じられ，また批判されるようになって久しい。多くの要素を含み持つこのとてつもなく大きな世界史的現象に対して様々な評価があるのは当然である。ヒト，モノ，カネ，情報の地球規模での流動化は，国境，民族，言葉を越えたかつてない関係の構築と交流を促進し，多くの富を生み出してきた。価値観と制度の共有は熾烈な競争の場とともに協同できる新しい機会と空間を提供してきた。国際通貨基金（IMF）によればベルリンの壁が崩壊した1989年の世界総GDPは19.5兆ドルであったのに対して，2000年には33.4兆ドル，2014年には77.3兆ドルであった。冷戦構造崩壊後約25年で世界の富は約4倍に増えたわけである。人の動きも活発になった。世界観光機関（UNWTO）は2014年における世界の海外観光者数が11億3000万人であると発表した。1990年の4億4000万人から約3倍に増えている。米国ビジネス誌『フォーブス』の毎年発表する世界長者番付の上位にビル・ゲイツ（マイクロソフト社），カルロス・スリム（テルメックス社）など通信・IT関係者が毎回のように名を連ねるのは情報のグローバル化の反映でもある。こうしてグローバリゼーションは，かつてない富を生み出し，より多くの人に裕福で快適な生活を提供するようになった。

　ところが一方でグローバリゼーションはこれまで人類が経験したこともないような悲惨と残虐をも生み出してきた。世界レベルでの貧富格差は拡大し，貧困もいまだ深刻な問題として残されている。国際社会の取り組みによって1日1.25ドル以下で暮らす極度の貧困状況にある人々の割合は1990年の47％か

ら14％と下がり，国連ミレニアム開発目標（MDGs）の数値半減ターゲットを超過達成している（UN 2015）。しかしその大部分が中国を含むアジア地域の改善によるものであり，アフリカなどではいまだ事態は深刻である。実際，アフリカでは1990年代以降飢餓が頻発し，2002年から2004年にかけての大飢饉は北部アフリカを除くほぼ全域で1500万人とも2300万人とも言われるとてつもない規模の人々を生死の瀬戸際に追い込んだ。しかも世界の多くの国，人々は，報道が少なかったためその惨状を知りもしなかったし，情報を得ても大方それを放置した。かつてない富が蓄積し情報が瞬時に世界を駆けめぐるグローバル化時代の皮肉で残酷な現実である。

　冷戦構造の崩壊した1990年前後，多くの人は政治対立，軍事衝突のない平和な世界の到来を期待した。しかし実際に現出したのは，武力で紛争が解決され，暴力が状況を支配する「力の世界」であった。2001年9.11テロ以降米国が中東に武力侵攻をして以来，アフガニスタン，イラクのみならず中東全域の秩序はいまだ安定化しているとはいえず，むしろ「イスラーム国」（IS）の大規模で残虐な暴力と混乱を招いてしまった。アフリカでは1990年代以降先進国援助とともに導入された政治的民主化が却って暴力や殺戮を招来している。コリアーはそれを「狂気の民主主義（Democrazy）」と揶揄した（コリアー 2008）。コンゴやルワンダなどでは民族対立，武力抗争が激化し人類史上まれにみる大量虐殺が，先進国はじめ国際社会が傍観する中で進行した。

　このようにグローバリゼーションは繁栄と民主化，新しい機会と交流など歓迎すべき要素を多くもたらした半面，その裏側では未曾有の矛盾と悲惨をも同時に生み出してしまった。これら矛盾を含んだ複雑な状況に対して，多くの人々が声を上げ，行動を起こしてきた。その要求が無視され実を結ばないこともある。また弾圧され抑え込まれることもある。しかし近年こうした人々の活動と運動がグローバリゼーションの方向性を左右する原動力の一角を担ってきたことは確実である。ただし，そうした運動の活動形態や手法はかつてのものとは大きく変わりつつあるし，いつもそれが「正義」を代弁しているとは限らない。そもそも「正義」の内実こそが問われているからである。

　社会運動は現状に対する不満を動機として，社会制度や構造の変革を標榜して展開されてきた。様々な社会運動は，それぞれの達成目標の射程が異なったとしても，既存の制度や秩序，それを支える価値観に対する問い直しを迫る点

では共通している。さらに言えば、新しい課題を提起し、新しい視点を提示するという意味で、従来の政治経済社会構造に対する挑戦でもある。問題はどの程度、現在の制度、秩序、価値観を転換しようとするのかである。本章では一般に言われる社会運動のみならず、グローバル社会の現状に大きな衝撃と影響を与えている非合法活動、暴力的行為にも着目し、それらが投げかけるグローバリゼーションの核心的矛盾について考察し、さらに新しい可能性について検討してみたい。なおここで「グローバリゼーション」という用語は政治経済、制度、価値観が地域、民族、文化を越えて一体化を強めていく「現象」全般を指し、「グローバル化」は特に変化の「過程」を強調する。さらに「グローバル社会」はグローバリゼーションの現時点における「実態」を示すものとして使用する。

2　進歩の闘争

戦後、世界は社会運営や制度に対する人々の「参加」の機会を徐々に広げてきた。それは1つには各国における政治的民主化として表れ、もう1つは草の根市民活動やNGO（非政府組織）による国境を越えた新しい可能性の模索として展開をしてきた。ここでは近年のそうした動きとその意味について検討してみよう。

政治的民主化

民主化は、1980年代以降、ラテンアメリカ軍事政権の民政移管、アジア長期独裁政権の打倒、アフリカにおける民主主義制度の導入という形で主として途上国を舞台に展開した。ソビエト連邦、東欧共産主義諸政権の崩壊ももちろん含まれる。これら一連の現象は世界史的には、18世紀から19世紀にかけてのヨーロッパ市民革命の「第一波」、第2次世界大戦末期ファシズム国家崩壊の「第二波」に続く、民主化の「第三の波」と称された（ハンチントン 1995）。民間調査機関「フリーダム・ハウス」は世界各国の政治的自由度指標を定期的に公表している。それによれば、1984年段階で政治状況が「自由」であると分類された国は世界の32％、「部分的自由」35％、「自由でない」が33％であった。30年を経過した2014年時点では「自由」46％、「部分的自由」28％、

「自由でない」26％であった（フリーダム・ハウス2015年報告）。全体として世界は人々の自由を保証する政治体制を受容する方向に進んでいるといえる。2010年から始まった中東諸国の「アラブの春」も民主化の潮流の一環として捉えることができるだろう。チュニジアで23年もの長きにわたり政権にあったベン・アリーが「ジャスミン革命」によって打倒されると，その動きは周辺各国にすぐさま伝播した。リビア・カダフィ政権崩壊，エジプト・ムバラク政権打倒，シリア・アサド政権への挑戦など政治体制の大きな変容を経験してきた。モルシ新政権以降のエジプトにおける政治的混乱，カダフィ打倒後リビアでの政治抗争による内戦状態など，民主化後の状況は芳しいものではない。しかし「民主化」という運動自体，長期独裁や抑圧体制からの「解放」を標榜するものであり，新しい機構や制度を具体的に「構築」することを主眼としたものではない。であれば政権打倒，強権体制の終焉などの課題を達成した後に，新しい政治機構構築をめぐる主導権争いや混乱が生じるのはある意味必然である。実際，フリーダム・ハウス報告でも，獲得された自由度が悪化する国のあることが報告されている。2005年には52カ国，2010年49カ国，2014年には61カ国が悪化を経験している。民主化はいったん達成されればそれが必然的に持続するわけではなく，条件と力関係によっては定着もするし，衰退もするのである。

ラテンアメリカの実験

19世紀以降，各国における農民運動・労働運動はしばしば社会主義理念と結び付き，新しい制度の構築を掲げて一定の影響力を持った。しかし，世界的規模で農業の比重が低下し，工業，サービス業へと産業構造が転換し，また労働界においても「雇用の柔軟化」の導入，つまり非正規形態の雇用が広がるにつれて，農民や労働者が団結できる基盤も失われてきた。それに伴い農民・労働運動といった生産活動をめぐる闘争，生計のための闘いがかつての勢いを失ってきた。その一方で，人権擁護，エスニシティの権利主張，環境保全，被抑圧者のエンパワーメントなど，必ずしも生産活動や生計とは直結しない生活環境やアイデンティティを問う運動へとその比重が移ってきた。運動の担い手も農民労働者という生産活動に規定される集団ではなく，生活空間，帰属を共有する集団，具体的問題に対して共通の関心を寄せる人々など様々な階層に広が

った。1960年代以降の先進国における社会矛盾を反映した「新しい社会運動」の潮流も大きな影響を与えている。

　ラテンアメリカにおける社会運動は政権獲得という次元まで実績を残しているという点で特徴的である。もともと大土地所有制の名残から社会における不平等・格差には激しいものがあった。土地占拠運動など所得の再分配や生活基盤の獲得を目指した反体制運動や左翼運動が各所で展開されてきた。その多くは武力を伴うゲリラ活動と結び付いていた。コロンビア，ベネズエラ，ペルーなど国境を越えて活動を展開した「コロンビア革命軍（FARC）」，ニカラグア「サンディニスタ民族解放戦線」，エルサルバドル「ファラブンド・マルティ民族解放戦線（FMNL）」などは大きな影響力を持った。

　一方ラテンアメリカ諸国は先進国からの借金が返済できない「債務危機」を1980年代に共通して経験したのち，経済低迷と国民生活水準の低下という「失われた10年」に襲われた。同時に経済社会の「立て直し」を目的として，IMFの「構造調整政策」を通じた抜本的制度改革を迫られた。市場原理を徹底する新自由主義政策は，マクロ経済パフォーマンスの回復には貢献したが，底辺層の生活にはむしろ打撃を与えることになった。一方で先進国の「新しい社会運動」はラテンアメリカ社会にも広く浸透していった。人権擁護活動，大規模開発反対運動，先住民権利擁護，コミュニティ相互扶助活動などが内外のNGOの支援を受けて展開した。このような下からの住民活動と，左翼政党，左派運動が共鳴し合った革新勢力が，2000年代の半ばにはコロンビアを除くほぼすべての国において政権奪取に成功している。ブラジルのルーラ政権（2003～11年），ベネズエラのチャベス政権（1999～2013年），ボリビアのモラレス政権（2006年～）などはその中でも他国の動向に大きな影響力を与える存在であった。そしてこれらの左派政権は程度の差はあれ，貧困対策，所得再分配，教育・医療制度の整備など，社会主義的な政策，あるいは低所得者層に手厚い方策を次々に実施していった。米国やIMFの半ば強制的な介入を拒否し，新自由主義的政策によってもたらされた社会矛盾に対して手当をしていたわけである。もちろん，低所得者層重視の社会分配政策や対米国対決姿勢は，外資や大企業から嫌われるだけでなく，各国内において批判を招き，政治的な対立も生んできた。しかし，市民活動や社会運動に支えられ政権まで獲得した国々が社会政策を重視する国家運営をしていること自体，現在のグローバリゼーショ

ンの背景にある新自由主義的政策への対抗という意味で、大いなる世界史的挑戦であるといえるだろう。

言説の闘争

　グローバル化時代の社会運動の第1の特徴は、「国家」の枠組みにとらわれていないことである。むしろ国境や民族を越えて結び付き協同する。近年の運動は必ずしも生産現場や所属を基盤にするとは限らず、人々が生活する際に直面する様々な課題を取り上げて問題別に組織される。それゆえ、国家、制度、文化が異なっていたとしても容易に結び付くことが可能であり、問題がグローバル化している状況下ではむしろ結び付きと連帯こそが解決にとっては重要になってくる。たとえば、人権侵害は一国の制度内、あるいは特定の社会条件の中で生じるのが現実だとしても、どんな国家社会にも起きうるため、問題を共有・告発し是正を求め連帯することが可能である。国際NGO「ヒューマン・ライツ・ウォッチ」は、世界90カ国以上の人権侵害を告発しアドボカシー活動に取り組む。環境問題は国や地域を選ばない。むしろ国境や文化の違いにこだわっていては解決策を探れない。「地球の友（FoE）」は世界75の環境保護団体を束ね、大型インフラ開発批判、エボラ出血熱などの伝染病対策といった個別問題に取り組む一方、地球温暖化対策、貿易体制批判など地球規模の問題まで取り上げる。

　社会運動の第2の特徴は、グローバル社会への影響力を増大させていることである。NGOや市民団体による運動は、小さなコミュニティの特殊な問題に取り組む活動から、オックスファム、クリスチャン・エイドなど大規模な組織による広範囲な活動とアドボカシーを併用した形態まで様々ある。こうした多様な団体が個別に活動を展開しながらも、相互に繋がり、連帯することによって、グローバル社会の方向性に一定の影響を与えるようになってきた。この点では1992年のリオデジャネイロにおける国連「開発と環境に関する世界会議」、通称「地球環境サミット」が転機であった。180カ国以上の世界首脳が一堂に会した歴史的会議と並行して、4000以上の市民団体、NGOが別会場で様々な交流と議論を繰り広げた。それだけでなく、そこでの議論内容の豊富さと質の高さが公的機関からも評価された。冷戦後、「民主化」と「参加」が世界で共有されつつあったこととも相まって、行政機関がNGO、市民団体の力量と貢

献を認める契機となった。以後，国連，世界銀行などの国際機関，各国政府援助機関の政策立案実施過程において市民運動，NGO が協同パートナーとして参画する機会も増えた。国連では 1996 年に経済社会理事会が NGO との連携強化を決議した。現在では国連開発計画（UNDP）はじめ国際機関のプログラム実施過程に NGO を参画させることは珍しくなくなった。2015 年に発足した東南アジア諸国による「アセアン共同体」の社会文化共同体（ASCC）では NGO に一定の発言権を保証することが文書で規定された。1993 年に日本の主宰で始まった「アフリカ開発会議（TICAD）」では，会議準備段階から開発NGO 代表が関わり，近年ではアフリカ各国の大統領と直接意見交換をする場さえ設けられている。このように草の根レベルで活動をし，地域や住民の実情に詳しい市民団体が国際組織や行政にも直接関わり，制度設計や運営にも強く影響を与えるようになってきた。

　とはいえ近年の NGO, 市民団体による社会運動は，かつての農民運動・労働運動とは異なり，厳格な組織原則のもとに構成されているわけでもなく，目標とするべき社会理念を追求しているとは必ずしもいえない。問題を共有する人々が自由に組織を作り，必ずしもマクロな共通社会目標を設定せず，個別課題の解決と達成を追求する。それゆえ，現段階では団体の交流や連帯もそれぞれの活動や理念をまとめ上げるというよりも，アイデアや経験を交換し，合意できる部分では協同をするという形をとることが多い。フランスの NGO「アタック（ATTAC）」の呼びかけによって 2001 年ブラジルのポルト・アレグレから始まった「世界社会フォーラム」は"もう 1 つの世界は可能だ"をスローガンに掲げ，2015 年まで 11 回のフォーラムを開いてきた（センほか 2005）。毎回世界各国から数千の団体，数万単位の人々が結集し，平和，開発，環境，人権その他あらゆるテーマを持ち寄って，新しい世界のあり方について議論をする。2005 年には約 15 万人の人々が結集をした。近年結集する人数は減少しているものの 2015 年チュニジア大会には 4 万人以上の人が集まっている。「フォーラム」と称するように，各団体，個人が問題と経験，アイデアを持ち寄り交流することを目的としている。共同運動方針を確認したり，各団体を組織化するといったような拘束は一切しない。

　この世界社会フォーラムの実践が示しているように，NGO や市民団体による社会運動の意義は，コミュニティや住民，当事者に密着しながら活動するこ

とによって，現実社会の矛盾を詳細につかみ，それを解決する新しい方策を探っていこうとする姿勢，およびそれを社会に向かって発信していくことにこそある。もちろん社会運動を通じて，実際の制度や仕組みを改変したり，行政プログラムの実施に参加することの意義は小さくないし，重要である。しかし実際にはそうした成果を得ることはそれほど容易ではないし，既存の政府制度やプログラムに参画した時点で在野の独立した自由な発想を失うケースも多い。社会運動が担っている大きな役割は，既存の権力関係や，利害関係に拘束されない新しい社会理念の提案や，草の根の人々にとっての「正義」や「公正」をどのように捉え，それをいかに実現していくべきなのかというアイデアと方向性を社会に向かって提示することである。意思決定の背景には，何が正しく，何が正しくないのか，何が守られ何が罰せられなければならないかといった社会で共有された通念や常識が必ず存在する。社会運動は実践や運動を通じてこうした社会通念や常識に挑戦し，そのヘゲモニーの組み替えをしていくことに大きな意味がある。市民運動が，「言説の闘争」だとか「パラダイム転換への挑戦」と言われる所以である。

3　暴力と破壊のうめき

問題は，新しい価値観，新しいパラダイムをどれほどの射程のなかで考えるかである。たとえば次の3つは議論の枠組みが大きく異なる。抑圧された人々が，(1)既存の法制度に基づいて権利の保証を要求すること，(2)一部の集団を排除している法制度そのものの是正を求めること，あるいは，(3)そうした排除や偏倚した法制度を認めている社会のあり方そのものを改変すること。解決の方向性を考える枠組みが異なれば，当然のことながら実際に採用される行動形態も異なる。社会運動は様々な思想・価値観に依拠して多様な形態がありうる。かつての組織化された変革運動，資本主義を克服しようという大きな理念に基づく運動は，今や堅固なヒエラルキー構造も持たず参集する個人が自由に解決の方法や社会の方向性を模索する運動にとって代わられるようになった。各国で政治状況を一変させた「アラブの春」も，組織化された反体制政治勢力による運動の結果というよりは，メディアやSNSで自由に結集した人々が繰り広げた側面が強い。それゆえ運動としての継続性が保証されるわけではなかった。

運動主体がどういう理念に基づいて活動を展開しているのか，いかなる社会を作り出そうとしているのか，という問題はかつてほど明瞭なものではない。とはいえ，運動の動機にかかわらず，またそれが現実とかけ離れたユートピアを志向するものであったとしても，人々のエネルギーが何らかの形で結集すれば，社会に何がしかのインパクトを与え，歴史の歯車を回していくこととなる。ここでは，これまでの社会運動と異なる形態をとりながら，大きくグローバル社会を揺り動かしている事例をいくつか見てみよう。

アフリカの混乱

グローバリゼーションで先進国の多くが繁栄と富裕を謳歌している裏側で，アフリカは飢餓と混乱に呻吟した。現在もそれが続きむしろ深刻化している。アフリカでは民族対立，武力紛争が絶えない。コンゴでの1990年代後半から20年以上も続く政治的混乱と武力抗争はこれまで540万人という途方もない数の犠牲者を出している。1994年のルワンダではフツ族が少数派ツチ族の大量虐殺が進行し，わずか3カ月の間にその犠牲者は90万〜100万人という数に上った。スーダンのダルフール地方では2003年，アラブ系イスラーム教徒が非アラブ系キリスト教徒を襲い40万人以上の人々の生命を奪った。アフリカの中では民主主義の優等生と評されていたマリでも2012年にムスリム過激派の軍事行動が国内秩序を揺るがし紛争が続く。2013年から始まった中央アフリカ共和国の武力紛争はいまだ解決の糸口が見えない。ソマリアでは国家の様態を保つことができない「崩壊国家」状態に陥り，法の執行が無効化する中で，海賊行為，テロ集団の温床となり国際社会を脅かしている。

こうした武力紛争や無秩序は決して従来の社会運動の枠組みで捉えることはできない。社会運動とは「正義」「公正さ」など社会で共有された理念を掲げ，抑圧された人々の正当性を既存の制度の枠組に基づいて主張するものだからである。主義主張の異なるもの，アイデンティティの違う集団を，武力を用いて暴力的に抑圧，抹殺する行為は社会的に認められない。しかし，アフリカの暴力的状況は現状に対する不満を背景に行動を起こし，そして社会に何らかの対応を迫っている，あるいは自ら現状を変えようとする点において，社会運動と共通する。社会的規範から外れ反社会的であるとしても，現実にそれらがグローバル社会全体に脅威をもたらし問題を投げかけている以上，無視し放置する

わけにいかない。むしろそうした行為が生じている背景にこそ目を向けて検討しなければならないだろう。

　アフリカ紛争の特徴の第1は，民族，エスニシティ，アイデンティティの対立として展開していることである。そもそも民族，エスニシティなどの区別は植民地支配とともに形成され強化されてきた。ルワンダの民族対立はベルギーが植民地支配をする際に，住民を半ば恣意的にフツ族，ツチ族に類別し，少数派であるツチ族に特権を与えることで分断統治メカニズムの一環として利用した。集団相互の対立と憎しみが煽られた。独立後も両「民族」の対立は続き，「大虐殺」へと繋がるのである。スーダンのダルフールではアラブ系民兵組織「ジャンジャウィード」が非アラブ系住民に対する「民族浄化」を始めるとスーダン政府もそれを支持し，事態が深刻さを増した。小学校への襲撃，誘拐など暴力事件を多発するイスラーム系過激組織「ボコ・ハラム」はナイジェリア北部「ハウサ族」によって構成されている。西洋化と非イスラーム化を批判しつつ南部のキリスト教徒を攻撃対象として襲撃を繰り返す。これは宗教上の対立であると同時に南部の「イボ族」「ヨルバ族」に対する民族攻撃でもある。このように民族，エスニシティ，宗教などの異なるアイデンティティに基づいて政治権力や主導権をめぐって抗争が各地で展開しているのである。これらは18世紀以降ヨーロッパ諸国による植民地支配と戦後の独立過程で持ち込まれた「国民国家」システムの矛盾の反映でもある。恣意的な国境の線引き，植え付けられたアイデンティティと「民族」意識の「国家」内における対立，これらの不調和が現代の暴力的紛争として表れてきているのである。

　アフリカ紛争の第2の特徴は，それらが決してアフリカの固有の条件と要素で展開しているのではなく，グローバル社会と密接に繋がりながら展開しているという事実である。端的にいえば，アフリカの持つ地下資源や経済的機会をめぐり世界の合法非合法の経済主体が，政治的文脈を無視する形で関わっていることである。たとえば紛争で対立する武力集団は，実際に武力活動を継続する軍資金を確保するためにも石油，レア・アースなどの地下資源鉱脈を押さえる必要がある。こうして民族対立は利権の争奪と容易に結び付く。地下資源を管理するだけではなく，生産物を市場で販売しなければならない。そこに欧米アジア諸国の企業がパートナーとして関与する。武力抗争には武器が必要である。それらはロシア，中国，南アフリカなど武器輸出国の様々なルートを通じ

て入手される。このようにグローバル経済と密接に結び付きながら,アフリカにおける武力紛争が展開しているわけである。

アフリカにおける諸矛盾はグローバリゼーションがもたらした結果とも言いうる。そして,ルールなき暴力的活動は,多くの人々を巻き込んでいく。戦闘員として,組織者として,そして犠牲者として。国民国家というアフリカになじみのない制度を外から持ち込んだことの1つの帰結と言えるだろう。

イスラーム過激派の問いかけ

中東における「イスラーム国（IS）」の武力行為,人質の殺害は目に余る。しかし考えなければならないのはなぜそうした行動がとられているのか,そしてあれほど残虐な行為がメディアで報道され批判されながらも,なぜ世界からそれを支持し参加する若者が集まるのかという問題である。

シリア東部イラク北部を中心に武力支配を続ける,イスラーム過激派集団「イスラーム国」は2000年頃から組織化が始まり,以来,各地で自爆テロなどの暴力事件に関わってきた。「アラブの春」の影響を受けシリアの政治体制そのものが揺らぐと,2013年頃から「イラクとレバントのイスラーム国（ISIL）」あるいは「イラクとシリアのイスラーム国（ISIS）」と称して現在の国境線にとらわれないイスラーム国の建設を宣言し,大々的な武力行動を展開するようになった。この集団はムハンマド死後の状況への復古を主張するサラフィー主義を掲げる反シーア原理主義でもある。彼らは2015年時点で日本国土にほぼ匹敵する30万平方キロメートルの領域を支配している。彼らの主張は単にイスラーム法シャリーアを厳格に実施することだけでなく,西洋思想や文化を拒否し,さらには西洋帝国主義支配の遺産である国民国家を否定することにある。オスマン帝国を解体しアラブ中東地域の分断と混乱を招いた実態を「サイクス・ピコ体制」と称して否定し,現在の国境線にとらわれないイスラーム国の建設を目指す。2014年から始まった米国を中心とする「有志連合」20カ国による空爆,2015年ロシアによる軍事介入にもかかわらずその勢力は衰えを見せない。

重要な問題はこうした過激な活動に一定の支持が世界から集まるということである。国連によるとISの戦闘員は2015年4月時点で2万5000人を超えるという。アルカーイダ,ターリバーン,ボコ・ハラム,ジャマ・イスラミーア,

アブ・サヤフなど各地のイスラーム過激組織とも連携し，世界 100 カ国から戦闘員を集めているという。戦闘員はシリア，イラクはじめ中東諸国からの若者で中核が構成されているが，それ以外の地域からの「義勇兵」も少なくない。日本の公安調査庁の 2015 年報告ではロシア人 800 人以上，フランス人 700 人以上，英国人 500 人，ドイツ人 300 人，オーストラリア人 250 人が参加していると推測している。もちろん正確な数値は分からない。彼らの多くは移民の子であったり，敬虔なイスラーム教徒だという。しかし，すべてがイスラーム教徒，堅固な原理主義者であるかと言えばそうとも言えないところに問題の根深さがある。中にはわざわざイスラームに改宗をして参加しようという者もある。「人生の目的意識を喪失したため」，「精神の安定を取り戻すため」といった宗教信条とは関係のない，社会病理を反映した動機をもって参加しようとした例も報告されている。フランスから参加者が多い背景には失業率の高さがあると指摘する者もある。ヨーロッパからの参加者らの背景には，自己の社会帰属意識や将来目標の喪失と不安，非日常的刺激への欲求があるという（The Soufan Group 2015）。「聖戦はかっこいい（Jihadi Cool）」といったポップな感覚も指摘されている（Newsweek. April 8, 2016）。

　こうしてみてみると，IS の行動は単に宗教的主張，国民国家体制への挑戦という側面だけではなく，先進国諸国が抱えている社会的諸矛盾と行きづまりの捌け口としての機能を果たしているともいえる。一部のイスラーム教徒の原理主義的な行動というだけではなく，先進国社会の持つ失業，貧困，差別，孤独，といった社会矛盾がグローバルな規模で，しかも奇妙な連携を遂げている。IS は単にイスラーム過激派集団のみの問題ではない。中東地域に限定される問題でもない。先進国社会も関連したグローバルな問題なのである。

難民の苦悩

　秩序の不安定化と混乱を反映して，やむにやまれず故郷を捨てて難民化する人々の数が増えている。国連難民高等弁務官の 2014 年報告によると，世界で累計 5940 万人の人々が故郷を離れ難民として認定されている。2014 年の 1 年間だけで 1100 万人の国内難民，290 万人の国際難民が増えたとされている。毎日 4 万 2500 人が紛争や迫害を逃れて家を離れたという計算になる。難民は世界各地で発生をしている。難民を多く生み出す地域は政情不安，内戦，武力

抗争の激しいシリア（390万人），アフガニスタン（260万人），ソマリア（110万人）といった国々である。近年問題化しているのは北部アフリカから難破する可能性の高い粗末なボートで地中海を渡りイタリア，フランスに大量に漂着する難民である。リビア，チュニジアなどから出発し，より安定した秩序と難民受け入れ制度のあるヨーロッパ諸国を目指す。2015年9月時点でその数は50万人にも及ぶと言われている。漂着民を受け入れた国は難民協定に基づき，人道的保護を与え，難民認定後は同国人並みの生活条件を提供することが求められる。海を渡ってくる人々は北アフリカの人々とは限らない。ソマリア，スーダンなど政情不安定なサハラ以南アフリカから難を逃れてきた人々，シリア，イラクなど中東の内戦状態を生き延びて安息の地を求める人々など多彩である。50万人という数は世界の難民総数からすればほんの一部を構成しているに過ぎない。それが国際問題になったのは受入国が主要なメディアのある先進国であったからである。中東・アフリカ域内の近隣国に避難する難民の方が圧倒的に数としては多いにもかかわらず，それが「問題化」しないのはグローバリゼーションの現実の一端でもある。ともあれ，今やある国の政情不安や内乱，戦争，さらに言えば対処のしようのないほどの経済状況の悪化など深刻な問題は，国境の枠内にとどまっているとは限らず，周辺国，先進国にも解決の方法を迫る時代となってきた。

　移動してくる難民の立場からすれば，命を守るため，生活を維持するため，少しでも明るい未来をつかむために，条件さえ許せば国家や故郷にとどまる理由は1つもない。弾圧や戦禍の中で命を落とすよりも，手厚い生活保障をしてくれる環境があるのであれば，多少のリスクを冒してでも海を渡ろうとするのは不思議ではない。難民として地域や国境を越えて移動するという行動は，問題解決のための具体的要求を掲げたり，組織され活動する社会運動とは当然異なる。しかし苦境にある中で多くの人が問題解決を求めて，周囲に具体的な対応を求めているという点においては，社会運動と同様に現状の変更をグローバル社会に迫っているといえるであろう。

　内戦，武力対立，過激派の暴力，国際難民といった現象は，社会運動ではない。暴力や有無を言わさぬ強硬手段を用いることは，当事者や相手を説得することに繋がらないし，通念上広く共感を得られるものではない。しかし現状に対するなにがしかの不満やフラストレーションを背景に持ち，既存の社会に何

らかの改変を求めているという点では社会運動の目的としているところと共通性を持つ。自由や公正を求める社会運動も過激な行動に走る暴力的活動も現在のグローバリゼーションの持つ基本的矛盾の告発として表れているのである。

4 グローバリゼーションの申し子たち

世界では現状に対する不安と不満，社会ルール改変に向けての要求が様々な社会運動，大規模な暴力活動として表出していることをみてきた。これらはいわばグローバリゼーションの申し子たちである。グローバリゼーションの矛盾が運動や行為の主体を生んできただけでなく，暴力を含めた手段をも提供してきたのである。

グローバリゼーションは「近代 (modernity)」の作り出してきた価値観や制度が地域，民族，言葉を越えて地球の隅々にまで広がっていく現象である。近代は合理的精神に基づき，自由や平等，民主主義と公正を人類の「普遍的価値」であると前提してきた。つまりどこにどんな条件で暮らす人々ともそれらを共有し，社会として実現していくべきだという考えである。そうした近代の価値観は，非西欧社会を含めて多くの地域，人々によっても受容されてきた。問題はそれが実際どのように運用され実践されてきたかである。米国を中心とする一握りの先進国が主導するグローバル社会は，それら「近代」の価値を非西欧社会に普遍的に平等に実践することを許しては来なかった。「近代」の抱える根本的矛盾である。グローバリゼーションとは「近代」が条件の異なる社会や地域と接触する中で，その矛盾を目に見える形で露呈していく過程でもある。社会学者ギデンズはそれを「暴走する世界」と呼んだ（ギデンズ 2001）。自由，平等をうたい市民革命を通じて人々の権利と福利を向上させてきたヨーロッパ諸国は，一方でアジア，アフリカを強力に植民支配し，自由も平等も保証しなかった。むしろ隷従を求め貧困を強いた。こうした関係は過去のものではない。現在進行形の現象であり，まさにその矛盾が現在の社会運動と暴力活動を生み出してきたのである。

構造調整と貧困化

第1に，経済面におけるグローバル管理体制がある。1980年代以降，途上

国に新自由主義的市場主義が「構造調整政策」を通じて浸透した。国際通貨基金（IMF），世界銀行といった国際金融機関は財政融資と引き換えのコンディショナリティ（融資条件）として市場原理に基づくマクロ経済政策の立て直し，およびそれを支える国家運営の根幹にも関わる根本的な改革をせまった。融資を受ける立場にある途上国にとっては拒否のできない選択肢であった。市場原理を徹底すれば，優勝劣敗の結果が貧富格差の拡大をもたらすことはいわば必然である。自由化で世界に開かれた途上国の貿易投資市場は，先進国，多国籍企業，投機家に大いに左右されるようになった。投機的資金（ホットマネー）の動きによって「国家破綻」を経験したメキシコ（1994年），タイ・インドネシア・韓国（1998年），ロシア（1998年），アルゼンチン（2001年），アイスランド（2008年）では，当然のことながら市民が大きな犠牲を強いられた。

　2002～04年のアフリカ大飢饉は，旱魃，内戦が発端であった一方，構造的には各国の輸出作物生産の重視，国際債務返済の優先，社会政策の後退などが事態を悪化させた。いずれも構造調整政策の中で強いられてきた施策である。「崩壊国家」といわれるソマリアが構造調整政策を受け入れるまでは食料自給をする豊かな食肉輸出国であったなどと誰が想像できようか（チョスドフスキー1999）。こうして新自由主義的グローバリゼーションは格差・貧困と不安定をもたらし，人々の生活基盤をも揺るがす条件を生み出した。

　新自由主義的政策は意図せぬことに，体制を批判する人々の主体形成にも貢献した。新自由主義は公的社会政策を縮小し，生活の改善を個人の「自己責任」に任せる姿勢をとった。1980年代には参加意識の普及，民主化の流れとも相まって，苦境に追いやられた人々，不満を持つ人々の間に，窮状や問題を自らの手で解決していく草の根運動が各地に浸透した。それらは各地域の自発的な活動として始まっただけでなく，国境を越えたグローバルな市民の支援活動，国際NGOによる情報と資金の提供によって支えられ強化された。これらは自由，公平，人権，豊かさなど「近代」が生み出してきた「近代」の価値観を途上国においても実現していこうという動きである。ラテンアメリカではグローバリゼーションで拡散した価値観を「武器」として，「市民」が選挙という西洋型民主主義手続きに則って政権を取っていった。ベネズエラやエクアドルなどの急進派は，国内の政策転換のみならず，反米姿勢を強め，米国中心のグローバル体制に対しても積極的に挑戦してきた。

アジアにおいては，新自由主義的市場開放がもたらした1998年アジア経済危機がその後の各国の大きな政治変動のきっかけともなっていった。インドネシア・スハルト政権の崩壊 (1998年)，ビジネス志向国家運営と貧困者救済を目指すタイ・タクシン政権の成立 (2000年)，韓国・金大中による福祉政策の制度化 (1998年) などがあった。いずれも崩壊した経済と失われた市民生活基盤の立て直しのプロセスであった。その背景には多くの人々の苦境と不満があった。新自由主義グローバリゼーションのもたらした「近代」の矛盾に対して，人権，公正といった「近代」の価値観と制度でもって斬り返したわけである。

世界の動きは，すべてが近代の価値とそれに裏打ちされた制度に則ったものになるとは限らない。人は状況改善の可能性と希望があれば既存のルールと仕組みの中で行動をする。しかしあまりにも状況が理不尽であり，正攻法で改善が望めないとなれば社会的規範さえ容易に越える。現在，世界の10億近い人々は日々の生活を維持することも困難な極貧を強いられている。彼らは自らの生活と家族の生命を守るためにできることは何でもする。それが合法であるか非合法であるか，他者を傷つけるか否かは問わない。世界銀行経済顧問として世界の貧困を見てきたポール・コリアーは極貧ゆえにグローバル社会の規範やルールから離脱し，また世界秩序を根底から揺るがしかねない「最底辺の10億人」の存在を指摘した（コリアー 2008）。グローバル社会は彼らに社会運動に参加する機会よりも，暴力行為に関わる状況を用意したかもしれない。

覇権的暴力

第2に武力行使を前提とする世界秩序運営である。中東やアフリカの暴力，過激グループの武力行使は故なく突然起こったのではない。そもそもグローバル社会がその下地を用意したし，またその条件を提供してきた。途上国の経済動向を大きく左右する国際金融機関である世界銀行やIMFは，出資額に応じて投票権を与えるシステムを取っているため，実質的には先進国数カ国が基本方針を決定する。「構造調整政策」は途上国の意向とは関係なく，否，反対を抑える形で決定された。国連は途上国を含めて一国一票の発言の平等を保証するものの，拒否権を持つ大国の意思を無視することはできない。しかも米国は国益と国連決定がずれる場合には，国連には従わず単独行動に走る。

さらに強国は他地域への武力介入を自由に行ってきた。冷戦期に米国はアジ

アでベトナム，カンボジアを侵略し，ラテンアメリカでのエルサルバドル，グレナダ，ニカラグア等へ介入するなど途上国に対する武力行使に躊躇はなかった。ソ連もアフガニスタンを軍靴で蹂躙した。

　先進国の恣意的判断による直接武力介入は，冷戦構造崩壊後，むしろ強化された。1991年イラク・フセイン政権に対する湾岸戦争はその先鞭であった。そこにはソ連共産圏に「勝利」した米国が新しい覇権を確立しようとする意図が反映していた。武力介入は9.11の後さらに強まる。9.11からひと月も経たぬ10月7日，米英は何の法的手続きも議論も経ずにアフガニスタン「報復攻撃」を開始した。2003年米国によるイラク侵攻は独裁者フセインの圧政からイラク国民を救済し「自由」と「民主主義」を回復することを掲げて遂行された。イラクでは「自由」と「民主主義」の名の下に市民15万人以上が犠牲となった（Iraq Body Count）。先進国によるこうした合意なき一方的暴力の行使が人々の不満と憎しみを掻き立て，多くの人に銃を取らせたとしても不思議ではない。グローバル社会に大きな衝撃を与えた2001年9.11同時多発テロや2013年からのISの暴力活動の展開は決して青天の霹靂ではなかったのである。暴力で事を決しようとする姿勢は，過激グループよりも先にむしろ米国を中心とする先進国が実践してきたものである。さらに途上国の武力集団が必要とする資金や武器はグローバルなチャンネルを通じて供給される。中東テロ，武力活動の資金は，油田を確保し世界市場で販売することと，世界同胞から流入する支援で賄われる。武器は各国軍部のサイド・ビジネスや闇取引など様々なルートを通じてグローバル市場で調達される。

　アフリカ各地の武力抗争にもグローバル経済が密接に絡んでいる。武力集団の資金源となる地下資源は先進国市場で販売される。武器はヨーロッパ，中国から輸入される。さらには，自由化の下，欧米の「民間軍事請負企業（PMC）」は，中東のみならずアフリカの各国軍部・武力集団に，顧問，訓練，情報提供，兵站，戦闘参加を含めて深く関与し，状況の複雑化に貢献してきた（松下2007）。戦争や武力紛争はいまやPMCにとってビジネス・チャンスなのである。ソマリアの海賊行為ももとはといえば英国系PMC「ハート・セキュリティ」の関与から始まっている。このように武器を手に取らせる環境から武器そのものの提供まで，グローバル社会が深く関与してきた。

　グローバリゼーションは，途上国の多くの人を貧困と不安，絶望に追いやっ

た。グローバリゼーションは各地で「近代」の肯定的側面の後継者を育てもした。また同時に「近代」の矛盾的側面を引き継ぐ暴力的集団をも生んできた。グローバリゼーションのこの弁証法的展開が今後どのような昇華の形を生むのかはまだ見えてこない。

5　新しいパラダイムを求めて

　グローバル社会は，草の根社会運動，反グローバリゼーション運動，暴力行使，非合法活動などが共通して衝いている根本的な問題に対してどう対処すべきなのか。解答自体はシンプルである。世界が共有している「正しい」価値観を地域，民族，集団に依らず等しく実施することである。またその「正しさ」をめぐる議論と決定の過程に，より多くの人々，集団の参加を保証することである。一部の国，一部の民族に有利となるような「正しさ」の恣意的な運用は避けなければなるまい。ただしグローバリゼーションが多様な要素と利害関係を含む複雑な現象であるため，制度的にすべてが対応できるとは限らない。であるとするならば，問題の当事者がそれぞれに声を上げ主張をしていくこと自体が重要となる。さらに言えば，マジョリティの「正しさ」に対する異議や主張を，暴力的に圧殺してしまうことは何ら問題の解決には繋がらないことを確認しなければならない。価値の「正しさ」は異なる意見の交換と合意の中で社会的に形成されるものだからである。

　グローバル社会におけるルールや意思決定のあり方について再検討する必要があるだろう。経済的な意味で大きな影響力もつ世界銀行やIMFでは，ほんの数カ国の先進国が実質的に意思決定をし，途上国には決定的に不利な仕組みとなっている。中国，インドなどの中進国の発言権を高めるIMF改革の実行も米国，ドイツなど一部の国の反対で進んでいない。国連は世界200カ国近くが集まり等しく発言権が与えられている機関である。とはいえ，第二次世界大戦時の連合国側主要国中心の運営体制が70年間維持されている。大国は時には国連の議論や決定を無視して個別に実力行動をとる。湾岸戦争，イラク侵攻がそうであった。

　グローバル社会には，強制力をもって各国を管理しうるほどの強い権限を持った機関が不在であるため，ある国が覇権を握りまとめ上げていくのが現実で

あった。米国が戦後一貫してその役割を果たしてきた。しかしその体制が多くの途上国に深刻な問題を引き起こしている以上，そのあり方の是正が求められるは当然である。近年，中国が経済的にも政治的にも急速に台頭をして，グローバル社会におけるプレゼンスを高めている。中国はこれまでの米国中心の国際ルールや管理体制への挑戦も果敢に行っている。世界銀行やアジア開発銀行（ADB）に対抗する形で，50カ国以上の賛同を取り付けアジアインフラ投資銀行（AIIB）を設立したこともその1つである。ただし中国が米国西欧にかわる主導的立場を確立しうるかどうかは不鮮明である。世界における急激な経済利権拡張や東シナ海，南シナ海領域への海洋進出は，他の多くの国の理解を必ずしも得られていないからである。さらに重要なのは，どの国がリーダーシップをとるにせよ排除されている地域や国々の意思や要望をどれほど汲み取れるのかという点である。

　こうしたグローバル社会のマクロな運営制度，覇権構造の変容も視野に入れつつ，最も重要で忘れてはならないのが，生活をする人々の視点である。どこに住んでいようとも，いかなる集団に属していようとも，それぞれに意見を表明して主張をし，望む条件を獲得していく権利がある。テロ行為や武力行使，暴力的活動はそういう主張の表れだともいえる。しかし，他集団を抹殺する行為に多くの人々の賛同は集まらないし，暴力が根本的な問題の解決に繋がる可能性は低い。結局のところ，地道に言論を交換し，行動して訴えていく機会を重ねることが重要になるのであろう。

　そうした意味では，ありきたりながらも，それぞれの集団や所属，階層，階級の状況に基づく地道な社会活動の展開と，世界社会フォーラムのような広く交流できる場をいかに発展させていくのかが大きな鍵となるであろう。社会の進むべき方向性や共有すべき社会的理念，多くの人が共感できる大きな物語が不鮮明な時代であるからこそ，「言説の闘争」，「パラダイムの模索」がこれまで以上に求められている。

参考文献

ギデンズ，アンソニー（佐和隆光訳）『暴走する世界——グローバリゼーションは何をどう変えるのか』ダイヤモンド社，2001年。

コリアー，ポール（中谷和男訳）『最底辺の10億人』日経BP社，2008年。

スティグリッツ，ジョセフ・E.（鈴木主税訳）『世界を不幸にしたグローバリズムの正体』徳間書店，2002年。

セン，ジャイ，アルトゥーロ・エスコバル，アニタ・アナンド，ピーター・ウォーターマン（武藤一羊・戸田清・小倉利丸・大屋定晴訳）『世界社会フォーラム 帝国への挑戦』作品社，2005年。

チョスドフスキー，ミシェル（郭洋春訳）『貧困の世界化——IMFと世界銀行による構造調整の衝撃』柘植書房新社，1999年。

ネグリ，アントニオ，マイケル・ハート（水嶋一憲・酒井隆史・浜邦彦・吉田俊実訳）『〈帝国〉——グローバル化の世界秩序とマルチチュードの可能性』以文社，2003年。

ハンチントン，サミュエル，P.（坪郷實・薮野祐三・中道寿一訳）『第三の波——20世紀後半の民主化』三嶺書房，1995年。

ピーテルス，ヤン・ネーデルフェーン（原田太津男・尹春志訳）『グローバル化か帝国か』法政大学出版局，2007年。

松下冽『途上国の試練と挑戦——新自由主義を超えて』ミネルヴァ書房，2007年。

The Soufan Group, *Foreign Fighters : An Updated Assessment of the Flow of Foreign Fighters into Syria and Iraq*, The Soufan Group, 2015.

United Nations (UN), *The Millennium Development Goals Report 2015*, United Nations, 2015.

コラム5　民間主導のガヴァナンスの挑戦

　グローバル化が急速に進展し，過去に例を見ないほどの量と規模で，個人，企業，専門家集団，NGOsなど，国家や国際機構だけではなく多様な行為主体が国境を越えて活動している。そのような状況のなか，国内や国家間での規制が困難な分野および高度に専門的で変化が著しく国家や国家間での法や制度の整備が追いつかない分野（経済，環境，情報技術，医療，先端科学・技術など）では，民間の国際組織がイニシアティブをとって自主的に規範を形成し自らの行動を規制したり，独自の紛争解決制度を構築したりする動きがある。中世にも国を越えた商人間の慣習制度としての商人法（lex mercatoria）というものがあったが，近年では企業の社会的責任（CSR）への関心の高まりとともに，「グローバル法」と呼ばれる民間主導の自主的な規範や制度が，国境横断的かつ重層的な新しいガヴァナンス（トランスナショナル・ガヴァナンス）に貢献するものとして期待されている。

具体的な事例
　たとえば，国際商業会議所（International Chamber of Commerce）は民間企業によって構成されている民間の国際組織であり，国際取引慣習に関する共通ルールの形成の推進や，国際商事取引紛争，商事犯罪および海賊に対応する制度の整備を行っている。また，American ExpressやYahoo!, Googleなどの大手企業による対児童ポルノ金融連合（Financial Coalition Against Child Pornography）は，児童ポルノ関連事業に資金が流れることを防ぐための行動規範を形成している。

グローバル・サウスに関わる事例
　グローバル・サウスに関わる事例としては，民間金融機関によって構成される赤道原則協会が制定・管理する赤道原則（Equator Principles）がある。これは，途上国で開発のための大型融資プロジェクトが行われる際に，それに携わる金融機関が途上国内の社会や環境について考慮するために設けられた行動規範であり，この規範に反する融資は行うことができず，さらに，融資後の開発プログラムの調査・報告を行わなければならないというものである。また，フェアトレード・システム（Fair Trade System）は，途上国の原料，製品を正当な価格で購入しフェアトレード（公平貿易）と分かるように表示して流通させることで，途上国の生産者や労働者の環境の改善を目指す1つのメカニズムであり，流通させる商品の生産過程が適正であるかを判断する規範を制定している。漁業管理協議会（Marine Stewardship Council）や森林管理協議会（Forest Stewardship Council）も独自の認証制度を設けることによって，途上国

を含む国際的な水産物や森林の持続可能な利用と保護および適正な流通過程の確立を目指している。さらに，労働者，労働組合，消費者，企業などによって構成される Social Accountability International は人権に配慮した就労環境評価基準 SA8000 を策定しその認証制度を設けており，ILO および Ethical Trading Initiative, Fair Labor Association の労働環境基準とともに，社会的責任投資の際に参考にされる国際的指数である FTSE4Good の労働環境基準に取り入れられている。

課題と今後の展望

　民間主導の規範や制度の有効性は認められつつある。しかし，それらが民主的手続きを経ずに形成されるため，その正統性を何に求めるのか，また，それらが合目的的あるいは恣意的になる可能性をいかに排除できるかという課題が残されている。この点に関して，民間主導のガヴァナンスに対して国家や国際機関が承認を与えたり，国家間の制度に取り込んだりすることによって重層的なガヴァナンスを実現しようとしている事例もある。たとえば，世界ダイヤモンド会議が市場から紛争ダイヤモンドを締め出すために，紛争ダイヤモンドの取引業者の処罰と世界ダイヤモンド取引所連盟からの追放，そのための原産地表示の義務づけなどを定めたキンバリー・プロセス（Kimberley Process）は，後に国連によって承認された。また，世界の海上貿易に関する犯罪，特に海賊行為への対策に取り組み，これまでもクアラルンプールの海賊情報センターの設置や海賊行為に関連する情報収集・提供，関係機関への警報，事件の分析，対策のためのガイドラインの作成などを行ってきた国際商業会議所の国際海事局（International Maritime Bureau）は，日本と ASEAN 諸国が中心となって締結したアジア海賊対策地域協力協定（ReCAAP）の作成交渉段階から参加し，その情報ネットワークや制度を提供することで，対海賊の国際的なガヴァナンスの構築に寄与した。

　このように，規範や制度の空洞化によって，これまで国際的規範の形成過程では補助的な役割しか果たしてこなかった民間の国際組織が，一定の分野の社会集団の合意に支持され，かつ国家による法や制度の効果を補い，あるいはそれを超えて適用される規範や制度，慣行を形成することで，既存の国際的なガヴァナンスの枠組みに依存しない形での自己統治を試みている。しかし，このような民間主導のガヴァナンスは先進諸国における民間組織のイニシアティブのもと行われるものがほとんどであり，規範形成への参加において先進国と途上国間の主体性の隔たりは大きい。今後，この分野での先進国と途上国のイニシアティブの格差を是正するためには，途上国における政府主導ではない，また，外資ではない民間の参加による開発が必要になるだろう。現在，政治から自立した経済の育成のために国際金融公社やアラブ経済開発基金，アフリカ開発銀行によって行われている自国の民間企業への支援は，その足がかりとなると期待できる。

（川村仁子）

第14章 紛争後の平和構築
—— オーナーシップと民主化の課題を中心に ——

杉浦功一

1 後を絶たない世界の紛争

　冷戦終結による世界平和の実現への期待にもかかわらず，1990年代にはヨーロッパのバルカン半島やアフリカ，アジアなど世界各地で民族紛争や内戦が頻発した。1994年にはアフリカのルワンダで国民の1割以上にあたる80万人が虐殺される民族紛争が起きている。今世紀に入っても，2001年の9.11同時多発テロに対する報復として，米国が中心となる対テロ戦争がアフガニスタン（2001年）やイラク（2003年）を中心に展開された。

　2010年代に入ると，北アフリカ・中東でいわゆる「アラブの春」が起きて，チュニジアとエジプトで独裁政権が打倒された。しかし，リビアでは，独裁者カダフィ大佐側と反体制側の間で内戦となり，北大西洋条約機構（NATO）による軍事介入を招く事態となった。シリアでもアサド政権と反体制派の間で激しい内戦に陥り，2016年6月現在も20万人を超す犠牲者と大量の難民を生みながら続いている。しかも，2014年にはIS（「イスラーム国」）と呼ばれるイスラーム過激派勢力が内戦の間隙を縫って勢力を拡大し，戦火は国境を越えてイラクにまで及んだ。リビアやイエメンも政権が再び分裂し内戦状態にある。アフリカでも，ナイジェリアではイスラーム過激派組織ボコ・ハラムと政府軍の戦闘が続き，マリや中央アフリカ共和国で内戦が発生・再発するなど，紛争の火が鎮まる気配がない。主だった紛争の数は，1990年代後半から2000年代初めにかけて減少した後，2007年の4から2014年には11と，3倍近くなっている（UN. Doc. A/69/968-S/2015/490, para.11）。

　このように紛争が後を絶たない一方で，これまで多くの紛争が停戦にこぎつけてきた。国際連合（国連）を中心とした国際社会は，仲介や調停を通じて紛争を終結へと導き，紛争後には再発を防ぐために平和維持活動（PKO）を展開

し，その後も平和が定着するように支援してきた。このような紛争を防ぎ平和の礎を築く活動全般が「平和構築（peacebuilding）」と呼ばれる。本章では，特に紛争後に行われる平和構築に焦点を合わせて，その全体像と課題の理解を試みる。すでに平和構築に関しては，日本語のものを含めて多数の著書や報告書が刊行されている（篠田 2013；大門 2007；西川 2013；花田 2015；東 2009；星野 2011）。本章では，平和構築が直面しているジレンマや課題について，「人々中心の視点」からオーナーシップと民主化に注目して整理したい。

2 平和構築とは何か

1990年代の国連を中心とした平和構築活動の発達

「平和構築」の概念は，1992年に当時のブトロス=ガリ国連事務総長が発表した報告書『平和への課題』をきっかけに注目を集めるようになった。発表当時の世界は，1991年のカンボジア内戦のパリ和平合意のように，冷戦終結をきっかけに各地の紛争が終結へと向かう中で，国連に対する期待が高まった時期にあった。『平和への課題』は，冷戦後の状況を踏まえて，紛争に対する国連の平和への取り組みを検討・提案したのである。

『平和への課題』では，平和へ向けた取り組みが段階的かつ包括的に示された。まず，信頼醸成や早期警報を通じて紛争を未然に防ぐ「予防外交」，次に，調停や仲介，場合によっては強制的な手段を通じて紛争の終結を図る「平和創造」，さらに停戦後に加盟国から集めた部隊を当事者の合意のもとに展開し紛争再発を防ぐ「平和維持」，そして最後に長期的な平和の定着を進める「（紛争後の）平和構築」というように，平和へ向けた活動のサイクルが提案された。（紛争後の）平和構築は，「紛争に再び陥ることを避けるために，平和を強化し堅固なものにするような構造を特定し支える行動」と定義される（UN. Doc. A/47/277-S/24111, para. 21）。具体的な活動として，元紛争当事者たちの武装解除と秩序回復，武器の保管と破棄，難民の帰還，治安要員への助言と訓練支援，選挙監視，人権を擁護する活動の拡大，政府機関の改革・強化，政治参加の公式・非公式な過程の促進が挙げられた。

発表当時は，大規模化・多機能化する平和維持活動（PKO）に世界の眼は向けられていた。冷戦の終結を契機に内戦が終結した国に対して，1992～93年

の国連カンボジア暫定統治機構（UNTAC）をはじめ，PKO ミッション（派遣団）が世界中に派遣された。多機能化した PKO には，停戦監視のための各国の軍隊のほか，人道援助や復興支援のために各国や国連機関から文民も多数派遣された。UNTAC に対しては，日本も約 1200 名の自衛隊員と文民を派遣し，経済面以外に人的な国際貢献もアピールしている。

　当時の PKO ミッションは，多様な活動を並行して行いつつ，新政権の樹立のための選挙の実施を「出口」として早々に引き揚げていくことを目指した。しかし，UNTAC の終了後の 1997 年，カンボジアで暴力を伴う政変が発生するなど，国連 PKO の終了後，国際社会の関心が低下し支援も減少するにつれて，社会が再び不安定になったり紛争が再発したりする例も見られるようになった。そのなかで次第に紛争後の平和構築に注目が集まるようになる。また，PKO ミッションの目の前で大虐殺が行われるのを止められなかったルワンダの事態のように PKO の展開中に紛争が再発する事例や，和平の履行確保や文民保護等のために武力を行使する「強力な（robust）PKO」の出現などを受けて，国連の平和活動（PKO と政治ミッションを合わせた活動）全体の見直しが求められるようになった。

2000 年代以降の PKO 改革と平和構築

　そこで，2000 年に国連の平和活動を包括的に見直す『国連平和活動検討パネル報告』（通称ブラヒミ報告）が公表された。同報告書では，長期的な目的を持つ平和構築活動を PKO ミッションの段階から並行して行うことが提案された。PKO ミッションが展開している時点で軍事部門と文民部門が連携して平和を脅かす要因に対処し，さらに PKO から復興・平和構築支援，その後の通常の開発援助へとスムーズに移行していくことが目指されることとなる。そのために，1997 年の国連改革で提案された「統合的アプローチ」をさらに推進し，国連の多様な部門や関連機関が PKO の計画の段階から参加するよう組織面の改革が提案された。

　続いて，国連創設 60 周年を記念する国連サミットへ向けて，国連改革のためのハイレベル・パネルの報告書が 2004 年に公表されたが，ブラヒミ報告を踏まえながら平和構築の概念が拡大され，紛争発生以前の紛争予防活動も含むものとされた。同報告書では平和構築委員会（PBC）の設立が提案され，資金

を担う平和構築基金（PBF），実務を担う平和構築支援事務局（PBSO）とともに，2005年の国連サミットで設立が認められた。

2008年には，PKOの実務を担う国連事務局の平和維持活動局とフィールド支援局によって国連のPKOを総括した『国連平和維持活動——原則とガイドライン』が公表された。同ガイドラインは，PKOの実施に際しての「キャップストーン（最高点の）ドクトリン」と位置づけられるべく作成されたものである。平和構築とは，紛争管理のすべてのレベルで国家の能力を強化することで紛争発生あるいは再発のリスクを減らし，持続的な平和と発展の礎を置くための広範な手段を伴うものとされた (p. 18)。平和構築が目指す持続的平和のためには，(1)治安と公的秩序を維持するための国家の能力の回復，(2)法の支配と人権尊重の強化，(3)正当な政治制度と参加過程の形成への支援，(4)紛争に由来する国内避難民と難民の帰還・再定住を含む社会・経済的復興と開発の推進，という4つの重要な分野での進展が求められる。国連の複合的なPKOミッションは，武装解除・動員解除・再統合（DDR），地雷除去，治安部門改革（SSR），人権擁護・推進，選挙支援，国家機関の復興と拡大の活動といった長期的な平和構築活動の触媒的な役割を果たすものと位置づけられた。

前述のPBCの活動が進む中で，紛争後の平和構築活動について改めて検討がなされ，2009年に事務総長は紛争直後の平和構築についての報告書を公表した（UN. Doc. A/63/881-S/2009/304）。同報告書は，至急かつ重要な平和構築の目標として，治安の確立，政治過程への自信の構築，（基本的な行政サービス提供など）初期の「平和の配当」の提供，コアな国家能力の拡大を示した。それに対応して，国際アクターに対して，基本的な安全と治安への支援，政治過程への支援，基本的なサービス提供への支援，コアとなる政府機能の回復への支援，経済復興への支援を求めている。

平和構築をめぐる最近の動き

2015年は国連創設70年周年という節目であり，ミレニアム開発目標（MDGs）が達成期限を迎えて新しい国際開発目標の設定が行われる重要な年である。同年9月には，MDGsの後継として17の目標を掲げる「持続可能な開発目標」（SDGs）が国連総会で承認された。それに先立つ過程で，国連の平和活動についても見直すべく，平和活動に関するハイレベル独立パネルが事務総

長に報告書『平和のために我々の力を合わせる (Uniting Our Strengths for Peace)——政治，パートナーシップ，人々』を提出した (UN. Doc. A/70/95-S/2015/446)。同報告書は，増え続ける平和活動の需要に対し限りある国連の資源をどう対応させるかに焦点を合わせ，平和活動での政治的解決の重視，現地の需要の変化への柔軟な対応，地域機構などとの平和・安全保障パートナーシップの重視，現場重視で人々中心の活動への重点の移行を求め，紛争予防や文民保護の重視，実力行使の条件と国連 PKO の役割をより明確にすること，和平過程への国際共同体の政治的な警戒と関与の継続を新しいアプローチとして主張している。

　平和構築についても，PBC 設立から 10 年が経過した国連の平和構築のアーキテクチャー（仕組み）を見直すべく，専門家の諮問グループによる報告書『平和の持続の挑戦 (Challenge of sustaining peace)』が公表された (UN. Doc. A/69/968-S/2015/490)。同報告書は，暴力的な紛争は，今世紀になり，新しい紛争のダイナミクスを伴いながら一層複雑になっていると分析する。そのような状況の変化を受けて，同報告書は，より広い概念として「平和の持続 (sustaining peace)」を提示する。平和の持続は，もともと憲章によって設定された任務であり，紛争予防から平和執行 (peace enforcement)，平和維持，紛争後の復興と再建までの一連の流れとして把握されなければならない。にもかかわらず，これまで（平和の持続とほぼ同じ意味として扱われる）平和構築は国連において中心的ではなく周辺的な活動であった。そのため，国連システムにおいて，平和構築は統一性のない状態で取り組まれており，特に，PKO ミッションから国連開発計画 (UNDP) を中心とした通常の援助を担う「国別チーム」へ移行する際に大きなギャップがしばしば生じていることが指摘された。

　そこで，同報告書は，今後の国連の平和構築のアーキテクチャーは，PBC や PBF，PBSO に限定されるべきではなく，安全保障理事会（安保理），総会，経済社会理事会といった主要機関を含めて，国連全体で努力することを求めた。また，平和の持続へ向けたアプローチとして，人々中心で包摂的 (inclusive) であること，公的および民間両方のナショナルなステークホルダーに対し共通の未来のビジョンを提供しなければならないこと，他のアクターや市民社会とのパートナーシップが不可欠であることを強調した。そして，ローカルな状況を十分考慮せずに，選挙を含めた和平合意の履行を急ぐ現在の平和構築のテン

プレート（活動様式）は失敗であり，平和の持続へ向けた活動は，より長期的な関与と伴走が求められるとする。さらに同報告書は，平和の持続へ向けた平和構築活動で，国連以外の機関とのパートナーシップ，特に世界銀行グループとの連携を求めている。

　実際，平和構築への注目は国連だけにとどまらない。世界銀行や経済開発協力機構の開発援助委員会（OECD/DAC）など国際援助機関や，先進国の政府系の開発援助機関は，90年代の経験を通じて紛争後国家への開発援助の特殊性を認識するようになった。開発援助機関は，武力紛争などの影響でガヴァナンス（統治）能力が低く，国家としての機能を十分果たしていない国家を「脆弱国家（fragile states）」と名付けて，脆弱性を測ったうえでそれに対応した支援を発達させていった。具体的には，世界銀行は，国家のガヴァナンスの程度を測る国別政策・制度アセスメント（CPIA）が3.2以下，あるいはPKOないし平和構築ミッションの3年以内の派遣のどちらかを満たす状態を「脆弱な状況」としている。

　世界銀行やOECD/DACは，脆弱な状態からの脱却には，国家の能力や制度，正統（当）性を発達させる「国家建設（state-building）」が必要不可欠として，それに重点を置いた支援を行ってきた。OECD/DACは，2007年に「脆弱国家支援原則（Principles for Good International Engagement in Fragile States and Situations）」を採択し，(1)文脈を出発点とする，(2)害をなさない（Do no harm），(3)中心的な目標として国家建設に焦点を合わせる，(4)予防に優先順位を置く，(5)政治，治安，開発の諸目標の間の関連を認識する，(6)包摂的で安定した社会の基礎として非差別を推進する，(7)異なる文脈での異なる方法でローカルな（つまり対象国の）優先事項に整合する，(8)国際アクター間の実務上の調整メカニズムに合意する，(9)迅速に行動しつつも，成功する機会を与えるのに十分なほど長期にわたり関与し続ける，(10)排除のポケットに陥ることを避ける，という10の原則を掲げた。また，「紛争と脆弱性についての国際ネットワーク（INCAF）」を形成して議論の促進と研究を行っている。

　開発援助機関による平和構築への取り組みはさらに拡大し，2010年には，東ティモールで「平和構築と国家建設についての国際対話（IDPC）」が開かれ，G7＋と呼ばれる脆弱国家および紛争の影響を受けた国家のグループとINCAFのメンバー，市民社会のネットワークが参加した。IDPCでは「脆弱国家支援

のためのニューディール（新しい取引）(New Deal for Engagement in Fragile States)」が合意された。そこには，正当で包摂的な政治，治安，司法，経済的基盤，歳入とサービスという，5つの平和構築と国家建設の目標（PSGs）が含まれる。世界銀行も，2011年の『世界開発報告』で紛争と安全保障，開発の関連性を特集し，紛争を含む広い意味での暴力の連鎖により生じている問題を明らかにし，市民の安全と正義および雇用を提供する制度へ転換することで暴力の連鎖を打破するために，国内的および国際的な政策を提案している。UNDPも2012年に『平和のためのガヴァナンス』と題される報告書を公表し，不可欠なサービスを提供できる応答的な制度への投資，包摂的な政治の促進，危機に対する社会の強靭性の改善，それらを行う手段としての多様なアクター間のパートナーシップ，という4つの目的から成る枠組みを通じて，脆弱で紛争の影響を受けた国家でガヴァナンスの改善を促進することを提案している。

平和構築の目標と過程

　平和構築の目標と支援方法について，上で見たように，確立とまでは言えなくても一定の国際的な合意が形成されている。現在実践されている平和構築の長期的な目標は，おおむね次にように集約できる（杉浦 2012）。(1)紛争が発生しやすい社会において暴力的紛争の再発ないし拡大を防ぎ，永続的で自立的な平和を打ち立てること，(2)紛争の根底にある原因を解消すること，(3)人権の尊重を含めた平和的な社会制度および価値を構築・再建すること，(4)民主的なガヴァナンス（統治）と法の支配の制度を構築・再建することである。これら目的を実現するための活動のメニューは，表14-1にあるように多岐にわたる。最終的に市場経済と選挙を柱とする自由民主主義体制を目指すために，現在の主流の平和構築は自由主義的アプローチともいわれる（杉浦 2012）。

　もちろん，各国での平和構築でこれらすべてが実行されるわけではない。当該国および地域の事情や現地政府および支援する国際アクターの能力と意思によって，どれをどの程度実施するか，どの順序で実行するかが異なってくる。また，分野に関係なく，平和構築戦略の決定と実施の過程においては，(1)ナショナルなオーナーシップと，(2)オーナーシップに必要な対象国の政府の能力構築（capacity-building），あるいはより広く国家の制度構築としての国家建設，(3)女性を含めた多様なステークホルダーの参加と包摂性が重視される。

第14章 紛争後の平和構築

表14-1 平和構築のメニュー

分野	主な支援内容
安全保障	①停戦と和平プロセスの支援，②元戦闘員の動員解除と武装解除および社会への統合（いわゆるDDR），③武器の回収と破壊，地雷除去，④外国の軍隊の撤退，⑤不安定と紛争の地域的原因の解消，⑥治安の確保（治安部門改革（SSR）や警察の能力構築含む）
開発	①所有権と土地所有をめぐる紛争の解決と合意の実現，②経済の安定化（ハイパーインフレの統制，為替レートの危機の解決，通貨の安定の確立含む），③不法な略奪に対する天然資源の保全，④エスニック（民族）などアイデンティティ集団の間の不平等の解消，⑤雇用創出や経済発展，生活の保障，⑥復興に貢献する有能な人材を国に引きつけること，⑦基本的な福祉サービスの提供
人道支援	①難民および国内避難民の帰還・再定住，②食糧危機への対応，③差し迫った健康問題への対応
ガヴァナンスおよび法の支配	①法と秩序の強化，②民主主義支援（選挙支援と監視，政党の規制，市民社会とメディアの発達含む），③ガヴァナンス支援（国および地方のガヴァナンスの強化，司法と立法の諸制度の強化，腐敗の解消含む），④公共サービスの提供再開と強化（保健サービス，教育，インフラ，交通，エネルギーなど），⑤人権や和解，真実，「移行期の正義」，⑥土地改革への不平の解決，⑦憲法の草案作りや修正

出所：Edward Newman, Roland Paris and Oliver P. Richmond (eds.), *New Perspectives on Liberal Peacebuilding* (United Nations University Press, 2009), pp. 8-9を元に筆者作成。

　平和構築の過程について，星野（2011）は6つの「フェーズ（段階）」に分けている。紛争の終結へ向けた努力の段階（第1フェーズ），和平合意の締結から国連の複合型PKOが派遣されDDRやSSR，インフラの回復といった平和構築の初期の活動が行われる段階（第2フェーズ），選挙が実施されるなど現地情勢の安定化が進み治安もある程度回復し，PKOの軍事要員が減らされたり，PKOから文民中心の政治ミッションへの切り替えが進んだりする段階（第3フェーズ），PBCや開発援助機関が中心となって中長期的な復興に重点が置かれる段階（第4と第5フェーズ），安保理の議題から削除され「普通の」発展途上国になる段階（第6フェーズ）に整理される。
　この6つのフェーズは，それぞれの境界線は実際には曖昧であるものの，先の『平和への課題』で示された平和活動の分類におおむね対応している。紛争

表14-2 主な国連ミッションと平和構築

国名	派遣されたミッションと派遣時期	P	C
ナミビア	UNTAG 89〜90	6	N/A
アンゴラ	UNAVEM I 89〜91, UNAVEM II 91〜95, UNAVEM III 95〜97	-2	2.3*
モザンビーク	OMUMOZ 92〜94	4	3.3
リベリア	UNOMIL 93〜97, UNOL 97〜03, UNMIL 03〜現在	6	2.9
ルワンダ	UNAMIR 93-96	-3	3.6
中央アフリカ	MINURCA 98-00, BINUCA（国連中央アフリカ統合平和構築事務所）00〜14, MINURCAT 07-10, MINUSCA 14〜現在	-1	2.2
シエラレオネ	UNOMSIL 98〜99, UNAMSIL 99-05, UNIOSIL 05〜08, UNIPSIL（国連シエラレオネ統合平和構築事務所）08〜14	7	3.1
コンゴ民主共和国	MONUC/MONUSCO 00-現在	5	2.5
コートジボアール	UNOCI 04〜現在	4	3.1
ブルンジ	ONUB 04-06, BINUB（国連ブルンジ統合事務所）06〜10. BNUB（国連ブルンジ事務所）11〜15	6	2.8
スーダン	UNMIS 05〜11, UNAMID（ダルフール地方）07~現在	-4	2.2
ギニアビサウ	UNIOGBIS（国連ギニアビサウ統合平和構築事務所）09〜現在	-1	2.2
南スーダン	UNMISS 11~現在	0	1.9
マリ	MINUSMA 13〜現在	5	3.0
ニカラグア	ONUCA 89〜92	9	3.3
エルサルバドル	ONUSAL 91-95	8	N/A
ハイチ	ONUVEH 90〜91, UNMIH 93-96, UNSMIH 96-97, UNTMIH /MIPONUH/MICAH（警察訓練）97-01, MINUSTAH 04~現在	5	2.4
グアテマラ	MINUGUA 97	8	N/A
ボスニア・ヘルツェゴビナ	UNPROFOR 92〜95, UNMIBH 95〜02, EU上級代表と平和維持部隊95〜現在	5	3.3*
クロアチア	UNCRO 94〜96	9	N/A
コソボ	UNMIK 99〜現在	8	N/A
イラク	UNAMI 03〜現在	3	N/A

東ティモール	UNAMET 99, UNTAET 99〜02, UNMISET 02〜05, UNMIT 06〜12	7	2.5
アフガニスタン	UNAMA 02〜現在	1	2.5
ネパール	UNMIN 07〜11	6	3.1

注：2016年6月現在。P＝ポリティIVの2014年度のスコア（http://www.systemicpeace.org/polity/polity4x.htm）。-10から-6までが「権威主義体制」、-5から0までが「閉ざされたオートクラシー」、1から5までが「開かれたオートクラシー」、6から9までが「民主主義体制」、10が「完全な民主主義体制」とされる。C＝世界銀行のCPIAうちの公共セクター管理と制度のクラスターの2014年度の平均値（最高6点）（http://data.worldbank.org/indicator/IQ.CPA.PUBS.XQ）。＊は2013年度の値。N/Aは評価対象外。

出所：次の国連のサイトを元に筆者作成。http://www.un.org/en/peacekeeping/operations/, http://www.un.org/undpa/, https://www.unmissions.org/.

後平和構築は，第2フェーズ以降が当てはまる。ただし，第6フェーズに達しても，脆弱国家として紛争の再発の危険が内在している場合もありうる。さらに，平和構築を広く捉えた場合，第1フェーズの前の段階として紛争発生前の予防の段階（第0フェーズ）を付け加えることもできよう。各フェーズの期間はまちまちであり，ルワンダのように紛争終結後のPKOミッションが短期で終了し，平和構築支援はもっぱら開発援助の枠組みで提供される場合もある。また，政情の混乱や紛争の再発などでフェーズが逆行する事態もしばしば起る。

平和構築支援の担い手としては，イラク戦争のように国連が関わらない場合もあるものの，第1フェーズから第5フェーズまではたいてい国連安保理が中心となる。安保理の指導のもと，国連事務局をはじめとする多数の国連機関や欧州連合（EU）やアフリカ連合（AU）など地域機構，日本の国際協力機構（JICA）など政府系国際援助機関，さらにはNGOが実施面を支えていくことになる。ただし，後半のフェーズになるにつれて，UNDPや世界銀行など開発援助機関の役割が増す。また，当初よりナショナルなオーナーシップが尊重されるが，その中心的な担い手となる国内アクターは，停戦・和平合意に参加した複数の紛争当事者から単一の政府へと変化していく。

平和構築支援は世界各地で実践されてきた。表14-2は，冷戦終結後，紛争が終結して国連PKOミッションや政治・平和構築ミッション（合わせて平和活動ミッション）が展開され，平和構築が進められてきた主な国々である。国連のミッションがすでに撤退している場合は，平和構築のフェーズ6に入ってい

ると見ることができる。それらの国々で平和構築活動の実践が積み重ねられるにつれて、成果とともにジレンマも明らかになった。そのなかでも、ここではオーナーシップと民主化に関わる問題を取り上げる。

3 平和構築におけるオーナーシップのジレンマ

平和構築におけるオーナーシップの重視へ

　平和構築が当該国で内発的に行われることは、理想の上でも現実の平和の持続性の観点からも望ましい。オーナーシップ重視の背景には、これまで国際アクターが地域の複雑な環境を無視して画一的な平和構築のフォーマット（形式）を押し付けたり、逆に一貫性のない援助を行ったりすることで、現地の人々からの反発や紛争の再発防止の失敗を招いてきたことへの反省がある。まず、国際アクター自身の利益追求が、対象国の平和構築にとって適切な支援戦略の形成をしばしば阻んできた。先進国の場合、国内政治および世論の変化だけでなく、対テロを含めた自国の安全保障の追求、難民流入の防止、天然資源など経済的利権の確保といった国益重視の姿勢が、紛争を再発させかねない要因への対処を誤らせてきた。また、国際機構の場合、加盟国間の意思の不一致で一貫した援助戦略を採れないことがある。また、新自由主義的なイデオロギーに基づいて世界銀行が経済の自由化を要求し、経済格差や福祉の切り捨てを助長したように、組織文化のために対象国の状況に関係なく画一的な支援を行って当事国国民の反発を招いたりしたこともあった。

　そのため、上で見たように、現在の平和構築では、支援分野に関係なく、当該国のナショナルなオーナーシップが重視されるようになっている。平和構築の計画の策定から実施まで、当該国の政府や市民社会、地域住民が主体的に参加することが原則となっている。国際アクターも、そのような自発的な行動を脇から支える姿勢が望まれるようになり、従来の一方的に援助するアクターを意味する「ドナー」から、より対等な「パートナー」への変化が求められている。両者の関係は、今や、一方向かつ暗黙の関係ではなく、平和構築活動への相互協力と明示的なコミットメントを表す「コンパクト（協約）」によって規定されることが望まれる（星野 2011）。実際、国際アクターは、特に2005年の援助の実効性に関するパリ宣言以降、自らの援助戦略を相手国主導で作成され

る開発戦略に整合させるとともに，お互いの援助協調を進めて役割を分担にするようになった。

たとえば，ルワンダでは，平和構築や開発におけるオーナーシップが積極的に進められているが，その中に「自国発のイニシアティブ（Home Grown Initiatives）」がある。そこには，官庁ごとに業績目標が設定される「イムヒゴ（Imhigo）」やジェノサイドに関与した容疑者を村レベルの公開裁判で裁く「ガチャチャ（Gacaca）」といったルワンダ独自の取り組みが取り上げられている。このイニシアティブは，ルワンダ政府が主体となって支援パートナーとともに作成した「経済開発貧困削減計画 2013-2018」（EDPRS2）にも織り込まれた。それに合わせて国連が策定した「国連開発支援計画（UNDAP）2013-2018」でも，同イニシアティブはガヴァナンスを改善してきた取り組みとして支持される。

オーナーシップのジレンマ

しかし，平和構築でのオーナーシップの追求ではジレンマも生じている。第1に，紛争後の国家では，オーナーシップに必要な政府の能力が欠如している場合がやはり多い。紛争の最中に国外へ流出したり，教育制度が機能しなかったりで，紛争後も平和構築に必要な人材が不足しがちになる。イラク戦争後のイラクや独立後の東ティモールのように，前体制の役人が追放されたり逃亡したりすることで，行政機関が機能不全に陥る場合もある。また，司法制度が十分でなく法の支配のメカニズムが欠如することで，政府に汚職が蔓延して機能不全になることも多い。そもそも警察など治安機関が弱体で，PKO部隊に頼らざるを得なかったりする。

そこで，現在の平和構築では，国家建設，特に政府の能力構築のための支援に重点が置かれている。しかし，それ自体が容易ではない。治安の分野では，治安部門改革（SSR）を通じた対象国の治安部門の強化と自立が急がれるが，2014年にISの攻撃で容易に崩壊したイラク軍や，イスラーム過激派のターリバーン勢力に対してNATOの軍事支援をいまだに必要としているアフガニスタンのように，自力での治安の実現には費用と時間がかかる。

結局のところ，人材や財政において，ほとんどの紛争後国家は長期にわたり国際的な支援に頼ることになる。しかし，国際アクター自身も自国民や加盟国

に対するアカウンタビリティが常に要求されるため，オーナーシップの強化のために決定権を当該国に委譲することはためらわれる。実際，使途を決めない財政支援のような，当該国に決定を委ねる支援形態に躊躇するドナーも少なくない。

第2に，必要とされる支援自体が，平和構築のオーナーシップの追求を阻害してしまう事態も起きる。たとえば，国際アクターによる現地での支援実施のために当該国の優秀な人材を吸い上げて，国内の政府や企業で人材が不足してしまう。また，国際アクターが当該国政府を通さずNGOを利用して直接人々に公共サービスを提供することで，「二重の公的セクター」が存在する状態となり，政府の能力構築を阻害し正統性を奪ってしまうこともある。そこで，国際アクターとしては支援自体が問題を生まないよう注意することが求められている。実際，OECD/DACでは，先述の脆弱国家支援原則にあるように，国家建設においてそのような意味で「害をなさない（Do no harm）」ことを原則としている。

第3に，オーナーシップが見せかけに過ぎず，実際には，外部からの支援に当該国が依存し続ける場合もある。言い換えると，国際アクターがオーナーシップを重視する風潮を受けて，当該国政府は，支援の継続や増加を狙って，あえてオーナーシップに熱心な姿勢を示そうするのである。治安が安定し経済成長が進んで平和構築の「優等生」とされるルワンダの場合でも，財政における援助が占める割合は依然として4割を占めており，国際アクターの評判を得るためにオーナーシップを追求している側面があることは否定できない。しかも，どの当該国も，平和構築のための資金が必要であっても，本音では外部からの指図を受けることを好まない。それは，PBFから資金提供を受けている国の数（30カ国余り）に対して，PBCが重点的に扱う検討対象国になることを希望する国はずっと少ない（2015年末の段階で6カ国）ことにも現れている。

第4に，利害や価値観の違いなどにより，当該国と国際アクターの間で，平和構築の目標や優先順位が食い違う場合がある。欧米諸国やOECD/DACが人権や民主的選挙の実施に高い優先順位を与えるのに対して，当該国政府は経済復興や治安維持に重点を置くというように，平和構築の目標全体は同じでも，実施の優先順位や順序がずれることは頻繁に起きている。オーナーシップを尊重する場合，当該国の意向が優先されるはずだが，実際には，国際アクターは

自らの意向が平和構築戦略に反映されることを望む。

　当該国と国際アクターで平和構築の戦略が食い違う場合，どちらの意志が通るかは，安保理や支援国会合など平和構築戦略が決定される政治過程での両者の発言力によって決まることになる。天然資源など独自財源の有無や支援提供先の選択肢の数，当該国の指導者の国内政治基盤の強固さ，紛争終結に至る経緯，国際的関心の強さといった要素によって，当該国の発言力は変化する。特に，最近の中国など新興ドナーの台頭によって支援提供先の選択肢が増えていることが，紛争後国家の発言力を強めている。カンボジアの場合，UNTACの撤退後，人権と民主主義を主張する欧米諸国に対し，経済開発と治安を重視する政府の主導権が強くなっていった。その背景には，中国からの支援の増大があるとされる。2002年の停戦合意後のアンゴラは，天然資源から上がる収益の急増と天然資源の確保を目指す中国からの援助増大で，欧米諸国やOECD/DACなど西側援助機関の影響力は相対的に低下した（稲田 2014）。また，1994年に反政府勢力として政府に勝利したRPFが政権を握ったルワンダや，逆に政府側が勝利した2009年のスリランカのように，軍事的に一方が勝利した場合，国際アクターに対する当該国の発言力は，国際アクターの調停で和平に至った場合に比べて相対的に強くなる。さらにルワンダの場合は，国連など国際社会が虐殺を見過ごした「後ろめたさ」が，カガメ率いるRPF政権の発言力を高めている。

　最後に，オーナーシップを担う国内アクターとは誰なのか，当該国政府は社会全体の意思を適切に代表しているのか，という問題がある。国内アクターには，紛争当事者含む多様な政治勢力や，NGOなど市民社会組織，宗教勢力，民族集団，亡命者や難民など帰国者，民間企業などが存在する。オーナーシップの議論では，民主的な選挙などを通じて，政府がそのような多様な国内アクターを正当に代表していることが想定されている。しかし，表14-2の民主化の指標であるポリティⅣのスコア（P）に示されるように，実際は，政治の自由が制限され，選挙が不正に操作されるなど非民主的な状態の紛争後国家も多い。また，平和構築活動への市民社会や草の根の共同体組織の参加が制限されたり，政府にとって都合のよい官製団体のみが選ばれたりすることがある。たとえば，ルワンダやカンボジアでは，開発戦略への積極的な市民社会組織の参加が政府によってアピールされているが，実際には，NGOは政府によって統

制され，政府に批判的な NGO は参加から排除されていると批判される。そこで，国際援助機関は，平和構築の過程への多様なアクターの参加を要求するものの，オーナーシップの旗印の下で，参加アクターの選択など主導権は政府に握られがちになる。平和構築のフェーズが進むと，国際アクターによる介入はますます難しくなる。その結果，イラクの旧政権与党であるバアス党やアフガニスタンのターリバーン勢力のように，平和構築の過程から排除された集団が不満を募らせ，武力蜂起に至る事態も起きてしまう。

　関連して，そもそも，ナショナルなオーナーシップというときの「ナショナル」の範囲自体があいまいな場合がある。つまり，アフリカや中東の国々で見られるように，国境線自体が植民地時代に恣意的に引かれた民族の分布状況を反映しないものであるために，「国民」としてのアイデンティティや国家に対する忠誠心が薄く，国家の正統性が低くなりがちとなり，国家建設に支障が生じることが多々見られる。しかし，国民の意識形成といった文化的側面まで含む国民国家建設 (nation-building) は時間を要するものであり，英国のスコットランド独立問題にみられるように，グローバル化によって既存の国民国家ですら維持するのがいっそう難しくなっている。国家建設を中心とした平和構築自体，ヨーロッパで生まれた国民国家システムを維持するためのものという見方すら存在する（篠田 2013）。いずれにせよ，国家としての一体性が希薄なところでは，オーナーシップを通じた平和構築の意義は低下することになる。さらに，コソボのように国家の枠組みについての国内外の合意が不在だったり（中内 2014），コンゴ民主共和国のように紛争自体が国境を越えて展開されたものであったりすると，平和構築でのオーナーシップはより困難となる。

4　平和構築における国家の民主化の課題

平和構築における民主化のジレンマ

　平和構築のもう1つのジレンマは，民主主義体制の定着を目指す民主化と，政府の能力構築や治安維持，経済開発といったそのほかの平和構築の目標との間に生まれている。

　現在主流である平和構築の自由主義的アプローチでは，自由で公平な選挙の実施を柱とする政治体制を目指す民主化が平和構築の主要な目標とされる。し

第14章 紛争後の平和構築

かし同時に，国内の治安や政治的安定，経済発展も追求される。また，当該国の人々も，治安の回復や経済復興といった目に見える「平和の配当」を政府や国際社会に要求する。これらの目標の間の優先順位や順序の問題が，平和構築の実践において長らく問われてきた。

過去の経験を踏まえて，民主化と治安の間には，少なくとも短期的なトレードオフ関係があることが指摘される。民主化の過程は紛争を招きかねない不安定な状況を生み出す。民主化の第1の目標は，自由で公平な選挙を通じて政権を選択する仕組みを築くことである。しかし，政治権力をめぐって勝者と敗者を生み出す選挙の実施は，紛争後の環境にあっては，最近まで権力をめぐって武力衝突を繰り返していた勢力の間に再び火種を起こしかねない。選挙運動の過程で対立陣営同士が衝突したり，選挙後に負けた陣営が武装蜂起したりすることがある。実際，1990年代にはPKOミッションのもとでの選挙が紛争再発の引き金を引く例が見られた。そのために，民主化のタイミングが平和構築支援を行うアクターの間で議論されるようになったが，過去の経験から，最初の選挙の前に，DDRやSSRを徹底して治安の確立を行うべきであるという議論が支持を集めるようになった。

たとえば，アンゴラでは1992年の第2次国連アンゴラ検証団（UNAVEM II）の派遣後，最初の選挙が1年あまりの短期間で実施されたが，1992年末に派遣された国連モザンビーク活動（ONUMOZ）は総選挙まで2年近くかけて武装解除に力を入れた。前者では選挙後に紛争が再発し2002年まで紛争が続くことになったが，後者では現在に至るまで政治情勢が比較的安定している。ルワンダの場合，1994年の紛争の終結から2003年の最初の大統領選挙まで10年近くかけている。国連コンゴ民主共和国ミッション（MONUC）は，2002年にプレトリア包括和平合意が結ばれてから2006年の大統領選挙まで4年を費やした。

同じ議論は，民主化と政府の能力構築，民主化と経済開発という目標の間でも起きている。現在の平和構築では，先述のように，政府の能力構築に重点が置かれている。それは民主化や経済開発にも好ましい効果を生むとされる。実際，紛争後の民主的選挙の実施では，政権や野党側による不正だけではなく，有権者登録から投票の設置，投票箱の運搬，票のカウントに至る選挙行政の能力の欠如が大きな問題となっており，政府の能力構築は民主化にもプラスとな

る。経済開発の進展も教育水準を引き上げるなど民主化に貢献する。現在，政府の能力構築や経済開発を民主化にどの程度先行させるかが広く議論されている。

　しかし，治安や政府の能力構築，経済開発の進展が，必ず民主化を促すとは限らない。たとえば，カンボジアやルワンダでは治安や政情の安定において好ましい状況にあり，最近は経済発展も順調である。さらにルワンダでは，表14-2のCPIAの公共セクター管理と制度セクターのスコア（C）にも現れているように，反汚職などガヴァナンスの改善も進んでおり，世界銀行からも評価されている。他方，両国では，治安やガヴァナンス，経済発展の重視の名のもとに，メディアの統制強化や野党の活動の妨害などが進められ，現政権の権威主義化が進んでいることが，欧米諸国やNGOにより批判されている。また，市場を重んじる経済開発は，国民の間に格差を広げて，むしろ民主化の障害となるとして批判的に捉える議論がある。

民主化の課題に対する国際社会の姿勢の変化

　1990年代から2000年代初めにかけては，欧米諸国やOECD/DAC，EUといった西側の国際アクターは，民主化を経済援助へのコンディショナリティ（条件）にしたり，不正な選挙や自由の制限に対し外交圧力を加えたりするなど，民主化に高い優先順位を与えてきた。しかし最近は，多くの国際アクターが，当該国政府による治安や経済開発の優先（と民主化の停滞）を受け入れる傾向にある。たとえば，OECDの報告書『害をなさない——国家建設への国際支援』（2010年）では，ルワンダの特殊な環境を踏まえて，政治的競争に対する政権の制約をドナーがしぶしぶ受け入れてきたことを，むしろ「害をなさない」原則の尊重が国家建設に貢献した良い例であると述べている（p.40）。このような姿勢の変化の背景には，当該国のオーナーシップ重視の傾向だけでなく，民主主義の概念および民主化の道程の多様性に対する理解の広がりや，中国など内政不干渉を重んじる新興ドナーの台頭が考えられる。

　しかし，民主化が目標に含まれる平和構築において，非民主的な政府の意思がオーナーシップの名のもと尊重されるという矛盾は残る。そこで，国際アクターは，90年代のように民主化をあからさまに求めるのではなく，「包摂的」あるいは「参加型」の制度や，「（民主的）ガヴァナンス」という言葉を用いな

がら，民主的制度が実質的に実現されるよう働きかけている。実際，開発援助の分野では，各国で作成される貧困削減戦略文書や国連開発支援枠組み（UNDAF）などの国際アクターの支援戦略で，ガヴァナンスの項目として法の支配や参加，政治的権利といった民主主義に不可欠な要素が織り込まれている。しかも，それらの進捗状況は外部によるベンチマーキング・システムで監視される（杉浦 2014）。

このような民主的制度の評価を含むベンチマーキング・システムは，欧米諸国による支配形態の1つとして批判されることもあった。しかし，国際援助全般で国家のオーナーシップが強調されるようになると，国際アクターによる外部評価よりも当該国による自己評価が重視されるようになりつつある。そうすると，今度は，当該国政府と外部の評価が異なるケースが問題となってきた。たとえば，ルワンダ政府は，自らがガヴァナンスを評価して「ガヴァナンス得点カード（Governance Scorecard）」を公表しているが，政治参加や市民的権利の分野について高く自己評価しており，低い評価を付けているフリーダム・ハウスなど欧米のアクターの評価との相違が際立っている。これに対して，ルワンダ政府の関係者は，2015年9月の筆者のインタビューで，同分野の評価についてルワンダ国民に直接尋ねた結果であると強調していた。また，評価のずれは，国際アクターの間でも生じる場合がある。

平和構築における民主化の意義の再考

このように，民主主義体制は国際的にも国内的にも平和をもたらすという考え方が国際社会で広く支持されているものの，実際の平和構築の過程では，ほかの目標との相克や，当該国と国際アクターの間での評価の相違が生じている。その際に，どのやり方が正しいか判断することは難しい。エネルギー確保や地域の安定を優先して独裁政治を容認してきたものの，2011年初めの「アラブの春」を契機に一気に内戦にまで発展したシリアやリビアの状況を見るとき，当該国政府の意思を尊重して民主化の優先順位を治安や経済発展よりも低く位置づけることは，国内の対立や不満の爆発を単に先延ばしにするだけかもしれない。

そもそも，民主化自体が長期的な過程である。最近の民主化理論では，民主化の過程は，最初の自由で公正な選挙が行われる「移行期」と，政権交代が選

挙を通じて平和裏に行われるなど民主政治が「街のルール」として根付くまでの「定着期」に区分される。現在，移行期の後，クーデタや政権の権威主義化によって民主化が後退ないし停滞する国が増えている。平和構築においても，PKOミッションが派遣されているフェーズ3で最初の民主的選挙が行われて，民主主義体制への移行ができたとしても，その定着には時間がかかっている。実際，ハイチでは国連の監視下での1991年の民主的選挙直後に軍事クーデタが発生するなど政情不安が続き，2004年以降国連ハイチ安定化ミッション（MINUSTAH）が派遣されている。国連PKOとPBCによる支援が続けられてきたブルンジでも，2015年になって，選挙で選ばれた大統領が憲法を改正して三選を目指し，それに反発した軍事クーデタ未遂や反政府デモが起きるなど，難民の発生を伴う混乱が生じている。

　かといって，短期的な混乱を避けるために民主化を後回しにすることが，平和構築にとって好ましいとは限らない。PKOミッションの下で民主化を他の目標と同時に進めたシエラレオネや東ティモールでは，表14-2のポリティⅣのスコア（P）にもあるように，民主政治の定着が政治的安定や経済開発と両立しながら進んでいる。2014年度のポリティⅣのスコアで民主主義国家に該当していた先述のブルンジの場合も，政治的混乱は生じていても，懸念される民族紛争の再発には至っておらず，平和構築の成果が現れていると先述の国連の平和構築に関する報告書『平和の持続の挑戦』は述べている（pp.38-39）。

5　平和構築の今後

　本章で述べたような，平和構築でのオーナーシップと外部の関与の間のジレンマは今後も続くであろう。また，平和構築の複数の目標間での優先順位および順序をめぐるジレンマも簡単には解消されないであろう。むしろ新興ドナーとしての中国の台頭を含めた国際環境の変化によって，民主化の目標は，平和構築のメニューからその優先順位を低下させるかもしれない。また，オーナーシップの尊重が広がる中で，当該国政府が民主化に熱心に取り組まないことを咎めることは，今以上に難しくなると考えられる。このように本章で取り上げた2つのジレンマは，互いに結び付きながら，これからも続いていく可能性が高い。

それでも，「人々中心の視点」に立ってこれらのジレンマ解消へ向けた方向性を検討すると，たとえば，「民主的」オーナーシップと「民主的」パートナーシップによる平和構築が考えられる。民主的オーナーシップとして，国内レベルにおいて，自由で公正な選挙の実施と人々が望む治安やサービスの提供を通じて政府の民主的正統（当）性が確保されるとともに，当該国内の市民社会アクターによる平和構築への参加が促される。同時に，民主的パートナーシップとして，安保理をはじめとする国際レベルの意思決定において，当該国政府と国際アクターの対等な参加が追求される。端的にいえば，国内レベルと国際レベルの両レベルで民主化を同時に進める方向性であり，1996年に退任間近のブトロス=ガリ国連事務総長が『民主化への課題』と題される報告書で主張したことを受け継ぐ考え方である。

その方向性を踏まえて，国連や日本など国際アクターの役割を考えると，当該国政府が民主的正統性を維持しつつ平和構築を進めていくための支援が求められよう。たとえば，国内情勢を踏まえた平和構築の諸目標間のバランスに配慮しながらも，自由で公正な選挙の実施と市民社会の政治参加を中心に民主化を支援し，民主化の後退が懸念される際には外交上の対話を行うことが考えられる。そして，民主化途上の当該国政府を中心に平和構築の戦略が立案・実施されるのを，国際アクターがパートナーとして脇から支えていく。いずれにせよ，平和構築が単なる「技術」ではなく価値の選択を伴う「政治」であることを認識しながら，国際アクターは，その複数の目標を複雑な国内および国際レベルの権力関係の中で追求していく必要がある。

参照文献

稲田十一『紛争後の復興開発を考える――アンゴラと内戦・資源・国家統合・中国・地雷』創成社，2014年。
篠田英朗『平和構築入門――その思想と方法を問いなおす』筑摩書房，2013年。
杉浦功一「平和構築」初瀬龍平編著『国際関係論入門』法律文化社，2012年。
杉浦功一「デモクラシー重視の開発援助――ポスト2015年へ向けた民主的ガバナンスの評価と援助戦略」『国際開発研究』（国際開発学会）Vol. 23, No. 1, 2014年6月。
大門毅『平和構築論――開発援助の新戦略』勁草書房，2007年。
中内政貴「平和構築――国家の枠組みをめぐる合意の不在」大庭弘継・高橋良輔編『国際政治のモラル・アポリア――戦争／平和と揺らぐ倫理』ナカニシヤ出版，

2014年。
西川由紀子「紛争後のガバナンス構築——統括と展望」木村宏恒・金丸裕志・近藤久洋編著『開発政治学の展開』勁草書房，2013年。
花田吉隆『東ティモールの成功と国造りの課題——国連の平和構築を越えて』創成社，2015年。
東大作『平和構築——アフガン，東ティモールの現場から』岩波書店，2009年。
星野俊也「国連における平和構築」藤原帰一・大芝亮・山田哲也編『平和構築・入門』有斐閣，2011年。

＊本章は，JSPS科研費25870689の助成を受けた研究の成果の一部である。

関係年表

年	世界の動き
1898	4月米西戦争，12月パリ条約により米国，フィリピンを領有。キューバ，保護国化。
1899	10月ボーア戦争（～1902年）。
1904	2月日露戦争（～1905年9月）。
1910	8月韓国併合に関する日韓条約調印。
1911	10月イタリアのリビア植民地支配（～1943年9月）。
1914	7月第1次世界大戦（～1918年11月）。
1917	11月バルフォア宣言。ロシア十月革命。
1920	1月国際連盟発足（ベルサイユ協定発効日）。6月国際商業会議所（International Chamber of Commerce）設立。
1922	7月国際連盟，英国によるパレスチナ委任統治の承認。11月クーデンホーフ=カレルギー，「汎ヨーロッパ主義」を提唱。
1931	9月柳条湖事件。日本軍，軍事行動を開始（「満州事変」）。
1934	6月南アフリカ連邦地位法が可決され，南ア，イギリス連邦内で独立。
1937	7月盧溝橋で日中両軍衝突。12月日本軍，南京占領。
1939	9月第2次世界大戦（1日，独軍ポーランド侵攻。～1945年9月2日，日本降伏文書調印）。
1940	3月全インドムスリム連盟（1906年設立），ラーホール決議採択。9月日本軍，「仏印進駐」。
1941	5月ホー・チ・ミン，ベトナム独立同盟（ベトミン）を結成。7月スピネッリらレジスタンス運動家による「ヴェントテーネ宣言」。8月大西洋憲章署名。12月日本軍，ハワイ真珠湾・マレー半島コタバル攻撃。
1943	9月イタリア降伏，休戦協定調印。
1945	3月アラブ連盟の成立。5月ドイツ降伏。8月広島，長崎への原爆投下。日本，ポツダム宣言受諾，降伏。インドネシア独立宣言（スカルノ初代大統領）。オランダとの間で独立戦争（～1949年12月）。9月ホー・チ・ミン，ベトナム民主共和国独立宣言。10月国際連合発足。12月国際通貨基金（IMF），国際復興開発銀行（世界銀行）設立。
1946	6月アルゼンチンでペロン政権成立（～1955年9月）。7月フィリピン独立。

	9月チャーチル，チューリヒで「ヨーロッパ合衆国構想」を提唱。12月第1回国連総会でUNICEF（国連国際児童緊急基金）を創設。インドシナ戦争始まる。
1947	2月イタリアと連合国間でパリ講和条約調印（全植民地の放棄）。8月インド独立，パキスタン成立（英連邦内自治領。1956年にパキスタン・イスラーム共和国として完全独立）。11月国連パレスチナ分割決議案の採択（国連総会決議181）。
1948	5月南ア，国民党勝利，アパルトヘイト政策を実施。イスラエル独立宣言，第1次中東戦争の勃発。8月大韓民国政府樹立。9月朝鮮民主主義人民共和国政府樹立。12月第3回国連総会で「世界人権宣言」採択。
1949	9月ドイツ連邦共和国（西ドイツ）が米英仏占領地区に成立。10月ドイツ民主共和国（東ドイツ）がソ連占領地区に成立。中華人民共和国成立。
1950	6月朝鮮戦争起こる（1953年7月，休戦協定調印）。12月国連難民高等弁務官事務所設立。
1951	7月「難民の地位に関する条約」採択。9月サンフランシスコ講和条約調印。
1952	4月ボリビア革命（スズ国有化，農地改革，普通選挙，教育の無償化）。7月パリ条約に基づく石炭鉄鋼共同体（ECSC）設立。
1953	7月カストロらキューバ・モンカダ兵営襲撃。
1954	5月仏軍要塞ディエンビエンフー陥落。6月周恩来・ネルーが会談，平和5原則発表。7月インドシナ休戦協定（ジュネーブ協定）調印。臨時軍事境界線（北緯17度線）の北にベトナム人民軍，南にフランス連合軍が集結。
1955	4月インドネシア・バンドンで「アジア・アフリカ会議」開催。10月ゴー・ディン・ジェム，ベトナム共和国（南ベトナム）樹立宣言，初代大統領に。
1956	10月スエズ危機（第2次中東戦争）。
1957	3月ガーナ共和国，英から独立（ンクルマ初代大統領）。
1958	1月ローマ条約に基づく欧州経済共同体（EEC）・欧州原子力共同体（EURATOM）・欧州投資銀行（EIB）設立。7月イラク共和革命。10月ギニア共和国，仏から独立（セク・トゥーレ初代大統領）。
1959	1月キューバ革命勝利。5月ベトナム労働党，南ベトナムにおける武装闘争発動を決定。
1960	アフリカの年。7月「コンゴ動乱」，現コンゴ民主共和国（DRC）の内戦（〜1965年11月）。12月南ベトナム解放民族戦線結成。
1961	2月アンゴラ解放人民運動（MPLA）蜂起により，アンゴラ独立戦争勃発（〜1974年4月）。5月カストロ，キューバ社会主義共和国を宣言。韓国で朴正煕らの軍事クーデター。ケネディ米大統領，ベトナムへの特殊部隊と軍事顧問の派遣発表。9月第1回非同盟諸国首脳会議，於ベオグラード（ほぼ3〜5

	年間隔で 2012 年まで 16 回開催)。12 月第 16 回国連総会「第 1 次国連開発の 10 年」採択。
1962	2 月キューバ, 第 2 ハバナ宣言。6 月社会主義民族解放組織「モザンビーク解放戦線 (FRELIMO)」結成, 独立運動を開始 (ソ連・中国・キューバの支援を受ける)。10 月キューバ危機。
1963	5 月アフリカ統一機構 (OAU) 発足, OAU 憲章採択。
1964	1 月パレスチナ解放機構 (PLO) 設立。3 月ブラジルで軍事クーデター, 軍事政権発足 (4 月)。6 月国連貿易開発会議 (UNCTAD) 開催。8 月「トンキン湾事件」。10 月第 2 回非同盟諸国首脳会議 (於カイロ)。
1965	3 月ジョンソン米政権, ベトナムに戦闘部隊派遣, 恒常的北爆開始。6 月日韓基本条約調印。8 月シンガポールが分離独立, 現在のマレーシア形成。9 月インドネシア 9・30 事件。10 月アメリカ合衆国において 1965 年移民国籍法成立, 国別割当制度の廃止。
1966	1 月三大陸人民連帯会議開催 (ハバナ)。2 月ガーナでクーデター, ンクルマ失脚。5 月中国で文化大革命起こる (〜1976 年 10 月)。
1967	1 月「難民の地位に関する議定書」採択。6 月第 3 次中東戦争勃発。7 月欧州共同体 (EC) 設立。8 月東南アジア諸国連合 (ASEAN) 結成。9 月カナダ, 新移民法施行。10 月ゲバラ, ボリビア政府軍により射殺。
1968	1 月南ベトナムで解放勢力のテト攻勢開始。3 月インドネシア, スハルト大統領就任。
1970	11 月チリ人民連合勝利, アジェンデ大統領選出。
1971	8 月ニクソン米大統領, 金・ドル交換停止。12 月第 3 次インド・パキスタン戦争, バングラデシュ民主共和国, 独立。英国によるスエズ以東撤退 (湾岸諸国の独立)。
1972	2 月ニクソン訪中。9 月フィリピン・マルコス大統領, 戒厳令布告。日中国交回復。
1973	1 月韓国朴正熙大統領, 重化学工業化宣言 (大統領年頭記者会見)。ベトナム和平協定調印 (於パリ)。9 月チリでピノチェト将軍による軍事クーデター。10 月 OPEC, 石油戦略発動。第 4 次中東戦争。アルゼンチン・ペロン政権発足。
1974	4 月国連資源特別総会,「新国際経済秩序に関する宣言」採択。11 月 PLO をパレスチナ人の唯一正当な代表と認める国連総会決議 (3236 号)。
1975	4 月カンボジアでポル・ポト政権誕生, 大虐殺始まる。ベトナム人民軍の大攻勢でサイゴン陥落, ベトナム戦争終わる。6 月第 1 回世界女性会議開催 (於メキシコ)。11 月「アンゴラ内戦」, 米ソ代理戦争 (〜2002 年 4 月)。12 月ラオス民族連合政府, 王制廃止とラオス人民民主共和国樹立を宣言。

1976	7月ベトナム社会主義共和国樹立。
1977	3月PLOによる「ミニ・パレスチナ国家」構想の承認。
1978	8月日中平和友好条約調印。11月ユネスコ，人権および人種差別に関する宣言。12月中国の改革開放政策始まる。
1979	1月カンボジアのポル・ポト政権崩壊。米中国交樹立。2月イラン・イスラーム革命の達成，湾岸諸国のシーア派蜂起。中国軍，ベトナムに侵攻（中越戦争）。3月欧州通貨制度（EMS）・欧州通貨単位（ECU）運用開始。7月ニカラグアでサンディニスタ革命，ソモサ独裁倒れる。12月ソ連軍，アフガニスタン侵攻（1989年2月，ソ連軍，完全撤退）。「女性差別撤廃条約」採択（於第34回国連総会）。
1980	4月在イラン米国大使館占拠事件。米国とイラン断交。
1981	6月「バンジュール憲章（人及び人民の権利に関するアフリカ憲章）」採択（於ナイロビ第18回OAU首脳会議）。12月マレーシア・マハティール首相が「ルック・イースト（東方政策）」発表。
1982	6月マルビーナス（フォークランド）戦争でアルゼンチン，英国に敗北。
1984	3月国際人口会議（於メキシコシティー），「人口と開発に関するメキシコシティ宣言」採択。
1985	12月ダッカにて南アジア地域協力連合（SAARC）が発足。
1986	7月構造調整プログラム開始：ブルンジ，ギニア，ニジェール。10月「バンジュール憲章」発効。12月ベトナム共産党第6回党大会開催，ドイモイ（刷新）政策を提起。
1987	4月国連環境と開発に関する世界委員会「われら共有の未来」発表。6月韓国，6・29民主化宣言。7月単一市場構築に関する「単一欧州議定書」発効。
1988	8月国連安保理イラン・イラク停戦決議598号が発効。11月国連環境計画（UNEP）と世界気象機関（WMO），「気候変動に関する政府間パネル」（IPCC）設立。PLO民族評議会，パレスチナ国家の独立宣言。12月マルタ会談により，冷戦終結。
1989	4月経済通貨同盟（EMU）設立に関する「ドロール・レポート」公表。「ベルリンの壁」崩壊。6月中国で天安門事件起こる。7月カンボジアからベトナム軍撤退。11月第44回国連総会で子どもの権利条約を採択。
1990	2月「アフリカ人民参加憲章（開発と変化への人民の参加のためのアフリカ憲章）」採択（於アルーシャ）。デクラーク大統領，ネルソン・マンデラ釈放。3月チリで民政復帰，エイルウィン大統領就任。6月日本において出入国管理及び難民認定法が改正，施行。7月ペルーで第一次フジモリ政権発足。8月イラクによるクウェート侵攻（湾岸危機の発生）。
1991	1月湾岸戦争の勃発，イラク軍がクウェートから撤退。6月南ア，アパルトヘ

	イト体制終結宣言。8月ベトナムと中国が関係正常化で合意。10月カンボジア問題パリ和平会議，最終合意文書調印。11月米空軍クラーク基地，フィリピンに返還（米海軍スービック基地は1992年11月）。12月独立国家共同体（CIS）の創設とソ連の消滅。
1992	1月ロシアで価格・貿易自由化開始（10月バウチャー民営化の開始）。6月ブトロス＝ガリ国連事務総長が『平和への課題』を公表。ブラジル，リオデジャネイロにおいて「環境と開発に関する国連会議（UNCED）」開催，政治宣言とアジェンダ21採択。
1993	9月イスラエルのラビン首相とPLOアラファート議長，「オスロ合意」調印。11月マーストリヒト条約に基づく欧州連合（EU）設立。12月マンデラおよびデクラーク大統領，ノーベル平和賞。
1994	1月北米自由貿易協定（NAFTA）発効。4月ルワンダ虐殺（ジェノサイド）発生（〜1994年7月）。5月ネルソン・マンデラ大統領就任。
1995	1月世界貿易機関（WTO）設立。3月シェンゲン協定発効，ヨーロッパにおいて協定圏内の自由移動が可能に。7月米越国交正常化声明。ベトナムがASEANに加盟。8月戦後50年の村山首相談話，侵略・植民地支配への「お詫び」表明。9月第4回世界女性会議（於北京）開催。
1996	12月南ア，新憲法採択。
1997	7月アジア通貨危機の発生。香港，中国に復帰。ミャンマーとラオスがASEANに加盟。12月「京都議定書」採択。
1998	5月民主化運動によってスハルト大統領辞任，ハビビ大統領就任。6月欧州中央銀行（ECB）設立。8月ロシア通貨・金融危機。在ケニアおよびタンザニア米国大使館爆破事件。
1999	1月ユーロ導入。2月ベネズエラでチャベス政権成立。
2000	3月プーチン，ロシア大統領に当選（〜2008年，2008〜12年首相，2012年〜大統領）。8月第1回南米首脳会議開催（ブラジリア）。9月国連ミレニアム・サミット開催，「国連ミレニアム目標」（MDGs）を採択。11月国連，「人身売買議定書」採択。
2001	9月米国同時多発テロ事件。10月米軍によるアフガニスタン侵攻。「アフリカ開発のための新パートナーシップ（NEPAD）」。12月中国WTO加盟。
2002	7月アフリカ連合（AU）発足。8月イランにおける秘密裏の核施設の存在が発覚（「イラン核開発問題」の発生）。
2003	1月ブラジル，ルーラ労働者党政権発足。3月イラク戦争の勃発。4月イラクで連合国暫定当局（CPA）による暫定占領統治開始。5月キルチネル政権発足。6月赤道原則（Equator Principles）の開始。
2004	4月アジア海賊対策地域協力協定（ReCAAP）の採択（2009年9月発効）。10

	月国民による初の直接投票でユドヨノがインドネシア大統領に選出。11月ASEAN非公式首脳会議で「人身売買に対抗するASEAN宣言」を採択。
2005	4月バンドン会議50周年記念会議。12月ロシア・ウクライナガス紛争（～2006年1月）。国連で平和構築委員会の設立が決定。
2006	1月ボリビアでモラレス政権発足。10月北朝鮮の第1回核実験（2009年第2回，2013年第3回，2016年第4回）。
2007	1月エクアドル，コレア大統領就任。8月サブプライムローン問題表面化。
2008	2月ラウル・カストロ，キューバ国家評議会議長に就任。8月イタリア・リビア友好協定（ベンガジ協定）締結。9月世界金融危機（リーマン・ショック）。
2009	5月スリランカで1983年以来のスリランカ政府とタミル・イーラム解放のトラ（LTTE）との内戦終結。10月政権交代を契機として，ギリシャで財政・債務の危機的状況が露呈。12月リスボン条約（EU条約・EC条約を改正する条約）発効。
2010	5月欧州金融安定化メカニズム（EFSM）設立。6月欧州金融安定ファシリティ（EFSF）設立。
2011	1月ベン・アリー大統領亡命（チュニジア革命），カイロのタハリール広場でムバーラク大統領に辞任を求める若者たちのデモ。2月ムバーラク大統領辞任。11月オバマ米大統領，ダーウィン（豪州）でアジア太平洋地域への「リバランス」を宣言。12月オバマ大統領，米軍戦闘部隊完全撤退によりイラク戦争終結を宣言。
2012	1月米，「新国防戦略指針」発表。10月欧州安定メカニズム（ESM）設立。
2013	11月ウクライナ・マイダン革命（～2014年2月）。
2014	8月米国，対「イスラーム国」軍事作戦開始。9月シリア領内でもアメリカ主導の「有志連合」によるISに対する空爆開始。
2015	4月バンドン会議60周年を記念する首脳会議（於ジャカルタ）。9月国連サミット開催，「持続可能な開発目標」（SDGs）を採択。11月フランスでパリ同時多発テロ事件。12月地中海を越えてヨーロッパへ渡った難民が100万人を超える。ASEAN共同体（AC）・ASEAN経済共同体（AEC）発足。
2016	1月アジアインフラ投資銀行（AIIB）開業。

人名索引

あ行

アーノルド, D. 198
アイスラー, R. 171
赤尾信敏 205
アサド, B. H. 277, 296
アジェンデ, S. 47
アレニウス, S. 197
岩間一雄 173
ウェーバー, M. 171, 173
ウフェボワニ, F. 116, 124, 128, 129
エルー, C. 274
オーエン, ロジャー 59
オーエン, ロバート 177
オニール, J. O. 66
オバマ, B. 85

か行

カーソン, R. 197
カガメ, P. 309
梶田孝道 236
カダフィ, M. 211, 277, 296
カルドー, M. 54
ギデンズ, A. 287
木畑洋一 1, 2, 130
金大中 242, 289
キャメロン, D. 257, 266, 270
ギルピン, R. 213
グラムシ, A. 61
ゲイツ, B. 221, 274
ケインズ, J. M. 116
ケネディ, J. F. 103, 194
コリアー, P. 289
ゴルバチョフ, M. C. 132, 133

さ行

サリーナス, de G. C. 5

サロー, L. C. 213
サントス, B. 70
シューマン, R. 120
ジョリー, R. 198
進藤榮一 65
スタンディング, G. 183
ストレンジ, S. 213
スハルト 289
スミス, A. 176
スリム, C. 221
セン, J. 280
ソロス, G. 213
ソロモン, A. 103

た行

タクシン・チナワット 289
チプラス, A. 254, 264
チャベス, H. 64, 278
ディアワラ, M. 124-126, 129
ティンバーゲン, J. 195
トービン, J. 228
トリフィン, R. 115-119, 121
トルーマン, H. S. 194

な・は行

ニクソン, R. M. 103
ハーヴェイ, D. 49, 51, 147, 150
パーソンズ, T. 171
ハーバーマス, J. 171, 172, 178
ハウエル, J. 60
パウエル, C. 80, 81
バウマン, Z. 150
バフェット, W. E. 221
ハンチントン, S. P. 276
ピアース, J. 60
ピケティ, T. 221, 222
ピノチェト, A. 47

ビュシエール，E.　115
ビンラディン，U.　81
フセイン，S.　11, 54, 82-84, 290
ブッシュ，G.W.　54, 64, 81, 82
ブッシュ，G.W.H.　80
ブトロス=ガリ，B.　297, 315
フランクス，O.　195
ブルントラント，G.H.　199, 200
フレイザー，N.　61
プレビッシュ，R.　195
ベック，U.　54, 56-58
ベン・アリー　277
ホー・チ・ミン　77
ホッブズ，T.　177
ホブズボーム，E.　1

　　　　　　ま 行

マクファーソン，C.B.　177
マゼラン，F.　91
松下冽　290
マハン，A.T.　95

マルクス，K.　171, 173, 177, 181
マルサス，T.R.　197
マン，M.　172
ミッテルマン，J.　12
ミュラー=アルマック，A.　127
ムバラク，H.　277
メドウズ，D.　197
モネ，J.　116, 117
モラレス，E.　278
守本順一郎　173
モルシ，M.　277

　　　　　や・ら 行

ユーリ，P.　116-118, 121
ルーラ，da S.L.I.　278
ルソー，J.=J.　176
ロイド，G.　45
ロック，J.　177
ロビンソン，W.　50, 66
ロビンソン，W.I.　4, 5

事項索引

あ 行

アイデンティティ　277, 282, 283
　　──の喪失やその重層性　44
「悪の枢軸」　82
アジアインフラ投資銀行（AIIB）　9, 66, 292
アジア欧州会議（ASEM）　47
アジア開発銀行（ADB）　292
アジア太平洋経済協力体（APEC）　47
アジア通貨危機　216
アジェンダ21　201, 202, 204
アセアン共同体　280
アタック（ATTAC）　280
新しい社会運動　44, 61, 62
新しい戦争　10, 52, 54
アパルトヘイト体制　1, 11, 52
アフガニスタン　296, 307, 310
アフリカ開発会議（TICAD）　280
アフリカ金融共同体（Communauté Financierè Africaine：CFA）フラン　125, 126, 128, 129
アフリカ・マダガスカル諸国（AASM）　123, 124, 126
アフリカ民族会議（ANC）　11
アフリカ連合（AU）　305
アメリカの湖　92, 99
アラブの春　5, 59, 86, 277, 281, 284, 296, 313
アルカーイダ　81
アルゼンチン金融危機　216
アンゴラ　309, 311
安全保障の民営化　52
イタリア　211, 212
イスラーム国（IS）　5, 55, 73, 74, 76, 86, 275, 284, 290, 296, 307
イデオロギー的ヘゲモニー　13
委任統治　97
移民　145-162, 266-268
イラク　296, 310
　　──侵攻　290, 291
　　──戦争　73, 76, 83, 84, 87, 88, 305, 307
インディグナードス（怒れる者）　59
ウエストファリア諸原則　55
ウエストファリア体制　10
埋め込まれた自由主義　50, 119
エスニシティ　283
越境型シャドー経済　52
越境型の問題群　3
越境型犯罪　63
エネルギー政策法　216
援助の実効性に関するパリ宣言　306
援助の弊害　187, 188
欧州共同体（EC）　250
欧州金融安定ファシリティ（EFSF）　130
欧州経済共同体（EEC）　115-117, 119-124, 128, 129
欧州経済協力機構（OEEC）　115, 120
欧州石炭鉄鋼共同体（ECSC）　117, 120
欧州投資銀行（EIB）　14, 115, 116, 119-124, 128-130
欧州連合（EU）　115, 119, 124, 128-130, 247-272, 305
オーナーシップ　302, 306, 315
オキュパイ運動　59
億万長者（ビリオーネア）　220, 221
オゾン層保護のためのウィーン条約　201, 203, 204
オゾン層を破壊する物質に関するモントリオール議定書　201, 204
オバマ政権　73
オフショア（タックスヘイブンの別名，「沖合」の金融センター）　222
オランダ病　137

か 行

外延的拡大　50
改革・開放　47
階級権力の復活　49
外国人労働者　230-246
　——の雇用許可等に関する法律　241
開発金融　115, 120, 122
開発主義型資本主義　49
開発主義国家　61
「開発主義」体制　46
開発独裁　46
開発問題　194-196
解放型民主主義　70
害をなさない（Do no harm）　301, 308, 312
ガヴァナンス（統治）　294, 295, 301-303, 312, 313
顔のみえない定住化　236
核基地　99, 100
格差社会　224
核実験　95, 102
核兵器　99, 100
可視性　254
カジノ資本主義　213, 215, 224, 228
過少消費（論）　33, 34
価値観　133, 139-141, 143
ガチャチャ　307
枯れ葉作戦　79
為替相場　118, 119, 122
為替取引　118, 119
環境と開発に関する世界委員会　199
環境と開発に関するリオ宣言　201
環境問題　196-210
韓国　113, 114, 237-243
監視国家　56
環太平洋パートナーシップ（TPP）　65
カンボジア　298, 309, 312
　——内戦　297
飢餓　282
気候変動に関する国際連合枠組条約　201
気候変動に関する政府間パネル（IPCC）　200
基軸通貨　116
北大西洋条約機構（NATO）　296
基地村　113, 114
9.11（同時多発テロ事件）　5, 9, 14, 54, 73, 75, 81, 82, 153, 160, 275, 290
キューバ革命　47
キューバ危機　47
狭隘なナショナリズム　44, 65
境界研究　54
強制送還　157, 158
京都議定書　201, 206
極度の貧困状態（1日1.25ドル未満で生活）　218, 227
均衡ある発展　115, 116, 121
緊縮政策　254, 266
近代（modernity）　287-289, 291
金ドル本位制　119, 122
キンバリー・プロセス　295
金融危機　137
　——の発生　215
金融の自由化　214, 215
グアム・ドクトリン　103
グッド・ガヴァナンス　52
国別政策・制度アセスメント（CPIA）　301, 312
クラーク米空軍基地　114
クラスター爆弾　87
グループ・オブ 77（G77）　192, 195
グローカリゼーション　10
グローカル　57
グローバリゼーション（グローバル化）　21-27, 37-42, 274-292
グローバル　124, 130, 138-140, 143
グローバル経済　213
グローバル・サウス　1-6, 9, 11-16, 44, 45, 53, 56, 58-61, 63, 65-67, 91, 112, 115, 116, 123, 129, 130
　抵抗の——　6, 7, 11
グローバル資本　11, 14

事項索引

グローバル市民社会　55
グローバル準備銀行　116
グローバル・デモクラシー論　12
グローバル（な）資本主義　4, 6, 49-51, 66, 213, 215, 224
グローバル・ノース　3, 14, 15, 44, 115, 123, 129, 130
グローバル・ポリティクス　54
クロニー・キャピタリズム　53
経済開発協力機構の開発援助委員会（OECD/DAC）　301, 308
経済協力開発機構（OECD）　120
経済的徴兵制　109
経済余剰　28, 29
ケインズ経済学（「大きな政府」の経済学）　214
ケインズ主義　49
　──型資本主義　49
権威主義体制　46, 61
研修生　234-236, 238, 239, 244
原子力爆弾　99
言説の闘争　281
原油価格　136
権力のコンテナ化　10
交換性　118, 119, 125
抗議票　248, 251, 258
公共空間（公共圏）　13, 50, 61, 62
構造権力論　23, 24, 40, 42
構造調整政策　278, 288, 289
構造調整プログラム　50, 51
高度技能移民　149, 151, 156
コートディヴォワール調整公社（La Société Nationale de Conditionnement：SONACO）　115, 120, 124-128
コーポラティズム（型）　48, 49
ゴールドマン・サックス報告　66
国際機関　115, 116
国際協力機構（JICA）　305
国際金融センター　115
国際商業会議所　294, 295
国際人権レジーム　152

国際信託統治制度　101
国際通貨基金（IMF）　9, 274, 278, 288, 289, 291
国際捕鯨条約　207
国土安全保障省　153
国民国家　3, 6, 7, 9, 10, 45, 50, 51, 55, 183, 283
　──建設（nation-building）　46, 310
　──体制　2
国民通貨　118
国民的コンセンサス　46
国民統合　48
国連（国際連合）　116, 189-210, 216-220, 289
国連安全保障理事会（安保理）　300, 305
国連開発計画（UNDP）　6, 218, 280, 300, 302, 305
国連環境開発会議（環境と開発に関する国連会議、UNCED）　200
国連カンボジア暫定統治機構（UNTAC）　298, 309
国連軍　113
国連コンゴ民主共和国ミッション（MONUC）　311
国連サミット　299
国連児童基金（UNICEF）　216
国連難民高等弁務官事務所（UNHCR）　155
国連人間環境会議　197, 198
国連ハイチ安定化ミッション（MINUSTAH）　314
『国連平和活動検討パネル報告』（ブラヒミ報告）　298
国連ミレニアム開発目標（MDGs）　209, 275
国連ミレニアム・サミット　216
コソボ　310
国家安全保障　13
「国家健在」論　62
国家建設（state-building）　301
「国家─市民社会」関係　57, 58

327

「国家―(市民)社会―市場」関係　6, 9, 11, 57, 60, 61
国家主権　118, 119
「国家衰退」論　62
「国家退場」論　62
国家の再構造化　57
国家の再構築　14
国家の退場　56, 57
国家の多国籍化　4
「国家変容」論　62
国境管理　145-162
国境の安全保障化　10, 56
国境のフェンス化　10
5歳未満児の死亡率　219
固定為替相場制　49
子どもの貧困　165, 166
子供の権利条約　165
コミューン　181-183
コミュナリズム　70
コモンウェルス　93, 103-105
コモンズ　3
雇用許可制　232, 240-242, 244
コロンビア革命軍（FARC）　278
コンゴ民主共和国　310
コンタクト領域（contact zone）　70
コンディショナリティ（条件）　312

さ 行

在韓米軍基地　113
債券　115, 117, 118, 121, 130
再国家化　44, 54
債務危機　49, 278
在留管理制度　235, 245
在留特別許可制度　240
再領域化　3, 54, 55
「左派」政権　64
　――の誕生　5
サパティスタの蜂起　53
サブステイト・ナショナリズム　55
参加　279
参加型制度　59

参加型予算編成の経験　62
参加民主主義　69
産業革命　177
サンディニスタ民族解放戦線　278
サンフランシスコ平和条約　99
ジェノサイド　307
シエラレオネ　314
ジェンダー　171-173
ジェントルマン資本主義（論）　35, 38, 39
資源価格　133, 137, 138, 140
資源輸出利得　133, 136, 138
市場経済（化）　133, 134, 136, 139, 176
持続可能な開発　199
持続可能な開発目標（SDGs）　209, 217, 225, 226, 228, 299
失業率格差　268
実質国内総生産（GDP）　122, 123, 126
失敗国家　52
支配的な公共性　61
資本家　178-180
資本家団体　181-183
資本市場　115, 116, 118, 119, 121-124, 126, 129, 130
資本主義　281
　――の「黄金期」　48
資本の自由化　214
市民社会　11-13, 60-62, 68, 176-181, 184
　――型リージョナリズム　12
市民の生活空間　57, 58
社会運動　56, 58, 60, 68, 69, 275, 278, 279, 281, 282, 287
社会主義　181, 183, 184, 277, 278
　――市場経済　213
社会の軍事化　107, 109, 110
射撃訓練場　107, 110, 111
ジャスミン革命　59, 277
上海協力機構　9, 66
自由主義（リベラリズム）　126, 147, 150
自由主義帝国（論）　39, 41, 42
重層的ガヴァナンス構築　6, 7, 57
自由貿易　36, 38-40

―――の帝国主義論　25, 36, 39
―――主義　35
シューマン宣言　120
自由連合協定　93, 102
自由連合国　93, 102-104
熟議民主主義　16
出国命令制度　241
出入国管理及び難民認定法（90 年入管法）　233, 234, 236
準備　116, 118, 119
植民地　113, 123, 128, 129, 211
　―――独立付与宣言　100
　―――賠償　211, 212
ショック療法　49
シリア　313
「自律的」リージョナリズム　64
新国際経済秩序（NIEO）　46, 195, 205
深刻な干ばつ又は砂漠化に直面する国（特にアフリカの国）において砂漠化に対処するための国際連合条約（国連砂漠化対処条約, UNCCD）　209
新自由主義　2, 11, 13, 51, 56-58, 62, 91, 122, 127, 129, 147, 150, 152, 159, 161, 162, 278, 288, 289, 306
新自由主義型グローバル化　3, 5, 6, 10, 16, 45, 55, 60, 66, 67
「新自由主義」経済学（「小さな政府」の経済学）　214, 224
新自由主義国家　51, 53, 147, 150-152, 159, 161, 162
新自由主義政策　49
新自由主義モデル　50
真珠湾攻撃　94, 98
人身売買　146, 155
信託統治（領）　101-104
人道支援　303
新保守主義　159-161
スービック米海軍基地　114
スコットランド独立問題　310
『スティグリッツ報告』　116
スパーク報告　117-119

スマート・パワー　85
スリランカ　309
正義　275, 281, 282
　　移行期の―――　303
政治的グローバル・サウス　6
政治的民主化　276
政治の優位　58
脆弱国家（fragile states）　301
政党選好　258
政府開発援助（ODA）　187, 226, 227
政府間主義　120
生物多様性条約　207
世界銀行　9, 288, 289, 291, 292, 301, 302, 305, 306
世界金融危機　134
世界市場　31, 32
世界システム（論）　25, 27-53
世界資本主義（体制）　28, 29, 48
世界社会フォーラム（WSF）　5, 12, 59, 67-70, 280, 292
世界社会フォーラム憲章（14 原則）　68
世界秩序　9, 44
世界の軍事費　226, 227
世界貿易機関（WTO）　50, 213, 214
世界リスク社会　56
赤道原則　294
戦後賠償問題　211, 212
先住民族　176, 177
先進（国）　116, 123
戦争に反対するイラク帰還兵の会　84
生存権　169-185
戦略的（な）投票　257, 258
戦略的先制攻撃　54
戦略的有権者　251
争議（ストライキ）権　180
宗主国　123, 125, 128, 129
ソ連社会主義の崩壊　213
ソンミ虐殺　78

た　行

ターリバーン　74, 81, 307, 310

第1次世界大戦　96
大航海時代　91
対抗的公共圏　61
対抗ヘゲモニー型グローバル化　67, 69
対抗力としてのリージョナリズム　63
体制転換　132, 133
対テロ戦争　14, 73-76, 81, 82, 85, 86, 89, 109, 296
第2次世界大戦　107-109
太平洋軍　93
太平洋のジブラルタル　94
大陸間弾道ミサイル（ICBM）　94
大陸規模の社会同盟（HSA）　65
多国籍銀行　4
多国籍資本家階級（TCC）　4, 5, 66
　──支配　66
タックスヘイブン（租税回避地）　15, 222-224, 227, 228
脱「国民化」　10
脱国家化　44, 54
脱植民地化　100, 103
脱領域化　3, 54, 55
「多文化共生」社会　16
ダボス会議（「世界経済フォーラム」）　9, 67, 68
団結権　180
団体交渉権　180
治安部門改革（SSR）　299, 303, 307, 311
地球環境サミット　279
地球市民　44
地球市民権　69
地球の友（FoE）　279
知的所有権（知的財産権）　214
中国国営石油会社（CNPC）　4
中国朝鮮族　232, 237-239, 244
中国のグローバル・アクター化　58
超国家主義　117, 120
朝鮮戦争　105, 109, 113
超帝国主義（論）　34, 35, 37, 42
懲罰的投票行動（行為）　249, 251, 257, 258, 260, 261

賃金労働者　177-182, 184
低開発の開発（論）　28, 30, 40
帝国（論）　21, 26, 33-37, 41
帝国主義（論）　21, 26, 32-37, 39, 41, 181
テクノクラート（技術官僚）　46
ドイモイ　47
同意の形成　51
統合　115-122, 129
透明性　250, 272
トゥレバン　113, 114
独立小生産者　174-176, 178-180, 184
土地収奪　187
ドミノ理論　77
ドル　116
トルーマン・ドクトリン　77
奴隷　172-174

な　行

内包的拡大　50
長い20世紀（論）　1, 2
ナショナル・アイデンティティ　45
ならず者国家　54
南北問題　121, 195
難民　145, 146, 148-150, 152-156, 160-162, 265, 268, 285, 286
南洋興発株式会社　97
ニクソン・ドクトリン　103
西アフリカ通貨同盟　125
21世紀型の諸課題　44
日系南米人　232, 234, 235, 244
日本　232-236, 244-246
日本・ブラジル・モザンビーク三角協力による熱帯サバンナ農業開発プログラム（プロサバンナ事業）　187, 188
『人間開発報告書』　6, 7
人間の安全保障　13, 44, 67
　──共同体　65
ネイション　176, 181
ネオコン（勢力）　54, 80, 82
ネットワーク権力（論）　23, 24, 40
農奴　173, 174

能力構築（capacity-building） 302

は 行

パートナーシップ　300-302, 315
排外主義　151, 158-161
排他的なナショナリズム　13
ハイチ　314
パウエル・ドクトリン　80
爆撃演習　94
覇権　14, 21, 24, 35-41
蓮の葉戦略　106
破綻国家　52
発展途上（国）　116, 117, 121, 123, 130, 189-210
「バブル経済」崩壊　215
パリ協定　206
パリ条約　95
ハワイ王国　92, 95
反グローバル運動　59
非営利　115, 122
東アジアの奇跡　47
東ティモール　301, 307, 314
ピケテロ　59
非公式帝国（論）　25, 36, 40, 42
非合法移民　146, 149, 152-157, 160-162
非自治地域　100
非同盟運動　46
非同盟諸国（NAM）　191
　──首脳会議　46
非編入領土　92, 100, 103
ヒューマン・ライツ・ウォッチ　279
貧困　165, 166, 213-228
貧困削減　216
　──戦略文書　313
ファラブンド・マルティ民族解放戦線（FMNL）　278
フェアトレード・システム　294
「フォード－ケインズ主義的」開発　48
フォード主義型階級の妥協　50
「フォード主義的－ケインズ主義的」資本主義　2

不可逆的固定相場　119
不可視な存在　235, 236, 246
福祉国家　182-184, 271
フセイン政権　73, 216
武装解除・動員解除・再統合（DDR）　299, 303, 311
不等価交換論　30
「冬の兵士イラクとアフガニスタン　占領の目撃証言」公聴会　84
ブラジル金融危機　216
フラン圏通貨委員会　125
フランス・フラン　116, 118, 125
ブラント委員会レポート　4
フリーダム・ハウス　313
ブルンジ　314
プレカリアート　183, 184
ブレトンウッズ体制　49, 119, 122
フローな空間　10
紛争と脆弱性についての国際ネットワーク（INCAF）　301
文明の逆説　170, 172, 176
米軍　93
　──再編　105-107
　──増強　106-108, 110
米国　73-89, 91-111
　──市民権　93, 96, 100, 101
米州サミット　64
米州自由貿易協定（FTAA）　59, 64
米州ボリバル代替統合（ALBA）　64
米西戦争　95, 114
米太平洋軍　106
平和維持活動（PKO）　296, 297, 299, 314
平和構築　296-315
　──の自由主義的アプローチ　302, 310
　──委員会（PBC）　298, 303, 308, 314
　──基金（PBF）　299
　──支援事務局（PBSO）　299
平和執行　300
平和の持続　300
『平和への課題』　297, 303
ベーシック・インカム　15, 184, 185

ヘゲモニー　　9, 13, 44, 61
ベトナム症候群　　76, 79, 80
ベトナム戦争　　74-80, 84, 105, 109, 110
ベルギー・フラン　　118
ペレストロイカ　　132
貿易の自由化　　214
崩壊国家　　282, 288
法の支配　　302, 303, 313
訪問就業制　　241, 243, 244
北米自由貿易協定（NAFTA）　　5, 10, 64, 215
ボコ・ハラム　　296
ポスト新自由主義　　11, 57
　――戦略　　63
ポデモス　　59
ポピュリスト政党　　16, 263, 264
ポピュリズム　　44, 48, 270
ポリティⅣ　　309
ポルト・アレグレ　　59, 62, 68
　――の参加型予算　　11
ポンド　　115

ま 行

マーシャル援助　　115, 120
マスタープラン・ドラフト初稿　　188
マネーゲーム　　15
ミサイル実験（場）　　95, 103
「短い20世紀」論　　1
水戦争　　11
見世物的な戦争　　54
南アジア地域協力連合（SAARC）　　47
南の民衆のサミット　　65
未来の平和のための9.11犠牲者遺族の会　　82
ミレニアム開発目標（MDGs）　　216, 218, 225, 299
民間軍事請負企業（PMC）　　290
民間軍事企業（PMC）　　10, 52
民主化　　11, 47, 58, 59, 61, 62, 64, 275, 277, 279
『民主化への課題』　　315

民主主義　　287
　――の赤字　　250, 251
　――の民主化（論）　　12, 57
民主的な重層的ガヴァナンス構築　　12
民主的なリージョナル・ガヴァナンス構築　　64
民族　　283, 287
民族国家　　176
民族対立　　275, 282
メキシコ金融危機　　215
メッツォジョルノ（Mezzogiorno）　　121, 122, 124
メルコスール（MERCOSUR：南米南部共同市場）　　64
モザンビーク　　311

や 行

ヤウンデ協定　　123, 126
槍の先端（矛先）　　94
融資　　115
輸出志向（工業化戦略）　　47, 117, 126, 129
輸入代替工業化戦略　　47
要塞国家　　56
予防外交　　297

ら 行

ラテンアメリカの社会運動　　59
ラムサール条約　　207
リージョナリズム（化）　　63, 122
リージョナル　　3, 9, 12, 13, 44, 124
　――の社会化　　12
　――・ガヴァナンス　　64
　――化　　7, 58, 65
リージョン　　8
リスク社会　　55
リビア　　211, 212, 296, 313
略奪による蓄積　　49
琉球王国　　92
累積債務問題　　51
ルーブル　　134, 136, 137, 139-141
ルワンダ　　296, 305, 307-309, 311-313

事項索引

冷戦　105, 108
──（の）終結（終焉）　2, 14, 16, 44
歴史的正義回復　185
劣化ウラン弾　87, 88
連合協定　123
連帯のグローバル化　69
労働貴族　181-183
労働組合　180, 181, 183
労働者党（PT）　70
ローカル／ナショナル／リージョナル／グローバル　6, 9, 12, 57, 58, 63
──な重層的ガヴァナンス　14
ローカルな視点と基点　57
ローマ条約　120, 121
ロシア　132-143
──金融危機　134, 136, 216

わ　行

ワシントン・コンセンサス　7, 51
ワシントン条約　207
湾岸戦争　79, 80, 87, 105, 109, 290, 291

欧　文

ASEAN　53
──地域フォーラム（ARF）　47
BRICS（ブリックス）　4, 9, 63, 65
──開発銀行　65
EU　→欧州連合
──懐疑主義　255, 257, 260, 263, 265, 266, 269
──懐疑派　264, 270
──バンク　115
FTAA　→米州自由貿易協定
──モデル　65
GATT（関税と貿易に関する一般協定）　214
IMF　→国際通貨基金
IT革命　214, 215
ME革命　213
NAFTA　→北米自由貿易協定
NDP（国民民主党）　59
NGO（非政府組織）　276, 305, 308, 309
NICS（新興工業国家）　47
NIES（新興工業地域）　47, 53
Second Order Election Theory（SOET）　16
TPP　→環太平洋パートナーシップ
UNAC（全国農民連合）　187
UNDP　→国連開発計画
UNICEF　→国連児童基金
WSF　→世界社会フォーラム
WTO　→世界貿易機関

333

執筆者紹介（執筆順，＊は編者）

＊松下　洌　（まつした・きよし）　**序章，第 2 章**
1947 年生まれ。1970 年早稲田大学法学部卒業，1985 年明治大学大学院政治経済学研究科博士後期課程単位取得退学，博士（国際関係学）。現在，立命館大学国際関係学部特任教授。主な著作に，『グローバル・サウスにおける重層的ガヴァナンス構築――参加・民主主義・社会運動』ミネルヴァ書房，2012 年；『現代メキシコの国家と政治――グローバル化と市民社会の交差から』御茶の水書房，2009 年；『途上国の試練と挑戦――新自由主義を超えて』ミネルヴァ書房，2007 年。

竹内幸雄　（たけうち・ゆきお）　**第 1 章**
1944 年生まれ。1967 年明治大学商学部卒業，1974 年明治大学大学院商学研究科博士課程修了，博士（商学）。日本大学商学部元教授。主な著作に，『自由主義とイギリス帝国――スミスの時代からイラク戦争まで』ミネルヴァ書房，2011 年；『イギリス自由貿易帝国主義』新評論，1990 年。

藤本　博　（ふじもと・ひろし）　**第 3 章**
1949 年生まれ。1973 年愛知県立大学外国語学部卒業，1982 年明治大学大学院政治経済学研究科博士課程単位取得満期退学，博士（国際関係学）。現在，南山大学外国語学部教授。主な著作に，『ヴェトナム戦争研究――「アメリカの戦争」の実相と戦争の克服』法律文化社，2014 年；ロイド・ガードナー，マリリン・ヤング著『アメリカ帝国とは何か』（共訳）ミネルヴァ書房，2007 年；木畑洋一編『20 世紀の戦争とは何であったか』（共著）大月書店，2004 年。

長島怜央　（ながしま・れお）　**第 4 章**
1980 年生まれ。2014 年法政大学大学院社会学研究科博士後期課程修了，博士（社会学）。現在，法政大学兼任講師，明治学院大学国際平和研究所研究員。主な著作に，『アメリカとグアム――植民地主義，レイシズム，先住民』有信堂高文社，2015 年；「1990 年代のグアムにおける米軍用地問題とチャモロ・ナショナリズム」『歴史学研究』2016 年増刊号（刊行予定）；山本真鳥・山田亨編『ハワイを知るための 60 章』（共著）明石書店，2013 年。

＊藤田　憲　（ふじた・けん）　**第 5 章**
1973 年生まれ。1996 年名古屋大学経済学部卒業，2005 年名古屋大学大学院経済学研究科博士後期課程修了，博士（経済学）。現在，新潟大学大学院現代社会文化研究科・経済学部准教授，同大学人文社会教育科学系附置共生経済学研究センター構成員。主な著作に，藤田和子・松下洌編著『新自由主義に揺れるグローバル・サウス――いま世界をどう見るか』（共著）ミネルヴァ書房，2012 年；金井雄一ほか編『世界経済の歴史』（共著）名古屋大学出版会，2010 年；木畑洋一編『ヨーロッパ統合と国際関係』（共著）日本経済評論社，2005 年。

道上真有 （みちがみ・まゆ） 第6章
1974年生まれ。2004年大阪市立大学大学院経済学研究科後期博士課程修了，博士（経済学）。現在，新潟大学大学院現代社会文化研究科・経済学部准教授，同大学人文社会・教育科学附置共生経済学研究センター構成員。主な著作に，『住宅貧乏都市モスクワ』東洋書店，2013年；中津孝司編著『岐路に立つ中国とロシア』（共著）創成社，2016年："Comparison of Affordability of Russian and Japanese Housing Markets," *Far Eastern Studies*, Vol. 10 March 2011, pp. 25-57.

南川文里 （みなみかわ・ふみのり） 第7章
1973年生まれ。1996年一橋大学社会学部卒業，2001年一橋大学大学院社会学研究科博士後期課程単位取得退学，博士（社会学）。現在，立命館大学国際関係学部教授。主な著作に，『アメリカ多文化社会論――「多からなる一」の系譜と現在』法律文化社，2016年；『「日系アメリカ人」の歴史社会学――エスニシティ，人種，ナショナリズム』彩流社，2007年；佐々木てる編著『マルチ・エスニック・ジャパニーズ――○○系日本人の変革力』（共著）明石書店，2016年。

岡野内 正 （おかのうち・ただし） 第8章
1958年生まれ。1981年大阪外国語大学アラビア語科卒業，1986年同志社大学大学院経済学研究科博士後期課程退学，経済学修士。現在，法政大学社会学部教授。主な著作に，『グローバル・ベーシック・インカム構想の射程』法律文化社，2017年（予定）；『中東の新たな秩序（グローバル・サウスはいま3）』（共編著）ミネルヴァ書房，2016年；『グローバル・ベーシック・インカム入門――世界を変える「ひとりだち」と「ささえあい」のしくみ』（著訳）明石書店，2016年。

石原直紀 （いしはら・なおき） 第9章
1950年生まれ。1975年早稲田大学政治経済学部卒業，1980年国際基督教大学大学院行政学研究科博士課程単位取得退学。現在，立命館大学国際関係学部特任教授。主な著作に，板木雅彦ほか編『プレリュード国際関係学』（共著）東信堂，2016年；内田孟男編著『国際機構論』（共著）ミネルヴァ書房，2013年；秋月弘子他編『人類の道しるべとしての国際法』（共著）国際書院，2011年。

中野洋一 （なかの・よういち） 第10章
1953年生まれ。1976年北星学園大学経済学部卒業，1993年明治大学大学院博士（商学）学位取得修了。現在，九州国際大学国際関係学部教授，同大学院企業政策研究科教授。主な著書に，『世界の原発産業と日本の原発輸出』明石書店，2015年；『原発依存と地球温暖化論の策略――経済学からの批判』法律文化社，2011年；『軍拡と貧困のグローバル資本主義』法律文化社，2010年。

田巻松雄 （たまき・まつお） 第11章
1956年生まれ。1979年筑波大学第一学群社会学類卒業。1984年筑波大学大学院社会科学研究科社会学専攻博士課程修了，社会学修士。現在，宇都宮大学国際学部教授。主な著書に，『越境するペルー人――外国人労働者，日本で成長した若者，「帰国」した子どもたち』（編著）下野新聞社，2015年；『地域のグローバル化にどのように向き合うか――外国人児童生徒問題を中心に』下野新聞社，2014年；『夕張は何を語るか――炭鉱の歴史と人々の歴史』（編著）吉田書店，2012年。

カルロス・デ・クエト・ノゲラス　（Carlos de Cueto Nogueras）　第12章
1966年生まれ。現在，グラナダ大学政治・行政学部教授（政治社会学博士）。主な著作に，*Political Transition in Central Europe: an experience of democratic consolidation*, University of Granada, Granada, 2001 ; *Politics and Government in Europe and North-America*, Granada University Press, 2015 ; "Security Governance : A Challenge for Development Policy," *Quarterly Bulletin of Third World Studies*, NPO Corporation Afro-Asian Institute of Japan, Vol. 54, No 1, 2014, No 411, Tokyo, Japan, pp. 1-24.

円城由美子　（えんじょう・ゆみこ）　第12章訳
1965年生まれ。1989年ウィスコンシン大学ジャーナリズム学科卒業，2011年立命館大学国際関係研究科修士課程修了，修士（国際関係学）。現在，関西大学外国語教育学研究科兼任講師。主な著作に，松尾昌樹・岡野内正・吉川卓郎編著『中東の新たな秩序』（共著）ミネルヴァ書房，2016年 ;「フセイン政権後に見られる女性の人身取引——紛争の契機と歴史・文化的要因を視野に入れて」『アジア・アフリカ研究』第55巻 第3号，2015年 ;「イラクにおける女性政策と女性の社会的地位の変遷——フセイン政権崩壊前後の政策に見られる連続性を中心に」『大阪女学院短期大学紀要』第43号，2014年。

太田和宏　（おおた・かずひろ）　第13章
1963年生まれ。1988年一橋大学法学部卒業，1995年一橋大学大学院社会学研究科博士課程修了。現在神戸大学大学院人間発達環境学研究科准教授。主な著作に，松下冽・山根健至編著『共鳴するガヴァナンス空間の現実と課題——「人間の安全保障」から考える』（共著）晃洋書房，2013年 ; 藤田和子・松下冽編著『新自由主義に揺れるグローバル・サウス——いま世界をどう見るか』（共著）ミネルヴァ書房，2012年。

杉浦功一　（すぎうら・こういち）　第14章
1973年生まれ。1997年神戸大学法学部卒業，2002年神戸大学大学院国際協力研究科博士課程後期課程修了，博士（政治学）。現在，和洋女子大学国際学類（人文社会科学系）准教授。主な著作に，『民主化支援——21世紀の国際関係とデモクラシーの交差』法律文化社，2010年 ;『国際連合と民主化——民主的世界秩序をめぐって』法律文化社，2004年 ;「デモクラシー重視の開発援助——ポスト2015年へ向けた民主的ガバナンスの評価と援助戦略」『国際開発研究』（国際開発学会），Vol. 23, No. 1，2014年。

秋林こずえ　（あきばやし・こずえ）　コラム1
1968年生まれ。1992年日本女子大学文学部卒業，2002年コロンビア大学教育学大学院博士課程修了，教育学博士。現在，同志社大学グローバル・スタディーズ研究科教授。主な著作に，沖縄県教育庁文化財課史料編集班編『沖縄県史　各論編8　女性』（共著）沖縄県教育委員会，2016年 ; 島袋純・阿部浩己編『沖縄から問う日本の安全保障』（共著）岩波書店，2015年。

中根智子　（なかね・さとこ）　コラム2
2009年立命館大学大学院国際関係研究科修了，博士（国際関係学）。現在，龍谷大学国際学部グローバルスタディーズ学科講師。主な著作に，粟屋利江・井坂理穂・井上貴子編『現代インド5　周辺からの声』（共著）東京大学出版会，2015年。

渡辺直子　（わたなべ・なおこ）　コラム3
1973年生まれ。同志社大学文学部卒業，筑波大学大学院環境科学研究科修了，修士（環境科学）。現在，特定非営利活動法人日本国際ボランティアセンター南アフリカ事業担当。

伊藤カンナ　（いとう・かんな）　コラム4
1970年生まれ。名古屋大学経済学部卒業，名古屋大学大学院経済学研究科博士後期課程修了，博士（経済学）。現在，桃山学院大学経済学部准教授。主な著作に，伊藤正直・浅井良夫編『戦後IMF史──創世と変容』（共著）名古屋大学出版会，2014年；廣田功編『現代ヨーロッパの社会経済政策──形成と展開』（共著）日本経済評論社，2006年；Yago, Itoh and Asai, eds., *History of the IMF, Organization, Policy, and Market*, Springer, 2015（共著）。

川村仁子　（かわむら・さとこ）　コラム5
1985年生まれ。2005年立命館大学法学部卒業，2010年立命館大学大学院国際関係研究科博士後期課程修了，博士（国際関係学）。現在，立命館大学国際関係学部准教授。主な著作に，『グローバル・ガバナンスと共和主義──オートポイエーシス理論による国際社会の分析』法律文化社，2016年；出原政雄ほか編『原理から考える政治学』（共著）法律文化社，2016年；松下冽ほか編著『共鳴するガヴァナンス空間の現実と課題──「人間の安全保障」から考える』（共著）晃洋書房，2013年。

グローバル・サウスはいま①
グローバル・サウスとは何か

2016年11月20日　初版第1刷発行	〈検印省略〉
	定価はカバーに表示しています

<table>
<tr><td>編著者</td><td>松　下　　　冽
藤　田　　　憲</td></tr>
<tr><td>発行者</td><td>杉　田　啓　三</td></tr>
<tr><td>印刷者</td><td>大　道　成　則</td></tr>
</table>

発行所　株式会社　ミネルヴァ書房
607-8494　京都市山科区日ノ岡堤谷町1
電話代表　(075)581-5191
振替口座　01020-0-8076

©松下冽・藤田憲ほか，2016　　太洋社・新生製本
ISBN978-4-623-07625-3
Printed in Japan

グローバル・サウスはいま（全5巻）

監修：松下冽・藤田和子
体裁：Ａ５判・上製・平均350頁・本体価格3500〜3800円

＊第1巻	グローバル・サウスとは何か	松下　冽　編著 藤田　憲
＊第2巻	新自由主義下のアジア	藤田和子　編著 文　京洙
＊第3巻	中東の新たな秩序	松尾昌樹 岡野内正　編著 吉川卓郎
第4巻	安定を模索するアフリカ	木田　剛　編著 竹内幸雄
第5巻	ラテンアメリカはどこに行く	後藤政子　編著 山崎圭一

（＊は既刊）

ミネルヴァ書房
http://www.minervashobo.co.jp/